U0800677

"十四五"普通高等教育规划教材
河南省"十四五"普通高等教育规划教材

物流管理概论

王　伟◎主　编
韩　珂◎副主编

中国铁道出版社有限公司
CHINA RAILWAY PUBLISHING HOUSE CO., LTD.

内容简介

本书汲取了国内外物流学科各项思想精髓和理论体系的精华，并充分考虑和结合了我国物流业发展现状和运作实际，精心组织内容，较好地体现了现代物流管理的实用知识与技术发展。全书共分为11章：第1、2章主要介绍了物流相关概念及其发展演变、物流的内涵与特征、物流管理相关理论和学说、物流管理的主要内容；第3～9章围绕物流的主要功能及管理方法展开；第10、11章介绍了目前物流发展的新动态——电子商务物流和国际物流。

本书体例完整、实用性强，适合作为高等院校物流管理专业的教材，也可作为物流管理领域从业人员的参考用书。

图书在版编目（CIP）数据

物流管理概论/王伟主编．—3版．—北京：中国铁道出版社有限公司，2021.8（2022.12重印）

“十四五”普通高等教育规划教材　河南省“十四五”普通高等教育规划教材

ISBN 978-7-113-28049-9

Ⅰ.①物…　Ⅱ.①王…　Ⅲ.①物流管理-高等学校-教材　Ⅳ.①F252.1

中国版本图书馆CIP数据核字(2021)第112561号

书　　名：物流管理概论
作　　者：王　伟

策　　划：陆慧萍　　**编辑部电话：**（010）63549508
责任编辑：陆慧萍　包　宁
封面设计：刘　颖
责任校对：焦桂荣
责任印制：樊启鹏

出版发行：中国铁道出版社有限公司（100054，北京市西城区右安门西街8号）
网　　址：http：//www.tdpress.com/51eds/
印　　刷：三河市宏盛印务有限公司
版　　次：2012年1月第1版　2021年8月第3版　2022年12月第3次印刷
开　　本：787 mm×1 092 mm 1/16　**印张：**16.75　**字数：**418千
书　　号：ISBN 978-7-113-28049-9
定　　价：46.00元

前言

自从有人类活动以来，就存在着各种各样的物流活动，但何以至 20 世纪才形成目前人们所熟知的物流概念和对应的物流产业？目前，发展现代物流业已成为我国发展现代服务业的主导方向，准确了解和把握物流的内涵、理解和掌握物流管理所涉及的各项物流功能、认清现代物流的发展趋势是本书编写的初衷。

本书为本科院校经济管理类学生提供了一本介绍物流与物流管理的基础性教材，以此引领学生更好地进行专业学习，为后续培养既懂物流理论知识，又具备一定物流实践能力的复合应用型人才奠定坚实基础。

本书吸收和汲取了国内外物流学科各项思想精髓和理论体系的精华，也充分考虑和结合了我国物流业发展现状和运作实际，对编写内容进行精心组织与调整。本书共分为 11 章：第 1、2 章主要介绍物流相关概念及其发展演变、物流的内涵与特征、物流管理相关理论和学说、物流管理的主要内容；第 3～9 章围绕物流的主要功能及管理方法展开；第 10、11 章介绍目前物流的发展新动态——电子商务物流和国际物流。

此次再版，除了保留第 2 版原有的优点之外，还有如下几个特点：一是紧跟移动互联网普及与线上线下教学相结合的趋势，增加与课程教学相关的网页、视频等电子资源并以二维码的形式附在每章内容之中，以方便学生或读者随时查阅；二是对案例进行了更新，补充了一些最新的材料和数据，紧跟时代发展，使教材显得更新颖；三是保持第 2 版的基本框架结构，通过局部的微调，体现两版之间的连续性，以便教学使用；四是坚持参编人员知识广博、专业精通、教学经验丰富的原则，以保证教材的再版水平迈上一个新台阶。

本书主要面向普通高等院校管理学类相关专业，特别是物流管理、电子商务、国际商务、市场营销、工商管理等近年来国内高校优先发展的新兴、交叉学科专业的学生，也可作为 MBA 教材和从事物流管理领域相关工作者的自学读物。

本书由郑州轻工业大学具有丰富教学和实践经验的优秀教师共同完成，其中王伟任主编，负责全书的结构确定及统稿工作；韩珂任副主编；杨颖、李国政、金琳参与编写。编写分工如下：第 1、2 和 11 章由王伟编写，第 3、8 章由杨颖编写，第 4、5 章由李国政编写，第 6、7 章由金琳编写，第 9、10 章由韩珂编写。仝新顺教授对于此次教材修订给予了指导和建议，在此表示感谢。

在本书编写过程中，参考了诸多物流领域内前辈和同行的思想和方法，借鉴和引用了大量中外文献和许多鲜活的案例及阅读材料，在此深表谢意。参考文献中可能会有个别遗漏之处，敬请谅解。

本书此次再版得到郑州轻工业大学国家一流专业“物流管理”建设点项目和河南省“十四五”普通高等教育规划教材建设项目的大力支持。

限于编者水平有限，书中难免有疏漏与不妥之处，敬请广大读者批评指正，以便再版时进行修订。

编　者
2021 年 3 月

教学建议

课程简介

“物流管理概论”作为学习和掌握物流及物流管理基本知识的入门课程，从物流的基本概念切入，从物流概念的发展演变深入物流的内涵、物流管理的相关理论。围绕物流活动的主要内容，以理论和案例相结合的方式阐述和讲解物流管理所涉及的各项基础功能和增值功能的主要内容。本课程的任务是帮助学生了解和掌握物流管理的基本概念、基本原理与应用，培养学生对物流学科的学习兴趣，为后续专业课程的学习打下坚实的基础。

选课建议

本课程适合物流管理、电子商务和管理类专业学生作为选修物流类课程的先修课程，为后续课程的学习打基础。

课程任务和教学目标

通过本课程的学习，使学生掌握物流管理的基本概念和理论，熟悉物流的主要功能和业务的管理方法，熟悉物流系统的构成及运作模式，了解物流运作过程中的定性与定量分析方法，了解现代物流信息技术的发展与应用，了解物流业的最新发展趋势与前景。通过案例分析与理论学习，培养学生发现、分析和解决问题的基本技能，提高学生的创新能力，为学习后续课程打下坚实的基础。

课程基本要求

通过本课程的教学，要求学生了解当前物流业的发展特点，掌握物流概念的发展与演变，熟悉物流管理的内容和流程（包括各种运输方式、仓储与库存管理、装卸搬运基本工艺、包装材料与包装技法、配送中心与配送管理、流通加工的功能与特点、物流信息管理、物流业务外包与第三方物流、国际物流基本业务与流程），学会基于以上理论基础上的实践应用，形成对物流及物流管理的准确把握和深入认知。

教学内容、学习要点及课时安排

教学内容	学习要点	课时安排	
		必修课	选修课
第1章　绪论	了解物流的基本内涵及发展演变过程 掌握现代物流与传统物流的区别及现代物流的特征 理解物流管理、供应链管理的关系及演变过程 了解国外现代物流的发展现状与趋势	4	4

续表

教学内容	学习要点	课时安排	
		必修课	选修课
第2章　物流管理基础理论	掌握物流的特点和物流的价值 了解相关物流学说 掌握物流管理的主要内容 理解物流的成本管理、时间管理和绩效管理 了解最新的物流理论	4	2
第3章　运输与运输管理	了解运输的主要功能 掌握各种运输方式的优缺点 掌握不合理运输的表现形式 掌握运输合理化的有效措施	8	6
第4章　装卸搬运管理	掌握装卸搬运的内涵、作用及特点 了解装卸搬运的分类 掌握装卸搬运的基本作业方法 熟悉集装箱的装卸搬运 掌握装卸搬运合理化的基本原则和途径 了解绿色装卸搬运的表现形式及意义	4	2
第5章　包装与集装单元化	掌握包装的内涵、功能及其分类 熟悉包装材料的分类及其优缺点 掌握包装容器的基本情况及其选用方式，熟悉包装标识的内涵及要求 掌握包装技术与操作方法，熟悉包装机械的分类与作用 理解集装化的内涵，掌握包装模数及其运用，熟悉集装箱、托盘等集装工具 了解绿色包装的价值和意义	4	2
第6章　仓储与库存管理	深入了解仓储的概念、分类与功能 熟悉仓储的作业流程 了解库存的概念、类型及其作用 掌握库存管理的方法 理解库存优化的方法	6	4
第7章　配送与配送管理	深入认识配送和配送中心的概念 了解配送、配送中心的分类 熟悉配送和配送中心的功能和作业流程 掌握不合理配送的表现形式和实现配送合理化的措施	4	3
第8章　流通加工	了解流通加工的概念及其与一般生产加工的区别 理解流通加工在物流活动中的地位和作用 熟悉流通加工的类型 掌握流通加工的合理化措施	3	2
第9章　物流信息管理	掌握物流信息、物流信息系统的概念、内涵 了解物流信息的内容和标准 熟悉物流信息中常用的信息技术 熟悉物流管理信息系统的相关子系统	3	3
第10章　电子商务物流	掌握电子商务物流的概念和特征 了解电子商务物流运作流程 熟悉电子商务物流模式 了解跨境电子商务物流增值服务 熟悉跨境电子商务物流模式	2	2
第11章　国际物流	了解掌握国际物流的内涵和特征 掌握国际物流的系统、业务与运输方式 了解国际货物的包装与仓储 掌握保险基本知识及其在国际运输中的作用	2	2
案例讨论：结合本课程各章的内容，提供若干中外案例，建议至少选择2～4个案例，让学生参与讨论分析，提出解决问题的方案		4～8	
课时总计		48～52	32

注：案例讨论课时可由教师灵活掌握。

目录

第 1 章　绪　　论

本章提要

- 现代物流的内涵和基本概念。
- 物流概念的发展演进。
- 国内外物流发展现状及趋势。

学习目标

了解物流的基本含义及发展演变过程；掌握现代物流与传统物流的区别及现代物流的特征；理解物流管理、供应链管理的关系及演变过程；了解国外现代物流的发展现状与趋势。

框架结构

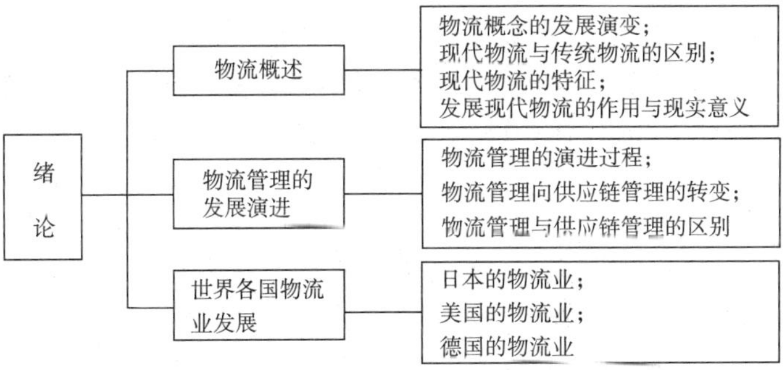

相关知识点微课

1.1 物流发展史

1.2 现代物流的特征

1.3 物流的基本内涵与定义

开篇案例

智慧物流将成经济双循环"连接器"

2020年的邮政快件量超过800亿件,收入达到8 600亿元,较2006年分别增长了79倍、28倍。如果将这800亿件快递量均摊到每个人,按照我国14亿人口量计算,相当于2020年每人收发了约57次快件。

党的十九届五中全会提出,形成强大国内市场,构建新发展格局。在"双循环"新格局下,流通体系现代化建设也迎来了重要发展机遇期。以国内大循环为主体,意味着要着力打通国内生产、分配、流通、消费各个环节,以满足国内需求作为出发点和落脚点。中国市场,既拥有全球最大人口规模、最大中等收入阶层规模,也是社会主义市场经济建设中形成的全国统一市场,具有无可比拟的潜力和广阔的成长空间。

构建经济发展新格局,意味着未来,我们将更多依靠国内需求来拉动经济增长;在"双循环"格局下,外需也将不断扩大,内外需的增加迫切需要建立服务"双循环"的现代流通体系。建立服务"双循环"的现代流通体系,需要科技支撑,大数据、云计算、人工智能等推动着物流大脑完善,催生智慧物流,它把生产、分配、流通、消费连接在一起,让农业、制造业、商贸流通业等实体商品流动全面互通,并融为一体,由此,物流将成为经济双循环的连接器。

近年来,我国物流产业发展迅速,但与发达国家相比,"成本高、效率低"问题仍较突出。这种差距直接体现在数值对比上,国家统计局数据显示,自2012年以来,我国的物流总费用与GDP的比值一直在稳步下降,2020年上半年这一比值为14.2%。但美国、日本等发达国家该比值近几年基本稳定在8%~9%左右,在物流产业发展、提升效率和控制成本方面,我国落后了一个发展阶段。

智慧物流是指通过智能硬件、物联网、大数据等智慧化技术与手段,提高物流系统分析决策和智能执行的能力,从而提升整个物流系统的智慧化水平。构建经济发展新格局,我国现代物流业需要加速智能化、数据化、标准化进程。在科技运用、降低成本、提升效率、创新驱动产业升级。

不断发展的5G技术能分别从"硬件"和"软件"层面为我国物流产业注入智慧活力。"硬件"层面,建立在5G网络数据处理能力基础上的多项关键技术正在被不断探索,这些技术逐渐走向成熟并投入更广泛的应用中。国内几家大的电商企业都在大力推动仓储物流环节的无人化技术应用,无人仓、无人机、无人配送站、无人化物流基地等都已投入使用。对于人工的不稳定因素,智能化、自动化的仓储、分拣、装载过程效率更高,稳定性、可靠性也不断提升。

同时,基于5G网络的载具调配系统、交通资源优化系统,乃至无人驾驶汽车控制网络的搭建也都处在技术攻关和应用探索前沿。不久的将来,我们将拥有不再长距离空载的车队,不再拥堵的路网,以及不需要睡眠的"司机"。

此外,基于5G网络的环境交互和数据处理能力会为仓库、港口、公路等与物流产业相关的场合提供更多安全保障。精确的监控、计算、分析和预警,为物流运输保驾护航,工作失误、安全事故造成的经济损失和时间延误都将得到前所未有的压缩。

除了上述加诸"硬件"层面的技术革新,5G技术对物流产业最大作用应表现为:极大推动智慧物流体系建设,以及物流产业数字化、信息化过程。这可理解为5G技术助力物流产业在

“软件”层面的升级。

物流产业对精确数据、高效沟通、正确决策和及时响应有着极高的要求。5G时代到来为物流产业的“一网知天下”提供了坚实技术保障，让精确掌握、实时决策成为可能。

在5G时代，当企业决策者拥有一份精确的实时数据，就可以掌握产品需求和生产效率，掌握原料市场变化和库存底数，并且能得到及时、可靠的物流服务。此外，还可以将原料和产品的库存量压缩到前所未有的比例，整个生产过程所需要占用的资金、资源、仓储成本都将大幅下降。随着物流产业发展成熟，越来越多企业将摆脱仓储压力。

在5G技术加持下，随着环境交互感应系统、数字标牌系统的应用，以及超高清传输、AR、VR、视频远距离呈现和触觉互联网等技术实现，整个物流行业将得到跨越式发展。

（编者依据网络资料改写）

1.1 物流概述

物流是指物质实体从供应者向需求者的物理移动，它由一系列创造时间价值和空间价值的经济活动组成，包括运输、保管、配送、包装、装卸、流通加工及物流信息处理等。物流可以分为企业物流和社会物流，它具有系统性、复杂性和高成本性，是社会经济活动中必不可少的环节。

1985年，美国物流管理协会关于物流的定义是：“物流是以满足客户需求为目标，为提高原料、在制品、制成品及相关信息从供应到消费的流动和储存的效率和效益，而对其进行的计划、执行和控制的过程。”相应的物流功能性活动则包括需求预测、订单处理、客户服务、分销配送、物料采购、存货控制、交通运输、仓库管理、工业包装、物资搬运、工厂和仓库或配送中心的选址、零配件和技术服务支持、退货处理、废弃物和报废产品的回收处理等。直到1998年10月，美国物流管理协会才修改了物流的定义，将物流定义成供应链管理的一部分。

2006年12月颁布的国家标准GB/T 18354—2006《物流术语》将物流定义成：“物品从供应地向接收地的实体流动过程。根据实际需要，将运输、储存、装卸、搬运、包装、流通加工、配送、信息处理等基本功能实施有机结合。”

早期的物流管理理论仅仅局限于运输领域，随着理论研究的深入和实践的发展，企业开始认识到整合物流功能或物流系统能够带来巨大的效益。在物流运营实践和利益的驱动下，企业开始逐步集成物流的各个子系统，形成了物流系统。在企业由于降低物质消耗而增加的“第一利润源泉”和因节约劳动消耗而增加的“第二利润源泉”被尽量挖掘之后，物流被作为降低成本的“第三利润源泉”提了出来。可以认为，物流的概念正在不断扩展，逐步形成了现在的广义物流概念，如图1.1所示。

物流最早是在第一次世界大战后的20世纪20年代由美国提出的，来源于实物配送(Physical Distribution)——物资从供给者到需求者之间的物理性运动；后续提出的与之内容相近的词语有物资供应(Physical Supply)、物料管理(Material Management)、配送工程(Distribution Engineering)、市场供应(Market Supply)、企业后勤(Business Logistics)，一直到现在的物流管理(Logistics Management)。物流活动已经从企业的被动从属职能逐步上升为公司经营战略组成。1956年底，日本企业考察美国流通技术时认识了物流概念并带回国内，随后将“物流”及其管理的思想不但渗透到了产业界，还渗透到了整个日本社会。中国的物流概念是在 20 世纪 70 年代由日本引进，强调保证货物的输送能力，降低企业与运输和仓储相关的成本，以提高效率、降低成本为重点；20 世纪 90 年代以后又引入现代物流学观点，强调物流服务水平的提高等市场需求，进而发展到关心环境、交通、能源等社会需求，不仅重视效率方面的因素，更重视整个流通过程的物流效果——只要对企业的整体战略有利，即使有些活动使成本上升也应该执行，物流管理的重点也由商品的存储运输管理转变到了物流战略管理——企业超越现有组织界限，将供应商、用户纳入管理范围，利用自身条件建立并发展与供应商和用户的合作关系，实现顾客服务高水平、低成本，打造新的竞争优势。物流管理已经继生产、销售之后，成为企业发展的第三大支柱。

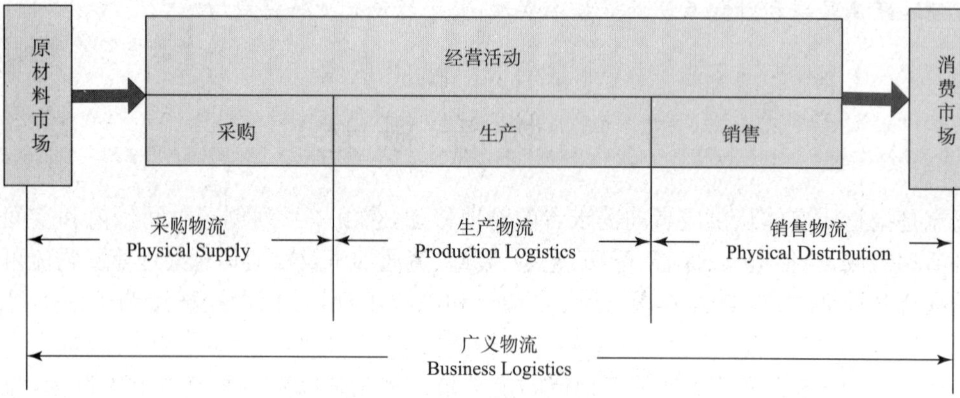

图 1.1　物流的基本概念

现代物流(Modern Logistics)指的是将信息、运输、仓储、库存、装卸搬运，以及包装等物流活动综合起来的一种新型的集成式管理，其任务是尽可能降低物流的总成本，为顾客提供最好的服务。我国许多专家学者则认为："现代"物流是根据客户的需求，以最经济的费用，将物资从供给地向需求地转移的过程，它主要包括运输、储存、加工、包装、装卸、配送和信息处理等活动。

物流系统要实现物流的现代化，就要贯彻 7R 原则：合适的质量(Right Quality)、合适的数量(Right Quantity)、合适的时间(Right Time)、合适的地点(Right Place)、合适的价格(Right Price)、合适的商品(Right Commodity)和良好的印象(Right Impression)，而如何实现这 7R 则是现代物流的核心问题。

1.1.1　物流概念的发展演变

物流最初的英文原词为 Physical Distribution，即通常所说的"实物配送"。实物配送一词最早出现于美国，1915 年 Arch W. Shaw 在《市场流通中的若干问题》(*Some Problems in Market Distribution*)一书中就提到物流一词，并指出"物流是与创造需求不同的一个问题""物资经过时间或空间的转移会产生附加价值"。因为在 20 世纪初期，西方一些国家已出现生产大量过剩、需求严重不足的经济危机，企业因此提出销售和物流的问题，此时的物流指的是销售过程中的物流。1935 年，美国销售协会最早对物流进行了定义："物流是包含于销售之中的物质资料和服务，以及从生产地到消费地流动过程中伴随的种种活动。"

日本在1964年开始使用物流这一概念。在使用物流这个术语以前，日本把与商品实体有关的各项业务，统称为“流通技术”。日本的物流概念是1956年直接自英文的“Physical Distribution”翻译的“物的流通”的简称。1956年，日本派团考察美国的流通技术，引进了物流的概念。到了20世纪70年代，日本已成为世界上物流最发达的国家之一。1981年，日本综合研究所编著的《物流手册》对“物流”的表述是：“物质资料从供给者向需要者的物理性移动，是创造时间性、场所性价值的经济活动。从物流的范畴来看，包括：包装、装卸、保管、库存管理、流通加工、运输、配送等活动。”到目前，中国、日本、韩国及新加坡等均已接受并使用“物流”一词及其所代表的意义。

在第二次世界大战期间，美国对军火等进行的战时供应中，首先采取了后勤管理（Logistics Management）这一名词，对军火的运输、补给、屯驻等进行全面管理。从此，后勤逐渐形成了单独的学科，并不断发展为后勤工程（Logistics Engineering）、后勤管理（Logistics Management）和后勤分配（Logistics of Distribution）。后勤管理的方法后被引入到商业部门，被称之为商业后勤（Business Logistics）。定义为“包括原材料的流通、产品分配、运输、购买与库存控制、储存、用户服务等业务活动”，其领域包括原材料物流、生产物流和销售物流。

在20世纪50年代到20世纪70年代，人们研究的对象主要是狭义的物流，是与商品销售有关的物流活动。因此，通常采用的仍是Physical Distribution一词。现代的物流概念于20世纪中期才逐渐形成，1960年美国华盛顿大学经营管理学院教授S. H. Brewer主张将原归纳于“市场营销（Marketing）”范畴的“物流”给以较广义的解释。随着新技术、统计分析、生产管理的引入运用，以及对于物资的流动进行规划及管理，为现代的物流观念确立了方向。美国物流管理协会对物流（Physical Distribution）的定义是：“物流是为满足消费者需求而进行的对原材料、中间库存、最终产品及相关信息从起始地到消费地的有效流动与存储的计划、实施与控制的过程。”简单地说，物流是指物质资料从供给者到需求者的物理性运动，主要是创造时间价值和空间价值，有时也创造一定加工价值的活动。

近年来，随着商业环境的变化，对物流的定义有更宽广的解释，因而形成以Business Logistics取代并涵盖Physical Distribution的潮流，美国物流管理协会并因此于1987年由National Council of Physical Distribution Management（NCPDM）更名为The Council of Logistics Management（CLM），2004年进一步更名为Council of Supply Chain Management Professionals（CSCMP），从其名称的改变可以看出物流概念及物流业发展的变化。

美国物流管理协会2002年1月份发布的一个新的物流定义为：“物流是供应链运作中，以满足客户要求为目的，对货物、服务和相关信息在产出地和销售地之间实现高效率和低成本的正向和反向的流动和储存所进行的计划、执行和控制的过程。”改动之一，是以满足客户要求为目的，而不是客户需求，供需是宏观经济学理论的概念，满足客户要求则更具体了；改动之二，是“对货物、服务和相关信息在产出地和销售地之间实现高效率和低成本的正向和反向的流动和储存所进行的计划、执行和控制的过程。”原来没有反向，现在把反向放进来了。可见新的物流观念更强调满足客户的要求，以及更追求效率及成本效益。新的定义具体突出了物流的四个关键组成部分：实体流动、实体存储、信息流动和管理协调。

Logistics与Physical Distribution的不同，在于Logistics已突破了商品流通的范围，把物

流活动扩大到生产领域。物流已不仅仅从产品出厂开始,而是包括从原材料采购、加工生产到产品销售、售后服务,直到废旧物品回收等整个物理性的流通过程。这是因为随着生产的发展,社会分工越来越细,大型的制造商往往把成品零部件的生产任务包给其他专业性制造商,自己只是把这些零部件进行组装,而这些专业性制造商可能位于世界上劳动力比较便宜的地方。在这种情况下,物流不但与流通系统维持密切的关系,同时与生产系统也产生了密切的关系。这样,将物流、商流和生产三方面结合在一起,就能产生更高的效率和效益。近年来,日、美的进口批发及连锁零售业等,都运用这种观念积累了不少成功的经验。

由此可以看出,当前提到的 Logistics 的特点是:

(1)其外延大于狭义的物流(即销售物流),因为它把起点扩大到了生产领域。

(2)其外延小于广义的物流,因为它不包括原材料供应物流。

(3)其外延与供应链单链的外延相一致,因此有人称它为供应链物流。

Logistics 一词的出现,是世界经济和科学技术发展的必然结果。当前物流业正在向全球化、信息化、一体化发展,一个国家的市场开放与发展必将要求物流的开放与发展。随着世界商品市场的形成,从各个市场到最终市场的物流日趋全球化;随着信息技术的发展,使信息系统得以贯穿于不同的企业之间,使物流的功能发生了质变,大大提高了物流效率,同时也为物流一体化创造了条件。一体化意味着需求、配送和库存管理的一体化。所有这些已成为现代物流业发展的方向。

物流概念的发展如图 1.2 所示。

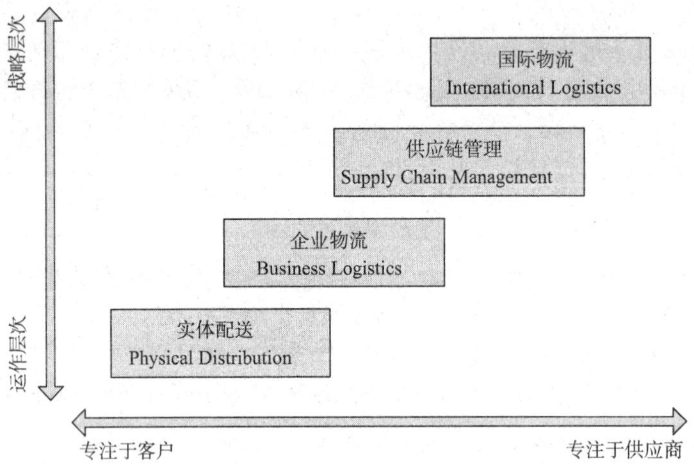

图 1.2　物流概念的发展

1.1.2　现代物流与传统物流的区别

传统物流一般指产品出厂后的包装、运输、装卸、仓储,而现代物流提出了物流系统化(或叫总体物流、综合物流管理)的概念,并付诸实施。具体地说,就是使物流向两头延伸并加入新的内涵,使社会物流与企业物流有机结合在一起,从采购物流开始,经过生产物流,再进入销售物流,与此同时,要经过包装、运输、仓储、装卸、加工配送到达用户(消费者)手中,最后还有回收物流。可以这样讲,现代物流包含了产品从“生”到“死”的整个物理性的流通全过程。

传统物流与现代物流的区别主要表现在以下几方面：

(1)传统物流只提供简单的位移，现代物流则提供增值服务。

(2)传统物流是被动服务，现代物流是主动服务。

(3)传统物流实行人工控制，现代物流实施信息管理。

(4)传统物流无统一服务标准，现代物流实施标准化服务。

(5)传统物流侧重点到点或线到线服务，现代物流构建全球服务网络。

(6)传统物流是单一环节的管理，现代物流是整体系统优化。

1.1.3 现代物流的特征

随着物流的发展，现代物流表现出许多特征，而这些特征又具有不同属性，如科学、技术、经济、管理、社会等属性。现代物流的各种属性相互影响、相互促进、相互交叉、相互包含，既有区别又有联系，形成了复杂多变的现代物流。同时，现代物流是发展的、动态的，因此，现代物流的特征也是不断变化的。

现代物流的特点主要是信息化、系统化、网络化、柔性化、标准化和专业化。

1.信息化

信息化至少包含两方面的含义：一方面，信息本身的特性决定了其具有一种载体的功能；另一方面，实现信息交换的信息技术作为一种先导技术广泛地应用于包括物流行业在内的诸多行业。基于这种理解，物流信息化至少有两个层面的含义：其一是信息成为物流业务中商流、物流(商品移动)、资金流的载体，通过信息交换实现物流业务，反映物流资源的信息称为信息资源，已成为企业的竞争情报和财富；其二是信息技术和产品应用于物流领域，物流管理全面信息化。

2.系统化

物流系统化是系统科学在物流管理中应用的结果。系统科学在物流管理领域中得到了广泛的应用，人们利用系统科学的思想和方法建立物流系统，包括社会物流系统和企业物流系统，从系统科学的角度而言，物流也是社会大系统的一个部分。

3.网络化

在讨论物流网络时，网络有两种含义，或者说人们对网络有两种理解：一种是指物流网络或实体网络；另外一种是指信息网络，是企业利用电子网络技术进行物流信息交换，根据物流网络的发展需要，应用网络技术建立起来的网络。在网络化问题上，这里所探讨的是物流网络。

形成物流网络有以下几个原因：

(1)社会交通运输网络的建立使工商企业的公司网络和业务网络的形成成为可能。

(2)企业规模的扩大，用户增加，市场扩大，包括空间的扩展和占有率的提高，形成了企业的业务网络和公司网络，物流需求不断增加。

(3)各种限制(交通管制)和贸易壁垒的取消和解除，统一市场(统一的国内市场、区域市场以及全球市场)的形成。

(4)物流网络是建立在工商企业网络和交通运输网络之上的，并在此基础上形成全国性、区域性乃至全球性的分销和物流配送网络。

4.柔性化

在工业化进程中，制造业实现了规模化和多样化，多样化乃至个性化的需求进一步加剧了市场竞争。为了降低生产成本，企业建立了柔性化生产线，在企业柔性化制造的条件下，需要与之相适应的企业内部和外部柔性物流。

5.标准化

在物流管理的发展过程中，从企业物流管理到社会物流管理不断地制定和采用新的标准。从物流的社会角度，物流标准可以分为企业标准和社会标准；从物流的技术角度，物流标准可以分为产品、技术和管理等标准。

6.专业化

物流专业化本身至少包括两方面的内容：一方面，在企业中，物流管理作为企业的一个专业部门独立地存在并承担专门的职能，随着企业的发展和企业内部物流需求的增加，企业内部的物流部门可能从企业中游离出去而成为社会化、专业化的物流企业；另一方面，在社会经济领域中，出现了专业化的物流企业，提供着各种不同的物流服务，并进一步演变成为服务专业化的物流企业。

服务专业化包括两方面的内容：一方面是服务功能或内容的专业化，提供简单、功能专一或单一的物流服务；另一方面是服务对象或行业的专业化，也就是说物流企业面向某个行业或者某种类型的企业开展物流服务。

1.1.4 发展现代物流的作用与现实意义

1.现代物流在经济发展中的作用

(1)发展现代物流是提升产业化水平、推进现代化的要求，它对加速经济循环、降低成本和提高企业竞争力有着十分重要的作用。目前，国际上普遍把物流称为“降低成本的最后边界”，是排在降低原材料消耗、提高劳动生产率之后的“第三利润源泉”。随着经济全球化和信息化进程的不断加快，物流业作为具有广阔前景和增值功能的新兴服务业，正在全球范围内迅速发展，掀起“现代物流革命”。目前，世界上一些发达国家和地区的物流产业已成为国民经济的支柱产业。2018 年，美国物流产业总规模为 16 355 亿美元，几乎为高新产业的两倍，占 GDP 的 8%。2020 年，中国社会物流总费用 14.9 万亿元，占 GDP 比重的 14.7%。

(2)现代物流产业发展程度是衡量一个国家产业化水平和综合竞争力的重要标志。从世界经济发展过程来看，物流的高度发展与工业化发展过程相一致。英国工业革命后“世界工厂”的形成，日本经济奇迹及其工业化进程都得益于先进的物流系统。国内外成功企业的发展经历也表明，建立或运用先进的物流体系，能更快地提高企业的竞争力，如美国的戴尔公司、波音飞机公司、通用汽车公司和我国的海尔集团，无不借助于先进的物流体系保证其核心竞争力。

(3)现代物流是一个国家现代化的重要内容。流通现代化包括现代物流、连锁经营和电子商务，其核心是现代物流，没有物流现代化就不可能有流通现代化，因为流通现代化的其他两个内容——连锁经营和电子商务的发展均有赖于物流的支撑。目前，我国正处于全面建设小康社会和实现工业化的发展阶段。2020 年，我国 GDP 已突破 100 万亿元，社会消费品零售总额达 39.2 万亿元，进出口贸易总额达到 32.16 万亿元。如此大的市场规模，没有现代物流就难以保证经济持续、健康运转。可以肯定地说，没有现代物流的充分发展，就难以实现一个国家的现代化。

(4)现代物流产业是在传统物流产业的基础上,利用现代信息技术进行货物储存、交易、卸运的运作方式和管理机制,它将运输、仓储、装卸、加工、整理、交通、信息等方面有机地结合,形成完整的供应链,从而使物流速度加快、准确率提高、库存减少、成本降低,以此延伸和放大传统物流的功能,为客户提供多功能、一体化的综合性服务。加速发展现代物流产业,对于坚持科学的发展观,推动新型工业化,提升和带动相关产业发展,提高经济运行质量和效益,适应全球经济一体化趋势,增强区域经济实力和综合竞争力,推动区域经济的可持续发展,都具有十分重要的意义。

2.加速发展现代物流的现实意义

(1)加速发展物流产业,有利于推进产业结构调整,促进产业优化升级。由于计划经济的影响,我国经济结构性矛盾突出,第三产业发展滞后,流通不畅,制约着第一、第二产业的发展,农副产品销售难的情况时有发生,影响着农业综合生产能力的发挥和农民收入的增长。由于第三产业发展滞后而制约第二产业发展的问题也较为突出。加速现代物流业的发展,就可以改变三大产业结构失衡的问题,促进三大产业协调发展,促进产业的优化升级,转变经济增长的方式,提高经济增长的质量,实现可持续发展。

(2)加速发展现代物流产业,有利于扩大对外开放,改善投资环境。现代物流产业作为服务性产业,对交通、通信等基础设施条件有较高的要求,是一个地方十分重要的投资环境,关系到一个地方的对外开放水平和形象。实践证明,哪个地方现代物流产业发展快,哪个地方的投资环境就好,人、财、物等多种生产要素就向哪个地方流。随着我国加入WTO和世界经济一体化进程的加快,外向型经济发展异常迅猛。2020年,我国外贸进、出口总额已达到32.16万亿美元大关,是世界第一贸易大国。一方面,给我国现代物流产业的发展带来了新的机遇,提供了更大的市场需求;另一方面,现代物流领域的国际合作与交流将进一步加强,需要我们在现代物流运作机制和方式上同国际接轨,这也对我国物流业的发展提出了新的、更高的要求。

1.2 物流管理的发展演进

1.2.1 物流管理的发展演进介绍

1.物流管理发展演进阶段

日本日通综合研究所编写的《物流知识》(第3版)将物流管理的发展划分为六个阶段。

(1)物流前期。物流按不同的功能和不同的场所互不联系地分别进行。只是按生产和销售部门的要求进行保管和运输。

(2)个别管理期。物流成本意识的出现期,这一时期只有保管部门或发货部门在努力降低成本。

(3)综合管理时期。作为一项独立业务开始建立物流管理部门,采取措施综合解决各种物流功能的优化组合问题。这里生产和销售是物流的前提。

(4)扩大领域时期。物流影响生产和销售的阶段。对于生产部门来说,应该在产品设计阶段就从物流的角度考虑问题。在物流效率、统一包装规格、生产计划的灵活性等方面提出要求；对于销售部门，则在接受订货的计划性、订货的数量单位及交货期限等方面提出要求。在这一阶段，追求“第三利润源泉”的企业增多，过去曾把这一阶段视为终极阶段。

(5)整体体制时期。物流进入小批量、多品种发货的新时代。为创造新的物流形象，整个公司必须取得共识。这一阶段多建立以生产和销售人员为委员，以负责经营的主要领导为委员长的委员会制度。建立起这样的制度之后，物流就成为生产和销售本身的一项内容。物流部门则只要运用物流知识和物流信息建立物流系统即可。

(6)生产、销售、物流一体化时期。作为第一步，首先将不同商品的售出情况、发货及脱销情况、库存及进货情况与销售、生产计划进行比较，将现有库存与基准库存量(库存计划)进行比较，定期进行这一工作。找出计划与实际情况的差异，并据此提出解决方案，修订生产计划和与之相关的采购计划及以生产、销售计划为前提的物流计划。这种修订是各个时期与销售状况相适应的，包括生产和物流的整个企业运作的修订，也就是人们所说的建立以物流信息为核心的一体化系统。

2.企业物流管理组织演变趋势

从企业物流管理组织演变趋势看，发达国家企业物流管理组织演变趋势呈现出由分散化向内部一体化转变，由职能化向过程化转变，由垂直化向扁平化转变，由固定化向柔性化转变，由实体化向虚拟化发展，由单体化向网络化发展的趋势。

(1)由分散化向内部一体化转变。20世纪80年代后，欧美等发达国家就开始出现了企业内部的一体化物流组织，它是指在一个高层物流经理的领导下，统一所有的物流功能和运作，将采购、储运、配送、物料管理等物流的每一个领域组合构成一体化运作的组织单元，形成总的企业内部一体化物流框架。尽管这种一体化组织存在着机构较大，复杂、组织灵活性低等一些弊端，但是对于涉及部门和环节较多的物流系统而言，则表现出更多的优越性，它有利于统一企业物流资源，避免浪费，发挥物流整体优势，有利于从战略的高度系统地考虑和规划企业物流问题，整合物流管理，协调物流操作，提高物流运作的效率和效益。构建企业内部一体化物流组织，要讲究渐进性原则，可以先进行小范围的组合与集成，实现部门一体化，然后再实行内部完全一体化，甚至物流组织的分立化。要强调仓储、运输、包装等各物流支持部门与采购、制造物流和配送等物流运作部门的直接沟通，以及与生产、销售等部门的协调，并且各部门之间能够有效地进行利益互换。内部一体化物流组织并不适合于所有企业，只有对物流资源多、物流业务量大、系统较复杂的大中型企业或企业集团才更为有效。

(2)由职能化向过程化转变。20世纪90年代以来，扁平化、授权、再造和团队的思想被越来越多的企业理解并接受，企业组织进入了一个重构的时代。物流管理也由重视功能转变为重视过程，通过管理过程而非功能，提高物流效率成为整合物流的核心。物流组织不再局限于功能集合或分隔的影响，开始由功能一体化结构向以过程为导向的水平结构转变，由内部一体化向内外部一体化发展。实现物流组织由职能化向过程化转变，要强调以物流过程为中心取代原来的强调以物流职能为中心的组织构建方式，将物流纳入到企业的流程再造中，不再简单地按照仓储、运输、包装、流通加工、信息处理等物流职能设置部门，而是根据企业原材料、零部件、半成品和产成品的流向和流动过程，将物流同新产品开发、生产制造、客户服务等有机地结合，注重实物流和信息流的融合，围绕企业总体目标和物流具体目标来设计组织结构。物流过程化组织能够跨越企业的各职能部门、地区部门，甚至在企业之间有效地组织物流活动，其组织形式应该是多样化的，如矩阵型、项目型、团队型等。

(3)由垂直化向扁平化转变。传统的各层组织之所以机械、僵化、失灵，很重要的原因在于拥有庞大的中层，扁平化就是精简中间管理层，压缩组织结构，尽量缩短指挥链，改善沟通，消除机构臃肿和人浮于事的现象。实现物流组织结构由垂直化到扁平化，首先要注重企业物流信息系统的建设，用以取代原来中层人员的上通下达及收集整理材料信息的功能，为扁平化组织结构的高效运行提供功能支持；其次要注重提高组织成员独立工作的能力，为扁平化组织结构的高效运行提供能力保障。物流组织的扁平化可以采取直接压缩组织结构的办法，但是由于管理层次的减少必然扩大管理跨度，管理跨度又因管理的内容、管理人员的素质等因素而受到限制，为了实现管理跨度和管理层次的最佳组合，采取矩阵型等组织形式是物流组织扁平化的有效方法。

(4)由固定化向柔性化转变。组织柔性化的目的在于充分利用组织资源，增强企业对复杂多变的动态环境的适应能力。首先，物流组织的柔性化与企业物流集权和分权度有较大关系，要适时调整权责结构，正确处理好集权与分权的关系，在多数企业中适当扩大物流授权度将有利于物流组织的柔性化。其次，建立动态性较大的“二元化组织”是当前物流组织柔性化的重要方法，即一方面为完成组织的经常性任务设立比较稳定的物流组织部门，另一方面为完成某个特定的、临时的项目或任务设立动态的物流组织。如物流工作团队就是为了实现某一物流目标，而把在不同领域工作的、具有不同知识和技能的人集中于特定的团体之中，而形成组织结构灵活便捷、能伸能缩、动态柔性的物流组织。对于一些大型企业或企业集团、国际物流企业、跨国公司等，这种柔性组织将表现出更大的优越性。

(5)由实体化向虚拟化发展。虚拟物流组织实际上是指一种非正式的、非固定的、松散的、暂时性的组织形式，它突破原有物流组织的有形边界，通过整合各成员的资源、技术、客户、市场机会等，依靠统一、协调的物流运作，以最小组织来实现最大的物流职能。虚拟物流组织具有快速响应市场变化的能力，组织灵活性强，易于分散物流风险，易于企业抓住有利的物流机会，有利于企业利用外部物流资源，使之专注于物流核心业务，而将非核心业务外包给虚拟成员企业，从而提高企业的核心竞争力。建立虚拟物流组织必须具备两个基本条件：一是要求企业具有核心的物流技术或专长，各企业间能够进行有效的优势互补；二是物流组织间可以进行信息互换，实现管理信息集成化、管理方式网络化。例如，企业间为实现特定的物流目标而采取联合与合作等形式建立的物流联盟组织就是一种有效的虚拟型物流组织。它可以使专用性的物流资产发挥更大的作用，可以减少物流活动中的机会主义和不确定性，降低物流费用，实现企业间的双赢或多赢。

(6)由单体化向网络化发展。企业对物流的优化往往强调内部物流职能的整合，总是希望建立内部一体化的实体性物流组织，实行集权化管理，而对企业内外部物流资源的共享与利用的关注较少。随着经济全球化、网络化和市场化的日益加剧，企业物流组织必然会向网络化发展，以使企业能够充分利用内、外部物流资源来快速响应市场需求，有效地提高其竞争力。物流网络组织是将单个实体或虚拟物流组织以网络的形式联合在一起，它是以联合物流专业化资产，共享物流过程控制和完成共同物流目的为基本特性的组织管理形式，它可以是实体网络组织，也可以是虚拟网络组织，可以是企业或企业集团内部的物流网络组织，也可以是企业外部网络组织。企业物流组织由单体化向网络化发展，首先，企业应强化物流信息网络化和标准化建设，并能够通过 Internet、EDI、Intranet 等实现消费者与企业、企业间、企业内部信息的有效交换；其次，要以现代企业组织理论为指导，梳理物流业务，确定物流业务是采取自营、外包还是联盟的方式，以培育企业的核心竞争力和重塑业务流程为主导，以企业自身物流组织为核心，构建基于供应链的网络化物流组织。

1.2.2 物流管理向供应链管理的发展演进

供应链管理的研究最早是从物流管理开始，主要研究企业内部多级库存控制、物资供应；分销运作（如分销需求计划——Distribution Requirement Planning）等，注重企业内部作业层和自身资源的利用。随着经济全球化和知识经济时代的到来，其概念不断拓展。先是与JIT、LP、ERP、采购和供应管理、零售管理等相联系，后来又发展到将供应商、制造商、分销商、零售商、最终用户连成整体的物流、信息流、资金流、服务流协同。最近增加了网链的含义，强调节点企业间的战略伙伴关系，价值增加的多重链条。

按照历史阶段看，供应链管理大致经历了如下的发展历程。

1.物料供应管理

物料供应管理主要考虑与产品制造密切相关的原材料采购和供应问题，决策和执行者是公司采购部，一般不涉及制造部门和供应商，管理内容包括自制与外购决策、供应商选择和控制、采购协议签订、原材料数量和质量管理等。

2.货物配送管理

货物配送管理主要考虑与产品销售密切相关的货物运输与配送问题，决策和执行者是公司销售部，一般不涉及制造部门和产品用户，管理内容包括分销渠道设计和管理、区域性顾客管理、顾客需求预测、运输和仓储等物流活动安排等。

3.物流管理

物流管理开始涉及企业之间的物资流动和衔接管理问题，从最早的原材料供应到最终用户，从整个系统出发来考虑物流问题，全面涉及包装、运输、装卸、仓储、配送等各项物流活动，管理是在企业的日常作业和经营决策多个层面进行，意识到物流社会化问题，许多企业还设立单独的物流管理部门。

4.供应链管理

供应链管理是企业管理发展的新阶段，跳出单个企业的框架，从最终产品价值链的整个系统来考察和设计管理对策，寻找新的利润和竞争力源泉；强调供应链是物流、信息流、资金流、所有权流的统一，利用企业外部资源快速响应市场需求，本企业只抓最核心的产品方向、市场、关键零部件制造等，其他全部委托外部企业；希望供应链上的节点企业能够同步协调运行、使得链上企业都受益的管理模式。也就是说，供应链管理是通过前馈的物流和信息流以及反馈的资金和信息流，将供应商、制造商、分销商、零售商和最终用户连成一个整体的管理模式，以打造相对其他供应链的竞争优势。

5.价值网络

事实上，供应链上每个节点企业都同时与多个供应商和顾客发生着经济交往，因此所谓的供应链是由许多相互并行又相互交错的链条交织而成，呈现出产品价值增加的网络状链条结构，而这种价值网络又是动态调整和变化着的。由于网络结构在定量数学处理方面的困难等原因，大多数业内人士还是采用供应链的分析理念（见图1.3）。

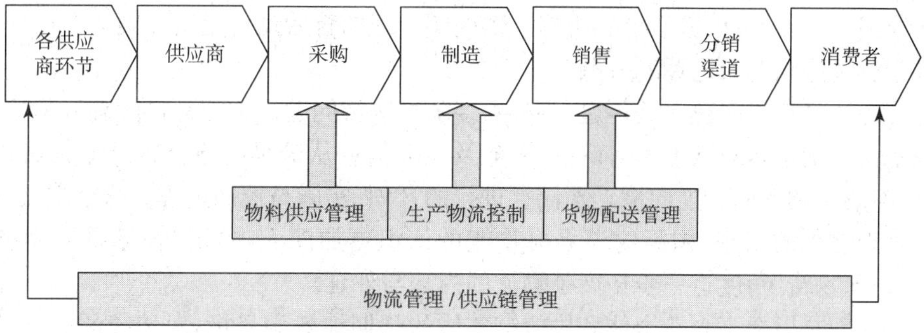

图1.3 物流与供应链管理示意图

1.2.3 物流管理与供应链管理

物流管理的主要对象一般是采购/销售物流和生产物流，追求局部利润最大化；而供应链管理的范围不仅包括采购/销售物流和生产物流，还包括回收物流、退货物流、废弃物物流等逆向物流。采购/销售物流不仅是单阶段的物流（如供应商到制造商、制造商到批发商、批发商到零售商、零售商到消费者的相对独立的采购/销售物流活动），还包括供应链渠道内成员从原材料获取到最终客户产品分销整个过程的采购/销售物流活动。

供应链管理指的是用供应链管理思想实施对供应链物流活动的组织、计划、协调与控制。作为一种共生型物流管理模式，供应链管理强调供应链成员组织不再孤立地优化自身的物流活动，而是通过协作（Cooperation）、协调（Coordination）与协同（Collaboration），提高供应链物流的整体效率。

供应链管理由三部分组成：前向与逆向物流、前馈与反馈的信息流、管理和控制。供应链管理注重总的物流成本与客户服务水平之间的关系，利用系统理论和集成思想，把供应链成员内各职能部门以及成员间相关职能部门有机地结合在一起，从而最大限度地发挥出供应链的整体优势，增强供应链整体的竞争力，最终达到供应链成员整体获益的目的。

1. 供应链管理的特点

（1）分析问题的角度不同。供应链管理是从整个供应链的角度出发，寻求供应链物流成本与客户服务之间的均衡。

（2）管理的内容不同。供应链管理涉及整个供应链所有成员组织，管理内容包括从初始供应物流到终端的分销物流以及逆向物流。

（3）侧重点不同。供应链管理更侧重于供应链成员企业间接口物流活动的管理优化，这也是供应链管理的利润空间所在。

（4）管理难度更高、管理思想和方法更丰富。供应链管理涉及众多成员企业的协调与合作，无论是从纵向（长度）还是横向（宽度）考虑，供应链管理更复杂，难度更高。因此，供应链管理需要应用更多的管理思想和方法，如系统理论与集成思想、准时制（JIT）、快速反应（QR）、有效客户反应（ECR）等。

供应链管理的基本概念是建立在这样一个合作信念之上的，即它能够通过分享信息和共同计划使整体物流效率得到提高。供应链管理使渠道安排从一个松散地联结着独立企业的群体，变为一种致力于提高效率和增加竞争力的合作力量。在本质上，它是从每一个独立参与者进行存货控制，变为一种渠道整合和管理。供应链管理的背后动机是增加渠道的竞争力。

2.供应链管理与物流管理的关系

物质形态产品在供应链上的传递，就必然伴随着物流问题。物流是供应链流程的一部分，物流管理是为了满足客户需求而对商品、服务及相关信息从最早的原材料产地到最终消费地的高效率、高效益的正向和逆向流动及储存进行的计划、实施与控制过程。这个定义反映了随着供应链管理思想的出现，国际物流界对物流的认识更加深入，强调“物流是供应链的一部分”；并从“逆向物流”角度进一步拓展了物流的内涵与外延。

供应链管理是以提高企业个体和供应链整体的长期绩效为目标，对传统的商务活动进行总体的战略协调，对特定公司内部跨职能部门边界的运作和在供应链成员中跨公司边界的运作进行战术控制的过程。供应链管理的本质是操作、策略和战略的整合规划。而物流则是供应链流程的一部分。供应链管理的导入，可以说是现代经营理念对传统经营理念的挑战。企业管理者开始把降低运作成本作为主要的经营策略之一；进入21世纪以来，无论是生产企业还是商业企业都已经开始把降低运营成本的目标，集中到提高供应链的效率上来。在愈发激烈的市场竞争环境中，对任何企业来说，只有取得整个供应链的优势，才能在市场竞争中立于不败之地。

1.3 世界各国物流业发展

世界上一些发达国家已经形成了适合本国国情的现代化流通体系。研究发达国家物流的发展状况，可以借鉴其成功的经验、吸取失败的教训。

1.3.1 日本的物流业

日本物流业的发展已有较长的历史，在世界居领先水平。日本注重实际，重点放在物流成本和企业物流管理上，特色是引进后的发展和技巧的纯熟。日本政府近年来为了大力扶持物流产业的发展所采取的一些宏观政策导向，促进了日本物流业的快速增长。

1.日本的物流业现状

据2015年日本国土省的统计，2014年日本物流总费用约2 100亿美元，日本主要制造业的物流成本占销售额的比例已由1975年的10.16%下降到2014年的4.7%，而物流成本占日本GDP的比例由1991年的10.6%下降到2014年的约5%。

(1)运输系统的现代化——日本政府十分重视交通运输业的现代化建设，仅1958—1968年这十年间，交通运输的投资就增长了27.8%，并实现了运输装备的现代化。在2.7万千米的铁路中，有1.4万千米实现了电气化，约占全线总长度的41.5%，高速公路也日渐延伸，轮船、卡车的大型化和专用化，加速了公路运输与海运的现代化进程。铁路货运量由1960年的39.2%下降到1984年的5.3%，与此相反，公路货运量由1960年的14.9%上升至1984年的46.2%，汽车运输的优势在日本物流界凸现出来。

(2)仓储系统现代化——仓储系统一直作为物流的中心环节，被列为重点发展的项目之一。日本建有大型仓储群，担负着物流中心的任务。仓库都实现了机械化、自动化，尤其是高架立体库的建设更为日本物流业增添了新的活力。

(3)装卸、搬运系统的现代化——物流过程中，装卸、搬运形成了一个有机的系统，其装卸货物多数采用叉车,或用链条输送机传送。拖挂车的采用,加速了物流的速度。

(4)包装标准化——为了统一包装的标准,日本政府颁布了"工业生产包装标准",大多数包装都有统一的编号,采用条形码识别货物。包装技术和产品包装手段都实现了高度现代化。

(5)信息处理现代化——日本的各个物流中心完全使用计算机自动控制系统,它是实现信息处理现代化的重要标志,计算机总控室设有总机,与各工厂、商店、批发商、客户及物流中心的各个分机系统都连成了网络,形成自动处理与传输的信息系统。

2.日本物流业的发展特点

日本凭借本国的先进电子信息技术,在电子物流信息市场捷足先登,许多大型企业建立了第三方物流。2001年,以住友商事、三菱商事、三井物产三家公司为中心设立了"物流连结日本(LogiLinkJapan)"系统,这一系统的思路是将网上的商品电子贸易与物流运输两大项业务同时在因特网上完成,从而在日本国内构筑起第一座大的电子物流信息市场,使日本的物流业电子信息化走在世界前列。

日本物流的主要发展特点如下:

(1)确立海运立国战略。作为传统的海运国家,日本政府把海运物流作为本国经济发展的生命线。近年来,日本政府又调整了部分物流发展战略,积极倡导高附加值物流,并将物流信息技术作为重点发展方向,力争在物流国际化、系统化、标准化、协作化方面取得进展。日本在《21世纪国土的宏伟目标》计划的基本目标和政策课题中,明确规定"不限于国内的地位与作用,把各地区作为亚洲太平洋的一部分,全面审视其国际交流的机能""在生产、流通和消费环节提高效率。"

(2)全面完善物流基础设施。日本从国土和人口等国情出发,把物流性基础设施的重点放在高速公路网和沿海港口设施、海运网络上,以避免在狭小国土上铁路运输的不便,发挥公路运输快捷可控和灵活机动的优势,同时突出"海运立国"的发展战略。日本政府在全国范围内开展了包括高速公路网、新干线铁路运输网、沿海港湾设施、航空枢纽港、流通聚集地在内的各种基础设施建设,投资物流运输体系的建设,既拉动了本国生产的内需,又为日本扩大物流市场提供了充实的物流硬件保证。

(3)提高生产物流管理水平。日本堪称是世界上物流管理手段与工业化生产结合最为成功的国家之 ,"零库存"管理、准时制生产管理等新的物流管理方式不断涌现。日本物流界在经营管理过程中,积累了一些行之有效的原则,即"采集计划化,配送共同化,运输直达化,物流大量化,管理系统化",综合表现在采集、运输、仓储、包装、配送的各个环节,构成了一个完整的物流体系。

(4)提高物流服务专业化程度。日本的物流运作正在朝专业化方向发展。很多制造型企业为了强化自身的物流管理,降低物流活动总成本,开始将企业的物流职能从其生产职能中剥离开来,成立专业子公司或通过第三方物流企业来提供专门的物流服务,为此一大批物流子公司和专业物流公司应运而生,逐步形成物流产业。大和运输公司就是日本第三方专业物流企业中经营业绩最佳的企业之一,在激烈的市场竞争中,确立了差别化的市场观念,构筑了多样化的配送服务体系,针对B2B(企业对企业)、B2C(企业对用户)开展从订发货、查询、出库作业到商品保管、配送、运输等全过程的物流服务。

(5)提升物流自动化水平。日本物流业自动化水平的发展十分快速,而且对物流信息的处理手段也极为重视。几乎所有的专业物流企业无一不是通过计算机信息管理系统来处理和控制物流信息，为客户提供全方位的信息服务。例如，松下电器公司的信息网络由地面线路通信系统和卫星通信系统构成，目的是通过订发货网络化提高物流和经营效率。

(6)构筑绿色物流体系。面对物流发展给环境带来的不利影响，日本政府于2001年制定了《新综合物流施政大纲》，以构筑环境负荷小的绿色物流体系。首先，从2002年起，在海运、铁路等运输业，通过货主、物流企业等合作，实施降低环境负荷的相关举措。在确认已取得一定效果的场合，由政府发给补助金。其次，根据《都市再生计划》的规定，先在首都圈建立废弃物海陆安全运输系统，以构筑环境负荷小的绿色物流体系，形成与周边环境协调发展。

1.3.2 美国的物流业

1.美国物流发展状况

美国经济高度发达，是世界上最早发展物流业的国家之一。美国政府推行自由经济政策，其物流业务数量巨大，且异常频繁，这决定了美国多渠道、多形式的物流结构特征。美国物流业具有超前性和创新性，在全球现代物流业发展中发挥了引领作用。

(1)政府放宽管制、促进物流发展。从20世纪80年代开始，美国政府制定一系列法规，逐步放宽对公路、铁路、航空、航海等运输市场的管制(Deregulation)，取消了运输公司在进入市场、经营路线、联合承运、合同运输、运输费率等多方面的审批与限制，通过激烈的市场竞争使运输费率下降、服务水平提高；1991年颁布《多式联运法》，大力提倡多式联运的发展；1996年出台的《美国运输部1997—2002年财政年度战略规划》，提出建设一个世界上最安全、方便和经济有效的物流运输系统。这些政策法规的推行，为确立美国物流在世界上的领先地位提供了保障。

(2)积极推进企业物流合理化。近年来，美国企业物流面临新的市场环境：一是随着企业经营全球化，物流与供应链覆盖范围扩大，管理复杂性提高，普遍需要全球性物流服务；二是由于市场的多变性，以及客户需求的个性化和多样化趋势，物流服务要有很好的灵活性，适应企业内部和外部各种因素的变化；三是企业之间的竞争已由产品竞争转向服务竞争，物流作为企业的“第三利润源泉”，需要通过各种途径来降低物流成本，改进客户服务，提高企业的竞争能力。为了适应新的市场环境，企业一方面打破部门界限，实现内部一体化物流管理，设立物流总监进入企业高层；另一方面，冲破与供应商和客户的企业壁垒，结成一体化供应链伙伴，使企业之间的竞争变成供应链之间的竞争；涌现出 Dell、Cisco、IBM、Wal-Mart、MacDonald 等成功的企业物流与供应链管理模式。2018年，美国的企业物流成本为16 355亿美元，占GDP的比例从1981年的16.2%下降到8%，其中库存持有成本4 937亿美元(含仓储成本1 531亿美元)，运输成本10 374亿美元，显示了美国企业物流合理化的成效。

(3)大力发展第三方物流。美国企业物流合理化的一个重要途径，是将物流服务外包给第三方物流公司(3PL)。美国第三方物流市场规模由1996年的308亿美元上升到2018年的1 850亿美元，但仍只占物流服务支出7 400亿美元的11.3%，增长潜力巨大。根据最近的抽样调查，在过去两年里，第三方物流企业的客户物流成本平均下降11.8%，物流资产下降24.6%，订货周期从7.1 d下降到3.9 d，库存总量下降8.2%，说明美国第三方物流的作用已从单纯的降低客户物流成本转变为多方面提升客户价值，而实现这一转变的前提是美国的第三方物流已从提供运输、仓储等功能性服务向提供咨询、信息和管理服务延伸，UPS、FEDEX、APLL、RYDER 等一批物流企业致力于为客户提供一体化解决方案、与客户结成双赢的战略合作伙伴关系。

2.美国物流信息化状况

(1)企业物流信息化。由于现代物流的核心是物流信息化,是用信息流来控制实物流,因而美国众多企业纷纷将物流信息化作为物流合理化的一个重要途径,主要做法有:

①普遍采用条形码技术(Bar-Coding)和射频识别技术(RFID),提高信息采集效率和准确性;采用基于互联网的电子数据交换技术(Web EDI)进行企业内外的信息传输,实现订单录入、处理、跟踪、结算等业务处理的无纸化。

②广泛应用仓库管理系统(WMS)和运输管理系统(TMS)来提供运输与仓储效率。

③通过与供应商和客户的信息共享,实现供应链的透明化,运用JIT、CPFR、VMI、SMI等供应链管理技术,实现供应链伙伴之间的协同商务,以便"用信息替代库存",降低供应链的物流总成本,提高供应链的竞争力。

④通过网上采购辅助材料、网上销售多余库存,以及通过电子物流服务商进行仓储与运输交易等手段,借助电子商务来降低物流成本。

(2)物流企业信息化。仓储、运输管理和基于互联网的通信方面的技术与实施能力,已成为进入第三方物流行业的门槛,物流企业高度重视信息化建设,并呈现以下特点:

①物流信息服务包括预先发货通知、送达签收反馈、订单跟踪查询,库存状态查询、货物在途跟踪、运行绩效(KPI)监测、管理报告等,这些已成为第三方物流服务的基本内容。

②物流企业在客户的财务、库存、技术和数据管理方面承担越来越大的责任,从而在客户供应链管理中发挥战略性作用。物流外包影响供应链管理的最大因素是数据管理,因为用企业及其供应链伙伴广泛接受的格式维护与提取数据以实现供应链的可视化是一个巨大的挑战,物流企业不仅需要在技术方面进行较大投入,而且还需要具备持续改进、例外管理和流程再造能力。所以,对技术、人才和信息基础设施的投入已成为物流企业区别竞争对手的重要手段。

③随着客户一体化物流服务需求的提高和物流企业信息服务能力的增强,出现了基于物流信息平台通过整合和管理自身的及其他服务提供商补充的资源、能力和技术,提供全面的供应链解决方案的第四方物流服务(4PL)。

④物流企业大都采用面向客户自主开发物流信息系统的方式来实现物流信息化。

(3)物流信息服务业。物流信息化需要物流信息技术的支撑;同时,物流信息化的发展也带动了物流信息服务业的发展。目前,美国物流信息服务业大致可分为以下几方面:

①供应链软件提供商:美国的供应链软件提供商大致可分为三类:一是提供WMS、TMS等物流功能管理的软件商,如EXE、Provia;二是提供供应链管理计划与执行系统(SCP、SCE)的软件商,如i2、Manugistics;三是在提供ERP的基础上向上下游扩展到企业资源管理(ERM)的软件商,如SAP、Oracle、PeopleSoft。这些软件商将行业标准、优化的流程和商业智能融入在软件系统,客户既可以选择成套的行业解决方案,也可以根据实际需要先上一部分模块。

②信息中间商(Informediary):主要是提供专门的信息基础设施。物流服务商要和客户之间实现供应链一体化,又没有办法自己来做这么大的信息平台,因此通过信息中间商来进行这样的服务。如Capstan公司,通过建立一个公共信息平台,把采购商、供应商、物流服务商、承运人、海关、金融服务等机构都放到上面。通过这个平台,大家来交换数据,完成国际物流服务。数据交换的方式很多,可以用传统的EDI方式,也可以用在网络进行FTP文件传输,或者是采用现在比较流行的XML连接。这种服务商通过会员制来提供服务。由于全球供应链

最难的或者说信息最容易脱节的地方，就是跨越国境，因而这一服务有一定的市场需求。

③网上市场(E-Marketplace)：随着电子商务的兴起，网上交易不断涌现，其中物流，特别是运输网上交易日益活跃。运输网上交易形式多样，包括合并第三方提供商，如 Transplace.com 由 J. B. HuntTransport 等六个伙伴合并而成；也包括行业中立交易商，如 Logistics. com，提供运输能力与需求的自动匹配与优化，管理现场交易等各种运输交易形式，以便为参与者提供交易的灵活性，创造专门的和定向的交易市场，为客户提供一个客户化运输管理系统(TMS)软件包的所有益处，而不需要购买、安装，并尽量利用现有员工。

3. 管理体制与政策

美国的物流市场错综复杂，又十分活跃，得益于它有一套完善的物流市场管理及法制管理体系。

(1)物流管理机构。美国立法机构是总的运输政策颁布者、各管制机构的设立和授权者，它们和州级相应机构一起，构成全国物流市场的管理机构体系。联邦层次的管理机构主要有各种管制委员会、州际商务委员会负责铁路、公路和内河运输的合理运用，制定除法律之外的规章制度，协调州与州之间的贸易矛盾；联邦海运委员会负责国内沿海和远洋运输；联邦能源委员会负责州际石油和天然气管道运输；联邦法院负责宪法及运输管制法律的解释、执行、判决和复查各管制委员会的决定；各有关行政部门，如交通部、商务部、能源部和国防部等负责运输管理的有关行政事务。

(2)物流法规和政策。美国物流的发展与其政府不断完善物流相关法规的建设是分不开的。美国是发达国家中唯一长期实行运输、仓储等物流业私有化的国家。1977—1978 年制定“航空规制缓和条款”，1980 年提出“铁路和汽车运输的条款”，1984 年制定“航空条款”；1991 年颁布《多式联运法》，大力提倡多式联运的发展；1996 年出台的《美国运输部 1997—2002 年财政年度战略规划》，提出建设一个世界上最安全、方便和经济有效的物流运输系统；美国在其到 2025 年的《国家运输科技发展战略》中，规定交通产业结构或交通科技进步的总目标是：“建立安全、高效、充足和可靠的运输系统，其范围是国际性的，形式是综合性的，特点是智能性的，性质是环境友善的。”这些政策法规的推行，为确立美国物流在世界上的领先地位提供了保障。

(3)物流协会。美国物流理论研究和实际运用以及物流业的发展一直都走在世界前列，物流协会起了举足轻重的作用。美国物流协会是个国际性的组织，由个人和公司会员组成，拥有 3 000 多个会员，由董事会和顾问委员会共同进行管理。顾问委员会负责提出建议和顾问人选，成员由大学校长、教授、工业企业物流负责人、美军方物流负责人，以及欧洲等国际物流专业人士组成。物流协会下设国际领域、商业领域、交通供货领域、环保领域、电子商务物流，以及其他特殊需求的物流服务，还有地方分会。

美国物流协会的职责包括：对物流业进行研究，促进行业规章制度和标准的制定；为会员提供相互交流的机会，如每年至少组织两次物流研讨会，对行业发展中的一些重大问题和经验进行研讨交流；发行杂志和报纸；探讨新理论和业务；与有关高等院校合作，进行物流教育培训，颁发物流培训证书，对物流人员进行从业资格认证；对物流分会进行业务上的指导和管理。另外，还设有三个机构对特别具体的事情进行物流服务。

美国物流协会的两次更名，则体现了两次质的飞越。1963 年成立时，协会的名字是“实物配送协会”，1985 年更名为“物流管理协会”，2004 年更名为“供应链管理专业协会”，表明了从物流到供应链的合乎逻辑的演进，也表明美国的物流运作已经进入供应链管理时代。

1.3.3 德国的物流业

德国物流业在全球起步较早，物流基础设施完善，物流环保及信息化都处于全球领先水平。德国位于欧洲中部，面积约35.7万平方千米，人口约8 200万，北邻丹麦，西部与荷兰、比利时、卢森堡和法国为邻，南部是瑞士和奥地利，东部与捷克和波兰接壤，有欧洲陆上的“十字路口”之称，是世界上交通最发达的国家。从交通里程来讲，有公路65万km、铁路4.3万km、航道0.74万km和管道0.24万km，综合交通网络规模超过74万km。物流设施是物流业的基础构件，包括交通基础设施、物流园区（中心）、货运场站、仓库、机械设备等，从纵向角度涉及规划、建设、管理、运营等多个环节，物流设施将政府、企业、客户、市场紧密地联系在一起。

1. 德国的物流业现状

德国是世界第4大经济体、欧洲4大经济体之一。2019年，德国国内生产总值已经超过3.8万亿美元，为世界经济增长贡献占比达到4.5%。德国地处欧洲中心地带，优越的地理位置使其成为货物频繁往来的交汇地和跨方式、跨国境多式联运的中转地。在世界银行发布的全球物流绩效指数（LPI）中，德国已经连续多年排名世界第一，物流业已经成为德国继汽车制造、贸易之后的第三大产业，是德国综合实力的重要体现。

德国作为欧洲物流最发达的国家之一，其社会物流成本约占GDP总额的8.5%，远低于我国的15%。德国物流企业通常以为客户提供一体化物流服务和降低物流服务总成本为目标，通过优化与整合各物流环节运行方案，加强物流服务供应链上物流活动的衔接与配合，提高从发送客户至到达客户全过程的物流效率，在保证物流服务水平不下降的同时降低物流费用。德国物流企业通过构建全球一体化的物流网络，及时、准确、全方位地掌握物流动态信息，在此基础上对作业过程进行简化，降低空载率，减少商品库存，缩短商品库存周期，从而实现节能降耗、提高作业效率、降低物流服务成本的目的。

2. 德国物流业的发展特点

（1）注重多式联运体系的建设。多式联运是德国港口、内陆物流园最基本也是必备的功能。将港口和内陆物流园作为铁路的天然大客户，是德国铁路发展的基本思维。目前，德国已经运营的35家内陆物流园区中，有28个具备园区的铁路专用线，有4个距离多式联运铁路枢纽在3 km范围内，剩余的3个园区Osnabrück、Dresden、Magdeburg也都在规划建设园区铁路专用线。其中，有20个物流园区还紧邻港口或者依托港口建立，能够实现便捷的铁水联运。同时，德国主要的13个集装箱港口中，11个有进港铁路，11个和内河水运相联通。德国港口的多式联运比例全球最高。不莱梅哈芬港的铁路运输占比高达35%，目前经营往返不莱梅哈芬港的集装箱专列的铁路货运企业近20家，覆盖的内陆点达60多个，遍及德国与中东欧主要工商业中心，往东南方向可通往柏林—勃兰登堡都市圈和捷克、匈牙利等东欧国家，往西南方向可快速抵达著名的工业中心德国鲁尔区，往南经法兰克福、斯图加特、慕尼黑等工商业中心抵达瑞士和奥地利等中欧国家。汉堡港的港口集疏运中，40%通过公路，30%通过火车，30%通过驳船，约2 000条集装箱铁路网络、通畅的公路运输线路、卡车和内河驳船多样的运输方案以及航空货运中心机场使汉堡成为世界领先的全能物流中心。火车、驳船和公路运输几乎分别占到了港口集疏运的三分之一，成为德国物流业的重要特点。

（2）以物流园区为依托，构建国家物流枢纽网络。20世纪90年代初东西德统一后，为整合物流资源，德国先后两次对全国物流园区发展作出整体规划，提出建设39个物流园区，支撑并推动经济均衡发展，目前已建成运营35个物流园区(GVZ)，基本形成了以物流园区为载体、覆盖全国的物流枢纽网络。相关数据显示，截至2019年，上述35个园区入驻企业达到1 400多家，就业人数超过6万人，总投资额约为57亿欧元。这些物流园区不仅是货物集散的基础设施，而且在提供综合物流服务、提高铁路和内河运输比重、促进区域经济发展等方面发挥了重要作用。

(3) 以单元化标准化为抓手，提高物流转运效率。目前，20 ft、40 ft的标准集装箱在德国公路、铁路和水运运输领域应用十分广泛，为加强不同运输方式的有效衔接，提高转运效率奠定了良好基础。同时，德国货运车辆的车型数量较少，标准化程度较高，并基本实现了厢式化，软帘箱体、可交换箱体(Swap Body)等单元化标准化公路货运载具也得到广泛应用，不仅有效提高了物流效率，而且为多式联运转运创造了便利条件。

(4) 以智慧物流为突破口，培育物流内生发展动力。由于缺少卡车司机、货运船舶驾驶人等一线专业人员，德国迫切需要通过无人驾驶等智能化设施设备来替代人工，满足物流业发展需要。同时，虽然德国物流业十分发达，但在信息技术冲击下，同样面临技术创新、数字化和智能化挑战。更为重要的是，实施“工业4.0”战略也需要更加高效、可靠的智慧物流为支撑。因此，德国对智慧物流给予了高度关注，并将其作为培育物流未来竞争力的重要途径，相关政府部门、研究机构和部分企业已经开始关注应用物联网、网络物理系统、云计算等现代技术，发展智能运输系统、数字港口，改造传统的物流运作模式和业务流程；研发数字化吊车、智能卡车调度系统、无人驾驶货车、无人驾驶船舶等新的智能化物流设施设备，提高物流体系运作的智慧化水平。值得一提的是，德国对于智慧物流的理解并不是要新建设施，而是通过数字技术、信息技术应用，提高现有物流设施的利用效率。

本章小结

物流是指物质实体从供应者向需求者的物理移动，它由一系列创造时间价值和空间价值的经济活动组成，包括运输、保管、配送、包装、装卸、流通加工及物流信息处理等多项基本活动，是这些活动的统一。物流管理是指在社会再生产过程中，根据物流的规律，运用管理的基本原理和科学方法，对物流活动进行计划、组织、协调、控制和监督，使各项物流活动实现最佳的协调与配合，以降低物流成本，提高物流效率和经济效益的活动。

物流概念从Physical Distribution演变至Logistics乃至最新的Supply Chain，体现了物流市场环境、物流需求及物流业的发展与进步。随着经济全球化和市场竞争的日益激烈，物流及物流业已成为体现一家企业、一定区域甚至一个国家的竞争力指标，物流业的发展必将随着中国经济的快速成长而日新月异。

复习思考题

1. 什么是物流？它具有哪些特点？
2. 推动物流概念演变发展的因素有哪些？
3. 现代物流具有哪些特点？
4. 试分析传统物流与现代物流的区别和联系。
5. 当前我国物流业发展中存在哪些问题？

案例讨论

中国快递业的潜力

600亿、700亿、800亿……国家邮政局监测数据显示，2020年我国快递年业务量实现了“三连跳”，人均快递量已达57件，再创历史新高。在世界经济陷入深度衰退之际，中国快递业的表现分外亮眼。这是中国经济在全球率先复苏、国内消费回暖的直观体现，折射出中国经济的蓬勃活力。

快递业之所以能够重回高位增长区间，得益于行业的快速复工复产、消费市场线上线下融合加速发展。从这个角度来看，发货就是产业动能，收货就是消费活力。收发之间，马不停蹄的货车货机，穿梭街巷的快递小哥，不畏路途遥远、不怕风霜雨雪，给人们带去的是经济发展的确定性、内需市场的自信心。可以说，消费者“点”下去，机器“开”起来，商家“忙”起来，快递“跑”起来，新业态“长”起来，共同创造了一道独特的中国风景。

商流决定物流，物流驱动商流。两者双向流动，就能助推全球供应链“动起来”。为了满足中国消费者，众多海外品牌通过无处不达的物流感受到14亿人的消费能量；为了加速好货走出去，菜鸟的全球智能物流骨干网在“双11”期间实现重点市场海外仓发货半日达、跨境直送次日达，许多中国物流企业的速度给世界带来了惊喜。作为生产消费的桥梁，国内国际物流的频繁流动，为全球经济注入稳定性，不仅证明了中国制造已经成为全球产业链供应链的重要组成部分，更证明了中国市场是世界的市场、共享的市场。

多年来中国快递业在世界上被视作“不可思议的神话”，不仅因为世所罕见的规模，也是由于日均2亿多件包裹的处理效率。这背后是中国物流行业的数字化、智能化转型。层出不穷的高科技，正助力物流行业从容应对快递“高峰”的挑战。在无人仓库，机器人自动拣货、组装包裹，在流水线上匆匆“赶路”，这样的场景在中国物流行业已非新鲜事；在广袤农村，无人机夹着包裹穿田过河飞到农户手上。从商家至网点的“首公里”，到社区至消费者的“最后100米”，以菜鸟网络为代表的产业互联网公司正在推动物流全链路数字化升级，让中国快递行驶在高质量发展的数字高速路上。

对于物流业来讲，2020年既是特殊的一年，又是关键的一年。中国的物流业，不仅在新冠肺炎疫情防控以及稳定产业链供应链中发挥了很大作用，行业本身也转危为机、逆势而上，迎来新一轮发展机遇。《中共中央关于制定国民经济和社会发展第十四个五年规划和二〇三五年远景目标的建议》指出，“加快发展研发设计、现代物流、法律服务等服务业”“完善综合运输大通道、综合交通枢纽和物流网络”“构建现代物流体系”“完善乡村水、电、路、气、通信、广播电视、物流等基础设施”。这些重要部署，显示出物流在以国内大循环为主体、国内国际双循环相互促进的新发展格局中扮演的重要角色。对此，需要相关政府部门与每一家物流企业深入思考，努力付诸行动。

打通“大动脉”，畅通“微循环”，经济发展才能充满活力。面向新发展阶段，我们还需努力建立和完善现代流通体系，培育壮大具有国际竞争力的现代物流企业。由“物流大国”迈向“物流强国”，中国未来可期。

（编者依据网络资料改写）

案例思考题

1. 与国外快递企业相比，国内快递公司的优势和劣势是什么？
2. 针对经济双循环的发展态势，你认为中国快递业应该如何应对？

推荐阅读

[1] BALLOU. 企业物流管理：供应链的规划、组织和控制[M]. 王晓东，胡瑞娟，译 . 北京：机械工业出版社，2004.

[2] BOWERSOX，CLOSS. 物流管理：供应链过程的一体化[M]. 林国龙，译. 北京：机械工业出版社，1999.

[3] CAMERON，NEAL. 世界经济简史：从旧石器时代到 20 世纪末[M]. 上海：上海译文出版社，2009.

[4] 白寿彝. 中国交通史[M]. 北京：团结出版社，2007.

第 2 章　物流管理基础理论

本章提要

- 物流的基本特点和价值。
- 物流管理的主要内容和特点。
- 物流的成本管理、时间管理和绩效管理。

学习目标

掌握物流的基本特点和物流的价值；了解相关物流学说；掌握物流管理的主要内容；理解物流的成本管理、时间管理和绩效管理；了解最新的物流理论。

框架结构

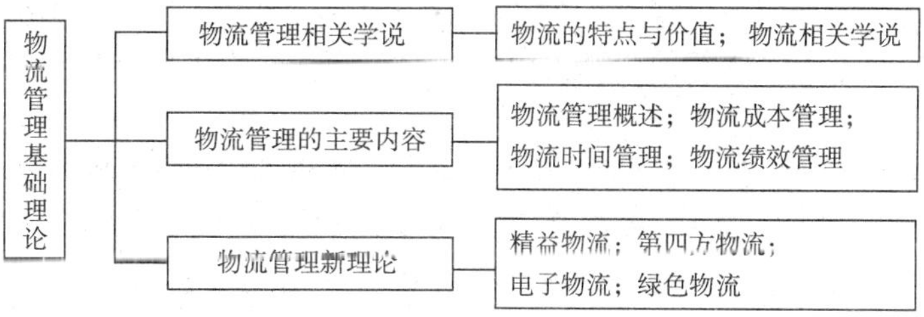

相关知识点微课

2.1 何为物流管理

2.2 物流管理与供应链管理

2.3 物流的发展趋势

开篇案例

物流业绿色更浓

广州增城，菜鸟网络智慧物流园的屋顶上，太阳能电池板源源不断地将光能转化为电能，年发电量1 000万kW·h，可满足园区全部用电需求。浙江嘉兴，一联电子面单在各大快递企业落地，随着快递包装印刷面积从满版缩减到50%以下，每年可节约50 t以上的油墨。广东深圳，顺丰华南航空枢纽内，所有一次性塑料尼龙编织袋已被循环中转袋替代，年内还将投放以PET材料为主体的新型编织袋，进一步延长编织袋使用寿命。低耗高效、节能环保正成为物流业践行的理念，行业绿色发展迸发勃勃生机。

1. 低污染——智能技术助力绿色仓储

高效、安全、优质、环保，这是绿色仓储的4个基本条件，作为物流链条上的重要节点，物流园区、分拨中心等仓储环节的绿色化应该如何实现？走进上海苏宁奉贤物流中心，作为三星级“中国绿色仓库”，园区内270组AGV机器人同时运行，平均拣货时间仅为10 s，小件商品拣选效率为人工的5倍。

不仅如此，所有电器均采用节能设备，空调能效等级为2级以上，通风也采用节能风扇。苏宁更新一代的成都物流中心使用轻钢结构进行建造，建筑主体全部采用可再利用材料。被评为“中国绿色仓库”的库区都具有选址合理、规划科学、设计适度超前、土地利用率高等特点，能够有效节约资源、降低能源消耗、减少污染排放、提高物流效率。

随着物联网、云计算、大数据等现代信息技术的应用，智能化正在成为物流绿色化的最大助力。在智慧物流园区，通过精准采集货品、仓库库位尺寸信息，应用大数据与算法分析精准指导仓内存储作业，存储效率可提升30%，为绿色物流基础设施建设作出贡献。

新技术也为绿色仓储带来越来越多的可能性。目前在仓储与物流配送领域具有明显节能降耗功效的技术设备就有五大类20多项，其中，仓库屋顶光伏发电和新能源节能叉车受到不少企业的青睐。

2017年起，菜鸟网络就在广州增城、东莞清溪、上海嘉定、杭州下沙的智慧物流园区内，建设屋顶太阳能光伏发电站。2019年实现年发电量超过1 600万kW·h，相当于每年节省6 500 t煤炭。2020年菜鸟网络在10个物流园区建设屋顶光伏电站，未来菜鸟物流园区年发电量将超过10亿kW·h，可减少碳排放100万t。

2. 低排放——新能源车加入配送大军

充满电的新能源车能跑120多千米，足够一天用。用新能源车替换柴油车，一年下来，40辆车的运营维护成本大概能节省近40万元。目前，中通安徽阜阳网点已投入40辆新能源物流车用于快递配送。

无独有偶，顺丰自2015年起正式批量采购新能源车型，截至2019年底，已在全国22个省、150多个城市通过购买和租赁的方式投入50余款共计1.1万辆新能源物流车；在全国主要城市建立大型充电场站，投入使用新能源电桩800多根。

在长途干线运输上，甩挂运输模式正在成为主角。在河钢石钢轧钢厂大棒成品库区，主管许春旭指挥着天车将钢材吊运到现场停放的一个车板上，不一会儿，一辆重型柴油卡车车头开进库区，与现场停放的已经装好的车板“对接”后，将钢材转运到公司代储库。

与传统车型相比，高运力挂车不仅装载能力提升了一倍多，单位快件的燃油消耗还能降低55%以上，污染物排放减少70%以上，当前中通正在使用的高运力挂车达4 650辆。此外，中通还率先普及车用尿素，减少柴油车50%以上的氮氧化物排放，单位快件污染物排放也减少了70%以上。

3. 低消耗——快递包装力争实现“9792”目标

我国一年要消耗快递包装中，纸箱约328亿个、胶带约3.2亿卷、封套约70.6亿个、面单约630亿张。值得注意的是，未来一段时间，我国快递业仍将保持较高的增长速度，快递包装用量和由此产生的包装废弃物数量绝对值仍将增长，快递包装的绿色化成为重要课题。

“绿色化、减量化、可循环”是快递业给出的解决之道。截至2020年底，有75%的快递包装采用了“瘦身胶带”，宽度由60 mm缩短至45 mm以下，每件快件平均同比减少使用胶带近20%。

数据显示，截至2020年末，全国电子运单使用率达98%，电商快件不再二次包装率达52%，循环中转袋使用率达75%，按照国家邮政局印发的参考设置包装废弃物回收装置的邮政快递网点达3万个。2020年，国家邮政局提出“9792”工程，即力争实现“瘦身胶带”封装比例达90%，电商快件不再二次包装率达70%，循环中转袋使用率达90%，新增2万个设置标准包装废弃物回收装置的邮政快递网点。

对此，物流企业纷纷响应，对胶带进行进一步减量。2020年，申通将打包胶带的宽度调整为39 mm，再缩窄6 mm。不仅如此，企业还大力推广一联电子运单，对现有面单纸进行“大瘦身”，面单纸面积再缩小45%，进一步减少包装浪费。经统计，申通上海松江网点已100%使用一联电子面单。

企业发力，地方政府也积极作为，注意节约环保，杜绝过度包装，避免浪费和污染环境正成为快递包装绿色治理的重中之重。

（编者根据网络资料改写）

2.1　物流管理相关学说

2.1.1　物流的特点与价值

自物流概念出现以来，围绕物流理论的研究迅速发展起来，从而在学术界出现了很多物流理论，如商物分离理论、黑大陆理论、物流冰山理论、第三利润理论、效益背反理论、物流整体理论、后勤理论、成本中心理论、利润中心理论、服务中心理论和物流战略理论等，这些理论构成了物流理论体系，对于理解和认识物流运营活动起到了重要作用。

1. 物流的特点

物流始终伴随着采购、生产和销售的价值链过程，没有物流的支持，不可能实现价值增值。因此，物流是交易和生产过程中必不可少的重要组成部分。物流不单纯考虑生产者对原材料的采购，以及生产者本身在产品制造过程中的运输、销售等情况，而是将整个价值链过程综合起来进行思考。因此，在企业物流管理战略目标的推动下，物流逐步形成了如下特点。

（1）系统性。物流作为社会流通系统中的组成部分，包含了物的流通和信息的流通两个子系统，如图 2.1 所示。在社会流通系统中，物流与商流、资金流和信息流具有同等重要的价值。

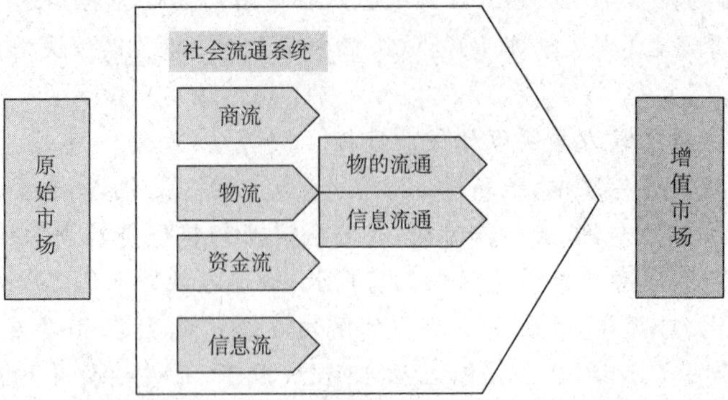

图 2.1　社会流通系统

(2)复杂性。由于物流在价值增值中的重要作用，使物的流通和信息流通的集成变得相对比较复杂。物的流通中所包含的运输、装卸搬运、储存、流通加工、包装、配送等环节并不是简单地环环相扣，而是一个具有复杂结构的物流链。

(3)成本高。物流环节包含了运输、装卸搬运、储存、流通加工、包装、配送等综合成本，正是由于物流高昂的成本，才使其被视为降低成本的“第三利润源泉”。

(4)生产和营销的纽带。物流是生产和销售联系的纽带，如图 2.2 所示。在社会化环境中，通过物流关联活动架起了企业通向市场、客户的桥梁。

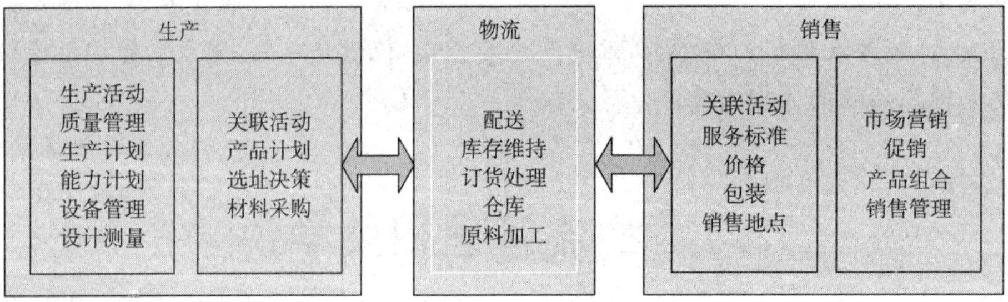

图 2.2　物流的纽带作用

2. 物流的价值

物流活动最直接的价值表现在将制造产品和创造价值的生产活动与使用产品的消费活动有机结合起来，通过物品的有效流动，以实现产品由产地向消费地的转移，从而创造时间价值和空间(场所)价值。当然，物流活动还包含了通过服务创造的附加价值。

(1)物流的时间价值。时间既是一种成本，也是一种资源。经济活动中的“物”从供给者到需求者之间存在一段时间差，改变这一时间差所创造的价值称为“时间价值”。通过物流获得时间价值的形式有以下几种。

①缩短时间创造价值。缩短物流时间可获得多方面的好处，如减少物流损失、降低物流消耗、节约资金和增加物资的周转等。马克思早就从资本的角度指出：“流通时间等于零或越接近于零，资本的职能就越大，资本的生产效率就越高，它的自行增值就越大。”这里，马克思所说的流通时间可理解为物流时间。对于大多数商品来说，实效性是其非常重要的特征。如何设

法缩短商品从产地到消费地的流转时差，及时满足客户需求，是有效发挥商品效用的必要条件，尤其是一些时令性产品。物流越短，资本周转越快，则表现出越高的资本增值速度。从物流的总体来看，加快物流速度，缩短物流时间，也是物流必须遵循的一条经济规律。物流是一种能动地获取时间价值的运动形式，需要采用技术的、管理的、科学的、系统的方法，缩短物流的宏观时间和有针对性地缩短物流的微观时间。

②弥补时间差创造价值。在经济社会中，供给与需求之间存在时间差可以说是一种普遍的客观存在。例如，粮食的生产与消费。粮食集中产出，但是人们一年365天每天都有的需求，这样供给和需求之间就会出现时间差。正是有了这种时间差，商品才获得了十分理想的效益，才取得了自身的最高价值，才起到“储平丰欠”的作用。但是商品本身是不会自动弥补这个时间差的，而物流便是以科学的、系统的方法弥补或者改变这种时间差，以实现其“时间价值”。

③延长时间差创造价值。物流总体上遵循“加速物流速度，缩短物流时间”这一普遍规律，以尽量缩小时间差，从而创造价值。但是，在某些具体物流中也存在人为地、能动地延长物流时间来创造价值的特例。例如，秋季集中产出的粮食、棉花等农作物，通过物流的储存、储备活动，有意识地延长物流时间，以均衡人们的需求。配合伺机销售的囤积性营销活动的物流，便是一种有意识地延长物流时间、增加时间差来创造价值的。应用冷藏保鲜技术延长易腐食品货架期，有助于保持易腐食品的新鲜度和原有价值，陈年老酒也是通过延长时间差创造时间价值的典型例子。

(2)物流的空间(场所)价值。由于地理、社会或生产(消费)因素的影响，生产活动往往受限于某些空间(场所)，而不能像消费活动那样在广泛的范围内展开。空间(场所)价值指的是“物”从供给者到需求者之间有一段空间差，供给者和需求者往往处于不同的场所，由于改变“物”的不同场所存在的位置而创造的价值称为“空间(场所)价值”。正如图2.2所描述的，物流起着连接生产和销售的纽带作用，在社会化环境中，通过物流关联活动架起了企业通向市场和客户的桥梁。

现代社会产业结构和社会分工决定了物流创造空间(场所)价值，主要原因是供给者和需求者之间的空间差。商品在不同地理位置有不同的价值，通过物流将商品由低价值区转移到高价值区，便可获得价值差，即“空间(场所)价值”。通过物流获得空间(场所)价值有以下几种具体形式：

①从集中生产场所流入分散需求场所创造价值。现代化大生产的特点之一通常是通过集中的、大规模的生产来提高生产效率，从而降低成本，这样，在一个小范围内集中生产的产品可以覆盖大范围的需求地区，有时甚至可覆盖一个国家乃至若干国家。通过物流将产品从集中生产的低价位区转移到分散于各处的高价位区，有时会产生很高的利润。物流的“空间(场所)价值”也由此决定。

②从分散生产场所流入集中需求场所创造价值。与上一种情况相反的情况，在现代社会中也十分常见。例如，粮食是分散生产出来的，但一个大城市的需求却相对大规模集中，这形成了分散生产和集中需求，物流便由此也取得了空间(场所)价值。

③从低价位的生产场所流入高价位的需求场所创造价值。现代社会中供应与需求的空间差比比皆是，除了由大生产决定之外，有不少是由自然地理环境和社会发展因素所决定的，如，农村生产粮食、蔬菜。而城市每日消费的物品大都来自一定距离甚至十分遥远的地方。这样复杂交错的供给与需求的空间差都是靠物流来弥合的，当然，物流也就从中取得了利益。

在经济全球化环境中，由于国际分工和全球供应链的构筑，一个自然选择就是在成本最低的地区进行生产，而通过有效的物流系统和全球供应链在价位最高的地区销售。信息技术和现代物流技术为此创造了条件，使物流得以实现价值增值。

(3)物流服务的附加价值。物流也可以通过服务增加附加价值。“物”通过加工而增加附加价值，取得新的使用价值，这是生产过程的职能，是生产领域常用的手段，而不是物流的本来职能。

这种加工活动不是创造商品主要实体、形成商品主要功能和使用价值，而是带有完善、补充、增加性质的服务(加工)活动，这种活动一定会形成劳动对象的附加价值。在流通过程中，可以通过流通加工的特殊生产形式，使处于流通过程中的“物”通过特定方式的加工而增加附加值，这就是物流创造加工价值的活动。

虽然在创造加工附加价值方面不能与时间价值和空间(场所)价值相比，但这是现代物流区别于传统物流的重要方面。物流创造加工价值是有局限性的，它不能取代正常的生产活动，而只能是生产过程在流通领域的一种完善和补充。但是，物流过程的增值功能往往通过流通加工得到很大的体现。因此，根据物流对象的特性和按照客户的要求进行一定的加工活动，可以对整个物流系统的完善起到重大作用。尤其在物流集成应用过程中，作为客户的一种服务方式的物流，依托信息传递的及时性和准确性，能有效组织这种加工活动，所以它的价值增值作用是不容忽视的。

在信息主导商业发展的今天，增值服务主要是借助完善的信息系统和网络，通过发挥专业物流管理人才的经验和技能来实现的，依托的主要是企业的 IT 基础，因此是技术和知识密集型的服务，可以提供信息效用和风险效用。这样的服务融入了更多的脑力劳动，能够创造出新的价值，因而是增值的物流服务。

从全球一体化物流和供应链集成的发展趋势来看，增值服务的范畴非常广阔。而一体化物流管理的核心就是客户服务，“客户至上，使客户满意”一直是物流管理者的奋斗目标。面对近年来个性化消费的趋势，物流管理更要强调有效客户反应(Effective Customer Response, ECR)、快速反应(Quick Response, QR)，突出 7R 的目标，同时针对客户的不同要求提出要柔化物流管理系统，以适应客户的特殊要求。基于一体化物流和供应链集成的增值服务是向客户端延伸的服务，通过参与、介入客户的供应链管理及物流系统来提供服务，这种服务能够帮助客户提高其物流管理水平和控制能力，优化客户自身的物流系统，加快响应速度，为企业提供制造、销售及决策等方面的支持。如库存管理与控制、采购与订单处理、市场调研与预测、产品回收、构建物流信息系统、物流系统的规划与设计、物流系统的诊断与优化、物流咨询及教育培训等。这类服务往往要企业发挥更大的主动性去挖掘客户的潜在需求，需要更多的专业技能及经验，具有更大的创新性和增值性，是高技术、高素质的服务。这种高层次的增值服务需要建立在双方充分合作与信任的基础上。

要扩展新的物流服务功能，需从纵向和横向两个方面来进行：一是扩展国际货运代理向国内物流延伸业务，使国内物流与国际物流连接，紧抱国际市场；二是根据客户的需要，大力发展物流加工和其他各种形式的物流增值服务，增加物流的含金量。

现阶段我国的物流服务提供商的业务还主要集中在较为传统的运输及仓储环节，其收益的85%也来自于此，而其他增值服务、物流信息服务与支持物流的财务的收益只占15%。显然，如果物流企业仅在仓储和运输服务为主的低端市场上运作，则降低服务成本的空间是非常有限的。

因此，发展有特色的增值服务将是物流企业发展的必然选择。物流的增值服务是向客户提供的超出基本服务水平之上的额外服务。物流企业提供这种量身定做的服务能够更好地创造客户价值，有力地支持客户的市场营销战略，使客户把主要的精力投入到关键业务中去。同时，物流企业可以利用专业化的服务提供者来实现作业的高效率，又能够实现规模经济，使得增值服务的成本较为低廉。这样，物流企业只要确定基本服务平台，识别关键客户，针对关键客户的特定需要来提供服务即可。开发多样化的增值服务的模式应当成为现代物流企业的现实选择。

2.1.2　物流基础学说

1.“商、物分离”学说

自古以来，商流、物流都是紧密地结合在一起的。商品交易一次，商品实体便发生一次运动，两者共同在流通过程中运动，但是运动形式不同。时至今日，这种情况仍不少见。

商、物分离，是指流通中的商业流通和实物流通各自按照自己的规律和渠道独立运动。商、物分离是物流科学赖以存在的先决条件。第二次世界大战后，商业流通和实物流通出现了明显的分离，从不同形式逐渐变成了两个有一定独立运动能力的不同运动过程，这就是所谓的商、物分离。商、物分离形式如图 2.3 所示。

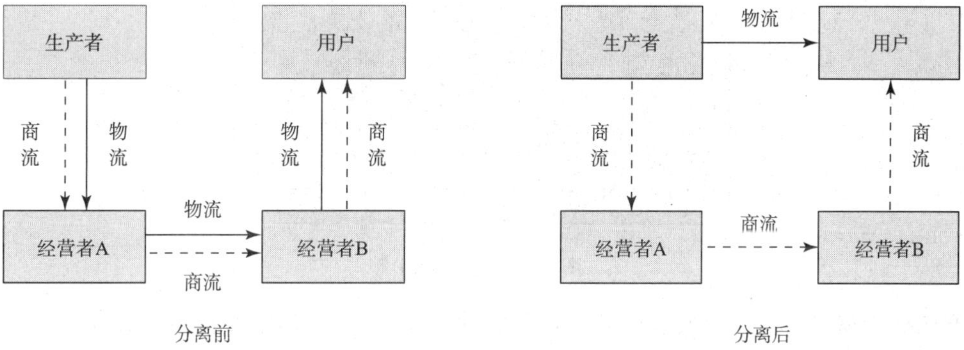

图 2.3　商、物分离形式

“商”指“商流”，即商业性交易，实际是商品价值运动，是商品所有权的转让；“物”即“物流”，是商品实体的流通。

商流和物流也有其不同的物质基础和社会形态。从马克思主义政治经济学角度看，在流通这一统一体中，商流明显偏重于经济关系、分配关系、权力关系，因而属于生产关系范畴。而物流明显偏重于工具、装备、设施及技术，因而属于生产力范畴。

商、物分离实际是流通总体中的专业分工、职能分工，是通过这种分工实现大生产式的社会再生产的产物。这是物流科学中重要的新观念。

物流科学正是在商、物分离的基础上才得以对物流进行独立的考查，进而形成的科学。

2.“黑暗大陆”和物流“冰山”说

近年来，物流领域在国内外受到了空前重视，但事实上物流领域受到重视还是 20 世纪 60 年代的事情。1962 年 4 月，美国管理学大师彼得・德鲁克(Peter Drucker)在《财富》杂志上发表题为“经济领域的黑暗大陆”的文章，即认为物流领域是经济领域的“黑暗大陆”。文章认为：“我们对物流的认识就像拿破仑对非洲大陆的认识。我们知道它确实存在，而且很大，但除此之外,我们便一无所知。”

“黑暗大陆”说主要是指物流领域尚未认识,尚未了解。按“黑暗大陆”说的观点,如果物流的理论研究和实践探索能够照亮这块“黑暗大陆”,那么摆在人们面前的将是巨大的财富。“黑暗大陆”说是对 20 世纪中期经济界一些愚昧现象的批判,也是对物流价值的正确评价。

“黑暗大陆”说的提出标志着企业物流管理领域的正式启动。但严格地说,德鲁克当时用的词是“Distribution”,而不是“Logistics”,即是指“配送”而不是“物流”,也就是说仅指产品生产出来后到消费者手中这一段的物流。但有了这一开端,物流的价值随之得到了不断的发现和再发现。

物流的“冰山”说,是日本早稻田大学教授西泽修提出来的。他在研究物流成本时发现当时的财务会计和会计核算方法不可能掌握物流费用的实际情况。因此,人们对物流费用的了解不是那么清晰,往往带有极强的虚假性,很像沉在水面下的冰山,露出水面的仅仅是冰山的一小部分,而沉在水面下的是大部分,如图 2.4 所示。

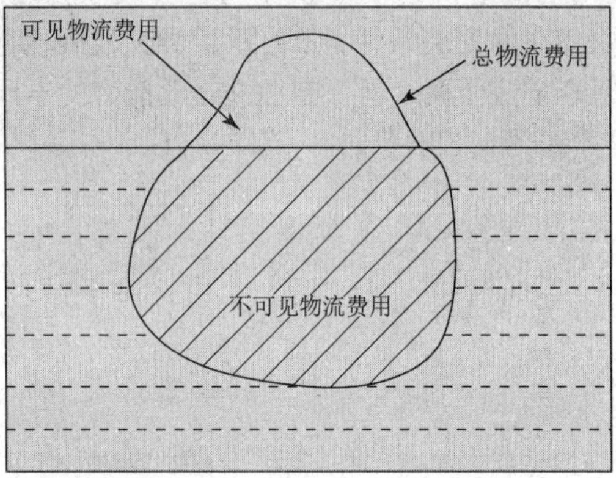

图 2.4　物流“冰山”

西泽修教授的“冰山”说同德鲁克的“黑暗大陆”说一样,说明了在物流领域,还有许多未知领域,需要我们去探索,去研究。

3. 物流的“森林”说

物流“森林”说是美国学者提出来的,该学说认为物流整体效应如同森林。

由于物流是由运输、存储、装卸、包装、配送、流通加工和信息功能等活动组成,活动内容丰富。而且,物流活动不是追求上述功能的个别要素优化,而是追求所有功能的整体效果优化,即追求整体效益。美国学者提出“物流是一片森林而非一棵棵树木”,用物流森林的结构概念来表述物流的系统性,如图 2.5 所示。

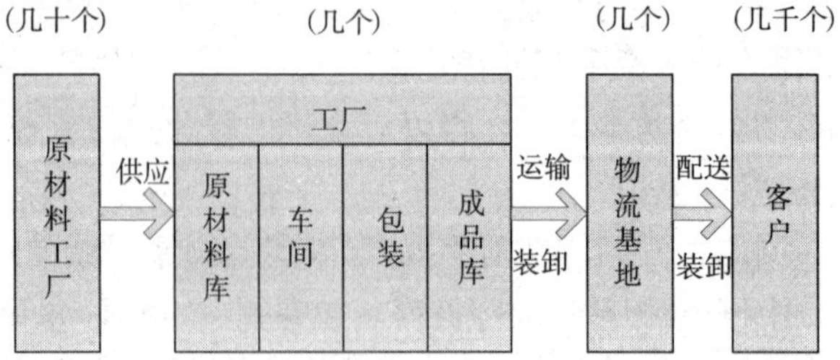

图 2.5　物流“森林”

4."第三个利润源"说

"第三个利润源"说主要出自日本。"第三个利润源"是对物流潜力及效益的描述。认为生产领域创造利润的"第一源泉"(物质资源的节约)和"第二源泉"(劳动消耗的降低)已几乎开发殆尽,渐趋枯竭。人们转向流通领域。商品流通由物流、商流和信息流组成,而商流和信息流一般不会创造新的价值,所以物流成了众人瞩目的焦点,被看成是"降低成本的最后边界",成为企业的"第三个利润源"。"第三个利润源"理论的最初认识是基于如下两个前提条件:

(1)物流是可以完全从流通中分化出来,自成一体独立运行的,有本身目标、管理,因而能对其进行独立的、总体的判断。

(2)物流和其他独立的经营活动一样,它不是总体的成本构成因素,而是单独盈利因素,物流可以成为"利润中心"型的独立系统。

5. 效益背反和物流的整体观念

效益背反(Trade off)指的是物流的若干功能要素之间存在着损益的矛盾,即某一个功能要素的优化和利益发生的同时,必然会存在另一个或另几个功能要素的利益损失,反之也如此。这是一种此消彼长、此盈彼亏的现象,虽然在许多领域中这种现象都是存在着的,但物流领域中这个问题似乎尤其严重。效益背反和总体效益如图 2.6 所示。

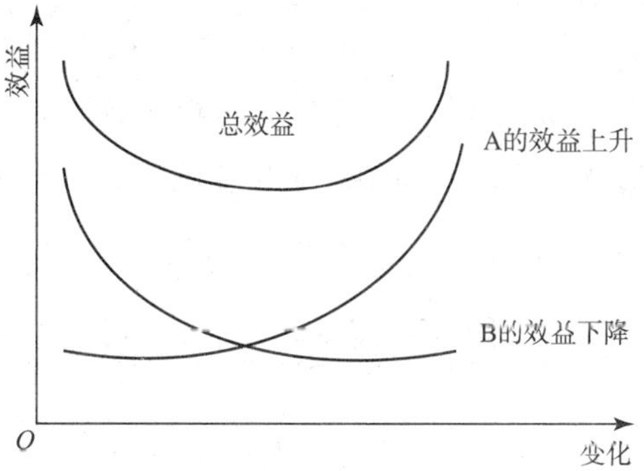

图 2.6　效益背反和总体效益

认识物流具有与商流不同特性而独立运动这一点,是物流科学走出的第一步。在认识效益背反的规律之后,物流科学也就迈出了认识物流功能要素、寻求解决和克服物流各功能要素效益背反现象这一步。在系统科学已形成和普及的时代,必将导致人们寻求物流的总体最优化。

6."后勤"学说

使用"后勤"(Logistics)一词是第二次世界大战以后的事。美国从 20 世纪 60 年代开始,逐渐用 Logistics 一词取代了 Physical Distribution 一词。70 年代,"后勤"一词引进日本,日本同样翻译成"物流",但却按新的解释赋予了物流新的含义。

后勤和实物分销的区别在于,前者在后者基础上有了延伸和扩展,但本质是相同的,当然,也不能小视这一延伸和扩展,这是建立在现代科学技术手段可以实现对这一延伸扩展的控制的基础上,是建立在能管理和协调这么大的系统的基础上,所以本质虽同,水平却有时代的差别。

后勤的思想具有战略性而不着眼于既得利益,是企业发展的战略举措而不是一时谋取利润的手段、方法。因此它不是一项单纯性的职能活动,而是企业制订经营战略的一项基本原则。更可以理性地讲:后勤是一种思维方式,按着观念可以建立起企业新的管理模式。

后勤网络的基本实体要素主要有原料产地、制造工厂、配送中心和客户。

后勤活动的具体内容包括 14 个方面：客户服务、订单处理、配送联络、存货控制、需求预测、交通和运输、仓库和储存、工厂和仓库布局选地、物料搬运、物料采购、备件和维修服务保障、工业包装、退货处理、废弃物处理。

7. "成本中心"说、"利润中心"说、"服务中心"说和"战略"说

"成本中心"说的含义，是物流在整个企业战略中，只对企业营销活动的成本发生影响，物流是企业成本的重要产生点，因而，解决物流的问题并不主要是为了搞合理化、现代化，也不在于支持和保障其他活动，而主要是通过物流管理和物流的一系列活动降低成本。所以，成本中心既是指主要成本的产生点，又是指降低成本的关注点，物流是"降低成本的宝库"等说法正是这种认识的形象阐述。

"利润中心"说的含义是物流可以为企业提供大量直接和间接的利润，是形成企业经营利润的主要活动。物流也是国民经济中创利的主要活动，表述为"第三利润源泉"。

"服务中心"说代表了美国和欧洲一些国家的学者对物流的认识，即物流活动最大的作用并不在于为企业节约消耗、降低成本或增加利润，而是在于提高企业对用户的服务水平，进而提高企业的竞争能力。因此，他们在使用描述物流的词汇上选择了"后勤"一词，特别强调其服务保障的职能。通过物流的服务保障，企业以其整体能力来压缩成本以增加利润。

"战略"说是盛行的说法，学术界和产业界越来越多的人已逐渐认识到物流更具有战略性，是企业发展的战略而不是一项具体的任务。应该说这种看法把物流放在了很高的位置，企业战略是什么呢？是生存和发展。物流会影响企业总体的生存和发展，而不是在哪个环节搞得合理一些，省了几个钱。

2.2 物流管理的主要内容

物流管理是一项实践性很强的活动，必须重视实践经验的积累，根据服务管理的实践，逐步对特定产品或特定客户的物流服务运营建立规范的流程、标准和服务体系，并以一定的形式固化知识。在以实践经验为基础的物流服务知识固化过程中，逐步分离出能够充分发挥企业资源整合优势和核心竞争力的基本服务和特殊服务，并逐步形成自己的物流管理模式。

在物流管理理论体系中，为建立良好的客户关系、提高客户满意度，应该更加关注围绕物流资源管理的物流成本管理、物流时间管理和物流绩效管理。

在图 2.7 所示的物流管理体系中，成本、时间和绩效三个要素确定了整个体系的资源，可见物流资源是一个系统的概念。通常，物流资源有狭义和广义之分。从狭义上可理解为物流企业、物流市场以及运输仓储等物流基础设施；从广义上可理解为物流服务和物流作业所依赖的资金、技术、知识、信息、人员、场地、设备、设施、网络等所有元素。一方面，物流资源是物流产业生存和发展的基础，它决定着物流能力的大小和物流水平良好的客户关系；另一方面，现代物流的目标不是盲目发展和扩充物流资源，而是通过合理地整合和集成物流资源形成物流核心能力，在降低物流成本的同时提高物流服务水平。

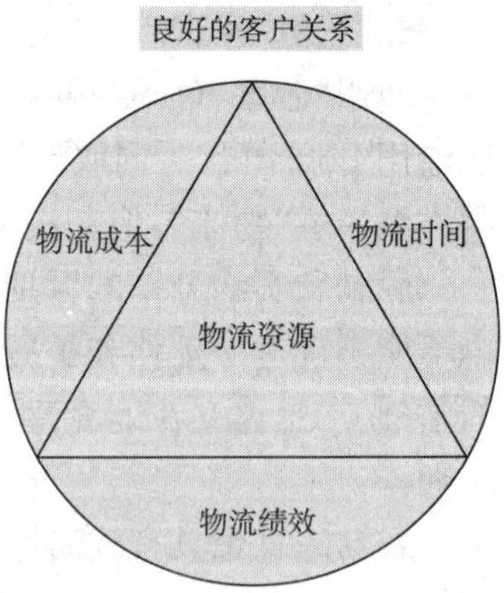

图 2.7 物流管理体系

资源整合可以理解为知识存量的函数,企业的知识存量越大,则企业资源整合的供给成本就越小。因此,企业必须全方位地开展知识管理,加大企业创新的广度和深度,这样才能真正形成以知识管理为基础的核心竞争力。

2.2.1 物流管理概述

物流管理作为供应链管理核心的重要组成部分,重点在于有效地控制和优化设施地点、库存和交通运输三个物流因素,将静态的设施地点、库存和动态的交通运输转化成具有最大增值能力的物流系统。2006年12月颁布的国家标准GB/T 18354—2006《物流术语》将物流管理定义成:"为了以最低的物流成本达到客户满意的服务水平,对物流活动进行的计划、组织、协调与控制。"

1. 物流管理的战略目标

(1)缩短物流管道。缩短物流管道意味着寻找减少周转时间和存货的办法。存货包括中间存货和最终存货两类。中间存货是指原材料、零部件、在制品、制成品的存货,当供应链出现需求波动时用以缓冲。这些存货增加了总供应链的长度,而零库存的原则要求客户与供应商紧密配合,以减少对存货的依赖。缩短物流管道的关键是要缩短"备货时间差",尽量使物流备货时间与订单周期一致,即缩短物流备货时间与延长订单周期。缩短物流备货时间通常通过物流网络的合理设计、供应链的紧密整合来实现。一般的做法是利用第三方物流企业的专业能力,合理地规划企业的物流配送网络,减少、取消企业供应链中不合理的物流中心,建立统一的物流转运中心和配送中心,从而实现统一满载、资源共享。延长订单周期从表面上看是让客户等待,其实不然,供应商可以借助物流管理系统更早获得客户订单需求来避免客户等待。利用先进的物流管理信息系统,客户可以更快、更准确地通知供应商,甚至供应商也可以利用物流管理信息系统了解客户的需求计划,相应地调整生产计划,这有利于供应商改进需求预测的准确性、降低库存、缩短"备货时间差"。

(2)增加管道透明度。物流管道透明度的增加使供应链网络中的物流信息变得更加开放,随时都可以获得有关存货地点和存货数量的信息。整个供应链网络就像一个透明的管道,可以准确地了解什么地方的什么货物,在什么时间可以到达网络中的什么目的地等信息。透明的物流管道改变了传统物流信息不准确的状况,消除了供应链网络中的瓶颈和过多库存。不良的管道透明度总是与不良的供应链控制相对应,为达到完美的供应链控制,掌握管道的实时信息是必需的。

(3)物流作业系统化。在传统的物流模式中,物流只是作为企业的一般性功能活动分散在不同的职能部门中,物流信息也零散地分布在供应链的不同职能部门内。上下游企业之间、同一企业内不同职能部门之间物流信息相互闭塞,而且信息技术标准不一致。在供应链管理中,企业跨越了组织机构的界限,有机地将企业内部各部门及供应链成员企业连接起来,克服了传统以职能部门为基础的管理缺陷,改变了交易双方利益对立的传统观念,在整个供应链体系中建立起一个以共同利益为纽带的合作伙伴关系,使竞争对手成了合作伙伴,供应链管理的集成化要求将从供应商开始到最终消费者的物流活动作为一个整体进行统一管理,从整体和全局上把握各项活动,使整个供应链的库存水平最低,实现供应链整体的物流最优化。

物流管理是建立在物流发展的基础上的,而物流发展趋势则推动了物流管理体系的形成。

2. 物流管理的特征

从物流定义可以看出，物流是实现从原材料市场到消费市场价值增值的重要环节。正是在增值市场的驱动下，物流才逐步变得越来越紧凑、稳定和高效。物流管理的特征主要表现在：

(1)以提高客户满意度为第一目标。物流起源于客户需求，离开了客户需求，物流就会变得盲目，因此，在客户需求的驱动下，物流沿着供应链从上游的供应商向下游的客户流动。客户需求成为驱动物流的原动力。

(2)着重整个流通渠道的物流运动。物流管理的主要对象从传统的包含采购、生产和销售物流的企业物流，扩展到包含退货物流和废弃品物流等逆向物流的社会物流。

(3)以整体最优为目的。表 2.1 描述了企业各个部门的理论，通过对这些理论的分析，可以感受到现代物流综合了企业各个部门的职能，实现了整个企业和整个流通渠道资源优化的目的。

表 2.1　各部门理论

采购理论	生产理论	物流理论	销售理论
低价格购入	扩大生产、生产合理化	降低成本	销售额增加、市场份额扩大
短时间购入	较长的生产流水线	大批量订货	高在库水准
大批量订货	固定的生产计划	充裕的时间	进货时间迅速、客户服务水平高
在库数量少	大批量生产	低在库水准	多品种

(4)重视效率更重视效益。现代物流管理不仅追求物流体系中的增值能力，更注重物流活动过程中的增值服务能力，以客户满意度作为衡量物流运营能力的标准。

(5)以信息为中心的实时对应型的商品供应体系。在信息的驱动下，物流的效率和效益达到了最大化。同时，与传统的由预测驱动物流的方式不同，现代物流是由客户订货驱动的。

(6)对商品运动的一元化管理。伴随着商品实体的运动，必然会出现“场所移动”和“提前期”这两种物理现象，其中，“提前期”(Lead Time，Throughput Time)在当今产销紧密联系、物流一体化、网络化的过程中，已经成为一种重要的经营资源。“场所移动”和“提前期”分别表达了订货至交货的空间(场所)和时间的内涵，突出了 JIT 的思想。

3. 物流管理的发展趋势

在现代物流理念的推动下，物流管理进入了新的发展阶段，更加注重个性化和过程化管理、合作和创新的管理理念，以及成本和效率并重的原则。因此，物流管理的发展趋势可以概括如下：

(1)由客户服务转向客户关系管理。传统物流管理的重点在企业内部作业与组织的整合上，对下游客户仍以提高服务质量为主要目的。因此，评价管理绩效的指标主要集中在订单周期的速度和供货等方面。然而，在供应链管理发展过程中，成员企业逐渐强调跨企业的资源整合，这使客户关系的维持和管理变得越来越重要。物流管理已从物的处理提升到物的增值方案管理，为企业量身定制，提供物的可得性与服务。

(2)由竞争转向合作。在传统的商业网络中，大部分企业以自我为中心，追求自身利益，从而形成了企业之间的竞争对立局面。然而，在市场竞争压力的驱动下，许多企业开始在各个商业物流功能上进行整合，通过联合、规划和合作运营，形成高度整合的供应链体系，使整体绩效大幅度提升。

(3)由预测转向实测。在传统的物流模式中,企业通过预测下游网络的资源来安排各项物流活动,由于预测结果的不确定性,浪费了许多资源和机会。物流管理发展的趋势是强调供应链成员的合作,成员之间在充分共享信息的基础上,使上游企业无须预测就可以准确地安排企业的生产计划和物流计划,物流模式逐步由预测转向实测。

(4)由经验积累转向变迁策略。经验曲线一直是企业分析市场环境、竞争趋势和发展对策的有效方法,并在学习的基础上逐步成为企业参与竞争的武器。随着科学技术的发展,企业固守经验不求突破的经营模式反而成为企业发展的障碍。因此,在高度变化的环境中,由经验构筑的供应链网络结构反而成为企业难以逾越的障碍。企业要成功就必须培养洞察发展方向的能力,只有坚持变迁管理,企业才能生存和发展。

(5)绝对价值转向相对价值。传统财务评价只观察一些绝对数值,而新的评估方法将着重评价相对价值,不仅关注供应链网络中的增值服务能力,而且关注企业在为客户创造的价值中所占的比重。

(6)由功能整合转向过程整合。在渠道竞争日趋激烈的环境中,企业必须能够以最快的速度响应上、下游客户的需求,因而必须有效整合各部门、各企业的业务流程,形成过程管理的新型模式。物流作业和活动多半具有跨部门、跨功能、跨企业的特性,所以过程整合将成为物流管理成功的要素之一。

(7)由垂直整合转向虚拟整合。在传统渠道中,一些大型企业会进行网络的垂直整合,以期获得更大的资源运营能力。事实证明,垂直整合分散了企业的资源,削弱了核心业务。企业经营的趋势是专注于核心能力,将非核心业务委托给专业公司。虚拟企业整合体系使企业能提供更好的产品和服务。在虚拟整合趋势下,供应链管理体系得以成功发展,物流产业也获得了很大支持,能够配合企业物流之需,不断开发出新的增值服务项目,形成更专业化的第三方物流,为市场和客户提供更多、更好、更具增值能力的服务。

(8)由信息保守转向信息共享。在供应链管理结构下,供应链成员必须将供应链整合所需要的信息与其他企业分享,否则无法形成有效的供应链管理体系。信息共享增强了供应链运营的灵活性。

(9)由训练转向知识学习。在可预见的未来,任何物流程序均通过人力来完成。然而,物流作业多半需要在各个物流中心和运输网络中进行,大约花费90%的时间,物流经理无法亲自加以监控。全球化发展趋势增加了物流人力资源管理的复杂性。物流管理的成功,需要培养物流人员的关键知识和能力。物流经理必须将人员技能训练转变为知识学习的方式,这样才能满足物流发展的人才需求。

(10)由管理会计转向价值管理。企业管理需要强调数字管理,但在会计系统中,财务信息有很多限制,无法提供有助于管理决策的信息。因此,当成本管理发展起来之后,许多企业愿意投入资源建立会计系统,着重提供增值数据,实现跨企业的信息管理,以期确认和支持可以创造价值的作业,并不是仅仅局限于收益的增加和成本的升降上。

总之,物流管理在市场竞争压力的推动下,逐步走上了"竞争-发展-创新"的管理之路,价值增值能力也逐步提高。

2.2.2 物流成本管理

成本管理是任何一个企业永恒的主题，它有助于更好地突出以客户为中心的理念，并且在提供良好的产品和客户服务的同时，尽可能降低成本。物流成本管理就是将成本管理的思想集成应用到物流活动中，形成一种以成本为中心的物流管理方法。例如，基于活动的成本分析(Activity-Based Costing，ABC)已经成为企业追求效益的重要途径。通过对物流活动的成本管理，可以降低物流成本、提高物流活动的经济效益。

1. 物流成本的概念与构成

传统上的物流成本是指产品空间位移（包括静止）过程中所耗费的各种劳动的货币表现，它是产品在实物运动过程中，如运输、装卸搬运、储存、流通加工、包装、配送、物流信息等各个环节所支出的人力、物力和财力的总和。

物流成本有狭义和广义之分。狭义的物流成本仅指由于物品移动而产生的运输、包装、装卸等费用。广义的物流成本是指生产、流通、消费全过程的物品实体与价值变化而发生的全部费用，具体包括从生产企业内部原材料的采购、供应开始，经过生产制造中的半成品，到产成品的仓储、搬运、废品回收等各环节发生的所有成本。可以认为，物流成本就是完成各种物流活动所需的费用。物流成本的计算范围、对象范围和涵盖范围决定了物流成本的范围。通常物流成本由以下几部分构成：

(1)物流过程的研究设计、重构和优化等费用。

(2)物流过程中的物质消耗，如固定资产的磨损，包装材料、电力、燃料消耗等物品在保管、运输等过程中的合理损耗等。

(3)用于保证物流顺畅的资金成本，如支付银行贷款的利息等。

(4)在组织物流的过程中发生的其他费用，如有关物流活动产生的差旅费、办公费等。

(5)从事物流工作人员的工资、奖金及各种形式的补贴等。

(6)在生产过程中一切由物品空间运动（包括静止）引起的费用支出，如原材料、燃料、半成品、在制品、产成品等的运输、装卸搬运、储存等费用。

物流成本以物流活动的整体为对象，是唯一基础性的、可以共同使用的基础数据。物流成本是进行物流管理并使物流合理化的基础，是衡量一个国家经济运行效率的重要指标。随着物流管理意识的增强，降低物流成本已经成为物流管理的首要任务。物流成本间存在效益背反规律，主要是由于各种费用互相关联，在物流功能之间，一种功能成本的削减会使另一种功能的成本增加。因此，必须综合考虑整体的最佳成本。

2. 物流成本管理在物流管理中的作用

物流成本管理在物流管理中占有重要的地位。"黑暗大陆"理论、"第三利润源泉"理论以及"冰山"理论等都说明了物流成本管理是物流管理的重要内容，而降低物流成本与提高物流服务水平构成了物流管理最基本的内容。通过对物流成本的有效把握，利用物流要素之间的效益背反关系，科学、合理地组织物流活动，加强对物流活动过程中费用支出的有效控制，降低物流活动中的物化劳动和活劳动的消耗，这样才能达到降低物流总成本、提高企业和社会经济效益的目的。

(1)从宏观上看，物流成本的下降，对于全社会而言意味着在创造同等数量的财富时，在物流领域所消耗的物化劳动和活劳动得到节约，从而能够以尽可能少的资源投入，创造出尽可能多的物质财富，减少资源消耗，为社会节约大量财富。

(2)从微观上看，由于物流成本在产品成本中占有很大比重，在其他条件不变的情况下，降低物流成本意味着扩大了企业的利润空间，提高了利润水平。物流成本的降低，意味着增强企业在产品价格方面的竞争优势，企业可以获得相对低廉的价格，从而提高产品的市场竞争力，扩大销售，并为企业带来更多的利润。

3.物流成本管理的措施

物流成本的传统管理主要是通过加快物流速度、减少物流周转环节、采用先进的物流技术以及加强经济核算等手段来实现的。在新的竞争环境下，物流成本管理的措施出现了新的特点，并产生了一系列新的物流成本管理措施。

(1)加强物流成本的计算。物流成本计算是物流成本核算的基础。物流成本计算的难点在于缺乏能够充分反映物流成本的原始数据。物流成本数据很难从财务会计的数据中剥离出来，因此，如果要准确计算物流成本，首先需要在计划开始执行后，对产生的生产耗费等基础数据进行归纳、整理，根据企业的实际情况和管理目标制定一个可行的规划，对各相关部门进行物流成本管理。

(2)树立物流总成本观念。追求物流总成本的最小化是现代物流的一个显著特征。应该考虑从产品制成到最终用户的整个流通过程物流成本的降低，即从流通全过程的视点来降低物流成本。

①通过物流功能要素的协同来降低物流成本。物流功能要素之间始终存在冲突，功能要素个体最优不等于总体最优。将运输、装卸搬运、储存、流通加工、包装、配送、信息处理等各个功能要素进行协同，其结果可能是运输成本不是最小的，或者库存成本不是最小的，但运输储存的成本之和会是最小的。

②通过物流部门和其他部门之间的协同降低物流成本。可以根据企业情况进行业务流程重组，成立横向的物流管理部门，以实现部门之间更好地协同降低物流成本的目标。

(3)科学管理库存，降低隐性成本。控制库存以达到最低库存是物流管理的重要职责。最低库存的目标是要将库存水平配置减少到与客户服务目标一致的最低水平，以实现最低的总物流成本。因此，科学管理库存不仅可以降低库存水平、减少资金占用和库存持有成本、降低隐性成本，而且还可以提高客户满意度。

(4)通过效率化的配送降低物流成本。为了满足大众需求向多样化和个性化方向发展的趋势，企业开始采用多样化和少批量的生产方式，从而产生了高频度、小批量的配送方式。效率化的配送通过合理安排配车计划、强化车辆的运行管理，将小批量的货物整合后开展共同配送，这样能减少运输次数、提高车辆装载率，实现车辆运行的效率化，从而降低配送成本。效率化的配送方式对提高物流运营效率、降低物流成本具有重要意义。

(5)采用一贯制运输和物流外包降低物流成本。从运输上考虑降低物流成本，可以通过一贯制运输来实现，即通过利用各种运输工具的有机衔接实现从制造商到最终消费者的商品运输。这样，一方面由于运输工具的标准化以及运输管理的统一化，降低了商品周转过程的费用和损失，也大大缩短了商品在途时间；另一方面，企业可以将物流外包给第三方，减少或者不必对物流系统增加投资，从而降低物流系统的固定成本，减少商品周转过程的费用和损失。

(6)削减退货成本，降低物流成本。退货成本是伴随着退货产生的一系列物流费用、退货商品损伤或滞销而产生的费用、处理退货商品所需要的人员费用，以及各种事务性、管理性费用。为削减退货成本，企业应制定防止和减少出现退货的政策。一方面要建立规范的质量管理体系和物流服务标准规范，提高产品质量，减少商品损伤；另一方面，建立和完善绩效评价体系和退货责任体系，提高生产、流通企业或部门员工的质量意识，规范经营行为。

(7)借助物流信息系统控制和降低物流成本。一方面，物流信息系统可使各种物流作业或业务处理迅速、准确；另一方面，还可以建立物流经营战略系统，通过信息系统的数据汇总进行预测分析，实现生产、流通全过程的企业或部门信息共享，从整体上控制和降低物流成本。物流信息系统不是向其他企业或部门转移成本，而是为降低物流成本提供了捷径。

(8)通过供应链管理提高物流服务削减成本。对商品流通的全过程实现供应链管理，使由生产企业、第三方物流企业、销售企业、消费者组成的供应链体系整体化和系统化，以实现物流一体化，使整个供应链利益最大化，从而有效降低企业物流成本。采取全程供应链管理模式能有效缩短从供应商到客户的"时间距离"，缩短从产生客户需求到满足客户需求的响应周期，降低企业库存，有效节约物流费用，降低物流成本。

2.2.3 物流时间管理

物流是劳动对象在形成过程中的一种运动表现形式，始于原材料的采购，经运输、加工制造的生产流程，再进入流通过程，最终到达消费者手中。物流也具有一般运动的时间和空间属性，需要占据一定的空间并在空间中移动；需要消耗时间，表现为时间上的延续。这样一来，就从成本、质量、产品、地点、到达时间等5个方面对物流管理提出了要求。物流管理就是要使物流加速，从这层意义上说，物流管理就是对物流时间的管理。通过物流加速减少仓库和库存量，以时间消灭空间，在最短的时间内，以最低的成本为客户提供最高价值的产品，现代物流企业已经认识到加快物流速度、减少物流时间消耗对于降低成本和提高竞争力的重要性。

从社会再生产的角度看，国民经济全部工农业产品的生产过程和制造过程，除了加工和生产的时间以外，全部都是物流过程的时间。如制造业的生产加工时间仅占10%左右，而物流时间占到90%，很大一部分生产成本消耗在物流过程之中。因此，物流时间管理已经成为决定企业生存和发展战略能力的关键所在，成为企业激烈竞争中的新的经济效益增长点。

1. 物流时间分类

根据物流过程中的运动状态，可以将物流时间分成物流的运动时间与物流的静止时间两大类。物流的最基本特征是运动，物流的运动时间构成了物流过程中的主要时间，它主要包括运输时间(包含外部途中运输时间和内部移动时间)和产品加工时间。物流的静止时间主要包括库存时间、等待时间和交接时间。在大多数情况下，物流的静止时间是不产生价值的，相反它延长了物流时间，占用了有限的资金，更重要的是它极大地降低了物流服务水平，掩盖了物流系统中的管理问题。

(1)运输时间。运输时间主要由外部途中运输时间和内部移动时间组成。物品的运输包括原材料运输和商品运输，运输时间的消耗主要是指运输所需的时间以及装卸搬运时间。

(2)产品加工时间。产品加工制造所需的时间一般很少，而大量的时间是加工等待时间。减少加工时间的关键是压缩加工等待时间。

(3)库存时间。库存时间占据了物流静止时间的绝大部分，控制库存时间是物流时间管理的重要内容。库存时间包括原材料库存时间、成品库存时间和销售库存时间等。作为物流系统的缓冲，库存起着缓冲或消除系统众多不确定因素影响的作用。

(4)等待时间。等待时间由加工过程中的等待时间和运输过程中的等待时间组成。等待时间是整个物流系统计划和执行水平的直接体现。

(5)交接时间。交接时间指的是物流过程中相邻环节间在交接时发生的等待，表现为验收时的数量清点、质量检验以及发货时的复查与等待。它与等待时间一样，在一定程度上反映了物流系统的管理水平。

2.物流时间管理的途径

在物流时间管理中，静止时间的管理最困难、最复杂，但也最有价值。本来物流主要体现在运动环节，这一环节占据了物流时间的主要部分，但是利用运动环节来实现物流加速较困难，容易引起成本的明显上升。物流中的静止时间通常不能创造价值，只能作为创造价值的必要条件出现。缩短物流中的静止时间是实现物流时间管理的重要途径，因为它引起的直接成本上升有限，有时候甚至可以减少物流的系统成本。但是静止时间作为连接物流过程的必需环节和缓冲，在具体管理上存在着现实困难，不仅依赖于整个系统周密的生产运营计划、切实的执行和系统可靠性，还取决于物流系统的整体管理水平。

(1)运输时间的管理。减少运输时间可以从以下两个方面来考虑：

①减少运输距离。在使用相同的交通工具的情况下，提高物流速度主要是减少运输距离。减少运输距离主要涉及仓库和物流中心的选址问题。企业在一定成本下的选址应尽可能地缩短运输距离。例如，原材料仓库应设在距离原材料供应较近的地方，中转仓库应设在靠近码头、铁路等交通比较发达的地方，配送中心应设在距离目标客户较近的地方。

②提高运输速度。企业设置的物流部门利用率普遍较低，造成了资源的浪费，同时还占用了资金，增加了成本。现代的市场竞争要求企业将物品的外部运输外包给第三方物流企业。随着物流全球化的发展，第三方物流能满足跨国家、跨地区的物流配送对速度的高要求。

(2)加工时间的管理。企业提高加工速度、减少加工时间的关键是压缩加工等待时间。加工等待时间由三部分组成：一是等待自己的前一个批次被处理；二是等待自己所属批次被处理；三是完成特定的管理流程所耗费的时间。一般来说，浪费的加工等待时间由以上三项平分，称为“3/3法则”。此法则表明，考虑的首要因素是批量的大小，可以在原有设施布局基础上减小批量，增加运输频次，但此时换产调整时间长、设备故障停机时间长等又成为等待时间的重要因素。另外，生产计划是否稳定均衡也是加工时间管理的一个重要因素。可采用在单位时间内将所有产品的品种数量平均化生产的计划方式，这一方式被称为“混流”，该方式可以以月、周为单位，甚至以日为单位。混流方式按照销售速度来安排数量与品种均衡，这可以使产品在每一工序起始时就尽可能摆脱“3/3法则”阴影，领先于竞争者，能够在极短的时间内交货。

(3)库存时间的管理。如果以库存物品的存放时间作为控制对象，可以将库存还原成物流过程中的一个环节，通过控制库存占用的物流时间，达到减少库存和加速物流的目的。库存的时间管理有着突出的优势：一方面，将库存控制回放到物流系统管理，抛弃了孤立的库存数量管理方式；另一方面，由于库存时间经常会不可避免地带来物品的损耗，而物流时间管理以库存物品的时间为管理核心，充分考虑了时间对物品的影响，从而避免了对个别物品库存时间的忽视。另外，由于信息流的时间滞后性，一些物品需求被直接转化为库存，如果需求和信息流明确，就可以通过JIT、小批量和计划手段实现前后工序的无缝连接，在追求零库存的过程中不断降低库存水平。

(4)等待时间的管理。缩短现场等待时间依赖于整个系统周密的生产运营计划及其执行情况。大多数生产过程都是由多个环节组成的,而且不同环节的工序经常在空间上存在距离,需要一定的运输工具将在制品输送到下一个环节或者进行必要的仓储。另外,加工速度与运输工具充分运行时的工作速度和批量经常存在一定差异,而且生产过程中前后工序的加工速度可能存在差异,因此在加工过程中经常出现等待时间。此外,在运输过程中,通关、装卸、信息处理、办理必要手续等会带来物流停顿,尤其在多种运输方式联运中,物品在不同运输方式间的转移产生的等待占用时间较多,因此在物品运输过程中也会经常出现等待时间。

加工过程中的等待时间,由经济运输批量、加工进度的稳定性、运输工具的运载能力等因素决定。较大的经济运输批量决定了物品较长的等待时间,前后工序中加工的不稳定性需要一定的物品储备作缓冲,从而延长了物品的等待时间。运输工具运载能力越高,物品的等待时间就会越短。等待时间管理应以此为依据,适当考虑信息传递需要的合理时间和不确定因素带来的不利影响。

(5)交接时间的管理。交接时间管理主要以交接过程的合理工作时间为依据,兼顾信息传递和管理手续所需要的必要时间。另外,物流交接人员的现场出勤状况也会影响交接时间。低水平的整体计划和执行,以及物流交接人员的不足,都会影响现场的交接时间。

3.基于时间的竞争

20 世纪 70 年代以前,成本是主要的竞争优势,80 年代是质量,90 年代是交货时间,即所谓基于时间的竞争。基于时间的竞争是由波士顿咨询公司顾问乔治·斯托克(George Stalk)和托马斯·霍特(Thomas Hout)提出来的,他们在《与时间竞争》一书中提议,在每个过程中的每个阶段都要尽量地压缩时间。“时间是商业的秘密武器,因为从时间上反映出来的优势可以带动其他的竞争优势。”斯托克和霍特写道:“用最低的成本在最少的时间内提供最高的价值,这是企业成功的新模式。”

根据斯托克的研究,战后日本经历了劳动密集、资金密集、集中生产、柔性生产四次竞争战略转变,使日本一直保持着低成本与高生产率。时间竞争与其他管理理念存在着本质的不同,它与质量和成本竞争一起主导着客户响应和快速新产品推出战略,其实质是压缩产品的设计、制造及运送全过程的时间,加快产品开发与推出、设计与制造、物流配送及客户服务的时间。一方面使得新产品比竞争者的产品更早或第一个进入市场,从而赢得更多的市场份额;另一方面大大降低了产品长周期带来的时间成本,增强了市场变化响应能力,降低了风险。此外,还保证和节省了运输时间,增加了客户满意度。

基于时间的竞争要求在相同的资源和成本下,尽可能地缩短流程时间、加快速度。在实践中,基于时间的竞争主要是一种用作降低成本而不是提高竞争力的方式。更短的时间周期意味着更高的效率和更低的成本。基于时间的竞争没有从质量和数量方面入手,而是无意识地刺激了成本的降低。如何在最短的时间内,以最低的成本为客户提供最高价值的产品,这就是基于时间变量的竞争优势最深刻的内涵。企业能否构建出这种竞争优势,直接决定着企业竞争能力的高低与竞争的成败。

正是由于物流系统中存在的不确定性,使得物流系统中存在着多种形式的提前期概念,如采购提前期、生产提前期、配送提前期等。提前期的存在,有效地缓冲了物流系统各个环节存在的不确定性引起的风险,使物流系统的衔接更加通畅。良好的物流时间管理,有助于减小或消除提前期。

2.2.4　物流绩效管理

物流系统由运输、装卸搬运、储存、流通加工、包装、配送、信息处理等功能要素构成，贯穿于生产、配送、流通和消费的整个过程。物流绩效管理作为物流管理体系中的一个重要组成部分，是满足客户需求、提升服务质量的重要环节之一。

1.物流绩效管理的概念

物流绩效管理就是依据物流系统运营的客观规律，为满足物流客户的服务需求，通过制定科学合理的基本标准，运用绩效管理的理论方法对物流系统进行科学合理地规划、组织和协调，以实现优化控制的一系列活动过程。物流绩效管理概念的内涵丰富，既包含物流对象的质量，也包含物流手段、物流方法的质量，还包含工作质量，因而是一种系统而全面的质量观。物流绩效管理主要包括质量保证和质量控制。物流绩效管理与一般商品质量管理的不同之处在于：物流绩效管理一方面既要满足生产者的要求，使其产品能及时准确地转移给客户，另一方面又要满足客户的要求，即按客户要求将其所需的商品送交，并使两者在经济效益上保持一致。

2.物流绩效管理的主要内容

(1)物流对象的质量。在生产过程中，物流对象已具有自己的质量实体，在物流过程中应保护和转移这些质量。同时，为了方便运输，或者为了弥补生产过程中的加工不足，使产需双方更好地衔接，物流对象的部分加工活动会放在物流过程中完成，即流通加工。从这个意义上说，物流也是商品质量的“形成过程”。物流对象质量保护是指在物品运送过程中对物品原有质量(数量、形状、性能等)的保证，尽量避免出现破损。现代物流采用流通加工等手段，可以改善和提高物流对象的质量。

物流对象质量保护的内容包括：

①数量保护。在物流过程中，物品的散失、丢失、盗失等原因都会导致出现数量减少问题。采用集装箱的装运方式能够有效地保护物流对象的数量不受损失，同时由于形成了一种整体的货载方式，也不需要在物流过程中经常清点物品。这种方式有力地支持了物流过程中的质量管理。

②质量保护。保证物品在物流中不发生超出约定的物理的、化学的、生物的质量变化。在物流过程中，不同的物流对象可能发生的质量变化是不同的，因此必须针对不同的物流对象单独制定质量保护协议。对于一些特殊的物流对象，如危险品，物流责任企业需要有专门的人才和技术力量、设施装备来解决质量保护问题。

③灾害预防。物流过程中最大的损失来自灾害。物流过程中既要防止来自外部的灾害，如大气、环境、海难等因素，又要防止来自内部的灾害，如物品的燃烧、爆炸等。虽然物流过程中灾害性的损失往往可以获得赔付，但仍然需要建立科学合理的防范体系。现代科学技术为灾害的预防和救援提供了许多可以选择的手段，如海上呼救和救援系统、GPS等。

(2)物流服务质量。物流服务质量是物流绩效管理的一项重要内容。物流具有极强的服务性质，既要为现代企业生产经营过程服务，又要为现代企业的产品和服务的客户提供全面的物流服务。整个物流服务的质量目标，就是以提高客户满意度为衡量指标的。服务质量因不同客户的要求而异，因此，在物流过程中要了解和掌握客户在产品品种、批量、配送额度、交货期、运输方式、信息提供、价格等方面现实的和潜在的要求，坚持以客户需求为导向。当然，提高物流服务质量也不能是消极的、被动的。由于"交替损益"的作用,有时客户的某些服务要求会增大成本或出现其他的问题。物流服务应是积极地、能动地推进服务质量。此外,物流服务质量是变化发展的,随着绿色物流、柔性物流等服务理念的提出,会形成新的物流服务质量要求。

(3)物流作业质量。物流作业质量是指物流各环节、各工种、各岗位具体工作的质量,物流作业质量和物流服务质量既有联系又有区别,物流服务质量水平取决于每一项作业质量的总和,所以,物流作业质量是物流服务质量的保证和基础。通过强化物流管理,建立科学合理的管理制度,充分调动员工积极性,不断提高物流作业质量,物流服务质量也就有了一定程度的保证。为实现总的服务质量,要确定具体的作业要求,以质量指标形式确定作业质量目标。同时,还要将物流服务总的目标质量分解成各个工作岗位具体实现的质量目标,在技术、管理、操作等方面努力提高服务质量。

(4)物流工程质量。物流工程质量是指将物流绩效体系视为一个系统,用系统论的理论方法对影响物流绩效的诸要素,如人、体制、设备、工艺方法、计量与测试方法以及环境等进行分析、计划和有效控制。物流工程具体可分为总体的网络工程系统和具体的技术工程系统两大类。任何物流系统的运营,必须依靠有效的工程系统。与产品生产类似,物流绩效既取决于作业质量,也取决于工程质量。提高物流工程质量有助于实施"预防为主"的质量管理方法,因而它是物流绩效管理的一项基础性工作。优良的作业质量对于物流绩效的保证程度,受制于物流技术水平、管理水平、技术装备水平。优良的物流绩效是在整个物流过程中形成的,要想能"事前控制"物流绩效、预防物流损失,必须有效控制影响物流绩效的诸因素。

3.物流绩效管理的特点

物流具有其内在的客观规律,物流绩效管理同样反映出相应的基本要求,可以归纳为以下特点:

(1)全员参加管理。物流绩效管理涉及物流活动相关环节的所有企业、部门和人员,需要各方紧密配合,共同努力。物流管理的全员性,正是由物流的综合性、物流绩效问题的重要性和复杂性所决定的,它反映了物流绩效管理的客观要求。

(2)全过程质量控制。物流绩效管理是对运输、装卸搬运、储存、流通加工、包装、配送等若干过程进行的全过程质量管理,同时又是在社会再生产全过程中开展全面质量管理的重要一环。在这一全过程中,必须一环紧扣一环地进行全过程管理,并实现全过程信息处理的透明化,只有这样才能保证最终的物流绩效,达到目标绩效。

(3)全面整体管理。影响物流绩效的因素具有综合性和复杂性,加强物流绩效管理必须全面分析各种相关因素,把握其内在规律。物流绩效管理不仅管理物流对象本身,而且管理物流作业质量和物流工程质量,最终对成本及交货期起到管理作用,具有很强的全面性,因而必须全面考虑系统的各个环节、各种资源以及整个物流活动的相互配合、相互协调。只有全面开展绩效管理,才能最终实现物流绩效管理的目标。

物流绩效管理具有全面的特点,必须强调"预防为主",将绩效管理由传统的质量检验转变成以预防为主的质量控制,明确"事前管理"的重要性。

4.加强物流绩效管理的基本途径

(1)树立物流整体绩效管理思想。只有形成物流整体绩效管理的认识,才能切实做好物流服务过程的整体绩效管理,并从整体上考核物流服务绩效管理水平,同时提高内部服务绩效和外部服务绩效。

(2)建立有效的物流绩效管理信息系统。量化客户对物流绩效的期望,强调信息的质量,监控物流绩效状况。

(3)加强物流绩效管理的主要措施。根据全面质量管理理论,建立和完善物流绩效管理的计量和评估体系,切实消除物流过程中的差错,积极引进现代质量管理理论和技术,提高绩效管理水平,运用有效的激励措施,实行全员绩效管理,根据绩效管理环境确定绩效管理目标、绩效评价标准和绩效管理措施。

第三方物流随着物流产业的发展而发展,是物流专业化的重要形式。物流产业发展到一定阶段必然会出现第三方物流,而且第三方物流的占有率与物流产业的发展水平之间有着非常紧密的相关性。国外发达国家的物流产业实证表明,独立的第三方物流至少占社会总物流的50%时,物流产业才能形成。所以,第三方物流的发展程度反映和体现着一个国家物流产业发展的整体水平。

2.3　物流管理新理论

2.3.1　精益物流

目前,在众多的物流管理新思想、新理论中,精益物流的影响越来越广泛。在我国,精益物流的应用还未正式展开。

1.精益物流的背景

精益物流是起源于日本丰田汽车公司的一种物流管理思想,其核心是追求消灭包括库存在内的一切浪费,并围绕此目标发展的一系列具体方法。它是从精益生产的理念中蜕变而来的,是精益思想在物流管理中的应用。

(1)精益生产的背景。第二次世界大战结束不久,汽车工业中统治世界的生产模式是以美国福特为代表的大量生产方式,这种生产方式以流水线形式,少品种、大批量生产产品。在当时,大批量生产方式即代表了先进的管理思想与方法,大量的专用设备、专业化的大批量生产是降低成本、提高生产率的主要方式。与处于绝对优势的美国汽车工业相比,日本的汽车工业则处于相对幼稚的阶段,丰田汽车公司从成立到1950年的十几年间,总产量甚至不及福特公司1950年一天的产量。汽车工业作为日本经济倍增计划的重点发展产业,日本派出了大量人员前往美国考察。丰田汽车公司在参观美国的几大汽车厂之后发现,采用大批量生产方式降低成本仍有进一步改进的余地,而且日本企业还面临需求不足与技术落后等严重困难,加上战后日本国内的资金严重不足,也难有大量的资金投入以保证日本国内的汽车生产达到有竞争力的规模,因此他们认为在日本进行大批量、少品种的生产方式是不可取的,而应考虑一种更能适应日本市场需求的生产组织策略。

以丰田的大野耐一等人为代表的精益生产的创始者们,在不断探索之后,终于找到了一套适合日本国情的汽车生产方式:及时制生产、全面质量管理、并行工程、充分协作的团队工作方式和集成的供应链关系管理,逐步创立了独特的多品种、小批量、高质量和低消耗的精益生产方式。1973年的石油危机使日本的汽车工业闪亮登场。由于市场环境发生了变化,大批量生产所具有的弱点日趋明显,而丰田公司的业绩却开始上升,领先于其他汽车制造企业越来越多，精益生产方式开始为世人所瞩目。

(2)精益思想的背景。在市场竞争中遭受失败的美国汽车工业，经历了曲折的认识过程后，终于意识到致使其竞争失败的关键是美国汽车制造业的大批量生产方式输给了丰田公司的精益生产方式。1985 年，美国麻省理工学院的 Daniel T. Jones 教授等筹资 500 万美元，用了近五年的时间对 90 多家汽车厂进行对比分析，于 1992 年出版了《改造世界的机器》一书，把丰田生产方式定名为精益生产，并对其管理思想的特点与内涵进行了详细的描述。四年之后，该书的作者出版了它的续篇《精益思想》，进一步从理论的高度归纳了精益生产中所包含的新的管理思维，并将精益方式扩大到制造业以外的所有领域，尤其是第三产业。把精益生产方法外延到企业活动的各个方面，不再局限于生产领域，从而促使管理人员重新思考企业流程，消灭浪费，创造价值。

精益思想的核心就是以越来越少的投入——较少的人力、较少的设备、较短的时间和较小的场地创造出尽可能多的价值，同时也越来越接近用户，提供他们确实需要的东西。精确的定义价值是精益思想关键性的第一步；确定每个产品(或在某些情况下确定每一产品系列)的全部价值流是精益思想的第二步；紧接着就是要使保留下来的、创造价值的各个步骤流动起来，使需要若干天才能办完的订货手续，在几小时内办完，使传统的物资生产完成时间由几个月或几周减少到几天或几分钟，随后就要及时跟上不断变化着的客户需求。因为一旦具备了在客户真正需要的时候就能设计、安排生产和制造出其真正需要的产品的能力，就意味着可以抛开销售，直接按客户告知的实际要求进行生产。这就是说，可以按客户需要拉动产品，而不是把客户不想要的产品硬推给他。

2. 精益物流的含义

精益思想的理论诞生后，物流管理学家则从物流管理的角度对此进行了大量的借鉴工作，并与供应链管理的思想密切融合起来，提出了精益物流的新概念。

精益物流是运用精益思想对企业物流活动进行管理，其基本原则包括：

(1)从客户的角度而不是从企业或职能部门的角度来研究什么可以产生价值。

(2)按整个价值流确定供应、生产和配送产品中所有必需的步骤和活动。

(3)创造无中断、无绕道、无等待、无回流的增值活动流。

(4)及时创造仅由客户拉动的价值。

(5)不断消除浪费，追求完善。

精益物流的目标可概括为：企业在提供满意的客户服务水平的同时，把浪费降到最低程度。企业物流活动中的浪费现象很多，常见的有：不满意的客户服务、无需求造成的积压和多余的库存、实际不需要的流通加工程序、不必要的物料移动、因供应链上游不能按时交货或提供服务的等候、提供客户不需要的服务等，努力消除这些浪费现象是精益物流最重要的内容。实现精益物流必须正确认识以下几个道理：

(1)精益物流的前提：正确认识价值流。价值流是企业产生价值的所有活动过程，这些活动主要体现在三项关键的流向上：从概念设想、产品设计、工艺设计到投产的产品流；从客户订单到制定详细进度到送货的全过程信息流；从原材料制成最终产品、送到客户手中的物流。因此，认识价值流必须超出企业这个世界上公认的划分单位的标准，去查看创造和生产一个特定产品所必需的全部活动，搞清每一步骤和环节，并对它们进行描述和分析。

(2)精益物流的保证：价值流的顺畅流动。消除浪费的关键是让完成某一项工作所需步骤以最优的方式连接起来，形成无中断、排除等候的连续流动，让价值流顺畅流动起来。具体实施时，首先要明确流动过程的目标流动朝向；其次，把沿价值流的所有参与企业集成起来，摒弃传统的各自追求利润极大化而相互对立的观点，以最终客户的需求为共同目标，共同探讨最优物流路径，消除一切不产生价值的行为。

(3)精益物流的关键:客户需求作为价值流的动力。在精益物流模式中，价值流的流动要靠下游客户的拉动，而不是靠上游来推动。当客户没有发出需求指令时，上游的任何部分都不要去生产产品，而当客户的需求指令发出后，则快速生产产品，提供服务。当然，这不是绝对的现象，在实际操作中，要区分是哪一种类型的产品，如是需求稳定、可预测性较强的功能型产品，可以根据准确预测进行生产，而需求波动较大、可预测性不强的创新型产品，则要采用精确反应、延迟技术，缩短反应时间，提高客户服务水平。

(4)精益物流的生命:不断改进，追求完善。精益物流是动态管理，对物流活动的改进和完善是不断循环的。每一次改进，消除一批浪费，形成新的价值流的流动，同时又存在新的浪费而需要不断改进。这种改进使物流总成本不断降低，周期不断缩短而使浪费不断减少，实现这种不断改进需要全体人员的参与，上下一心、各司其职、各尽其责，达到全面物流管理的境界。

综上所述，运用供应链管理的整体思想，站在客户的立场，无限追求物流总成本的最低是精益物流真正的核心所在。

2.3.2　第四方物流

1.第四方物流的概念

第四方物流是“集合和管理包括第三方物流在内的物流资源、物流技术、设施，依托现代信息技术和管理技术提供完整的供应链解决方案”。有的咨询公司以“有领导力量的物流提供商”的名称提供类似服务。不管如何称呼，这种提供供应链的有影响力的、综合的解决方案，将为客户带来更大的价值。不过第四方物流的概念在我国很少提及，即使在国外，物流业界对此也有不少异议，所以第四方物流思想的发展前景如何，尚待理论完善与实践检验。

第四方物流不仅控制和管理特定的物流服务，而且对整个物流过程提出策划方案。因此第四方物流成功的关键在于为客户提供最佳的增值服务，即迅速、高效、低成本和人性化服务等。发展第四方物流需综合第三方物流的能力、技术及贸易流通管理等，为客户提供功能性一体化服务，并扩大营运自主性。

2.第四方物流的特点

(1)提供了一个综合性供应链解决方法，以有效地适应需求多样化和复杂化的需求，集中所有资源为客户完美地解决问题。

①供应链再建，是指通过供应链的参与并将供应链规划与实施同步进行，或通过与独立的供应链参与者之间的合作提高规模和总量。供应链再建改变了供应链管理的传统模式，创造性地重新设计了参与者之间的供应链，使之达到真正的一体化。

②功能转化，主要是销售和操作规划、配送管理、物资采购、客户响应及供应链技术等，通过战略调整、流程再造、整体改变管理和技术，使客户间的供应链运作一体化。

③业务流程再造，是指将客户与供应商的信息和技术系统一体化，把人的因素和业务规范有机地结合起来，使整个供应链规划和业务流程能够贯彻实施。

④实施第四方物流，开展多功能、多流程的供应链业务，其范围远远超出传统外包运输管理和仓储作业的物流服务。企业可以把整条供应链全权交给第四方物流运作，第四方物流可以为供应链提供完整的服务。

(2)通过影响整个供应链来获得价值，即与类似外包的供应链的区别之一在于其能够为整条供应链的客户带来收益。

①利润增长。第四方物流的利润增长将取决于服务质量的提高、实用性的增加和物流成本的降低。由于第四方物流关注的是整条供应链，而不是单纯的储存或运输方面的效益，因此其为客户及自身带来的综合效益会展现出来。

②运营成本降低。可以利用运作效率提高、流程减少和采购成本降低实现，即通过整条供应链外包功能以达到节约的目的。流程一体化、供应链的改善和实施将使运营成本和产品销售成本降低。

③工作成本降低。采用现代信息技术、科学的管理流程和标准化管理，使存货和现金流转次数减少，可望得到占总成本30%的成本降低。

④提高资产利用率。客户通过第四方物流减少了固定资产占用和提高了资产利用率，使得客户通过投资研究设计、产品开发、销售与市场拓展等获得经济效益的提高。

第四方物流成功地影响了大批的服务商（第三方物流、网络工程、电子商务、运输企业等）及客户和供应链中的伙伴。它作为客户间的连接点，通过合作或联盟的形式提供多样化服务。第四方物流的优点是使迅速、高质量、低成本的运送服务得以实现。

2.3.3 电子物流

1.电子物流的概念

电子物流就是利用电子化的手段，尤其是利用互联网技术来完成物流全过程的协调、控制和管理，实现从网络前端到最终客户端的所有中间过程服务。最显著的特点是各种软件技术与物流服务的融合应用。

电子物流的功能十分强大，它能够实现系统之间、企业之间，以及资金流、物流、信息流之间的无缝连接，而且这种连接同时还具备预见功能，可以在上下游企业间提供一种透明的可见性功能，帮助企业最大限度地控制和管理库存。同时，由于全面应用了客户关系管理、商业智能、计算机电话集成、地理信息系统、全球定位系统、因特网、无线互动技术等先进的信息技术手段，以及配送优化调度、动态监控、智能交通、仓储系统，从而为企业建立敏捷的供应链系统提供了强大的技术支持。

电子物流业务使得客户可以运用外部服务力量来实现内部经营目标的增长，即客户能够得到量身定做的个性化服务，而整个过程则由第三方电子物流服务提供商来进行管理。

当客户的支付信息被处理后，电子物流系统会为客户发送订单确认信息。在这一切工作就绪之后，电子物流系统会对客户的订单进行格式化处理，并将订单发送到离客户最近的仓储中心。

而电子物流的外包服务则在B2B业务中的制造商与电子物流服务供应商之间，以及B2C业务中的制造商及其业务伙伴之间提供了建设性的桥梁作用。

2.电子物流的特点

电子物流的主要特点是前端服务与后端服务的集成。

目前许多经销商都面临如何将前端的客户订单管理、客户管理与后端的库存管理、仓储管理、运输管理相结合的问题。那么将这两方面进行集成的重要性是什么呢？从以下的例子中可以得到一些启示：当客户通过互联网下订单，需要物流系统能够迅速查询库存清单、查看存货状况，而这些信息又需要再实时地反馈给客户。在整个过程中，订单管理系统需要同仓储系统、库存管理系统密切地协同工作。

为了实现后台服务，以及与其平行的服务功能，电子物流的前端服务是至关重要的。前端服务包括咨询服务（确认客户需求）、网站设计管理、客户集成方案实施等。这部分功能是用户经常见到的，在此不做详述。而电子物流的后端服务则包括订单管理、仓储分拨、运输与交付、退货管理、客户服务及数据管理与分析等业务。

(1)订单管理。订单管理业务包括接收订单、整理数据、订单确认、交易处理（包括信用卡结算及赊欠业务处理）等。在电子物流的订单管理业务活动中，需要通过复杂的软件来处理繁杂的业务环节。为了达到较高的效率，订单管理业务需要做以下工作：

①确认订单来源。当电子物流服务提供商接收到一份订单时，电子物流系统会自动识别该订单的来源及订单的方式，统计客户是通过何种方式（电话、传真、电子邮件等）完成的订单。当这一切工作结束后，系统还会自动根据库存清单检索订单上的货物目前是否有存货。

②支付处理。在客户提交订单后，还需要输入有关的支付信息，电子物流系统会自动处理信用卡支付业务及赊欠业务。如果客户填写的支付信息有误，系统将会及时通知客户进行更改，或者选择其他合适的支付方式。

③订单确认与处理。当客户的支付信息被处理后，电子物流系统会为客户改善订单并确认信息。在这一切工作就绪之后，电子物流系统会对客户的订单进行格式化，并将订单发送到离客户最近的仓储中心。

(2)仓储与分拨。当仓储中心接收到订单后，就会根据订单内容承担起分拣、包装及运输的任务。在这个阶段，有的电子物流服务提供商还会提供一些增值服务，如根据客户的特殊需求对物品进行包装等。仓储与分拨中心同时负责存货清单管理及存货的补给工作，并由电子物流服务系统进行监测。这种服务将会为制造商提供有效的库存管理信息，使制造商或经销商保持合理的库存。

(3)运输与交付。运输与交付包括了对运输的全程管理。具体包括处理需求、设计运输路线、运输的实施等。这个过程同时还包括向客户提供通过互联网对货物运输状态进行实时跟踪的服务。电子物流服务提供商在提供运输与交付业务时也会选择将该业务向具有运输服务力量的第三方运输公司外包，如UPS、FedEx等。

(4)退货管理。退货管理业务承担货物的修复、重新包装等任务，这个过程需要处理退货授权认可、分拣可修复货物、处理受损货物等工作。

(5)客户关系管理服务。客户关系管理服务包括了售前和售后服务，同时还包括对客户的电话、传真、电子邮件的回复等工作。处理的内容包括存货信息、货物到达时间、退货信息及客户意见。客户关系管理不是一个孤立的业务步骤，这项工作与订单管理、仓储与分拨、运输与交付、退货管理等环节有密切联系，需要相互支持。目前许多电子物流服务提供商通过内部或者外部的呼叫中心向客户提供24小时（每周7天、每年365天）的客户关系管理服务。

(6)数据管理与分析。对于客户提交的订单，电子物流系统有能力对相关数据进行分析，产生一些分析报告。这些经过分析的信息可以帮助制造商及经销商及时了解信息，以便随时调整目前的市场推广策略。这项服务同时也是电子物流服务向客户提供的一项增值服务。

3.传统物流服务与电子物流服务的区别

客户在网上的购买行为与传统的购买行为有所不同,因此也就决定了电子物流的服务形式、手段的特殊性。在网上购物的客户希望在网上商店寻觅到所需的特定物品,并且希望能够得到实时的信息反馈,诸如是否有存货、何时能够收到货物等实时的信息,同时客户也十分关注如果在网上选购的物品不甚理想或者是物品在运输途中受损,是否能够及时、便利地办理退货等。新兴的电子物流服务就是由具备实力的服务商来提供最大限度地满足客户需求的外包服务。

由于认识到电子物流将带来的市场机遇,传统的提供仓储分拨业务、运输业务的服务提供商纷纷涉足电子物流业务解决方案开发的市场,更有一些新进入领域的服务提供商十分看好其发展潜力,希望能在电子物流市场上分得一杯羹。

4.电子物流的市场参与者

从目前的电子物流服务市场来看,主要有四类市场参与者,它们分别是传统的物流服务提供商、软件供应商、集成商及物流服务方案供应商。从表面看来,这些市场参与者向客户提供的是一种综合性的物流服务。目前还没有任何一个电子物流服务供应商能够提供全部的电子物流服务,大部分厂商是通过利用自身的力量或者寻找业务合作伙伴来向客户提供端到端的电子物流服务解决方案。

2.3.4 绿色物流

1.绿色物流的概念

绿色物流指的是在物流过程中,抑制物流对环境造成危害的同时,实现对物流环境的净化,使物流资源得到最充分的利用。

随着环境资源恶化程度的加深,人类生存和发展的威胁加大,因此人们对资源的利用和对环境的保护越来越重视。对于物流系统中的托盘、包装箱、货架等资源消耗大的环节出现以下趋势:

(1)包装箱材料采用可降解材料。

(2)托盘的标准化使得可重用性提高。

供应链管理的不断完善大大地降低了托盘和包装箱的使用。

现代物流业的发展必须优先考虑在物流过程中减少环境污染,提高人类生存和发展的环境质量。可利用废弃物的回收利用已列入许多发达国家可持续发展战略,因为地球上的资源总有一天会用完,对此我们要高度重视。

2.绿色物流是绿色流通的基础

绿色流通指减少资源消耗、保护环境的商品流通活动。这里的商品流通是指商品自离开生产领域至进入消费领域之前的整个所有权交易及实物流通的过程。其行为主体以专业流通企业为主,同时也涉及有关的生产企业和消费者。

绿色商品流通不同于一般的和传统的商品流通,主要表现为以下两点:

(1)目标不同。传统商品流通活动在现实运行中表现出多重的目标,如实现流通活动主体的盈利,满足用户或消费者对商品和服务的需求,以及扩大生产及流通企业的市场占有率等,但这些目标均有一个共同点,即实现某一经济主体的经济利益。而绿色流通的目标则在上述各种经济利益目标之外,加上了节约资源、保护环境这一既具有经济属性,又有人文及社会属性的目标。从长远和宏观的角度讲，节约资源、保护环境与经济利益目标是一致的，但对特定的流通活动的主体往往是矛盾的。如何把二者协调好就成为绿色流通所要处理和解决的一个中心问题。

(2)流通活动的具体功能和内容不同。绿色流通在履行一般商品流通功能的同时还要履行诸如支持绿色生产、经营绿色产品、绿色消费、回收废弃物等以环境保护为目的的特殊功能。

绿色营销是一个与绿色流通既密切联系，又相互区别的概念。从涵盖的部门领域看，绿色营销较之绿色流通更为广阔。绿色营销是贯穿于整个生产及流通领域的活动，其内容包括绿色产品的产品选择、市场定位、价格策略及产品促销等活动，而绿色流通则只涉及发生于流通领域的绿色产品营销活动。然而，从两个概念的内涵来看，绿色流通又比绿色营销更为广泛。绿色营销是以企业为本位的经营行为，而绿色流通则是对整个社会绿色流通活动的概括，是一个更多层次的概念。它既包括企业的绿色流通经营活动，又包括社会对绿色流通活动的管理、规范和调控。这使得对绿色流通的研究具有政府政策和流通企业战略两方面。

从不同的研究和分析视角，可以归纳出不同的绿色流通范畴，这些范畴从不同的层面反映了绿色流通的多重性质与内涵。与绿色流通相联系的有如下范畴：

(1)绿色商流。这是指与节约资源及保护环境相联系的商流活动。其具体内容包括对绿色产品的经营与营销，对绿色消费的引导与鼓励，促进商品重复使用、再生利用，以节约能源、保护环境的交易方式创新等。

(2)绿色产品流通。这是直接与绿色商流相联系的范畴。绿色产品流通是指对节约资源和保护环境的产品的经销。绿色产品流通一方面可以满足消费需求，支持绿色产品生产；另一方面还可以促进绿色消费及绿色产品的生产。

(3)绿色流通经营战略与策略。随着社会的发展，节约资源、保护环境已不仅是企业出于对公众利益的关切而进行的一种公益事业，而且已成为必须履行的社会义务。绿色事业更为企业开辟了新的经营与发展领域，给企业带来新的、拥有巨大潜力的商机。企业必须树立自己的绿色经营战略与策略。在发达国家，很多企业都将绿色事业作为企业战略发展与日常经营活动中的重要部分。流通企业可采用的绿色流通战略包括绿色商品经营与营销战略、绿色企业文化与形象战略、绿色流通作业战略等，企业可采用采购、价格、营销及公关等经营策略实现绿色经营战略目标。政府对整个社会的资源使用和环境保护进行干预。从这种意义上说，绿色流通事业既包括厂商和个人行为，又包括政府行为。政府环保政策的实施工具包括：通过立法和制定行政规则，将节约资源、保护环境的要求制度化，运用舆论工具进行环境伦理、绿色观念、绿色意识的大力宣传，利用税收及收费手段对资源使用和污染制造行为予以限制和惩罚，以基金或补贴的形式对节约资源、保护环境的行为予以鼓励和资助，利用产业政策直接限制浪费资源和制造污染产业的发展，支持绿色产业的发展等。

3.绿色物流的构成

由于物流是与节约资源、保护环境相关的流通活动主要发生的领域，故绿色物流也是绿色流通中的主要方面。

绿色物流由绿色运输、绿色包装及绿色流通加工三个子范畴组成。

(1)绿色运输。绿色运输是指各种运输工具采用节约资源、减少污染和保护环境的原料作为动力。当一些大城市的车辆已大大饱和的时候，专业物流企业的出现使得在大城市的运输车辆减少，减轻城市的尾气污染压力。专业物流企业的运输工具可以转而采用其他燃料，如改用液化气作为城市运输工具的动力等,也可以采用太阳能作为动力,这些还可以取得政府的政策支持。

(2)绿色包装。绿色包装指采用节约资源、保护环境的包装。绿色包装的途径主要包括:促进生产部门采用简化的、由可降解材料制成的包装,商品流通过程中尽量采用重复使用的单元式包装,实现流通部门自身经营活动使用包装的减量化,主动地协助生产部门进行包装材料的回收及再利用。

(3)绿色流通加工。流通加工指在流通过程中继续对流通中的商品进行生产性加工,以使其成为更加适合消费者需求的最终产品。流通加工具有较强的生产性,也是流通部门对环境保护可以有大作为的领域。绿色流通加工的途径主要分两个方面:一方面变消费者分散加工为专业集中加工,以规模作业方式提高资源利用效率,以减少环境污染,如餐饮服务业对食品的集中加工,减少家庭分散烹调所造成的能源浪费和空气污染;另一方面是集中处理消费品加工中产生的边角料,以减少消费者分散加工所造成的废弃物污染,如流通部门对蔬菜的集中加工,减少了居民分散丢放垃圾及相应的环境治理问题。

本章小结

物流管理是指在社会再生产过程中,根据物流的规律,运用管理的基本原理和科学方法,对物流活动进行计划、组织、协调、控制和监督,使各项物流活动实现最佳的协调与配合,以降低物流成本、提高物流效率和经济效益的活动。现代物流管理是建立在系统论、信息论和控制论的基础上的。

物流管理的目标主要包括快速反应、最小变异、最低库存、整合运输、产品质量以及生命周期支持等。物流管理的主要方面是物流成本和物流质量。物流管理基本特点是:

(1)以实现客户满意为第一目标。

(2)以企业整体最优为目的。

(3)以信息为中心。

(4)重效率更重效果。

实施物流管理的目的就是要在尽可能最低的总成本条件下实现既定的客户服务水平,即寻求服务优势和成本优势的一种动态平衡,并由此创造企业在竞争中的战略优势。物流管理强调运用系统方法解决问题。现代物流通常被认为是由运输、存储、包装、装卸、流通加工、配送和信息诸环节构成。系统方法强调要进行总成本分析,以及避免次佳效应和成本权衡应用的分析,以达到总成本最低,同时满足既定的客户服务水平的目的。

复习思考题

1. 物流具有哪些特点?

2. 物流的发展趋势是什么?

3. 什么是物流成本管理?

4. 什么是物流时间管理?

5. 什么是物流绩效管理?

6. 影响物流需求的环境因素有哪些？

7. 系统地分析物流一体化的发展趋势，以及对管理流程的影响。

案例讨论

全球疫情下的冷链物流安全

"海鲜""冷链"当下成了国内疫情的关键词，自全球新冠肺炎疫情暴发以来，国内已有多起食品外包装新冠病毒检测呈阳性事件，均与进口冷冻生鲜相关。如何检测疑似冷冻食品来源的病毒传播？冷冻食品安全应如何加强管控？冷链物流环节的疫情防控和食品安全再次受到社会的高度关注。

在迅速堵住安全漏洞的同时，还必须把冷链物流看作一个复杂的网络系统，用系统科学的思路去研究和解决以下三个问题：冷链物流产业目前面临哪些主要问题和重大挑战？如何保障冷链物流中的生鲜食品安全？当前的物联网等新科技给冷链物流带来了哪些创新发展机遇？这些问题在新冠肺炎疫情常态化防控的形势下显得更加迫切。

1. 冷链物流产业亟待解决的问题

制冷技术起源于19世纪，经过长期的发展已日臻成熟。制冷技术在发展之初就结合了自动控制等技术，而现代冷链物流正朝着智能化、平台化和精细化的方向发展。人们通常认为冷链物流只是冷藏车运输。实际上，冷链物流包含了从生产、检测、存储、运输、配送、销售到消费的所有环节，这些环节的参与主体众多，关乎国计民生，涉及千家万户，是一个复杂的系统。传统的技术手段无法进行实时信息整合、资源协调和风险预警，制约了产业的进一步发展。亟待通过信息技术对全产业链进行升级改造。

冷链物流面临信息孤岛困境：最早进入冷链物流领域的企业多为民营企业，为行业的发展和市场资源配置作出了难能可贵的贡献。但不可避免地，参与企业各自为战，操作规程、数据格式和标准规范各不相同。各企业即使有协作的需求和意愿，也会遇到技术上的屏障和壁垒。

目前，冷链物流各环节的数据分散于监管部门或物流企业的内部，尚未实现有效整合，消费者难以获取充分的产品信息，跨区域监管也面临数据孤岛困境，必须国家层面建立统一的冷链物流监管服务平台，面向公众提供权威的产品信息查询入口，面向企业和监管部门提供必要的数据共享交换服务。

监管的精准性、透明性有待提升：冷链物流监管需要覆盖从生产到消费的全流程各个环节，对数据采集的实时性、准确性、真实性、完整性以及数据传输效率要求很高。当前，数据采集过程中还存在大量的手工采集方式，由于无法实施有效的监管，造成一定程度的瞒报、漏报、误报等问题，难以实现全流程的精准管控，也造成生鲜产品信息不透明，对消费者和企业缺乏公平和公信力，不利于冷链行业的健康发展。

新冠肺炎疫情防控过程中暴露出物流网络，特别是冷链物流网络同通信网、互联网、交通网、公安网等严重分治的问题，行业数据封闭割据的情况严重，难以综合利用相关行业的大数据来精准追踪病毒的历史行踪、圈定密切接触主体和可能的受感染人群，以便及时做出应急处理响应。这样就给疫情防控带来了极大的不确定性。这就提醒我们，必须建立全国一盘棋的信息网络系统。

2. 标准和法规体系尚待完善

目前，虽然已经出台了大约300多项涉及冷链物流的国家标准和行业标准，但缺少针对冷链设施设备建设、温度控制和操作规范等方面的统一标准。已有标准多为区域性、单品类商品的标准，即使是同类货物在不同地区的标准也存在差异，尚未形成全国统一、品类齐全的冷链物流标准。已发布的标准中推荐性标准居多，强制性标准较少，有些企业在经营过程中利用标准不完善的缺陷，影响公平竞争的环境。除了体系化的冷链物流标准，还应考虑适时出台专门针对冷链物流的法律法规。

在标准和法规尚待健全的"空窗期"，由于标准体系的不完善和协调推进难度大、冷链基础设施建设落后使得标准推行缺少必要的依托等原因，造成相关标准发布后推广效果不理想。

监管手段和管理方式落后：冷链物流中的很多环节都是处于无人值守的状态，只有确保各个环节可靠可控，才能保证冷链物流产品质量和服务水平。在实践中，落后的管理手段不仅造成管理效率和生产效率低下，甚至阻碍了流通的正常运行。由于信息技术应用不成体系，相关物流环节信息传输不畅，监管缺少有效抓手，导致产品在冷链运输途中存在延误和断链现象。

我国冷链物流基础设施和物流体系的发展总体较为滞后，且区域分布不均衡。冷链物流产业除了积极提升自身管理能力之外，还需要建设运力调配和产品供需信息系统，提高现有冷链物流系统的效率和利用率。

（编者根据网络资料改写）

案例思考题

1. 冷链物流为何在中国发展缓慢？
2. 全球疫情持续蔓延的情况下，中国冷链物流企业应该如何应对？

推荐阅读

[1] BALLOU. 企业物流管理：供应链的规划、组织和控制[M]. 北京：机械工业出版社，2004.

[2] CHRISTOPHER，PECK. Marketing Logistics[M]. Oxford：Butterworth-Heinemann，2003.

[3] LAMBERT，JAMES. Strategic logistics management[M]. New York：McGraw-Hill Interamericana，2000.

[4] WATERS. Logistics：An Introduction to Supply Chain Management[M]. Basingstoke：Palgrave Macmillan，2003.

[5] 王之泰. 现代物流管理[M]. 北京：中国工人出版社，2001.

[6] 吴清一. 物流管理[M]. 北京：中国物资出版社，2003.

[7] 朱道立，龚国华，罗齐. 物流和供应链管理[M]. 上海：复旦大学出版社，2001.

第 3 章　运输与运输管理

本章提要

- 运输基本概念与发展过程、现代运输方式简介。
- 铁路、公路、水路、航空与管道运输的特点、基本作业及生产过程的组织与管理。
- 合理运输的内涵、不合理运输的形式、运输合理化的有效措施。

学习目标

了解运输的主要功能；掌握各种运输方式的优缺点；掌握不合理运输的表现形式；掌握运输合理化的有效措施。通过对某公司运输的组织管理案例，加深对运输管理的理解。

框架结构

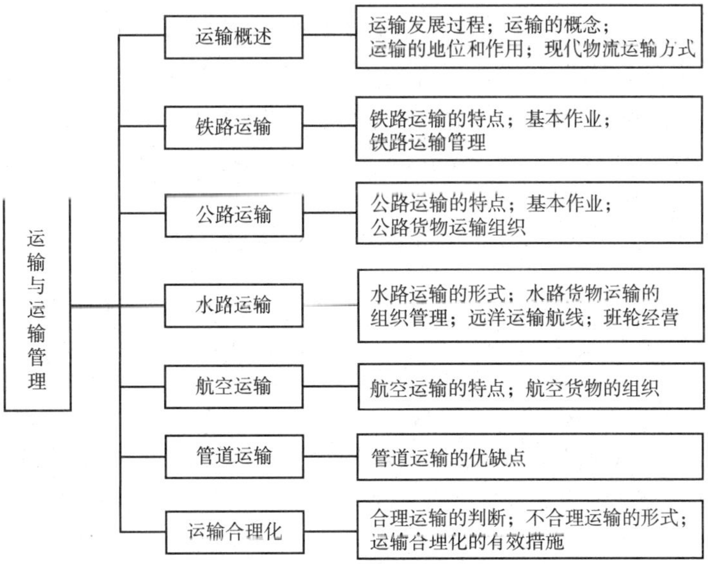

相关知识点微课

3.1 运输及运输管理概述

3.2 公路运输

3.3 铁路运输

3.4 水路运输和管道运输

3.5 航空运输

3.6 运输合理化

开篇案例

准时达能源携手西部燃气向山东开启 LNG 运输业务

2019 年，准时达能源科技(上海)有限公司(以下简称准时达能源)与日本西部燃气公司(以下简称西部燃气)签订了谅解备忘录，宣布共同打造 LNG 罐式集装箱(罐箱)运输业务合作模式，通过海陆联运的形式，连接上游日本液源，将 LNG 从日本直接运输至国内终端使用者。其中，准时达能源主要提供 LNG 罐箱解决方案。LNG 罐箱可充分利用现有的港口设施进口液化天然气，可水、陆联运，无须经过资金成本巨大的 LNG 接收站，同时具备临时贮存功能，能灵活地应对市场的供求变化，是天然气市场重要的补充供应来源。目前，准时达能源已经同时打通国际海运和国内转运的 LNG 贸易运输通路，构建了 LNG 的全新物流模式。

2020 年 12 月 25 日 8 时 15 分，第一批出货的 40 个集装箱(约 720 t)从北九州港 HIBIKI 集装箱码头(北九州市若松区)出发，通过集装箱船出货抵达山东龙口港。自 2020 年 12 月起到 2021 年 3 月之间，双方合作在这 4 个月内每周一次运输约 12 000 t 的液化天然气，共计 14 次，装箱数量约为 650 个。

此前，在 HIBIKI 集装箱码头，单船的 LNG 装运量最大为 400 t，早在 2020 年初，准时达能源与西部燃气就曾合作向上海出口了 15 个罐箱，北九州市还为此类出口业务提供支持，以促进 HIBIKI 集装箱码头的使用。而此次运输超过了该码头所允许的装卸货物量出货认可，这得益于该码头的管理方——以北九州市港航机场管理局为首的相关政府机构对西部燃气及准时达在安全保障体系和技术积累上的高度评价，他们对此次运输给予了大力支持，采取扩大堆场内危险品的仓储面积等措施，提高了码头作业容许量，使单船超过既定的最大装货量成为可能。

此次 LNG 运输，准时达负责提供 LNG 罐箱供应链解决方案，这是双方合作输出罐箱 LNG 的业务中最大规模的一次，也是双方首次开展的大规模运输。

(编者根据网络资料改写)

对于国民经济体系而言，生产、流通、分配、消费诸环节是一个统一的整体。它表现在各个社会经济部门、各地区、各城市之内及之间。如何才能实现这些复杂的联系呢？这就要通过交通运输这个纽带。如果把整体国民经济看作是人的躯体，交通运输就是它的循环系统。

3.1 运输概述

现代物流运输是物流系统中最重要的组成部分，物流系统各环节的联系与转换、物流系统目标的实现，都有赖于物流运输。可以说，稳定可靠、灵活快捷的运输支持系统是任何物流系统成功运作的关键所在。

3.1.1 运输的发展过程

物流从其诞生的那天起，就与运输结下了不解之缘。物流与运输的基本内涵都是物质空间位移。无论是传统意义上的以物资配送为核心的早期物流活动，还是当今社会以信息技术为基础、以供应链服务为特征的现代物流服务，都把运输作为实现物流服务的基本手段。尽管如此，运输与物流在服务方式和内涵上都有本质的区别。明晰物流与运输的特点，对二者的现实操作和长远发展都具有极其重要的意义。

现代意义上的运输是指公路、铁路、水运、航空和管道等各种运输方式独自或组合在一起，再加上利用现代信息技术及手段，以及与装卸、搬运、储存等相关辅助服务相结合，以满足产品移动为目的的经济活动。与物流不同的是，运输只是根据客户对产品移动的需要，是运输承运方与客户之间的委托关系。

信息时代的到来，使得信息技术日新月异，并与过去在交通领域中一直占压倒地位的运输技术共同构成了当今社会运输的两大支点。信息技术与运输技术相互融合、相互促进、共同发展，已成为现代社会运输发展的大趋势，它也便于经营运输的企业进入物流服务领域。

传统意义上的运输，其内涵更多地集中于货物托运，其主要任务是完成在社会经济活动中产生的物质空间位移，这种位移表现出空间上的大跨度性与时间上的非连续性。由于在相当长的一个时期里，运输管理理论与管理技术的发展落后于运输技术的发展，使得在此期间满足客户需求成为各种运输方式各自的任务，而不是共同的任务。各种运输方式之间、运输与流通过程中的其他环节之间，以及运输与生产过程之间的联系、衔接与协调，处于无序和随机的状态，其结果必然是使现代化大生产的有机联系被分割，无法满足各产业之间相互融合与渗透所产生的对流通过程进行时间上的压缩和空间上的扩展，并维持稳定、可靠和高效的供应链运转的要求。信息技术的迅猛发展，为上述各方之间建立协调合作的新型关系奠定了物质上的坚实基础。

现代物流以其适应现代社会经济活动发展的管理理论与管理模式，在运输生产与信息产业相互交融的基础上，满足了为生产、流通及消费过程中所产生的庞大的、鲜明个性化的客户及群体提供全方位专业服务的需求。现代物流以运输技术和信息技术为基础，以物流系统理论为指导，在满足物流需求的同时，追求将物流服务全过程中系统总成本降至最低水平，而物流过程本身则依赖于以信息系统为支持的运输系统来完成。可以说，没有运输变革就谈不上物流，而仅依靠运输也不可能满足当今社会经济发展所产生的日趋复杂的物流服务需求。从这个意义上说，运输已经成为物流的有机组成部分。

3.1.2 运输的概念

在GB/T 18354—2006《物流术语》中对运输的解释是：用运输设备将物品从一地点向另一地点运送，其中包括集货、分配、搬运、中转、装入、卸下、分散等一系列操作。它是在不同地域范围内，对物进行空间位移，以改变物的空间位置为目的的活动，一般来说，运输是人和物的载运及输送。这里专指“物”的载运及输送。它是在不同地域范围内（如两个城市、两个工厂之间，或一个大企业内相距较远的两车间之间），以改变“物”的空间位置为目的的活动，对“物”进行空间位移。运输与搬运有所不同，其区别在于：运输是较大范围的活动，而搬运是在同一地域之内的活动。

在物流的诸多环节中，运输环节具有中心的地位。运输虽然不产生新的物质产品，但却能实现产品在空间上的转移或时间上的推移，创造场所性与时间性的价值，所以运输是物流过程中最主要的组成部分。运输是实现物资空间位移的手段，也是物流活动中最核心的环节。在企业物流中，运输是生产的直接组成部分，没有运输，生产内部的各环节就无法联结；在社会物流中，运输是生产过程的延续，没有运输，货物不实现空间上的位移就不会有物流的产生和发展。

随着社会对物流需求的高速发展，多品种、小批量物流成为现代物流的重要特征，对产品运输的质量要求也越来越高。做好运输管理工作是保证高质量物流服务的重要环节。

就物流而言，组织运输工作应贯彻“及时、准确、安全、经济”原则。及时，就是要求按照货主规定的时间把商品运往目的地。要尽量缩短货物在途时间，及时满足客户的需要。缩短运输时间的主要手段是实现运输现代化。除选择现代化的运输工具外，关键是做好商品在不同运输工具之间的衔接工作。准确，就是要防止商品短缺、错放等意外事故，保证把商品准确无误地运达目的地。运输的商品不仅要件数准确，规格也不能搞错。由于同一商品的规格不同，价值也相差很大，发生了差错也会造成严重的损失。安全，就是在运输过程中要保证商品的完整和安全，不发生霉烂、残损、丢失、燃烧、爆炸等事故。在商品运输中，防丢失和防火是安全管理的重点。在运输途中，为防止商品遭到水损，要采取积极措施，加强检查，保证商品安全，避免事故。经济，就是采用最优运输方案，有效利用各种运输工具和运输设备，提高运输的经济效益，降低运输总成本。由于运输费用在物流费用中占相当大的比重，节省运输费用是降低运输总成本、减少运输费用的最主要方法。节约运输费用的主要途径是开展合理运输，即选择最经济合理的运输路线和运输方式，尽量减少运输环节、缩短运输里程，力求用最少的费用把产品运达目的地。

3.1.3 运输的地位和作用

1. 运输是物流的主要功能要素之一

物流是“物”的物理性运动，而运输是改变空间状态的主要手段，运输配以搬运、配送等活动，就能圆满完成改变空间状态的全部任务。在现代物流未诞生之前，甚至到今天，仍有不少人将运输等同于物流，其原因是物流中主要的责任是由运输承担的。

2. 运输是社会物质生产的必要条件之一

运输是国民经济的基础和先行。马克思将运输称之为“第四个物质生产部门”，是将运输看成是生产过程的继续，这个“继续”虽然以生产过程为前提，但如果没有这个“继续”，生产过程则不能最后完成。虽然运输活动和一般生产活动不同,它不创造新的物质产品,不增加社会产品数量,不赋予产品以新的使用价值,而只变动其所在的空间位置,但这一变动则使生产能继续下去,使社会再生产不断推进。运输作为社会物质生产的必要条件,表现在以下两方面:

(1)在生产过程中,运输是生产的直接组成部分,没有运输,生产内部的各环节就无法联结。

(2)从社会再生产上看,运输是生产过程的继续,这一活动联结生产与再生产、生产与消费,联结国民经济各部门、各企业,联结着城乡,联结着不同国家和地区。

3.运输可以创造“场所效用”

同种“物”由于空间场所不同,其使用价值的实现程度不同,其效益的实现也不同。通过运输,将“物”运到场所效用最高的地方,就能发挥“物”的潜力,实现资源的优化配置。从这个意义来讲,相当于通过运输提高了“物”的使用价值。

4.运输是“第三利润源泉”的主要源泉

(1)运输是运动中的活动,它和静止的保管不同,要靠大量的动力消耗才能实现这一活动,而运输又承担大跨度空间转移的任务,所以活动的时间长、距离长、消耗大。消耗的绝对数量大,其节约的潜力也就大。

(2)从运费来看,运费在全部物流费中占最高的比例,一般综合分析计算社会物流费用,运费在其中占接近50%的比例,有些产品运费高于产品的生产费,所以节约的潜力是很大的。

(3)由于运输总里程大,运输总量巨大,通过制度改革和运输合理化可大大缩短运输吨千米数,从而获得比较大的节约。

3.1.4 现代物流运输方式

1.按运输的范围分类

(1)干线运输。干线运输是利用铁路、公路干线,大型船舶的固定航线进行的长距离、大数量的运输,是进行远距离空间位置转移的重要运输形式。干线运输的一般速度较同种工具的其他运输要快,成本也较低。干线运输是运输的主体。

(2)支线运输。支线运输是与干线运输相接的分支线路上的运输。支线运输是干线运输与收、发货地点之间的补充性运输形式,路程较短,运输量相对较小。

(3)二次运输。二次运输是一种补充性的运输形式,指的是干线、支线运输到站后,站与用户仓库或指定地点之间的运输。由于是单个单位的需要,所以运量也较小。

(4)厂内运输。厂内运输是指在工业企业范围内,直接为生产过程服务的运输。一般在车间与车间之间、车间与仓库之间进行。但在小企业内及大企业车间内部、仓库内部则不称“运输”,而称搬运。

2.按运输的作用分类

(1)集货运输。将分散的货物汇集集中的运输形式为集货运输,一般是短距离、小批量的运输。货物集中后才能利用干线运输形式进行远距离及大批量运输,因此,集货运输是干线运输的一种补充形式。

(2)配送运输。配送运输是将节点中已按用户要求配好的货物分送各个用户的运输。一般是短距离、小批量的运输,从运输的角度讲是对干线运输的一种补充和完善。

3.按运输的协作程度分类

(1)一般运输。孤立地采用不同的运输工具或同类运输工具而没有形成有机协作关系的为一般运输,如汽车运输、火车运输。

(2)联合运输。联合运输简称联运,它是将两种或两种以上运输方式或运输工具连起来,实行多环节、多区段相互衔接的接力式运输。它利用每种运输方式的优势以充分发挥不同效率,是一种综合性的运输形式。采用联合运输,可以缩短货物运输的在途时间,加快运输速度,节省运费,提高运输工具的利用率,同时可以简化托运手续,方便用户。

(3)多式联运。多式联运是联合运输的一种现代形式。一般的联合运输,规模较小,在国内大范围物流和国际物流领域,往往需要反复地使用多种运输手段进行运输。在这种情况下,进行复杂的运输方式衔接,并且具有联合运输优势的称为多式联运。

4.按运输中途是否换载分类

(1)直达运输。在组织货物运输时,利用一种运输工具从起运站、港一直到目的站、港,中途不经换载,中途不入库储存的运输形式为直达运输。直达运输可以避免路途换载所出现的运输速度减缓、货损增加、费用增加等一系列弊病,从而能缩短运输时间,加快车船周转,降低运输费用。

(2)中转运输。在组织货物运输时,在货物运往目的地的过程中,在途中的车站、港口、仓库进行转运换装,称为中转运输。中转运输可以将干线、支线运输有效地衔接,可以化整为零或集零为整,从而方便用户,提高运输效率。

5.按运输设备及运输工具分类

按运输设备及运输工具不同可分为铁路运输、公路运输、水路运输、航空运输及管道运输五种基本运输方式。

3.2 铁路运输

铁路运输,是使用铁路列车运送货物的一种运输方式。铁路运输主要承担长距离、大数量的货运,在没有水运条件的地区,几乎所有大批量货物都依靠铁路运输,它是干线运输中起主力运输作用的运输形式。

3.2.1 铁路运输的特点

1.铁路运输的优点

(1)运输能力大。对于陆上运输而言,铁路运输的运送能力是最大的。特别是重载铁路的修建,使铁路运输的运送能力比以前有了相应的提高。每一铁路列车的平均运送能力可以达到4 000 t以上,远远大于公路运输的单车运输,因此铁路运输非常适合大宗物资的陆上运输。在我国,目前铁路运输仍然起到运输主动脉的作用。

(2)运输成本较低。由于铁路运输采用大功率机车牵引列车运行,可承担长距离、大运输量的运输任务,而且由于机车的运行阻力较小,能源消耗较低,因此系统的运行价格较低。

(3)受自然条件的限制较小。由于铁路运输具有高度的适应性,所以只要行车设施无损坏,在任何自然气候条件下,列车均可以安全行驶,受气候因素限制很小,因此铁路运输是较可靠的运输方式。

(4)客货运输到发时间准确性高。由于铁路运输统一调度,并且具有专用路权,先进的列车可以通过高科技计算机控制,实现全自动化,可以完全不受人的控制,因此能保证运输到发时间的准确性。

除此之外,铁路运输还有运输速度快、通用性能好、运行比较平衡、安全可靠和平均运距较长等优点。

2.铁路运输的缺点

(1)初期建设投资高。铁路运输固定资产的比例要远远高于其他运输项目。对于铁路运输,初始建设的投资包括铁路线路的修建和机车车辆的购买成本,需要数年才能收回成本,因此铁路运输的投资风险就比较高。

(2)营运缺乏弹性。铁路运输只有达到一定的运输量,才能保证其经济性,这样势必影响铁路运输的机动灵活性;同时,铁路运输不会随着客源和货源所在地变更营运路线。

(3)货损较高。由于铁路运输在运输的过程中需要编组(货物),会出现货物的多次装卸搬运现象,如果不能精心处理,会造成货物的损坏。

因此综合考虑,铁路适于在内陆地区运送中长距离、大运量、可靠性要求高的一般货物;从投资效果看,在运输量比较大的地区之间建设铁路比较合理。

3.2.2 铁路运输的基本作业

由于列车必须在铁路线上行驶,车站就成为铁路运输的基础。铁路线路和车站构成了铁路运输系统的基础设施。

1.铁路运输的基本方式

铁路货物运输分为整车托运、零担运输、集装箱托运三种。

(1)整车托运。一般来说,一批货物的重量、体积或形状需要一辆30 t以上货车运输的,应整车托运。整车托运的货物每车为一批,按一批托运的货物,其发货方、收货方、发站、到站必须相同,并且一批货物的重量或体积应符合重质货物重量和轻质货物体积的标准。

(2)零担运输。不够整车托运的货物按零担运输。按零担运输的货物,一件体积最小不得小于0.02 m^3(一件质量在10 kg以上的除外),每批不得超过300件。下列货物不能按零担托运:需要冷藏、保温或加温运输的货物;根据规定应按整车办理的危险货物;易于污染其他货物的污秽品;蜜蜂;不易计数的货物;未装容器的活动物;一件货物重量超过2 t、体积超过3 m^3或长度超过9 m的货物。

(3)集装箱托运。符合集装箱运输条件的办理集装箱托运。集装箱货物运输主要是将零担货物中适合集装箱运输的货物组织起来使用集装箱,其要求是:应在铁路集装箱办理站办理运输;必须是适合集装箱装载运输的货物;必须符合一批办理的条件;由发货方、收货方负责装、拆箱;必须由发货方确定重量。发货方、收货方或其代理人在办理货物的托运、变更或履行其他权利、义务时,应向车站提出委托书或证明委托的介绍信。

2.铁路货物运输基本作业

铁路货物运输的基本作业包括货物的发送作业、途中作业和到达作业。

(1)货物的发送作业。货物在始发车站所进行的各项运输作业,统称为货物的发送作业。发送作业主要包括:整车货物、零担货物和集装箱货物发送作业程序。

①整车发送作业程序:托运、受理、进货和验收、保管、装车、制票和承运、送票。

②零担货物发送作业程序:托运、受理、进货验收、制票和承运、保管、装车、送票。

③集装箱货物发送作业程序:托运、受理、取空箱、进货验收、制票和承运、保管、装车、送票。

(2)货物的途中作业。货物在运输途中需要进行的各项运输作业,统称为途中作业,主要包括途中货物的交接和检查、货物的整理换装、货物的运输变更、整车分卸及运输障碍处理等。为了提高货物运输质量,运输过程中的各个作业环节必须密切配合,严格按照规定操作,尽可能减少非正常途中作业的发生。除上述作业外,零担货物和集装箱货物的中转作业、易腐货物的途中加冰、加盐或控温作业也属于货物的途中作业,其作业方式按铁路相关规章办理。

(3)货物的到达作业。货物在终点场所进行的各项运输作业,统称为货物的到达作业,主要包括车站与列车乘务员所办理的运输票据的交接、货物的卸车及货物的交付与搬出。

3. 新型铁路运输

(1)高速铁路。铁路运输的复兴主要得益于火车速度的提高。高速铁路在不同国家、不同时代以及不同的科研学术领域有不同规定。国际铁路联盟(UIC)对高速铁路的定义相当广泛,包括:基础设施(新线设计速度250 km/h以上,提速线路速度200 km/h)、高速动车组和运营条件。我国国家发改委在《中长期铁路网规划》中将高速铁路定义为时速250 km及以上标准的新线或既有线铁路,并将部分时速200 km的轨道线路纳入中国高速铁路网范畴;国家铁路局在《高速铁路设计规范》中将中国高铁定义为新建设计速度为250 km/h～350 km/h、运行动车组列车的标准轨矩客运专线铁路,设计速度分为250 km/h、300 km/h、350 km/h三级。

(2)磁悬浮列车。由于现在火车的运营速度跟不上世界经济发展的要求,不能满足人们快节奏的要求。为此,许多国家试图摆脱传统火车运行的模式,以新材料、新技术为基础开发更新式的高速火车。日、法、德几个国家走在了世界前列。它们开发的磁悬浮列车成为21世纪火车技术发展的主要方向,我国也已开始进行时速600 km级高速磁悬浮系统技术储备的研发。

(3)摆式列车。摆式列车是一种可以在原来轨道上运营的新型列车,它通过采用新的悬挂体系、转向仪和加速仪,使列车运行速度提高了1/3。摆式列车于20世纪80年代初出现,当初试验时并不顺利,不但技术上有很多缺陷,乘客也感到不舒服。40多年来,摆式列车技术发展很快,现已运营于欧洲大陆。

3.2.3 铁路运输管理

1. 铁路运输的组织

(1)列车编组计划。铁路每天都有成千上万的重、空车辆分散在全国各站,而每个车站的装车数量不同,车辆的去向也不同。如何把装出的重车送到卸车地点,卸后的空车送到装车地点,这就需要经过一系列的技术作业,而首先是要编成列车。列车编组计划所要研究和解决的就是如何编组列车、编组哪些列车以及在哪些车站上编组列车。在解决这些问题过程中,还要考虑加速车辆编组、减少车站改编作业、合理运用调车设备等,以加速货物的运输和机车车辆周转。

(2)列车运行图。列车运行图是列车在各区间运行时刻和在各车站停车和通过时刻的图解。为了区别每一列车的不同性质和用途,在列车运行图中用不同颜色和不同符号的列车运行线来表示不同种类的列车。在每一列车运行线一定还要填记各个列车的车次。

(3)运输工作技术计划。铁路运输工作技术计划是为保证完成月度货物运输计划而制定的合理运用铁路技术设备的综合性计划。其主要内容包括:使用车、卸空车、空车的调整任务;分界站的车种类别的接运和交出,重、空车数及交接列数;区段的列车对数;机车、车辆运用指标；不同种类车的运用；运输机车供应次数和主要车站的指标计划等。正确和高质量地编制及严格执行技术计划，对于经济合理地使用各种技术设备，加速机车、车辆周转，保证完成国家运输任务具有重要的作用。

(4)车站作业计划。车站作业计划是对车站工作进行具体领导的行动计划，其目的是在充分利用现有技术设备和工具的条件下，保证不间断地安全生产，高质量地完成列车运行计划、列车编组计划，以及车站技术作业过程和规定的运输任务。车站作业计划包括班计划、阶段计划和调车作业计划。车站班计划是车站作业计划中基本的计划，是在一个工作班次的期间内，完成运输工作中列车到发、货物装卸、车辆排空和中间停时指标等任务的工作计划；阶段计划是完成班计划的重要手段，它是班计划分阶段具体实施的调车作业计划。调车作业计划是保证实现阶段计划及其他任务而编制的调车作业具体工作计划(方案)。

2.铁路特种货物运输技术

铁路运输的货物中，有一部分具有危险、长大笨重、易腐、贵重等特点，它们对于装卸、运送和保管等作业有特殊要求，这类货物统称为特种货物。铁路特种货物一般可分为三大类，即危险货物、鲜活货物和阔大货物。

(1)铁路危险货物运输。铁路运输中，把具有爆炸、易燃、毒害、腐蚀、放射性等性质，在运输装卸和储存保管过程中容易造成人身伤亡和财产毁损而需要特别防护的货物，均称为危险货物。危险货物办理站和装卸场所应设在安全地点，并且相对集中，经常办理危险货物的车站应建造具备通风、消防、防爆、避雷、消除静电等安全设施的专门仓库。危险货物集装箱运输是货运工作的一项重大改革，是危险货物运输的发展方向。

(2)铁路鲜活货物运输。鲜活货物是指在铁路运输过程中，需要采取制冷、加温、保温、通风、上水等特殊措施，以防止腐烂变质或病残死亡的货物。鲜活货物分为易腐货物和活动物两大类。易腐货物的运输设备设施包括冷藏车、冷藏集装箱、加冰所、制冰厂和机械冷藏车保温段等。

(3)铁路阔大货物运输。在铁路运输中，一般把超限货物、超长货物和集重货物统称为阔大货物。阔大货物外形复杂、体积庞大、价格昂贵、对运送条件要求高，经由铁路运送时，不仅在车辆使用上有严格要求，而且必须遵守《铁路货物装载加固规则》和《铁路超限货物运输规则》所规定的装载加固技术条件和其他各项规定。由于货物装载受到车辆的技术规格、铁路限界和运行条件等因素的影响，因此，货物装载必须满足一定的基本要求，即装载货物的重量不得超过货车容许载重量，并应合理地分布在车地板上，不得偏重；货物装载的宽度与高度除超限货物外不得超过机车车辆限界和特定区段装载限制。

3.3　公路运输

公路运输，主要是指使用汽车或其他车辆(如人、畜力车)在公路上进行的一种运输方式。公路运输主要承担近距离、小批量，水运、铁路运输难以到达的运输，以及长途、大批量，铁路、水运优势难以发挥的短途运输。由于公路运输灵活性强，加上高速公路的发展，近年来，在有铁路、水运的地区，长途大批量运输也开始使用公路运输。公路运输主要优点是机动性、灵活性和适应性较强，公路建设期较短，投资较低，便于因地制宜，对车站设施要求不高。公路运输可以采取“门到门”的运输形式，也可作为其他运输方式的衔接手段。公路运输的经济半径一般在200 km以内。

公路运输的缺点一是载运量小，如普通车辆可载运三五吨，大一些的车辆可载运数十吨，无法与铁路或轮船的庞大容量相比；二是安全性差，公路运输由于其车种复杂，路况不良，驾驶人员的疏忽大意等因素，事故较多，安全性较差；三是单位运输成本较高。

公路运输的优缺点表明，我国公路一般从事中、短途运输，是一种地区性的运输方式，是生产企业内部运输的主要方式，为铁路、水运、空运起到集中疏散的作用。公路运输的这种独特的作用是其他各种运输方式所不能替代的。

1. 公路运输作业

公路货物运输过程是指货物从受理托运开始到交付收货方为止的运输作业，货运过程一般包括货物装运前的准备作业、装车、运送、卸车、保管和交付等环节。按照货运过程中的不同阶段，货运工作可分为发送工作、途中工作和到达工作。

(1)发送工作。货物在始发站的各项工作统称为发送工作。发送工作主要由受理托运、组织装车和核算制票三部分组成。受理托运必须做好货物包装、确定重量和办理单据等项作业。货物装车前必须对车辆进行技术检查和货运检查，以确保运输安全和货物完好。装车时要注意码放货物，努力改进装载技术，在严格执行货物装载规定的前提下，充分利用车辆的装载质量和容积。货物装车完成后，应严格检查货物的装载情况是否符合规定的技术条件；车站办理货物承运时，应按规定向托运方核收运输费用，并开具承运凭证(货票)。

(2)途中工作。货物在运送途中所发生的各项货运作业统称为途中工作。途中工作主要包括途中货物交接、货物整理或换装等内容。为了保证货物运输的安全与完好，便于划清企业内部的运输责任，货物在运输途中发生装卸、换装、保管等作业时，工作人员应认真完成交接及检查手续。一般情况下，交接双方可按货车现状及货物装载状态进行，必要时可按货物数量和质量交接。如收货方发现有异状，应由承运方编制记录备案。

(3)到达工作。货物在到达车站发生的各项货运作业统称为到达工作。到达工作主要包括货运票据的交接、货物卸车、保管和交付等内容。车辆装运货物抵达卸车地点后，收货方或车站货运员应组织卸车。卸车时，对卸下货物的品名、件数、包装和货物状态等应做必要的检查。整车货物一般直接卸在收货方仓库或货场内，并由收货方自理。收货方确认卸下货物无误并在货票上签收后，货物交付即完毕。货物在到达地向收货方办完交付手续后，该批货物的全部运输过程即告完成。

2. 公路货物运输组织

(1)货物运输生产计划。企业在正确测定目标利润基础上，应同时编制与之相应的货物运输生产计划。公路货物运输生产计划是实施货物运输生产的纲领，编制质量良好的货物运输生产计划，对于多快好省地完成货物运输任务具有重要意义。

编制货物运输生产计划首先要列出货物运输任务，规划运输量，确定货物运输计划；其次要精确地计算企业内部拥有的货车与吨位数，确定车辆计划；最后借助于车辆和运货票，计算车辆运用水平和车辆生产率，确定车辆运用计划。此外，公路运输部门还应加强月度货运计划，以便对运输生产过程做出具体的安排。

(2)车辆运行作业计划。车辆运行作业计划是有计划地、均衡地组织企业日常运输生产活动，建立正常运输生产秩序的重要手段。它的主要任务是：一方面，把运输企业车队、车站和车间以及有关的职能部门有机地组织起来，协调一致地开展工作；另一方面，不断提高运输效率，保证企业按时、按期地均衡完成运输任务，全面地完成各项技术经济指标。因此，车辆运行作业计划是运输生产计划的具体化，它规定了应该完成的运输任务、允许的作业时间、必须达到的效率指标以及有关注意事项，是车辆运行和运输工作人员进行工作的标准。

车辆运行作业按其间隔的长短分为长期运行作业计划、短期运行作业计划、日运行作业计划以及趟运行作业计划。一个好的车辆运行作业计划，应能在保证完成既定运输任务的前提下，有较高的行程利用率。因此，尽可能建立科学的数学模型，对货车运行作业计划进行优化处理，这是编制作业计划的关键。

(3)车辆运行调度工作。车辆运行调度工作是企业运输生产活动中最为核心的组成部分。调度工作不仅以车辆的运行为中心，而且通过车辆运行作业计划的实施，将企业内部各生产环节连接成一个有机的整体。同时，又通过车辆运行作业，保持与企业外港口、失踪站场、物资仓库和车船运行等的衔接和配合。车辆运行调度工作的任务是通过汽车运输企业建立的各级调度机构，及时、全面地了解运输生产过程，并进行不间断地组织指挥和监督检查，正确处理生产中出现的各种矛盾，随时克服薄弱环节，使各个生产环节和作业工序能协调地工作。

(4)车辆运行组织方式。科学、合理地组织车辆运行，可以取得十分显著的效果。行之有效的车辆运行方式有双班运输、拖挂运输和甩挂运输等，应从实际情况出发加以选用，并加强对它们的组织。

①双班运输。在其他条件不变的情况下，延长出车时间能增加平均车日行程，进而提高运输效率。出车时间的长短，取决于车辆运行组织和驾驶员劳动组织方式，正常单班运输的出车时间，主要受企业规定的驾驶员作息制度的限制。汽车运输采用双班甚至多班制方法，其基本出发点就是“停人不停车”。这是增加车辆出车时间、提高车辆生产率的有效措施之一。

②拖挂运输。汽车运输用的车辆，通常可分为汽车、牵引车、挂车三大类。为同用途的车辆按照一定的要求进行组合、搭配，便构成了种类汽车列车。拖挂运输也称汽车运输列车化，它是以汽车列车形式参加生产活动的一种运行方式。通常讲的拖挂运输，是指汽车列车在完成运行和装卸作业时，载货汽车与全挂车一般不予分离，这种主车定挂的组织形式也称为定挂运输。它在运行组织和管理工作方面基本上与单车相同，易于推广，收效较好，是开发拖挂运输的一种主要形式。

③甩挂运输。甩挂运输也称甩挂装卸，它是指汽车列车在运输过程中，根据不同的装卸和运行条件，由载货汽车和牵引车按照一定的计划，相应地更换拖带挂车继续行驶的一种运行方式。由于甩挂车既保留了拖挂运输的优点，又克服了增加载重后造成车辆过长的装卸作业停歇时间的缺点，使得车辆重量和时间利用率均能得到充分的发挥，具有较高的经济效益。

3.4　水路运输

水路运输具有投资少、运量大、成本低、能耗小、占地少的优势，相对于铁路和公路运输，水路可运输大件、长件货物，在沿海和沿主要内河航道运输方向上，水路是长途大宗货物运输的主要方式。

水运有四种形式：一是沿海运输，是使用船舶通过大陆桥附近沿海航道运送货物的一种方式，一般使用中、小型船舶；二是近海运输，是使用船舶通过大陆邻近国家海上航道运送货物的一种运输形式，视航程情况可使用中型船舶，也可使用小型船舶；三是远洋运输，是使用船舶跨大洋的长途运输形式，主要依靠运量大的大型船舶；四是内河运输，是使用船舶在陆地内的江、河、湖、川等水道进行运输的一种方式，主要使用中、小型船舶。

3.4.1 水路货物运输的组织管理

整个水路货物运输程序包括：托运、承运、装船、运输、卸船、到达交货六个部分。

1.托运

托运是指货物托运方或承运方提出要求运输货物的行为。根据现行的水运法规有关规定，须核定运输计划，办理托运；已订立运输合同的货物，则凭运输合同办理托运手续；零星货物的托运则不受计划限制。

根据水运法规的规定，托运方在办理货物托运时应填制货物运单。同一运单内的货物仅限于同一个托运方、收货方、起运港、目的港。如同一批货物分别到达两个以上目的港，则应分别填制运单。

托运的货物虽属同一个托运方、收货方，但托运多种货物其中又有货物性质不相容的情况，不能填制在同一运单内。

危险货物的托运应填制专门的危险货物运单，即红色运单。

运单内容的填制应完整、准确，如在同一张运单运输多种品名的货物，则应分别注明运达货物的名称。

收货方、发货方的名称、地址应详细，以免发生错运。目的港的名称也应是运价里程表中明确的名称，而不应以地区的名称代替。

货物件数、重量、体积、包装、标志等内容必须符合实际托运的货物，具体的填制要求应根据水运的规定。

特殊货物的托运，应根据该货物的运输要求来填制运单。

提交托运货物的注意事项：

(1)货物包装。货物托运方应在保证货物运输安全和运输质量的前提下，根据货物的性质和运输距离的长短以及中转时间等条件做好货物包装，使货物能适应运输、装卸。

(2)制作托运货物的标志。货物的托运标志主要包括运输标志、指定标志、危险货物标志。运输标志的制作主要能使人识别包装形态，且满足分属不同货主和不同装卸港处理货物的需要，同时也能方便收货方提货时进行查对。托运危险货物则应根据货物的危险特征，用规定图案或文字显示出包装内的危险货物的种类和性质。

(3)支付费用。托运方在提交货物前或提交货物时支付有关费用，如起运港的港口使用费、运费、中转费等。发生延期交付时，还要支付滞纳金。

2.承运

所谓承运，是指承运方接受货物托运方提出的托运申请后并能接受其货物运输的行为，其过程有：

(1)审核有关运输单证。

①审核托运计划号码。承运方接受的货物通常有两种情况：一是按托运计划提交的货物，对该种货物承运方应该首先核对批准的托运计划号码；另一种是凭合同运输的货物，对该种货物承运方应该核对运输合同号码。

②审核运单。对由托运方填制的运单，承运方应予以认真审核。特别是关于货物方面的内容，因为这些内容涉及运输合同中承运方的权利和责任的划分，承运方审核发现不合格，有

权要求货物托运方更正或重填一份，如果运单上无托运方印章，运输合同不能成立。

(2)验收货物。运单经承运方审核后接受办理，承运方对托运方提交的货物根据运单记载内容进行审核。货物的运输条件不同，承运方在货物验收时应有所区别。它包括：

①对货物重量的检查。对按货物重量或货物件数承运的货物，承运方有权对托运方确定的货物重量进行检查，因为货物重量是否准确，不仅会影响承运方交付货物可能承担的责任，而且也会影响承运方的运费收入。

②对货物尺码的检查。根据现行的水运法规，承运方有些货物可按尺码与重量选择价位高的计费，因此承运方应检查货物的尺码是否与托运方填写的内容相符。

③对货物件数的检查。按件数承运的货物，承运方在起运港接受承运时应点收清楚，如实际件数与运单记载不符则应由托运方补足货物件数或在运单上予以更正。

④对货物包装的检查。对货物包装的检查不仅要检查货物的实际包装是否符合运单中所填写的包装形式，而且还要检查货物包装的外部及内部形态是否良好、包装是否完整。对危险货物的包装，应严格检查是否符合危险货物运输规则的包装要求。

⑤对标志的检查。对标志的检查主要是检查货物托运方是否已按照有关规定做好运输标志、指示标志和危险品标志，以及标志的内容是否准确、完整，图形、文字是否清晰等。

3.装船

(1)配、积载。配载、积载是两个不同的概念，但实际业务中却经常将其理解成同一个意思。配载是为船舶的具体航次选配货载的一项业务工作，即确定船舶该航次应装运的货物种类、数量、尺码以及目的港等。积载是指在已定的航次货载基础上，做出所配装货物在各个货舱和甲板位置上的合理分配与正确堆装。前者应编制配载计划图，而后者应编制积载计划图。配、积载图编制完毕后，装船港在得到船方认可后，任何一方不得随意变更，如有特殊原因需要变更时，应由船、港双方共同协商办理。

(2)装船。货物装船方式分为由托运方自理装船和由港口装卸公司装船两种。由托运方处理装船仅限于整船装运的货物，并经过承运方同意后，方可在托运方专用码头或其他地点处理装船。处理装船的运输手续由托运方所在港口统一办理。承运方应将船舶动态及时通知托运方，由承运方负责装船的，根据双方议定的时间、地点取送货物，托运方应保证船舶安全并应按船方的要求进行积载和装货，并在商定的时间内完成装船。

由港口装卸公司负责装船时，应注意的事项有：装船港对装船的货物应进行复查，确保货物和单证相符；装船过程中，港口和船舶应采取各种方式复核点数，做到数字准确无误，如果对数字有争议，应当场澄清或编制记录；船方应派人员看舱理货，如发现货损、标志不清、装船混乱等情况，则有权要求港口整理或编制记录；对由船边现装的货物，则应按规定的交接办法，实行双边交接。装船完毕后，应立即办理运输票据的签证和交接。

(3)货物的加载与退关。计划配装的货物原则上不予退装。装船港应根据积载图和积载清单将计划装船的货物全部装船。但在实际业务中，由于各种原因，货物往往不能按原计划装船，一旦发生这种情况，装船港方应与船方协商在征得船方同意后做如下处理：退装的货物应以一张运单为单位，以其中的货名、件数办理；同一张运单记载的货物全部退装，则应将运单从装船总运单中抽出。

同一张运单的零星货物不能退装一部分，整批货物退装一部分时，应将退装的货物件数按运单、货名编制记录，随船同行，并在交接清单内注明实装件数。

4. 运输

货物装船完毕，船、港双方办妥交接手续后，则意味着承运方的责任开始。运输途中由于承运方的过失造成货物的丢失、损害则由承运方负责赔偿。在运输过程中，承运方的责任和义务主要有：在合同规定的时间或期限内将货物运抵合同规定的卸船港；运输危险货物，应根据危险货物的特性采取安全防护措施，应悬挂危险货物信号，并与其他船舶保持一定距离；由托运方处理装船的货物，承运方应托运方的要求，按合同条件将货物运抵卸船港；对封舱运输的货物，承运方在航行途中应注意保护封舱完整。

5. 卸船

卸船方式与装船方式一样，分为由收货方自理卸船和由港口装卸公司卸船两种。

(1)由收货方自理卸船的货物，应事先在卸船港办理运输手续、支付费用，并在商定的时间内完成卸船作业。在实际业务中为加速船舶周转，收货方自理卸船的货物，可由承运方与收货方订立卸船合同，商定卸船时间和条件，即订立延、速协议。

延、速协议一般包括：自理装卸的货物种类、数量、装卸地点；承运船舶及装卸的时间；承运方与托运方、收货方承担的责任事项和责任豁免范围；合同的终止或条款修改；延、速协议中费用计算标准、结算方法等。

(2)由港口装卸公司负责卸船主要包括：

卸船准备工作。卸船港接到装船港的信息后，编制卸船计划，做好卸船准备工作，保证卸船质量；到达港应核对到港货物的各项单证。如运输单证不齐，或运单与交接清单内容不一致，应向船方查询清楚，为卸船提供可靠的依据；按实际积载顺序、运单、标志等卸船。大票货物、整批货物做到一个一清，零星货物集中由船方负责指导卸船。

卸船情况。卸船过程中发现混票、货损等情况，应及时会同船方编制记录。

卸船交接手续。卸船结束后，在规定的时间内做好船、港双方的交接手续。卸船完毕，承运方对货物的责任即转移至目的港方面。

6. 到达交货

货物的到达交货是运输过程中的最后一环，到达交货即已完成运输合同责任。到达交货主要包括：到货通知、交货前的检查、费用结算、交付货物。

(1)到货通知。承运方向收货方发出货物已到达，并且已具备提货条件的通知。通知可以用电话、邮件或其他方式进行。到货通知的主要作用有：一是可让收货方做好提货准备工作；二是可依据到货通知的发出时间计算货物的保管费；三是到货通知是计算货物是否按时到达的依据之一，是划分承、托双方责任的依据之一。

(2)交货前的检查。货物交付前应核对货物与运输票据是否相符，特别是卸货过程中发生混卸、标志失落的货物检查。

(3)费用结算。收货方在提货前应支付一切运输费用后，才能提取货物，如收货方没有付清应付的费用，则应按规定向承运方支付滞纳金。

(4)交付货物。收货方前来提取货物，应在提货单上签字并加盖印章。收货方在提货时应验收货物，如发现货船有异状或与运单记载不符，收货方有权拒收或要求解释。

3.4.2 远洋运输

随着经济全球化的发展，远洋运输在各国经济中的地位显得越来越重要。在一些外贸依存度大的国家，甚至成为其经济赖以存在的基础。

1. 远洋运输航线

远洋运输一般都经过几个国家，由于大洋的气候条件比近海和内河更加恶劣，因此，各海区气象条件对远洋运输有着重大影响。为了保证远洋运输安全，人们经过反复测量和论证，找出了一条条安全通道，并在这些通道上划出了一条条海运航线，所有船只只在这些航线上运行。按航运范围划分，远洋航线可以分为大洋航线、地区性航线、沿海航线。一般来说，跨越一个或几个大洋的为国际大洋航线，在一个经济区域内的航线为地区性航线，同一海域内的航线为沿海航线。按船舶营运方式，可分为定期航线和不定期航线。按航程长短，可分为远洋航线和近洋航线。另外，还可以根据运输不同的货物分为各种专用航线。

2. 航次生产

由于远洋运输的周期长，一年中一艘船航运的次数并不多，因此，每一航次的生产对公司来说都有着重要的意义。船舶的航次生产由轮船公司航运部门负责，航次计划主要解决航次货载与船舶运行组织的安排、调度、协调，以及航次生产中的各种问题。航次生产包括航次生产计划和航次生产管理。航次生产计划主要解决合理组织货载与选择停靠港问题，合理安排油水补给、充分发挥船舶载重性能，估算航次经济效益、选择最佳营运方案。与航次计划相比，航次生产管理更加复杂，它主要包括如下环节：一是审查大副编制的航次货物积载计划及有关措施。二是航次开始前，根据航次任务的需要，督促船舶做好装货准备。三是航次开始装货时，随时掌握装货进度，以及货物装载的实际情况，协助船长解决在装货过程中发生的问题。四是如果需要从几个港口装货，调度人员还应该与相关港口代理或国外代理联系，以保证不因装货问题而耽搁船期。五是船舶启航后，调度部门应按有关规定，按时收录船舶的船位报告，发现船位不正常时，应及时查询，如在恶劣天气，发生海事、海难、故障时，应立即向上级汇报，并组织救援，如果遇到其他情况也应该及时向总部汇报，总部应作出相应的指示。在抵达航次终止港前，船舶有货运或机务等方面特殊情况需要处理时，应及时与港口代理联系，以求得他们的帮助。六是船舶到港后，发生的问题应及时通过代理或驻外机构进行处理，船舶卸货后应向调度部门递交航次报告表。

3. 班轮经营

所谓班轮，也就是定期船运运输，它是远洋船舶经营的一种方式。班轮主要是为了满足有规律地运送货物的需要，由于班轮承运的货物品种多，要求送达的速度快，批量较小，因此，从事班轮运输的船舶具有较大的适应性，能承运航运市场上多品种的货物，能保证不同种类货物的运输质量，并具有良好的货舱设备和较高的航速，为了能接到更多的货运业务，班轮运输的船舶一般依靠的港口较多。

3.5 航空运输

3.5.1 航空运输的特点

航空运输又称为飞机运输，它是在具有航空路线和航空港（飞机场）的条件下，利用飞机运载工具进行货物运输的一种运输方式。虽然航空运输在运输业所占的比重较低，但其拥有很大的发展潜力，重要性越来越明显。目前在世界范围内，航空运输都处于高速增长阶段。

航空运输方式与其他运输方式相比较，有以下几个方面的特征：

(1)高速直达性。高速直达性是航空运输最突出的特点。由于在空中较少受到自然地理条件的限制，因而航线一般取两点间的最短距离。这样，航空运输就能够实现两点间的高速、直达运输，尤其在远程直达上更能体现其优势。

(2)安全性。随着人类科学的进步，航空技术也在不断地发展。维修技术的提高，航行支持设备如地面通信设备、航空导航系统、着陆系统以及保安监测系统的改进与发展，更提高了其安全性。尽管飞机事故中会出现机毁人亡(事故严重性最大)，但按单位货运周转量或单位飞行时间损失率来衡量，航空运输的安全性是很高的。

(3)经济特性良好。尽管从经济方面来讲，航空运输的成本和运价均高于铁路运输和水运，是一种价格较高的运输方式。因此，一般不如其他运输方式普及，尤其是不发达国家，但如果考虑时间的价值，航空运输又有其独特的经济价值。因此，随着经济的发展、人均收入水平的提高及时间价值的提高，航空运输在运输中的比例将呈上升之势。

(4)对运输货物包装要求较低。货物空运的包装要求通常比其他运输方式要低，在空运时，空中航行的平稳性和自动着陆系统降低了货损的比率，因此，可以降低对货物包装的要求。

(5)受气候条件限制。因飞行条件要求很高，航空运输在一定程度上受到气候条件的限制，从而在一定程度上影响运输的准点性与正常性。

(6)可达性差。通常情况下，航空运输难以实现客货的“门到门”运输，必须借助其他运输工具(主要为汽车)转运。

(7)载运量小。大型宽体飞机的最大业务载重也不到100 t。

由于航空运输的这些特点，它在运输中主要承担以下作业：

(1)成为国际运输的重要工具。这是航空运输的主要收入来源。目前国际间的一些货物运输基本上依赖于航空运输，这对于国家的对外开放、促进国际间技术、经济合作与文化交流具有重要作用。

(2)适于高附加值、低质量、小体积的物品运输。目前，机场临近地区的临空工业区域为高级电子工业、精密机械工业、高级化学产品工业等高附加值产业的黄金发展地带。而且，机场发挥着流通中心的功能，为这些产业创造了优良的投资环境。

(3)航空货运没有特定的商品，它与其他运输方式最大的区别就在于，大多数航空货运是在紧急的情况下，而不是在日常的基础上处理的。当证明高成本是划算的情况下，经济者通常会利用定期的或不定期的航空服务来运输货物。高价值或极易腐烂的产品最有可能成为正常空运的产品；而当一种产品的营销期极为有限时，例如圣诞节产品、高级时装或鲜鱼之类的产品，则航空运输是物流作业中最实际的运输方法；像零部件或消费类的日常物流产品也可以成为航空货运的候选对象。

3.5.2 航空货运的组织

1. 航空货物运输程序

随着经济的发展和贸易的活跃，航空运输量越来越大，并逐步建立起一整套相应的业务流程。航空运输程序是为了满足运输消费者的需求，货物从托运方发送至收货方的全过程的物流、信息流的实现和控制管理过程。整个流程包括出运、接运和货物交付三部分。

(1)航空运输出运操作程序。出运操作是指自托运方将货物交给航空公司，直到货物装上飞机的整个操作流程。航空运输出港操作程序分为订舱、整理单据、交接、出港四个步骤。

(2)航空运输接运操作程序。接运操作是指从飞机到达目的地机场,承运方把货物卸下飞机直到交给收货方的全过程。航空运输接运操作程序为:进港航班预报和到货通知。货物从发出到货通知的次日起免费保管三天,如发生逾期提取,则按规定核收保管费。如在发出到货通知的次日起满60天无人前来提取,则可按无法交付货物处理。对一些特殊的货物(如鲜活货物等),承运方可根据情况及时处理。

(3)货物交付。收货方前来提货时应做到:收货方应凭提货证明或其他有效的证件提货;收货方在提取货物时,对外包装有疑义时可提出查询;收货方在提货时应与承运方按运单逐件点交,发现货物短少、损坏时,应和承运方一起查验,并填写运输事故签证;收货方提取货物后在运单上签收,即表明承运方已完成交货责任。

2.航空货物运输的内容

(1)托运方在托运货物时必须出具有效证件,运单的内容要清楚并遵守有关规定。托运的货物中不准夹带禁止运输和限制运输的危险品、贵重货物、现钞、证券等。

(2)货物包装应做到:保证安全、正确填写、注明标签。

(3)货物重量和尺寸的计算。对空运货物的重量按毛重计算,计算单位为千克,尾数不足1 kg的则按四舍五入处理。每千克货物的尺码超过6 000 cm^3,以每6 000 cm^3折合1 kg计重。每件货物的重量一般不能超过80 kg,尺码不能超过240 dm^3,超过者则为超限货物,超限货物应支付附加费。

(4)运输变更。航空货物自承运后,货物托运方可提出如下变更:变更到达站、变更收货方、运回原出发站、运输前取消托运。无论哪一种变更,仅以一次为限。提出运输变更,应出具书面要求。要求变更运输的货物,应当是一张运输单上填写的全部货物。变更运输违反政府法令或运输限制的货物,承运方则不予办理。一旦承运方同意变更,则应及时处理变更,更改或重写运输单,并重新核收运费。对运输前取消托运的货物,则核收退运手续费。

(5)特种货物运输。特种货物运输包括:动物运输、鲜活易腐货物运输、贵重货物运输、化学货物运输。

3.航空特快专递

在现代经济和信息高度发达的社会中,时间已成为产品价格和企业资本的实际构成部分,快递业务具有“迅速”和“安全”两大特点,使得航空快递运费的相对增加与运输的及时性、安全性及因此而实现的经济价值和社会效益相比变得微不足道。从20世纪70年代开始,特快专递业务以门到门服务的形式,提供快速递送各类文件、资料、物品等服务。

航空快递是指经营快递业务的企业将物品从发件方所在地,通过自身或代理的网络运达收件方的一种快速运输方式,采用上述运输方式的物品叫快件。航空快递的业务性质和运输方式与普通航空货运有较多相近之处,可以视为航空货运的延续或发展。

航空快递业务有三种形式。

(1)门到门服务。发件方需要发货时打电话给快递公司,快递公司接到电话后,立即派人到发件方处取货。快递公司将取到的所需发运的快件,根据不同的目的地进行分拣、整理、核对、制单、报关。利用最近的航班,通过航空公司将快件运往各地。快件到达中转站或目的地机场后,由中转站或当地的快递公司负责办理清关手续、提货手续,并将快件及时送交收货方手中,之后将快件派送信息及时反馈到发件地的快递公司。

(2)门到机场服务。快递服务只能到达收件方所在城市或附近的机场。快件到达目的地机场后,当地快递公司及时将到货信息通知收件方,收件方可自己办理有关手续,或委托快递公司办理有关手续。

(3)专人派送。这种方式是指发件地快递公司指派专人携带快件在最短的时间内,采用最便捷的交通方式,将快件送到收件方手里。这种方式通常在一些比较特殊的情况下,为了确保安全和交货时间时采用。

航空快件运输与普通航空货物运输相比,其基本程序和需要办理的手续相同,所需的运输单据等也基本一样:都要向航空公司办理托运;都要与收、发货方及承运方办理单货交接手续;都要提供相应的单证,办理相应手续。但是,航空快递作为一项专门业务而独立存在,亦具有其他运输方式不能取代的特点。

航空快递业务的特点和作用主要有:快递公司有完善的快递网络,航空快递以收运文件和小包裹为主,航空快递业务中也有一种其他运输形式所没有的单据,即交付凭证,航空快递有专人负责,减少了内部交接环节,缩短了衔接时间,航空快件在整个运输过程中都处于监控之下,若需查询,立即就能得到准确的回复。因此,航空快递使发件方和收件方都能感到安全、及时、可靠。

4.国际航空运输

经济全球化的发展,产品科技含量的提高,以及人们对时间要求的提高,都推动了国际航空业的发展。由于国际航空运输业务涉及领空主权、国家关系,以及航空法律、运价、航线权、航班等问题,它需要通过国际性民航组织来协调。在国际航空运输中,首先必须尊重一个国家的领空主权。这是最重要的原则。目前,在国际航空运输业务中,普遍遵守的国际条约是1919年10月通过的《国际民用航空公约》(又称《巴黎公约》)确立的领空主权原则和1944年12月在美国芝加哥修订的《国际民用航空公约》(又称《芝加哥公约》)。根据各国达成的一致性原则,每一个国家对其领空享有完全的、排他性的主权。

为了保证国际民用航空运输的正常进行,目前世界上有多个国际性航空组织,其中影响最大的有两个:

(1)国际民用航空组织(ICAO)。它由主权国家的政府组成,成立于1947年4月4日,总部设在加拿大的蒙特利尔,其宗旨是保障《国际民用航空公约》的实施,作用是制定和监督执行有关航空运输飞行安全和飞行秩序的标准。我国于1974年2月25日宣布承认《国际民用航空公约》和有关修订协议书,并参加国际民用航空组织的活动,同年9月当选为理事国。

(2)国际航空运输协会(IATA)。它是全球航空公司之间最大的国际性民间组织,成立于1945年4月的古巴哈瓦那,部门设在加拿大蒙特利尔,在安曼、圣地亚哥、新加坡和华盛顿分别设有地区办事处。其主要宗旨是促进国际航空运输安全、规范和促进航空运输的发展,促进航空运输业界的合作。

目前国际航空客货运输价格、运载规则和运输手续都根据ICAO制定,它也协助航空运输企业间进行财务结算。

3.6 管道运输

管道运输是主要利用管道,通过一定的压力差而完成商品运输的一种现代运输方式。所输送的货物主要有油品(原油和成品油)、天然气、煤浆以及其他矿浆。管道运输是随着石油开发而兴起的,并随着石油、天然气等流体燃料需求量的增长而发展。

采用管道运输,不同于用车、船舶、飞机等运输货物,管道运输和这些运输方式的重要区别在于管理设备是静止不动的。其运输形式是通过输送设备(如泵、压缩机)驱动货物,使物体在管道内顺着压力方向循环移动。

1.管道运输的优点

(1)运量大。一条输油管线可以源源不断地完成运输任务,根据其管径的大小不同,其每年的运输量可达数百万吨到几千万吨,甚至超过亿吨。

(2)占地面积少。运输管道常埋于地下,其占用的土地很少,运输系统的建设表证明运输管道埋藏于地下的部分占管道总长度的95%以上,因而对土地的永久性占用很少,分别仅为公路的3%,铁路的10%左右,在交通运输规划系统中,优先考虑管道运输方案对于节约土地资源意义重大。

(3)管道运输建设周期短、费用低、运营费用也低。管道运输系统的建设周期与相同运量的铁路建设周期相比,一般来说要短1/3以上。特别是地质地貌条件和气候条件相对较差的地区,大规模修建铁路难度更大,周期将更长,统计资料表明,管道建设费用比铁路低60%左右。

(4)管道运输安全可靠、连续性强。由于石油天然气易燃、易爆、易挥发、易泄漏,采用管道运输方式,既安全,又可以大大减少挥发损耗,同时由于泄漏导致的对空气、水和土壤的污染也可大大减少,管道运输能较好地满足运输工程的绿色环保要求。此外,由于管道基本埋藏在地下,其运输过程受恶劣多变的气候条件影响小,可以确保运输系统长期稳定地运行。

(5)管道运输耗能低、成本低、效益好。管道运输是一种连续工程,运输系统不存在空载行程,因而系统的运输效率高。理论分析和实践经验已证明管道口径越大,运输距离越远,运输量越大,运输成本越低。

2.管道运输的缺点

(1)灵活性差。管道运输是一个单向封闭的输送系统,不如其他运输方式灵活,除承运的货运比较单一外,它也不允许随便扩展管线。

(2)当运输量降低较多并超出其合理运行范围时,其优越性难以发挥。因此只适于定点、量大、单向的流体运输。

管道运输的上述特点,使得其主要担负单向、定点、量大的流体状货物(如石油、油漆、煤浆、某些化学制品原料等)的运输。另外,在管道中运输固态货物(如粮食、砂石、邮件等)也有良好的发展前景。

3.7 运输合理化

3.7.1 商品运输的原则

运输是实现物品空间位移的手段,也是物流活动的核心环节。随着物流需求的柔性化,对货物运输的质量要求也越来越高。做好运输工作是保证高质量物流服务的重要环节。就物流而言,组织运输工作应该贯彻“及时、准确、安全、经济”的基本原则,以加速商品流通,降低商品流通费用,提高货运质量,多快好省地完成商品运输任务。

1. 及时的原则

及时的原则就是要求按照客户需要的时间把商品运往客户指定的地点，尽量缩短物品在途时间，不失时机地满足市场和消费者的需求。缩短流通时间的手段是改善交通，实现运输现代化。只有及时地完成运输，才能保证生产企业的原材料能及时供应，使生产不间断；只有及时地完成运输，才能保证流通企业的商品及时供应，使销售不中断，从而满足消费者的需求。

2. 准确的原则

准确的原则就是防止货物在整个运输过程中各种差错的发生，把商品准确无误地送达到收货人手中。商业经营的特点是商品品种繁多，规格不一。一件商品从工厂交货直到到达消费者手中，中间要经过不少环节，稍有疏忽，就容易发生差错。发运商品不仅要件数准确，规格也不能出错。因此，准确无误地发运和接运商品，降低差错事故率，是运输工作需要认真注意的一个方面。

3. 安全的原则

在运输过程中要确保商品的使用价值。商品的使用价值就是能满足消费者的需要。因运输环节中的不慎，可能会造成商品使用价值不能正常发挥。要保障商品在运输中的安全，比如，要注意运输、装卸过程中的震动和冲击等外力的作用，防止商品的破损、散漏、遗失，同时防止商品的物理、化学或生物学等自然属性发生变化。尤其对石油、化学危险品、鲜活、易腐商品、易碎商品等，更应加强安全防范意识。

4. 经济的原则

通过合理的运输手段和运输线路以及配货方案，提高运输效率，降低运输成本。降低运输成本的主要方法是节约运输费用。比如，在货物运输前做好运输包装工作，保证在货物运输过程中不发生霉烂、碰撞、挤压、残损以及丢失现象。对于危险品要防止燃烧、爆炸。节约费用的主要途径则是开展合理运输，即选择最经济合理的运输线路和运输方式，尽可能减少运输环节，缩短运输里程，力求花最少的费用，把商品运到目的地。此外，还应提高整个社会的运输设备和运输工具的利用率，加强对运输设备和运输工具的保养，提高劳动生产率，从而取得更大的经济效益。

3.7.2 合理运输的判断

1. 合理运输的含义

所谓合理运输，就是在实现产品实体从生产地到消费地转移的过程中，充分、有效地运用各种运输工具的运输能力，以最少的人、财、物消耗，及时、迅速、按质、按量、安全地完成运输任务。其标志是，运输距离最短、运输环节最少，运输时间最短和运输费用最省。

2. 运输合理化的意义

物流过程的合理运输就是从物流系统的总体目标出发，按照货物流通的规律，运用系统理论、系统工程原理和方法，合理利用各种运输方式，选择合理的运输路线和运输工具，以最短的路径、最少的环节、最快的速度和最少的劳动消耗组织好货物的调运。运输合理化的重要意义主要表现在以下几点：

(1)合理运输有利于加速再生产进程，促进国民经济持续、稳定、协调地发展。按照社会主义市场经济的基本要求组织货物的合理运输，可以使物质产品迅速地从生产所在地向消费所在地转移，加速资金的周转，促进社会再生产过程的顺利进行，保持国民经济稳定、健康地向前发展。

(2)合理运输能节约运输费用，降低物流成本。运输费用是构成物流费用(成本)的主要组成部分。物流过程的合理运输就是通过运输方式、运输工具和运输路线的选择进行运输方案的优化，实现运输合理化。运输合理化必然会缩短运输里程，提高运输工具的运用效率，从而达到节约运输费用、降低物流成本的目的。

(3)合理运输缩短了运输时间，加快了物流速度。运输时间的长短决定着物流速度的快慢，所以货物运输时间是决定物流速度的重要因素。合理组织运输活动，可使运输货物的在途时间尽可能地缩短，能达到到货及时的目的，因而可以降低库存商品的数量，实现加快物流速度的目标。因此，从宏观的角度讲，物流速度加快，减少了商品的库存量，节约了资金的占用，相应地提高了社会物流产品的使用效率，同时也利于促进社会化再生产。

(4)运输合理化可以节约运力，缓解运力紧张的状况，还能节约能源。运输合理化克服了许多不合理的运输现象，从而节约了运力，提高了货物的通过能力，起到合理利用运输能力的作用。同时，由于货物运输的合理性，降低了运输部门的能源消耗，提高能源利用率。这些对于缓解我国目前交通运输和能源紧张的情况具有重大的现实意义。

3.运输合理化的影响因素

由于运输是物流中最重要的功能要素之一，因此物流合理化在很大程度上依赖于运输合理化。运输合理化的影响因素很多，起决定性作用的有五方面的因素，称作合理运输的“五要素”：运输距离、运输环节、运输方式、运输时间和运输费用。

(1)运输距离。距离是影响运输成本的主要因素，在运输时，运输时间、运输货损、运费、车辆或船舶周转等运输的若干技术经济指标，都与运输距离有一定的比例关系，运输距离长短是运输是否合理的一个最基本因素。运输距离越长，可以挖掘的缩短运输成本的空间越大。

(2)运输环节。每增加一次运输，不但会增加起运的运费和总运费，而且也会增加运输的附属活动，如装卸、包装等，各项技术经济指标也会因此下降。所以，减少运输环节，尤其是同类运输工具的环节，对合理运输有促进作用。

(3)运输方式。各种运输方式都有其使用的优势领域，对运输方式进行优化选择，按运输方式的特点进行运输作业，最大限度地发挥所用运输方式的作用，是运输合理化的重要一环。

(4)运输时间。运输是物流过程中需要花费较多时间的环节，尤其是远程运输，在全部物流时间中，运输时间占绝大部分，所以，运输时间的缩短对整个流通时间的缩短有决定性的作用。此外，运输时间短，有利于运输工具的加速周转，充分发挥运力的作用，有利于货主资金的周转，有利于运输线路通过能力的提高，对运输合理化有很大贡献。

(5)运输费用。运费在全部物流费中占很大比例，运费高低在很大程度上决定整个物流系统的成本的高低。实际上，运输费用的降低，无论对货主企业还是对物流经营企业，都是运输合理化的一个重要标志。运费的判断，也是各种合理化实施是否行之有效的最终判断依据之一。

从上述五方面考虑运输合理化，就能取得预想的结果。

3.7.3　不合理运输

不合理运输是指在组织货物运输过程中，违反货物流通规律，不按经济区域和货物自然流向组织货物调运，忽视运输工具的充分利用和合理分工，装载量低，流转环节多，从而浪费运力和加大运输费用的现象。

货物运输不合理会导致货物迂回、倒流、过远、重复等现象出现，势必造成货物在途时间长、环节多、流转慢、损耗大、费用高的情况，浪费运力和社会劳动力，影响企业生产和市场供应。

不合理运输主要有以下几种类型：

1.返程或起程空驶

空车无货载行驶是不合理运输的最严重形式。在实际运输组织中,有时候必须调运空车,从管理上不能将其看成不合理运输。但是,因调运不当、货源计划不周、不采用运输社会化而形成的空驶,是不合理运输的表现。造成空驶的不合理运输主要有以下几种原因:

(1)能利用社会化的运输体系而不利用,却依靠自备车送货提货,这往往出现单程重车、单程空驶的不合理运输。

(2)由于工作失误或计划不周,造成货源不实,车辆空去空回,形成双程空驶。

(3)由于车辆过分专用,无法搭运回程货,只能单程重车,单程回驶周转。

2.对流运输

同一种货物,或彼此间可以互相代用而又不影响管理、技术及效益的货物,在同一线路上或平行线路上作相对方向的运送,而与对方运程的全部或一部分发生重叠交错的运输称对流运输。已经制定了合理流向图的产品,一般必须按合理流向的方向运输,如果与合理流向图指定的方向相反,也属对流运输。

在判断对流运输时需注意的是,有的对流运输是不很明显的隐蔽对流。例如,不同时间的相向运输,从发生运输的那个时间看,并没有出现对流,可能做出错误的判断,所以要注意隐蔽的对流运输。对流运输示意图如图 3.1 所示。

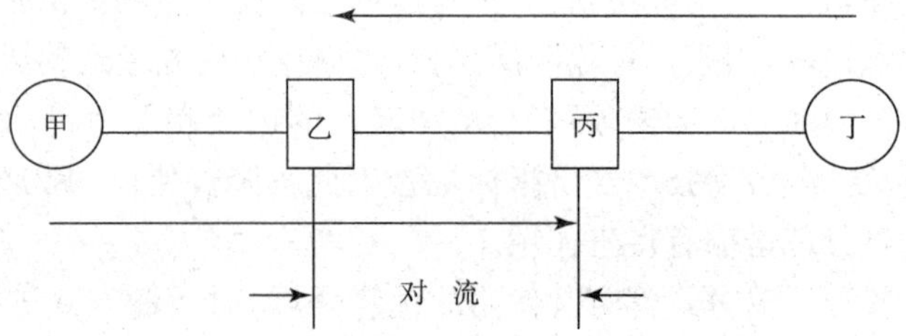

图 3.1 对流运输示意图

3.迂回运输

迂回运输是舍近取远的一种运输。可以选择短距离线路运输而不采取,却选择路程较长的路线进行运输的一种不合理形式。迂回运输有一定复杂性,不能简单处理,只有当计划不周、地理不熟、组织不当而发生的迂回,才属于不合理运输。如果最短距离有交通阻塞、道路情况不好或有对噪声、排气等特殊限制而不能使用时发生的迂回,不能列为不合理运输。迂回运输示意图如图 3.2 所示。

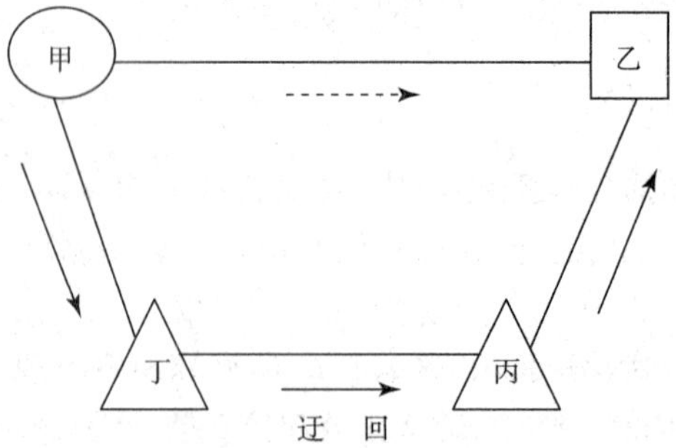

图 3.2 迂回运输示意图

4.重复运输

本来可以直接将货物运到目的地，但是在未达目的地之处，或目的地之外的其他场所将货卸下，再重复装运送达目的地，这是重复运输的一种形式。另一种形式是，同品种货物在同一地点一面运进，一面又向外运出。重复运输的最大问题是增加了非必要的中间环节，这将延缓流通速度，增加费用，增大货损。

5.倒流运输

倒流运输是指货物从销地或中转地向产地或起运地回流的一种运输现象。其不合理程度要甚于对流运输，其原因在于，往返两程的运输都是不必要的，形成了双程的浪费。倒流运输也可以看成是隐蔽对流的一种特殊形式。

6.过远运输

过远运输是指调运物品舍近求远，近处有资源不调而从远处调，这就造成可采取近程运输而未采取，拉长了货物运距的浪费现象。过远运输占用运力时间长、运输工具周转慢、物品占压资金时间长，远距离自然条件相差大，又易出现货损，增加了费用支出。

7.运力选择不当

运力选择不当指不正确地利用运输工具造成的不合理现象。常见有以下若干形式：

(1)弃水走陆。在同时可以利用水运及陆运时，不利用成本较低的水运或水陆联运，而选择成本较高的铁路运输或汽车运输，使水运优势不能发挥。

(2)铁路、大型船舶的过近运输。不是铁路及大型船舶的经济运行里程却利用这些运力进行运输的不合理做法。主要不合理之处在于火车及大型船舶起运及到达目的地的准备、装卸时间长，且机动灵活性不足，在过近距离中利用，发挥不了运速快的优势。相反，由于装卸时间长，反而会延长运输时间。另外，和小型运输设备比较，火车及大型船舶装卸难度大、费用也较高。

(3)运输工具承载能力选择不当。不根据承运货物数量及重量选择，而盲目决定运输工具，造成过分超载、损坏车辆及货物不满载、浪费运力的现象。尤其是“大马拉小车”现象发生较多。由于装货量小，单位货物运输成本必然增加。

8.托运方式选择不当

对于货主而言，可以选择最好托运方式而未选择，造成运力浪费及费用支出加大的一种不合理运输。例如：应选择整车未选择，反而采取零担托运，应当直达而选择了中转运输，应当中转运输而选择了直达运输等都属于这一类型的不合理运输。

上述的各种不合理运输形式都是在特定条件下表现出来的，在进行判断时必须注意其不合理的前提条件，否则就容易出现判断的失误。例如，如果同一种产品，商标不同，价格不同，所发生的对流，不能绝对看成不合理，因为其中存在着市场机制引导的竞争，优胜劣汰。如果强调因为表面的对流而不允许运输，就会起到保护落后、阻碍竞争甚至助长地区封锁的作用。

再者，以上对不合理运输的描述，就形式本身而言，主要是从微观观察得出的结论。在实践中，必须将其放在物流系统中做综合判断。在不做系统分析和综合判断时，很可能出现“效益背反”现象：单从一种情况来看，避免了不合理，但它的合理却使其他部分出现不合理。只有从系统角度综合进行判断，才能有效避免“效益背反”现象，从而实现整个系统的优化。

3.7.4 促进运输合理化的有效措施

为了克服不合理的运输现象，在物流运输管理过程中需要采取一些措施来实施合理的运输。

1. 提高运输工具实载率

实载率有两个含义：一是单车实际载重与运距之乘积和标定载重与行驶里程之乘积的比率，这在安排单车、单船运输时，是作为判断装载合理与否的重要指标；二是车船的统计指标，即一定时期内车船实际完成的货物周转量（以吨·千米计）占车船载重吨位与行驶公里之乘积的百分比。在计算时，车船行驶的千米数，不但包括载货行驶，也包括空驶。

提高实载率的意义在于：充分利用运输工具的额定能力，减少车船空驶和不满载行驶的时间，减少浪费，从而求得运输的合理化。

我国曾在铁路运输上提倡"满载超轴"，其中："满载"的含义就是充分利用货车的容积和载重量，多载货，不空驶，从而达到合理化之目的。这个做法对推动当时运输事业发展起到了积极作用。当前，国内外开展的"配送"形式，优势之一就是将多家需要的货物和一家需要的多种货物实行配装，以达到容积和载重的充分合理运用，比起以往自家提货或一家送货车辆大部空驶的状况，是运输合理化的一个进展。在铁路运输中，采用整车运输、合装整车、整车分卸及整车零卸等具体措施，都是提高实载率的有效措施。

2. 减少动力投入

采取减少动力投入、增加运输能力的有效措施求得合理化。这种合理化的要点是：少投入、多产出，走高效益之路。运输的投入主要是能耗和基础设施的建设，在设施建设已定型和完成的情况下，尽量减少能源投入是少投入的核心。做到了这一点就能大大节约运费，降低单位货物的运输成本，达到合理化的目的。国内外在这方面的有效措施有：

(1)在机车能力允许的情况下，多加挂车皮。我国在客运紧张时，也采取加长列车、多挂车皮的办法，在不增加机车的情况下增加运输量。

(2)水运拖排和拖带法。竹、木等物品的运输，利用竹、木本身浮力，不用运输工具载运，采取拖带法运输，可省去运输工具本身的动力消耗，从而求得合理化；将无动力驳船编成一定队形，一般是"纵列"，用拖轮拖带行驶，可以有比船舶载乘运输运量大的优点，求得合理化。

(3)顶推法。顶推法是我国内河货运采取的一种有效方法，将内河驳船编成一定队形，由机动船顶推前进的航行方法。其优点是航行阻力小，顶推量大，速度较快，运输成本很低。

(4)汽车挂车。汽车挂车的原理和船舶拖带、火车加挂基本相同，都是在充分利用动力能力的基础上，增加运输能力。

3. 发展社会化的运输体系

运输社会化的含义是发展运输的大生产优势，实现专业分工，打破一家一户自成运输体系的状况。提倡企业间开展共同运输，大力发展第三方物流，将运输等物流业务外包。

一家一户的运输小生产，车辆自有，自我服务，不能形成规模，且一家一户运量需求有限，难于自我调剂，因而容易出现空驶、运力选择不当、不能满载等浪费现象，且配套的接、发货设施，以及装卸搬运设施很难有效地运行，造成极大的浪费。实行运输社会化，可以统一安排运输工具，避免对流、倒流、空驶、运力不当等多种不合理形式，从而降低运输成本，提高运输效率。发展社会化的运输体系是运输合理化的非常重要的措施。

当前火车运输的社会化运输体系已经较完善，而在公路运输中，小生产方式非常普遍，是建立社会化运输体系的重点。社会化运输体系中，各种联运体系是其中水平较高的方式，联运方式充分利用面向社会的各种运输系统，通过协议进行一票到底的运输，有效打破了一家一户的小生产，受到了欢迎。

我国在利用联运这种社会化运输体系时，创造了"供产销一条龙"货运方式。对产、销地及产、销量都较稳定的产品，事先通过与铁路、交通等社会运输部门签订协议，规定专门收、到站，以及专门航线及运输路线，专门船舶和泊位等，有效保证了许多工业产品的稳定运输，取得了很大成绩。

4.开展中短距离铁路公路分流

这一措施的要点，是在公路运输经济里程范围内，采用公路运输，或者经过论证后，虽超出通常平均经济里程范围，也尽量利用公路。这种运输合理化的表现主要有两点：一是对于比较紧张的铁路运输，用公路分流后，可以得到一定程度的缓解，从而加大这一区段的运输通过能力；二是充分利用公路从门到门和在中途运输中速度快且灵活机动的优势，实现铁路运输服务难以达到的水平。

我国"以公代铁"在杂货、日用百货运输及煤炭运输中较为普遍，一般在200 km以内，有时可达700～1 000 km。山西煤炭外运经认真的技术经济论证，用公路代替铁路运至河北、天津、北京等地是合理的。

5.直达与中转运输的合理选择

直达运输是追求运输合理化的重要形式，其对合理化的追求要点是通过减少中转、过载、换载，从而提高运输速度，省却装卸费用，降低中转货损。直达的优势，在一次运输批量和用户一次需求量达到了一整车时表现最为突出。此外，在生产资料、生活资料运输中，通过直达，建立稳定的产销关系和运输系统，也有利于提高运输的计划水平，考虑用最有效的技术来实现这种稳定运输，从而大大提高运输效率。

特别需要注意的是，如同其他合理化措施一样，直达运输的合理性也是在一定条件下才会有所表现，不能绝对认为直达一定优于中转。这要根据用户的要求，从物流总体出发做综合判断。如果从用户需要量看，批量大到一定程度，直达是合理的，而批量较小时中转是合理的。

6.配载运输

配载运输是充分利用运输工具载重量和容积，合理安排装载的货物及载运方法以求得合理化的一种运输方式。配载运输也是提高运输工具实载率的一种有效形式。

配载运输往往是轻重商品的混合配载，在以重质货物运输为主的情况下，同时搭载一些轻泡货物，如海运矿石、黄沙等重质货物，在仓面捎运木材、毛竹等，铁路运矿石、钢材等重物上面搭运轻泡农、副产品等，在基本不增加运力投入、不减少重质货物运输的情况下，解决了轻泡货的搭运，因而效果显著。

7."四就"直拨运输

"四就"直拨是减少中转运输环节，力求以最少的中转次数完成运输任务的一种形式。一般批量到站或到港的货物，首先要进分配部门或批发部门的仓库，然后再按程序分拨或销售给用户。这样一来，往往出现不合理运输。"四就"直拨，首先是由管理机构预先筹划，然后就厂、就站（码头）、就库、就车（船）将货物分送给用户，而无须再入库了。

8. 发展特殊运输技术和运输工具

依靠科技进步是运输合理化的重要途径。例如，专用散装及罐车，解决了粉状、液状物运输损耗大、安全性差等问题；袋鼠式车皮、大型半挂车解决了大型设备整体运输问题；“滚装船”解决了车载货的运输问题；集装箱船比一般船能容纳更多的箱体；集装箱高速直达车船加快了运输速度等，这些都是用先进的科学技术实现了运输合理化。

9. 通过流通加工，使运输合理化

有不少产品，由于产品本身形态及特性问题，很难实现运输的合理化，如果进行适当加工，就能够有效解决合理运输问题，例如将造纸材在产地预先加工成干纸浆，然后压缩体积运输，就能解决造纸材运输不满载的问题。轻泡产品预先捆紧包装成规定尺寸，装车就容易提高装载量；水产品及肉类预先冷冻，就可提高车辆装载率并降低运输损耗。

本章小结

在物流的诸多功能要素中，最重要且最能体现物流核心本质的功能要素就是运输。物流要实现其空间效用，运输是必要手段；物流成本中运输成本所占比重很高；运输效率在某种程度上决定物流效率。货物运输方式根据运输设备和运输工具的不同，可以划分为公路运输、铁路运输、水上运输、航空运输和管道运输，每一种运输方式都有自己的适用范围。运输就是要根据所运商品的特定要求，综合考虑速度、价格、质量等因素，组织合理运输，求得最佳效益。

通过本章的学习，能够了解各种运输方式的优缺点，掌握不合理运输的表现形式，熟悉运输合理化的影响因素，为本门课程的学习奠定基础。

复习思考题

1. 按运输设备及运输工具的不同，可以将运输方式分为哪几类？试比较各种运输方式的优缺点，并指出其适用范围。
2. 简述运输合理化的措施。
3. 哪些因素会导致不合理运输？试举例说明。
4. 运输合理化的影响因素有哪些？

案例讨论

湖北开通全国首条高铁货运专列

一趟高铁，只装货物不载人。2020 年 11 月 1 日 5 时 30 分，DJ5918 次“复兴号”高铁动车组，全列 8 节车厢共装运 40 t 电商快件产品，从湖北省武汉市汉口站开出，5 小时 10 分后一站直达北京西站。几乎同一时间，另一辆“复兴号”货运专列由北京西站始发，于 10 时 20 分抵达汉口站。

这是全国首次开通的高铁货运专列，服务于“双 11”期间的电商快件运输。

在首趟抵达汉口站的“复兴号”上，记者看到，车厢里没有人们常见的座椅，两侧安装着防撞隔离板，车厢里分两列码放着三层家用收纳箱大小、印有“高铁快运”的蓝色货箱，穿着反光背心的工人开始往外搬运。这些货箱都用扎带封好，货物均来自顺丰，每个包裹在北京经过安检。

据中国铁路武汉局集团公司相关负责人介绍，高铁货运专列将于每天凌晨5时从两站对开，10时后抵达目的地，从11月1日持续运行到12月28日。“与以往高铁载客同时‘带货’模式不同，此次高铁货运专列是铁路适应电商发展推出的新举措。”该负责人介绍，比起其他运输方式，高铁一站直达，且不受天气影响，安全高效快捷平稳，将极大增强批量快件运力供给，提升高铁快运服务能力。

顺丰的相关负责人表示，此次试水意义重大。“北京和武汉是两大枢纽城市，开行两地高铁货运专列，将缓解华北到中部的运输压力，提升消费者购物体验，对顺丰搭建未来运输网络有着重大意义。”

武汉市快递行业协会秘书长张玉和认为，随着电商的快速发展，高铁货运专列未来可能会形成常态化。高铁入局快递业，将在优化铁路和快递行业资源配置、遏制高峰期快递涨价、缓解“双11”运输压力、保障消费者利益等方面发挥巨大作用。

（编者根据网络资料改写）

案例思考题

1. 相比普速铁路运输，高铁货运有什么优缺点？
2. 针对高铁货运，如何提高运输效率和降低成本？

推荐阅读

[1] 林自葵. 货物运输与包装[M]. 2版. 北京：机械工业出版社，2010.
[2] 唐连生. 货物运输与配送管理[M]. 武汉：武汉大学出版社，2010.

第 4 章 装卸搬运管理

本章提要

- 装卸搬运的内涵、作用、特点及分类。
- 装卸搬运的基本作业方法。
- 集装箱及其装卸搬运。
- 装卸搬运合理化的基本原则和途径。
- 绿色装卸搬运的表现形式及意义。

学习目标

掌握装卸搬运的内涵、作用及特点；了解装卸搬运的分类；掌握装卸搬运的基本作业方法；熟悉集装箱的装卸搬运；掌握装卸搬运合理化的基本原则和途径以及装卸搬运的未来发展趋势。

框架结构

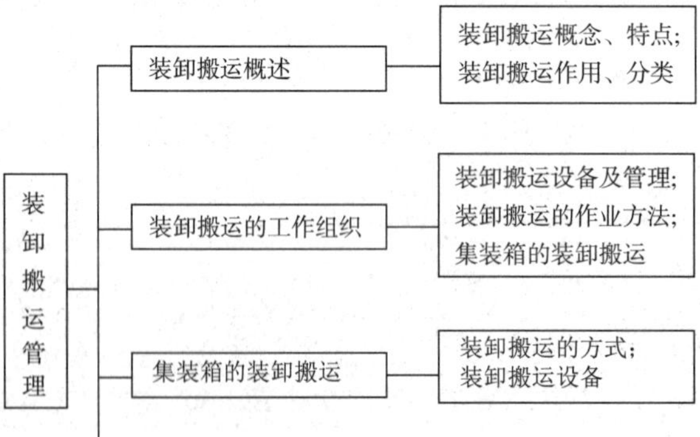

相关知识点微课

4.1 装卸搬运概述　　4.2 装卸搬运机械与设备　　4.3 装卸搬运合理化

开篇案例

机场行李装卸员：每天搬运数万件行李

01

吴国友已经在机坪奋战22年。南京持续高温开始发酵，午后烈日下的机坪远远望去，热浪的光影肆意飘散，南京禄口机场搬运区域组长吴国友带领6名搬运工提前来到209号机位，为刚刚落地的航班做好保障准备。

年过40的他已经在机坪奋战22年了，每天差不多要搬运数万件行李，斑白两鬓在黝黑脸庞上特别显眼，搬运的兄弟都亲切地称呼他“老吴”。宽体机保障是搬运岗位关注重点之一，装载单据需要特别注意，他根据航班的装载情况合理安排前后舱人员，并注意新老搭配，“这块集装板超过2 t，装载的时候要盯紧集装板在平台上与货舱内的状态。”搬运工赵阳心领神会地点点头，飞机周围硕大的发动机持续不断地喷发出热浪，他额头细密的汗珠已经顺着脸颊跌落到机坪，瞬间痕迹全无。

飞机货舱空间狭窄，需要半蹲着工作，同时还要保证轻拿轻放、规范操作。严格的培训和资质要求使他们具备高超的职业素养，而长期的弓腰负重对于他们也是习以为常；吴国友和赵阳两人配合默契，一个递、一个接，花费近一个小时完成装卸任务，近20 t的货邮、行李有序地归位到货舱内。此时，两人的后背已被汗水浸透。

02

2020年8月14日，安庆市气象台发布今夏第二轮高温黄色预警，被台风“利奇马”中断的高温天卷土重来。在这样的天气下，安庆天柱山机场装卸班组的工人们依然坚守岗位，为机场的正常运行做出自己的贡献。

上午9时15分，天柱山机场的地表温度飙升到50 ℃。此时，由昆明飞往安庆的8L9959航班的飞机正缓缓降落。装卸工杨善亭和几位同事，已提前15 min来到停机坪待命。飞机缓缓停靠，顾不上热浪和飞机发动机的噪声，杨善亭和同事们立刻跑向飞机。只见他们将行李传送带升至飞机腹部的货舱门口，然后手脚并用爬进货舱，快速地解开行李防护网，将一件件货物搬运至传送带上。“这些都是鲜花，每一箱都有100 kg，既要快速搬出来也要保证轻拿轻放，不能有破损，这就需要很多技巧。”在传输带上监装的李民快速浏览货物上的标签，防止它们“走错了路”。5～6 min后，四箱鲜花被搬到运货车上，杨善亭和另一名装卸工陈益安快速来到另一个舱口，开始搬运旅客的行李箱。

装卸过程中，除了繁重的工作量，考验他们的还有狭小的工作空间。货舱的高度通常只有1～1.5 m，人在里面根本无法站直。身高1.7 m的杨善亭几乎全程都要弯着腰在货舱内分拣行李和货物，实在受不了了，就换个姿势半蹲着，蹲麻了再换回弯腰站立的姿势。这样的状态每天差不多要5个小时。

此时，货舱的温度接近40℃，杨善亭的汗珠子直往下掉，深灰色的工作服湿透了大半。“压根没有时间擦汗，因为从开舱门算起的15 min内，第一件行李必须搬运到行李传送带上。”杨善亭告诉记者。等行李箱全部搬完后，杨善亭又快速地扫描了一遍货舱，防止遗忘遗漏。

在杨善亭装卸的同时，另一家由哈尔滨飞往福州的飞机降落在停机坪上。班组其他成员冲上去开始装卸行李。他一路小跑着来到行李房，根据舱单指令，将出发乘客的行李、货物装到货舱里。“一件行李从机舱到运货车再到旅客传送带，平均要拿起放下3次，一天算下来要1 000余次，这对体力是个很大的考验。”杨善亭告诉记者，由于工作强度高，他们的体温比别人高很多，哪怕是寒冷的冬天，他们也需要空调制冷来降温，更不用说高温的夏天了。

上午10时22分，搬完货物，总算可以坐下来歇一下喝口水的杨善亭向记者介绍，他今年57岁，在机场做装卸工已经4年了。平时都是工作2天休息2天。上班时间，从早上6时多到晚上航班保障结束，要全天候守在岗位上，航班一降落就开始干活。一架飞机上有几十上百件行李和数吨重的货物，他们一个班组三个人要负责一天11架飞机的装卸工作。今天的货物不多。一般节假日是最辛苦忙碌的时候，就像前段时间的七夕，贵阳、昆明到安庆的每个航班上都有近3 t多的鲜花，他们忙起来什么都顾不上，哪怕头部、胳膊撞到货舱十分疼痛也得咬牙忍着。“行李是不会说话的旅客，我们就是服务这些不会说话的旅客的人。”杨善亭笑着说。

（编者根据网络资料改写）

4.1　装卸搬运概述

装卸搬运在物流活动中起承上启下的联结作用，装卸搬运是改变“物”的存放、支撑状态、空间位置的活动，这一活动在整个物流过程中是不断出现和反复进行的，其出现频率远远高于其他各种物流活动。同时，装卸搬运还要占用很多的时间和消耗很多的劳动，其作业水平的高低不仅成为决定物流速度的关键，而且是影响物流费用高低的重要因素。因而，装卸搬运往往成为整个物流的“瓶颈”，是物流各功能之间能否形成有机联系和紧密衔接的关键。本章首先介绍了装卸搬运的概念、作用及装卸搬运在流通领域和生产领域的不同特点，然后论述了装卸搬运的分类、装卸搬运的基本方法，最后分析了搬运系统，强调如何根据搬运系统分析设计出最优的装卸搬运方案并制订合理的装卸搬运原则。如何实现搬运合理化是本章研究的重点。

装卸搬运是物流的基本功能之一，是随着运输和储存活动的进行而发生的一种辅助作业。运输可以产生空间效应，储存可以产生时间效应，而装卸本身并不产生任何价值。装卸搬运是整个物流环节不可或缺的一环，从生产到消费的整个流通过程中，无论是商品的运输、储存和保管，还是商品的配送、包装和流通加工，都离不开装卸搬运。装卸要进行多次，因此装卸的合理化对物流合理化是非常重要的。因而，装卸搬运往往成为整个物流的“瓶颈”，是物流各功能之间能否形成有机联系和紧密衔接的关键。

4.1.1　装卸搬运的内涵

按照GB/T 18354—2006，装卸(Loading and Unloading)是指："物品在指定地点以人力或机械装入运输设备或从运输设备上卸下的活动。"搬运(Carrying)是指："在同一场所内，对物品进行以水平移动为主的物流作业。"装卸搬运是物流的基本功能之一。装卸搬运是指各种运输工具，如汽车、铁路、船舶等装载物品的装卸和搬运，或在仓库内保管物品的出入库、库内搬运，以及和上述有关对物品进行处理的操作等。一般来说，可将装卸搬运作业分解为装卸、搬运、入库、出库、分拣和备运等项，以及与这些作业有关的附属作业。"入库"，是指将物品移至保管设施的固定设备所指定的场所，按规定的位置和形态堆码物品的作业。"出库"是从保管地点将物品取出。"分拣"是按物品的种类发送方向和顾客需求，将物品分类。"备运"是指为出库的物品做好准备，使之能立即装于运输工具的作业。

"装卸"是指在同一地域范围内以改变"物"的存放、支承状态的活动，是将商品装入运输工具或从运输工具上卸下的总称。对于集装箱而言，也可把将物品装入集装箱，称为装箱，而把从集装箱内取出物品叫拆箱。改变物的空间位置的活动称为搬运。"装卸"与"搬运"的主要区别是："装卸"是指在物品空间上发生的以垂直方向为主的位移，而"搬运"则是指物品在区域内所发生的以短距离水平方向为主的位移。物品在空间上发生绝对的垂直位移或发生绝对的水平位移的情况不多，多数情况则是两者的复合运动。有时以垂直位移为主，即"装卸"；有时以水平位移为主，即"搬运"。两者全称装卸搬运，有时在特定场合，单称"装卸"或单称"搬运"也包含了"装卸搬运"的完整含义。在习惯使用中，物流领域常将装卸搬运这一整体活动称为"货物装卸"，在生产领域中常将这一整体活动称为"物料搬运"。实际上，活动内容都是一样的，只是领域不同而已。在实际操作中，装卸与搬运是密不可分的，两者是伴随在一起发生的。因此，在物流科学中并不过分强调两者的差别，而是作为一种活动来对待。

装卸搬运贯穿于物品实体运动的全过程。无论是物品的运输、储存、保管，还是物品的配送、包装或流通加工都伴随着装卸搬运。在整个物流活动中，装卸搬运所占的比重很大。

因此，装卸效率的高低、装卸质量的好坏、装卸成本的大小，都与整个物流活动关系密切。可以说，装卸搬运合理化也是物流合理化的一个重要问题，改善装卸搬运是加快物品运达速度、减少资金占用、简化包装、减少货损的重要手段，对提高物流总体效益具有重要作用。

4.1.2　装卸搬运的作用与特点

1.装卸搬运的作用

物流各个环节的先后或同一环节的不同活动都离不开装卸搬运，它是物的不同运动过程之间互相转换的桥梁。装卸搬运是不断出现和重复进行的，它出现的频率通常都会高于物流的其他功能要素。而且，由于装卸搬运会花费较多的作业时间，所以装卸搬运的效率往往成为决定物流总体效率的关键。同时，由于装卸搬运也会消耗大量的人力、物力和财力，其成本在物流总成本中占有相当大的比重，所以装卸搬运合理化也是降低物流总成本的重要手段。因此，不断提高装卸搬运合理化的程度，无疑对提高物流系统整体功能有极为重要的意义。装卸搬运系统在物流中的作用主要表现在以下几方面：

(1)装卸搬运既是伴随生产过程和流通过程各环节所发生的活动，又是衔接生产各阶段和流通各环节之间相互转换的桥梁。装卸搬运不仅把货物运动的各个阶段连接成为连续的“流”，而且把各种运输方式连接起来，形成各种运输网络，极大地发挥其功能。装卸搬运是伴随运输和仓储而产生的必要的物流活动，但是和运输产生空间效用和仓储产生时间效用不同，它本身不产生任何价值。但这并不说明装卸搬运在物流过程中不占有重要地位，物流的主要环节，如运输和仓储等是靠装卸搬运活动连接起来的，物流活动其他各个阶段的转换也要通过装卸搬运连接起来。

(2)装卸搬运直接影响着物流的成本、质量等性能指标。装卸搬运是劳动力借助于劳动手段作用于劳动对象的生产活动。为了进行此项活动，必须配备足够的装卸搬运人员和装卸搬运设备。由于装卸搬运作业量比较大，它往往是货物运量和库存量的若干倍，所以所需装卸搬运人员和设备的数量亦比较大，即要有较多的活劳动和物化劳动的投入，这些劳动消耗要计入物流成本。装卸搬运不仅发生次数频繁。而且其作业内容复杂，又是劳动密集型、耗费人力的作业，它所消耗的费用在物流费用中也占有相当大的比重。若能减少用于装卸搬运的劳动消耗，就可以降低物流成本。据统计，俄罗斯经铁路运输的货物少则有六次装卸搬运，多则有几十次装卸搬运，其费用占运输总费用的20%～30%。

装卸搬运会改变货物的存放状态和空间位置。货物在移动过程中会受到各种外力的影响，如震动、撞击、挤压等，容易使货物包装和货物本身受损。例如，袋装水泥纸袋破损和水泥散失主要发生在装卸过程中，其装卸搬运损失在物流费用中占有一定的比重。因此，装卸搬运损失的多少直接影响着物流质量的高低。

(3)装卸搬运是物流过程中的一个重要环节，它制约着物流过程的其他各项活动，是提高物流速度的关键。无论是在生产领域还是在流通领域，装卸搬运功能发挥的程度都直接影响着生产和流通的正常进行，其工作质量的好坏关系到物品本身的价值和使用价值。由于装卸搬运是伴随着物流过程其他各环节的一项活动，它自身不产生任何新价值，主要是改变货物的垂直位移或者水平位移，因而往往不能引起人们的足够重视。可是，一旦忽视了装卸搬运，生产和流通领域轻则发生混乱，重则造成停顿，如在货物运输过程中，完成一次运输循环所需时间中，在发运地的装车时间和在目的地的卸车时间占有不小的比重。特别是在短途运输中，装卸时间所占比重更大，有时甚至超过运输工具运行时间。所以缩短装卸搬运时间，不但对加速车船和货物周转具有重要作用，而且有利于疏站疏港。在仓储活动中，装卸搬运效率对货物的收发速度和货物周转速度也产生直接影响。

由此可见，改善装卸搬运作业，提高装卸搬运合理化对加速车船周转，发挥港、站、库功能，加快物流速度，减少流动资金占用，降低物流费用，提高物流服务质量，发挥物流系统整体功能等都具有重要的意义。

2. 装卸搬运的特点

生产和流通两个领域的生产规律不同，相应的装卸搬运也有各自不同的特点。在流通领域中，一方面，物流过程各环节之间的衔接是依赖装卸搬运活动把它们有机结合起来的，从而使物品能在各环节之间形成“物流”；另一方面，各种不同的运输方式，也是依赖装卸搬运活动才能形成联合运输。而在生产领域，装卸搬运活动已经成为生产过程中不可缺少的组成部分，成为了直接生产的保障系统。装卸搬运活动在生产、流通领域的特点主要表现在以下几方面：

(1)均衡性与波动性。生产领域的装卸搬运活动必须与生产活动的节拍一致，而均衡性是生产的基本原则，因此在生产领域中的装卸搬运活动基本上也是均衡的、平稳的、连续的。而流通领域的装卸搬运活动是随车船的到发和货物的出入库而进行的，装卸搬运的突击性、波动性和间歇性较多，因此流通领域的装卸搬运活动是突击的、波动的、间歇的。

(2)稳定性与多变性。生产领域的装卸搬运活动是稳定的，这是与生产过程的相对稳定相联系的，特别是在大量生产的情况下更是如此，或略有变化但也具有一定的规律性。在流通领域里，由于物质产品本身的品种、形状、尺寸、重量、包装、性质等各不相同，输送工具类型又各异，再加上流通过程的随机性等，所有这些决定了流通领域的装卸搬运活动的多变性。

(3)单纯性与复杂性。生产领域的装卸搬运活动主要是单纯性的，因为大多数的活动都只是单纯地改变货物的存放状态或空间位置。而流通领域的装卸搬运活动与运输、存储紧密衔接，出于安全和输送的经济性原则，需要同时进行堆码、满载、加固、计量、取样、检验、分拣等作业。因此，装卸搬运作业必须具有适应这种复杂性的能力，这样才能加快物流的速度。

4.1.3 装卸搬运的分类

1. 按照装卸搬运的物流设施分类

按照装卸搬运的物流设施可分为自用物流设施装卸搬运和公用物流设施装卸搬运。

(1)自用物流设施装卸搬运是指在工厂、自用仓库和配送中心等货物的发货、进货设施场所中进行的装卸搬运。

(2)公用物流设施装卸搬运是指在仓库、车站、港口、铁路及机场等进行的装卸搬运，它们分别称为仓库装卸搬运、车站装卸搬运、港口装卸搬运、铁路装卸搬运和航空装卸搬运等。

2. 按照装卸搬运施行的物流设施、设备对象分类

按照装卸搬运施行的物流设施、设备对象可分为仓库装卸、铁路装卸、港口装卸、汽车装卸、飞机装卸等。

(1)仓库装卸配合出库、入库、维护保养等活动进行，并且以堆垛、拆垛、上架、拣货、移送等操作为主。

(2)铁路装卸是对火车车皮中货物的装进及卸出，其特点是一次作业就能实现一个车皮的装进或者卸出，很少有像仓库装卸那样出现的整装零卸或者零装整卸的情况。铁路装卸包括铁路仓库和理货场的堆码、拆散、分拣、中转、配货作业及铁路车辆在货场及站台的装卸作业等。

(3)港口装卸是指在港口进行的各种装卸搬运作业，包括码头前沿的装卸船作业，也包括后方的支持性装卸搬运。有的港口装卸还采用小船在码头与大船之间“过驳”的方法，因而其装卸搬运的流程更加复杂，往往需要经过几次的装卸搬运作业才能最后实现船与陆地之间货物过渡的目的。

(4)汽车装卸是指对汽车进行的装卸搬运作业，其特点是一般一次装卸批量大，由于汽车的灵活性，可以减少或者根本减去搬运活动，而直接利用装卸作业达到车与物流设施之间货物过渡的目的。

(5)飞机装卸是指在机场对飞机进行的装卸搬运作业，其特点是装卸搬运的速度快，货物一般以集合包装为主，但是其装卸搬运的费用高。由于机舱空间的限制，一般是体积比较小、体重轻，但是紧急需求的物品。

3. 按照装卸搬运的机械及机械作业方式分类

按照装卸搬运的机械及机械作业方式可分为使用吊车的“吊上吊下”方式、使用叉车的“叉上叉下”方式、使用半挂车或叉车的“滚上滚下”方式、“移上移下”方式及其散装方式等。

(1)“吊上吊下”方式。采用各种起重机械从货物上部起吊,依靠起吊装置的垂直移动实现装卸,并在吊车运行的范围内或回转的范围内实现搬运或依靠搬运车辆实现小搬运。由于吊起及放下属于垂直运动,所以这种装卸方式属于垂直装卸。

(2)“叉上叉下”方式。采用叉车从货物底部托起货物,并依靠叉车的运动进行货物位移,搬运完全依靠叉车本身,货物可不经中途落地直接放置到目的处。这种方式的垂直运动不大而主要是水平运动,属于水平装卸方式。

(3)“滚上滚下”方式。采用叉车或者半挂车、汽车装载货物,连同车辆一起开上船,到达目的地后再从船上开下,主要是港口装卸的一种水平装卸方式。利用叉车的滚上滚下方式,在船上卸货物后,叉车必须离开船;利用半挂车、汽车,则拖车将半挂车拖拉到船上后,拖车开下离船而载货车辆连同货物一起运到目的地,再原车开下或拖车上船拖拉半挂车。“滚上滚下”方式需要有专门的船舶,对码头也有不同要求,这种专门的船舶称为“滚装船”。

滚装船以装满集装箱或货物的车辆为运输单元。装载时,汽车及由牵引车辆拖带的挂车通过跳板开进舱内。到达目的港后,车辆可直接开往收货单位。滚装船的装卸效率很高,每小时可达1 000～2 000吨,而且实现了从发货单位到收货单位的“门到门”直接运输,减少厂运输过程中的货损和差错。此外,船与岸都不需起重设备,即使港口设备条件很差,滚装船也能高效率装卸。

滚装船在我国的海上航线应用也很多。在烟台—大连、海口—湛江等轮渡口岸都有广泛应用。

(4)“移上移下”方式。一般是在两车之间(如汽车及火车)进行靠接,然后利用各种方式,不使货物垂直运动,而靠水平移动从一个车辆上推移到另一车辆上,称为移上移下方式。移上移下方式需要使两种车辆水平靠接,因此对站台或车辆货台需进行改变,并配合移动工具实现这种装卸。

(5)“散装散卸”方式。一般是从装点将货物直接输送到卸点,中间不再落地,这是集装卸与搬运于一体的装卸方式。

4.按照装卸搬运作业的内容进行分类

装卸搬运可分为运输设备对应的“装进、卸下装卸”和与储存保管设施对应的“入库、出车装卸”两大类。而这两类装卸分别伴随有商品的“堆码、拆垛”“分拣、配货”“搬送、移送”三类基本的装卸作业,这些作业由于动作和装卸机械的不同,出现了不同的作业方法。

(1)堆码、拆垛作业。堆码、拆垛又称为堆码取拆,它包括堆放作业、堆垛作业、高垛作业和高垛取货作业。按照这些堆垛拆垛作业的场地不同,又区分为车厢、船舱内、仓库内和理货场的堆垛作业等。

(2)分拣、配货作业。它是将货物按品种、到站、货主等不同特征进行分类的作业。

(3)搬送、移送作业。它是为了进行装卸、分拣、配送活动而发生的货物移动的作业。包括垂直、水平、斜行等几种搬运移动作业方式及由它们几种形式组成为一体的作业,显然,这属于改变空间位置的作业。

5.按照装卸搬运物品的属性进行分类

(1)成件包装物品的装卸搬运。有些物品虽然并不需要包装,但是为了方便装卸搬运作业,已临时捆扎或装箱,从而形成装卸搬运单元。对这些装卸搬运单元的装卸搬运作业,称为成件包装物品的装卸搬运。

(2)超大超重物品的装卸搬运。在流通过程中所谓的超大超重物品，一般是根据人力可以方便装卸搬运的重量和体积来制定标准的。例如，单件物品的重量超过 50 kg 或者是单件物品体积超过 0.5 m^3，都可以算作超大超重物品。

(3)散装物品的装卸搬运。散装货物本身是在物流过程中处于无固定的形态，如煤炭、水泥、粮食等。因此，对这些散装物品的装卸搬运可以进行连续装卸搬运作业，也可以运用装卸搬运单元技术进行装卸搬运。

(4)流体物品的装卸搬运。流体物品是指气体或者液体物品。这些气体、液体物品经过包装，盛装在一定的容器中，形成成件包装物品后再进行装卸搬运；或采取罐装车形式，进行相应的装卸搬运。

(5)危险品的装卸搬运。危险品是指化工产品、压缩气体、易燃易爆物品。这些物品在装卸搬运过程中有特殊的安全要求，如果装卸搬运不慎，随时都有发生重大事故的危险。

4.2 装卸搬运的工作组织

4.2.1 装卸搬运的基本方法

装卸搬运的基本方法，可以分别从作业对象、作业手段及其组织水平、装卸设备作业原理、作业方式的角度进行划分。

1. 按照装卸作业对象分类的方法

(1)单件作业法。单件作业法是指对以箱、袋等包装的货物进行单件、逐件的装卸搬运的方法，这是人工装卸搬运阶段的主导方法。当前，当装卸搬运涉及各种装卸搬运领域时，单件、逐件装卸搬运的方法也依然存在。主要适用于：单件货物本身特有的安全属性；装卸搬运场合没有或不适宜采用机械装卸；货物形状特殊，体积过大，不便于采用集装化作业等。单件作业法根据作业环境和工作条件可以采用人工作业法、机械化作业法、半机械化作业法、半自动化作业法等。

(2)集装作业法。集装作业法是指先将货物集零为整后，形成集合包装或托盘、集装箱等集装货物，再对集装件(箱、网、袋等)进行装卸搬运的方法。其特点是有利于机械操作，可以提高装卸搬运效率，减少装卸搬运损失，节省包装费用，提高顾客服务水平，便于储存、装卸搬运、运输、包装一体化，从而实现物流作业机械化、标准化。这种方法又可按集装化方式的不同，分为集装箱作业法、托盘作业法、货捆作业法、滑板作业法、网袋作业法、挂车作业法等。

①集装箱作业法。集装箱的装卸搬运作业通常采用垂直装卸法和水平装卸法进行。在港口可采用以集装箱起重机为主进行垂直装卸，目前跨车运用最广泛，但门式起重机方式最有发展前途。在铁路车站，以轨行式门式起重机方式为主，配以叉车较为经济合理，轮胎门式起重机、跨车方式、动臂起重机方式、侧面装卸机方式也较多采用。在港口也可采用以挂车和叉车为主进行水平装卸；在铁路车站主要采用叉车或平移装卸机的方式，在车辆与挂车间或车辆与平移装卸机间进行换装。集装箱作业法的配套设施有：维修、清洗、动力、照明、监控、计量、信息和管理设施等。在工业发达国家，集装箱堆场作业全自动化已付诸实施。

②托盘作业法。托盘作业法是用托盘系列集装工具将货物形成成组货物单元，以便于采

用叉车等设备实现装卸作业机械化的装卸作业方法。一些不易采用平托盘的散件货物可采用笼式托盘形成成组货物单元；一些批量不是很大的散装货物，如粮食、糖、啤酒等可采用专用箱式托盘形成成组货物单元，再辅之以相应的装卸机械，实现托盘作业法。

③货捆作业法。货捆作业法是用捆装工具将散件货物组成一个货物单元，使其在物流过程中保持不变，从而能与其他机械设备配合，实现装卸作业机械化的方法。例如，木材、建材、金属之类的货物最适合采用此方法。带有与各种货捆配套的专用吊具的门式起重机和悬臂式起重机是货捆作业法的主要装卸机械。叉车、跨车等是配套的搬运机械。

④滑板作业法。滑板是用纸板、纤维板、塑料板或金属板制成，与托盘尺寸一致的、带有翼板的平板，用其盛放货物组成的搬运单位进行作业即为滑板作业法。此作业法具有托盘作业法的优点且占用作业场地少，但带推拉器的叉车较重、机动性较差，对货物包装与规格化的要求很高，否则，不易顺利作业。与其匹配的装卸作业机械是带推拉器的叉车。叉货时推拉器的钳口夹住滑板的翼板（又称勾百或卷边），将货物支上货叉，卸货时先对好位，然后叉车后退、推拉器前推，货物放置就位。

⑤网袋作业法。网袋作业法是指将粉粒状货物装入多种合成纤维和人造纤维编成的集装袋，将各种袋装货物装入多种合成纤维和人造纤维编成的网，将各种块状货物装入用钢丝绳编成的网，先集装再进行装卸作业的方法。此方法的特点是网袋集装工具小、自重轻、回送方便，可一次或多次使用，适用于粉粒状货物、各种袋装货物、块状货物等的装卸作业。

⑥挂车作业法。挂车作业法是先将货物放到挂车里，然后将空车拖上或吊到铁路平板车上的装卸作业方法。通常将此作业完成后形成的运输组织方式称为背负式运输，是公铁联运的常用组织方式。

(3)散装作业法。散装作业法是指对煤炭、矿石、水泥等粒状、块状、粉状等货物进行的散装散卸的方法。其特点是：从装点到卸点，中间不再落地，物品直接向运输设备、商品装运设备或存储设备装卸与入库，是集装卸与搬运于一体的装卸搬运作业。这种作业方法常常采用重力法、倾翻法、机械作业法等。

①重力法作业。重力法作业是指利用货物的势能来完成装卸作业的方法。它主要适用于铁路运输，汽车也可利用这种装卸作业法。重力法装车设备有筒仓、溜槽、隧洞等几类。例如，重力法卸车是指底开门车或漏斗车在高架桥或卸车坑道上自动开启车门，煤炭或矿石等散装货物依靠重力自行流出的卸车方法。

②倾翻法作业。倾翻法作业是指将运载工具的载货部分倾翻而将货物卸出的方法。此作业法主要用于铁路敞车和自卸汽车的卸载，汽车一般是依靠液压机械装置顶起货厢实现卸载的。

③机械作业法。机械作业法是指采用各种机械，使其工作机构直接作用于货物，如通过舀、抓、铲等作业方式达到装卸搬运目的。其常用的机械设备有带式输送机、装船机、单斗或多斗装载机、挖掘机及各种抓斗等。

在以上三种装卸作业方法中，集装作业法和散装作业法都是随物流量增大而发展起来的，并与现代运输组织方式（如集装箱运输）、存储方式（如高层货架仓库）等相互联系，互为条件、互相促进、相互配合。

2.按照装卸作业手段及其组织水平分类的方法

(1)人工作业法。人工作业法是指一种完全依靠人力来完成装卸搬运的方法。它的主要特点是劳动强度大，作业效率低，安全程度差，不适应现代化生产与物流的要求。

(2)机械化作业法。机械化作业法是指利用各种装卸搬运机械来完成装卸搬运作业的方法。它的主要特点是大大提高了装卸搬运的效率，是目前装卸搬运作业的主流。

(3)综合机械化作业法。综合机械化作业法要求在物流全过程中，组织、运营、管理和工艺要协调，各种装卸搬运设备、设施、作业环境等要配套，并辅之以计算机管理为中心的自动化控制系统的作业方法。它的主要特点是高效率、高水平，是现代装卸搬运作业发展的方向。

3.按照装卸设备作业原理分类的方法

(1)间歇作业法。间歇作业法是指在两次对货物进行装卸搬运作业过程中存在一个空程准备过程的装卸作业方法。例如，包装货件、笨重货物等的装卸搬运是断续、间歇、重复、循环进行的。它的主要特点是有较强的机动性，装卸地点可在较大范围内变动，主要适用于货流不固定的各种货物，尤其适于包装货物、大件货物、散粒货物。

(2)连续作业法。连续作业法是指通过连续输送机械连续不断地进行作业，中间无停顿，货间无间隔的装卸作业方法。它的主要特点是作业线路固定，动作单一，输送均匀，中间无停顿，货间无间隔，便于实现自动控制。主要适用于装卸量较大、装卸对象固定、货物对象不易形成大包装的情况。

4.按照装卸作业方式分类的方法

(1)垂直装卸法。垂直装卸法(又称吊装吊卸法)是指采用提升和降落的方式对货物进行装卸搬运的方法，是采用比较多的一种装卸方法。它的主要特点是其所用的装卸设备通用性较强，应用领域较广，如吊车、叉车等，但是此种装卸方法需要消耗较大的能源。

(2)水平装卸法。水平装卸法(又称滚装滚卸法)是指采用平移的方式对货物进行装卸搬运的方法。它的主要特点是比较节能，因为它不改变被装货物的势能，但是需要有专门的设施，例如货物靠自力、拖曳、水推、移动等方式，以改变货物水平方向的位置。

4.2.2 装卸搬运机械的使用与管理

1.装卸搬运机械分类

物流活动中的货物来源广，种类繁多，外形和特点各不相同，如箱装货物、袋装货物、桶装货物、散货、易燃易爆及剧毒品等。为了适应各类货物的装卸搬运和满足装卸搬运过程中各个不同环节的不同要求，各种装卸搬运机械应运而生。目前，装卸搬运机械的机型和种类已达数千种，而且各国仍在不断研制新机种、新机型。

装卸搬运机械种类很多，分类方法也很多。为了运用和管理方便，常按以下方法进行分类。

(1)按主要用途或结构特征进行分类。可分为起重机械、连续运输机械、装卸搬运车辆、专用装卸搬运机械。其中，专用装卸搬运机械是指带专用取物装置的装卸搬运机械，如托盘专用装卸搬运机械、集装箱专用装卸搬运机械、船舶专用装卸搬运机械、分拣专用机械等。

(2)按作业性质进行分类。可分为装卸机械、搬运机械及装卸搬运机械三类。有些装卸搬运机械功能比较单一，只满足装卸或搬运一个功能，这种单一作业功能的机械结构简单，专业化作业能力较强，因而作业效率高，作业成本低，但使用上受局限。不过由于其功能单一，作业前后需要烦琐的衔接，会降低整个系统的效率。单一装卸功能的机械有手动葫芦、固定式起重机等；单一搬运功能的机械主要有各种搬运车、带式输送机等。装卸、搬运两种功能兼有的机械可将两种作业操作合二为一，因而有较好的效果。这种机械有叉车、跨运车、车站用的门式起重机、气力装卸输送机械等。

(3)按装卸搬运货物的种类进行分类。

①长大笨重货物的装卸搬运机械。长大笨重货物通常指大型机电设备、各种钢材、大型钢梁、原木、混凝土构件等,具有长、大、重、结构和形状复杂的特点。这类货物的装卸搬运作业通常采用轨行式起重机和自行式起重机两种:轨行式起重机有龙门式起重机、桥式起重机、轨道起重机;自行式起重机有汽车起重机、轮胎起重机、桥式起重机和履带起重机等。在长大笨重货物运量较大并且货流稳定的货场、仓库一般配备轨行式起重机;在运量不大或作业地点经常变化时,一般配备自行式起重机。

②散装货物的装卸搬运机械。散装货物通常是指成堆搬运不计件的货物,如煤、焦炭、沙子、白灰、矿石等。散装货物一般采用抓斗起重机、装卸机、链斗装车机和输送机等进行机械装车;机械卸车主要用链斗式卸车机、螺旋式卸车机和抓斗起重机等。散装货物搬运主要用输送机。

③成件包装货物的装卸搬运机械。成件包装货物一般是指怕湿、怕晒、需要在仓库内存放并且多用棚车装运的货物,如日用百货、五金器材等。这种货物包装方式很多,主要有箱装、筐装、桶装、袋装、捆装等。该类货物一般采用叉车,并配以托盘进行装卸搬运作业。还可以使用牵引车和挂车、带式输送机等解决成件包装货物的搬运问题。

④集装箱货物装卸搬运机械。1 吨集装箱一般选用内燃叉车或电瓶叉车作业。5 吨及其以上集装箱采用门式起重机或旋转起重机进行装卸作业,还可以采用叉车、集装箱跨运车、集装箱牵引车、集装箱搬运车等。

下面介绍一些装卸搬运机械概况。

(1)岸壁集装箱装卸桥。这是一种集装箱装卸专用设备,主要用于集装箱装船卸船作业。悬壁可以向海水侧伸展,陆地侧有后伸壁,设有平衡装置。在地面轨道上行走可在 16 m/s 风速的天气正常作业,起重量一般为 30～35 t。

(2)电动葫芦及单梁起重机。由异步电动机驱动,在工字钢的下翼缘上运行,电动机、减速机和钢绳卷筒呈同轴布置。一般由人工操作,通过按钮自行升降和运行控制,也可通过信号线进行感应遥控。电动葫芦装在单轨桥架上即变成单梁起重机。若悬挂在屋架上,可使电动葫芦的作业范围伸展到墙根。

(3)轨道式龙门起重机。这是集装码头或集装箱货场中,专门用来进行集装箱装卸搬运或堆码的专用机械,由两个双悬壁的门架组成,两侧门腿由下横梁连接,两侧悬壁由上横梁连接,门架支撑在行走台车上,地面铺有轨道。这种装卸搬运机械可将集装箱堆至四、五层高,跨度大,结构简单,易于维修。

(4)叉车。叉车是应用广泛、动作机动灵活的装卸搬运机械。高架叉车在立体仓库中还可代替巷道起重机取放货物,无人控制叉车能在冷冻仓库中作业,使作业人员免受寒冻之苦。按照叉车的结构分类,有平衡重式、前移式、回转式、插腿式和侧向式。按照叉车的动力分类,有电瓶式和内燃机式。内燃机式叉车中又分为汽油机、柴油机和石油液化气三种。在我国,知名的叉车厂家有厦门林德、安徽叉车、大连叉车、杭州叉车、海斯特叉车、力至优叉车(上海)、大宇重工叉车(烟台)等。

(5)散料装卸机械。有些物资,如煤炭、矿石、粮食、化肥等适合利用散料装卸机械,这些机械设备包括输送机类、堆场设备类、卸车设备类和卸船设备类。比如,输送机类设备,有带式输送机、埋刮板输送机、斗式提升机和螺旋输送机,仅带式输送机就细分为托辊输带式输送机、磁垫带式输送机、封闭型带式输送机和气垫带式输送机等。

(6)起重机械。可分为四种类型:小型起重设备、桥式起重机、升降机、臂架式起重机。小型起重设备又包括千斤顶、滑车、手动葫芦、气动葫芦、电动葫芦、绞车、绞盘等。

(7)智能化设备。包括无人机(见图 4.1)、无人驾驶车、配送机器人(见图 4.2)等先进设备,它们是人工智能技术不断进步的产物。

图 4.1　无人机

图 4.2　京东配送机器人

2.装卸搬运机械的使用和管理措施

随着物流现代化的不断发展,装卸搬运机械将会得到更为广泛的应用。从装卸搬运机械发展趋势来看,发展多类型的装卸搬运机械、发展专用装卸搬运机械来适应货物的装卸搬运作业要求是今后装卸搬运机械的发展方向。为了科学使用好、管理好装卸搬运机械,实现装卸搬运机械作业,可采取如下措施:

(1)全面规划,合理布局,按需配置装卸搬运机械设备。

(2)建立一套行之有效的装卸搬运机械运用、维修和管理制度,并通过采用新技术、新材料、新设备,逐步实现装卸搬运机械的系列化、标准化、通用化。

(3)建立装卸搬运技术人员队伍,配备维修力量。

(4)积极发展集装化,增大装卸搬运机械作业范围,提高机械作业比重。

(5)做好各种装卸搬运机械的配套工作,实现一机多能。

3.装卸搬运的安全规程

(1)严格遵守易燃、易爆及化学危险物品装卸运输的有关规定。装卸粉散材料及有毒气散发的物品,应佩戴必要的防护用品。

(2)工作前应认真检查所用工具是否完好可靠,不准超负荷使用。

(3)装卸时应做到轻装轻放,重不压轻,大不压小,堆放平稳,捆扎牢固。

(4)人工搬运、装卸物件应视物件轻重配备人员。杠棒、跳板、绳索等工具必须完好可靠。多人搬运同一物件时,要有专人指挥,并保持一定间隔,一律顺肩,步调一致。

(5)堆放物件不可歪斜,高度要适当,对易滑动物件要用木块垫塞。不准将物件堆放在安全道内。

(6)用机动车辆装运货物时,不得超载、超高、超长、超宽。如遇必须超高、宽、长装运时,应按交通安全管理规定,要有可靠措施和明显标志。

(7)装车时,随车人员要注意站立位置。车辆行驶时,不准站在物件和前拦板之间。车未停妥不准上下。

(8)装卸货物应挂规定吊点,起吊装箱件时应先检查箱体脚是否牢固完好,按吊线标志吊挂,并经试吊确认稳妥后方能起吊。

(9)使用卷扬机、钢管滚动滑移货物时,要有专人指挥,路面要坚实平整,绳索套结要找准重心,保持直线行进,有棱角快口部位应设垫衬,卸车或下坡应加保险绳,货物前后和牵引钢丝绳边不准站人。

(10)装运易燃易爆化学危险物品严禁与其他货物混装。要轻搬轻放,搬运场地不准吸烟,车箱内不准坐人。

(11)装卸时,应根据吊位变化,注意站立位置,严禁站在吊物下面。

(12)铁路车辆装运物件,不得超过车厢允许高度和宽度。铁路两侧 1.5 m 以内,不得堆放装卸物件,不准在车厢底下或顶上休息。

(13)在高拦板车厢装卸货物,起重驾驶员无法看清车厢内的指挥信号时,应设中间指挥,正确传递信号。

4.3 集装箱的装卸搬运

4.3.1 集装箱装卸搬运方式

集装箱在港口的装卸搬运方式按装卸工艺分为吊装和滚装两种方式。前者称为“垂直作业方式”,即岸边采用起重机用吊上吊下的方式来装(卸)船上集装箱。后者又称“水平作业方式”,即采用牵引车拖带挂车(底盘车)或叉车等流动搬运机械,直接驶入滚装船内装卸集装箱。

1. 吊装方式

在专用集装箱码头前沿一般都配备岸边集装箱起重机械,进行船舶的集装箱装卸作业。集装箱吊装方式按货场上使用的机械类型可分为跨车方式、轮胎门式起重机方式、轨道门式起重机方式和底盘车方式。

2. 滚装方式

滚装方式是将集装箱放置在底盘车(挂车)上,由牵引车拖带挂车通过与船艏门、艉门或舷门铰接的跳板,进入船舱,牵引车与挂车脱钩卸货实现装船,或者将集装箱直接码放在船仓内,船舶到港后,采用叉车和牵引列车驶入船舱,用叉车把集装箱放在挂车上,牵引列车将其拖带到码头货场,或者仅用叉车通过跳板装卸集装箱。

4.3.2 集装箱装卸搬运设备

1. 岸边集装箱装卸桥

岸边集装箱装卸桥是集装箱码头前沿装卸集装箱船舶的专用起重机。岸边集装箱装卸桥的主要技术参数有:起重量(Q)、起升高度(H)、外伸距(D)、内伸距(E)、轨距(S)、轴距(F)、装卸桥门架内净空高度(h)、起重机工作速度。

2. 其他集装箱装卸搬运设备

(1)集装箱跨车。集装箱跨(运)车是在码头前沿和堆场之间搬运集装箱的专用无轴车辆。

(2)轮胎式集装箱门式起重机。轮胎式集装箱门式起重机是集装箱码头货场进行堆码作业的专用机械。

(3)轨道门式起重机。轨道门式起重机是集装箱堆场进行装卸、搬运、堆码作业的专用机械。

(4)集装箱牵引车和挂车。集装箱牵引车和挂车用于港口码头、铁路货站与集装箱堆场之间的运输。它还适用于码头、货站到用户的"门对门"运输。

(5)集装箱叉车。集装箱叉车是一种大型平衡重式叉车,是集装箱码头和堆场的常用设备。它主要用在集装箱吞吐量不大的综合性码头和堆场。

4.4　装卸搬运的合理化

4.4.1　装卸搬运的原则

由于装卸搬运是物流过程中的重要环节,因此人们在长期的生产实践中通过不断总结经验,探索装卸搬运活动规律,总结出了装卸搬运的基本原则和实现装卸搬运合理化的基本途径,这对于提高物流系统整体效用具有重要的作用。在绿色物流发展的规约下,对装卸搬运合理化提出了更高要求,其应遵循以下各项基本原则:

1.装卸搬运省力、节能原则

现代装卸搬运作业强调要把装卸搬运成本费用控制到最低,其中省力节能是最关键的因素。在可能的情况下,装卸搬运时应尽可能消除货物重力的不利影响。同时,尽可能利用重力进行装卸搬运,以减轻装卸搬运中劳动力和其他能量的消耗。例如,在装卸时考虑重力因素,可以利用货物本身的重量,进行有一定落差的装卸,以减少或根本不消耗装卸的动力。这是合理化装卸的重要方式。

2.装卸搬运次数最少原则

尽管装卸搬运是物流过程不可避免的作业,但是应该将装卸搬运的次数控制在最小的范围内。装卸搬运活动的本身并不增加货物的价值和使用价值,它只能使货物在空间上产生某种位移,不能提高也不能增加物品的使用价值;相反,多次的装卸搬运还容易造成货物的损坏,使其降低甚至完全丧失使用价值。同时,物品装卸中活劳动和物化劳动的消耗要追加到该物品的价值中去,这就增加了货物损坏的可能性和成本。应当充分分析装卸搬运作业的实施是否具有必要性,应尽量避免进行不必要的搬运装卸作业。因此,通过合理安排作业流程、采用合理的作业方式、仓库内合理布局及仓库的合理设计等,来实现货物装卸搬运次数最小化。同时,通过分析各项装卸搬运作业环节的必要性,千方百计地取消、合并装卸搬运作业的环节和次数,消灭重复无效、可有可无的装卸搬运活动。

3.装卸搬运距离、时间最短原则

距离最短原则,是指任何两点之间物品的搬运,应取最短距离;同时在搬运作业量一定的情况下,使发生的搬运的总距离最短,尽量避免搬运作业中的对流、迂回、重复和不必要的远距离搬运。搬运距离的长短与搬运作业量大小和搬运作业效率高低是联系在一起的,在货位布局、车辆停放位置、出入库作业程序等设计上应该充分考虑物品移动距离的长短,以物品移动距离最小化为设计原则。时间最短原则是指货物从开始装卸搬运到完成装卸搬运的时间要短。在装卸搬运作业中,通过机械化、自动化作业,尽量缩短装卸搬运时间,不但能节约费用、提高效率，而且能提高物流速度。

4. 装卸搬运机械化原则

机械化原则是指在装卸搬运活动中用机械作业替代人工作业的原则。装卸搬运活动的机械化是实现省力化和效率化的重要途径。利用装卸搬运设备，可以将工人从繁重的体力劳动中解放出来，大大提高作业效率及安全性。对于超重、搬运量大、耗费人力的物料搬运，以及粉体或液体的物料搬运，速度太快或距离太长、装卸作业高度差太大等情况，都要利用装卸搬运设备。通过机械化，可改善装卸搬运作业环境，大大减轻劳动强度，增强作业的安全性，提高作业的效率和效益。同时，机械化的原则也包含将人与机械合理地组合到一起。

5. 装卸搬运"活化"原则

装卸活性是装卸搬运专用术语，是指货物的存放状态对装卸搬运的方便（或难易）程度。如果很容易转变为下一步的装卸搬运而不需过多进行装卸搬运准备工作，则活性就高；如果难于转入下一步的装卸搬运，则活性低。在装卸搬运活动中，下一步比前一步的活性指数高而更便于作业时，称为"活化"。装卸搬运的工序工艺设计应步步活化，以便节省劳力，降低能耗，尽量利用现场条件进行水平滚动装卸。

6. 装卸搬运单元化原则

装卸搬运单元化原则就是把商品先汇集成一定的单位数量，然后再进行装卸，这样既可避免损坏、消耗、丢失，又容易查点数量。最大的优点是使装卸、搬运的单位加大，使机械装卸成为可能，以及使装卸搬运的灵活性加强等。这种单元化方式是把商品装在托盘、集装箱和搬运器具中原封不动地装卸、搬运，进行输送、保管。

7. 装卸搬运系统化原则

装卸搬运系统化原则是指将各个装卸搬运活动作为一个有机的整体实施系统化管理。也就是说，运用综合系统化的观点，提高装卸搬运活动之间的协调性，提高装卸搬运的柔性，以适应多样化、高度化的物流需求，从而提高装卸搬运效率。此外，应同时考虑到作业质量、效率、安全、经济等各个方面，应综合考虑人员配备、设备购置、劳动组织、生产调度、作业方案等多种因素，使整个装卸搬运系统达到最优。

装卸搬运活动除了遵循上述基本原则外，还要求装卸搬运合理化。事实上，装卸搬运的基本原则是装卸搬运合理化经验的总结，也是合理化的基本要求。因此，装卸搬运合理化，首先必须坚持装卸搬运的基本原则，其次是按照装卸搬运合理化的要求，进行装卸搬运活动。

4.4.2 装卸搬运的合理化

装卸搬运合理化的内容包括以下几个方面：

1. 防止和消除无效的装卸搬运

所谓无效搬运，是指在装卸作业活动中超出必要的装卸、搬运量的作业。显然，防止和消除无效作业对装卸作业的经济效益有重要影响。为了有效地防止和消除无效作业，可从以下几方面入手：

(1)尽量减少装卸搬运次数。要使装卸次数最少，应避免没有物流效果的装卸作业。

(2)提高被装卸物料的纯度。物料的纯度是指物料中含有水分、杂质与物料本身使用无关的物质的多少。物料的纯度越高，则装卸作业的有效程度越高；反之，则无效作业就会增多。

(3)包装要适宜。包装是物流中不可缺少的辅助作业手段。包装的轻型、简单、实用会不同程度地减少作用于包装上的无效劳动。

(4)缩短装卸搬运的距离。物料在装卸搬运中，要实现水平和垂直两个方向的位移，选择最短的路线完成这一活动，就可避免超过这一最短路线以外的无效劳动。

2.提高装卸搬运的活性

在堆放货物时，事先要考虑到物料装卸作业的方便性。装卸搬运的活性，根据物料所处的状态，即物料装卸、搬运的难易程度，可分为不同的级别：

- 0级：物料杂乱地堆在地面上的状态。
- 1级：物料装箱或经捆扎后的状态。
- 2级：箱子或被捆扎后的物料，下面放有枕木或其他衬垫后，便于叉车或其他机械作业的状态。
- 3级：物料被放于台车上或用起重机吊钩钩住，即刻移动的状态。
- 4级：被装卸、搬运的物料已经被起动、直接作业的状态。

从理论上讲，活性指数越高越好，但也必须考虑到实施的可能性。例如，物料在储存阶段中，活性指数为4的输送带和活性指数为3的车辆，在一般的仓库中很少被采用，这是因为大批量的物料不可能存放在输送带和车辆上。

为了说明和分析物料搬运的灵活程度，通常采用平均活性指数的方法。这个方法是对某一物流过程物料所具备的活性情况，累加后计算其平均值，用“δ”表示。δ值的大小是确定改变搬运方式的信号。

(1)当$\delta<0.5$时，指所分析的搬运系统半数以上处于活性指数为0的状态，即大部分处于散装情况，其改进方式可采用料箱、推车等存放物料。

(2)当$0.5<\delta<1.3$时，则是大部分物料处于集装状态，其改进方式可采用叉车和动力搬动车。

(3)当$1.3<\delta<2.3$时，装卸搬运系统大多处于活性指数为2的状态，可采用单元化物料的连续装卸和运输。

(4)当$\delta>2.7$时，则说明大部分物料处于活性指数为3的状态，其改进方法可选用拖车、机车车头拖挂的装卸搬运方式。

装卸搬运的活性分析，除了上述指数分析法外，还可采用活性分析图法。分析图法是将某一物流过程通过图示来表示装卸搬运活性程度，并具有明确的直观性能，使人一看就清楚，薄弱环节容易被发现和改进。运用活性分析图法通常分三步进行：第一步，绘制装卸搬运图；第二步，按搬运作业顺序绘制物资活性指数变化图，并计算活性指数；第三步，对装卸搬运作业的缺点进行分析改进，画出改进设计图，计算改进后的活性指数。

3.实现装卸作业的省力化

装卸搬运使物料发生垂直和水平位移，必须通过做功才能实现，要尽力实现装卸作业的省力化。

在装卸作业中应尽可能地消除重力的不利影响。在有条件的情况下利用重力进行装卸，可减轻劳动强度和能量的消耗。将设有动力的小型运输带(板)斜放在货车、卡车或站台上进行装卸，使物料在倾斜的输送带(板)上移动，这种装卸就是靠重力的水平分力完成的。在搬运作业中，不用手搬，而是把物资放在一台车上，由器具承担物体的重量，人们只要克服滚动阻力，使物料水平移动，这无疑是十分省力的。

利用重力式移动货架也是一种利用重力进行省力化的装卸方式。重力式货架的每层格均有一定的倾斜度，货箱或托盘可沿着倾斜的货架层板自己滑到输送机械上。为了减小物料滑动的阻力，通常货架表面均处理得十分光滑，或者在货架层上装有滚轮，也可在承重物资的货箱或托盘下装上滚轮，这样将滑动摩擦变为滚动摩擦，物料移动时所受到的阻力就会更小。

4.合理组织装卸搬运设备，提高装卸搬运作业的机械化水平

物资装卸搬运设备的运用和组织是以完成装卸任务为目的，并以提高装卸设备的生产率、装卸质量和降低装卸搬运作业成本为中心的技术组织活动。它包括下列五个方面的内容。

(1)确定装卸任务量。根据物流计划、经济合同、装卸作业不均衡程度、装卸次数、装卸车时限等，来确定作业现场年度、季度、月、日的平均装卸任务量。装卸任务量有事先确定的因素，也有临时变动的可能。因此，要合理地运用装卸设备，就必须把计划任务量与实际装卸作业量两者之间的差距缩小到最低水平。同时，装卸作业组织工作还包括把装卸作业的物资对象的品种、数量、规格、质量指标及搬运距离等尽可能地做出详细的规划。

(2)根据装卸任务和装卸设备的生产率，确定装卸搬运设备需用的台数和技术特征。

(3)根据装卸任务、装卸设备生产率和需用台数，编制装卸作业进度计划。它通常包括：装卸搬运设备的作业时间表、作业顺序、负荷情况等详细内容。

(4)下达装卸搬运进度计划，安排劳动力和作业班次。

(5)统计和分析装卸作业成果，评价装卸搬运作业的经济效益。

随着生产力的发展，装卸搬运的机械化程度将不断提高。此外，由于装卸搬运的机械化能把工人从繁重的体力劳动中解放出来，尤其对于危险品的装卸作业，机械化能保证人和货物的安全。

5.推广组合化装卸搬运

在装卸搬运作业过程中，根据不同物料的种类、性质、形状、重量的不同来确定不同的装卸作业方式。处理物料装卸搬运的方法有三种：普通包装的物料逐个进行装卸，叫作“分块处理”；将颗粒状物料不加小包装而原样装卸，叫作“散装处理”；将物料以托盘、集装箱、集装袋为单位组合后进行装卸，叫作“集装处理”。对于包装的物料，尽可能进行“集装处理”，实现单元化装卸搬运，这样可以充分利用机械进行操作。

组合化装卸的优点如下：

(1)装卸单位大、作业效率高，可大量节约装卸作业时间。

(2)能提高物料装卸搬运的灵活性。

(3)操作单元大小一致，易于实现标准化。

(4)不用手去触及各种物料，可达到保护物料的目的。

4.5 装卸搬运的发展趋势

现阶段随着网络技术的发展以及新工业革命的深入进行，人工智能在经济社会各个领域均有重要作用。“互联网+物流”新业态颠覆了传统物流业模式，重塑了物流业发展格局。传统物流有较保守的生产线，较正规的运输线，各个环节都需要人工值守的仓库，彼此之间相对独立而封闭，耗费大量不必要的人力、物力、财力、时间，成本巨大、效率低下。相比传统物流，人工智能将带来人力成本的节省、周转效率的提高。未来装卸搬运的重要趋势即是自动化和无人化，这将极大地提升装卸搬运效率，降低成本，这也是物流业落实绿色发展和创新发展的有力体现。

本章小结

装卸搬运是物流的基本功能之一，是随着运输和储存活动的进行而发生的一种辅助作业，在物流活动中起承上启下的连接作用，是整个物流环节不可或缺的一环。本章介绍了装卸搬运的内涵、分类及其基本作业方法，并对集装箱的装卸搬运进行详细说明，指出了装卸搬运合理化的基本原则和途径。

(1)装卸是指"物品在指定地点以人力或机械装入运输设备或从运输设备上卸下的活动"，搬运是指"在同一场所内，对物品进行以水平移动为主的物流作业"。"装卸"与"搬运"的主要区别是："装卸"是指在物品空间上发生的以垂直方向为主的位移，而"搬运"则是指物品在区域内所发生的以短距离水平方向为主的位移。

(2)装卸搬运活动在生产、流通领域的特点主要表现在均衡性与波动性、稳定性与多变性、单纯性与复杂性等。

(3)按照装卸搬运的机械及机械作业方式可分为使用吊车的"吊上吊下"方式、使用叉车的"叉上叉下"方式、使用半挂车或叉车的"滚上滚下"方式、"移上移下"方式及其散装方式等。

(4)按照作业对象装卸搬运作业方法分类：单件作业法、集装作业法(具体包括集装箱作业法、托盘作业法、货捆作业法、滑板作业法、网袋作业法、挂车作业法等)和散装作业法(包括重力法、倾翻法、机械作业法等)。

(5)在装卸搬运活动中应遵循：装卸搬运省力、节能原则；装卸搬运次数最少原则；装卸搬运距离、时间最短原则；装卸搬运机械化原则；装卸搬运"活化"原则；装卸搬运单元化原则；装卸搬运系统化原则。

(6)装卸搬运的发展趋势是智能化、无人化和绿色化，这会极大提升装卸搬运的效率，降低其成本，无人驾驶车、无人机等无人化设施是智能化装卸搬运的主要工具。

复习思考题

1. 装卸搬运的作用与特点是什么？
2. 什么是"吊上吊下"方式、"叉上叉下"方式、"滚上滚下"方式和"移上移下"方式？
3. 在装卸搬运活动中应遵循哪些基本原则？
4. 什么是装卸搬运的活性？
5. 物资装卸搬运设备的运用和组织包括哪些基本内容？
6. 人工智能在装卸搬运中的作用有哪些？

案例讨论

智能物流发展中的装卸搬运

在这个物流行业剧变的时代，京东启用无人分拣中心、菜鸟网络用无人机跨海送货、苏宁力推物流云仓……走进京东昆山无人分拣中心，庞大的六轴搬运机器人负责用吸盘将货箱重新码放；AGV（自动导引运输车）小车利用地面贴着的二维码导航来搬运货架；小件分拣时，货架穿梭车从两排货架上将装有商品的货箱取下，放上传送带供分拣机器人分拣；拣选机器人利用3D视觉系统，从周转箱中识别出客户需要的货物，并通过工作端的吸盘把货物转移到订单周转箱中，拣选完成后，通过输送线将订单周转箱传输至打包区。

整个分拣中心实现了真正的无人化，且效率大幅提升。据介绍，京东昆山无人分拣中心作业效率为9 000件/h，在同等场地规模和分拣货量的前提下，可以节省180人。在货物入库，打包这两个环节里，京东无人仓配备了3种不同型号的六轴机械臂，应用在入库装箱、拣货、混合码垛、分拣机器人供包4个场景中。在分拣中心，人工智能游刃有余，走出仓库，人工智能借助无人机等设备参与最后一公里派送。相对于封闭的仓库环境，户外环境要复杂得多，应用人工智能技术的门槛更高。2017年10月，菜鸟网络公开进行无人机群组试验，满载6箱货品，耗时9 min，飞越近5 km的海峡，为农村淘宝提供物流服务。这是国内首次完成无人机群组跨海快递飞行。京东则在无人机飞控调度中心、飞服中心、研发中心、制造中心等一系列配套技术与设施落地后，于2017年6月28日宣布其无人机送货正式进入常态化运营。

顺丰对无人机寄予了更高的期望，其与合作伙伴研发出业载达到300～2 000 kg、续航能力达到500～2 000 km、巡航速度200～300 km/h的大型物流无人机，以期未来能补充其支线物流运营能力。

2009年，物流业提出智慧物流概念，人工智能对物流业的改造逐步开启。物流公司方面，顺丰2016年研发投入达5.6亿元，到2017年5月顺丰在无人机领域专利数量达64项。通达系也开始注重物流科技和人才的投入，转运中心信息化、自动化程度逐步提高。

降低成本、提高效率，人工智能助力物流行业突破瓶颈

“传统物流有较保守的生产线，较正规的运输线，各个环节都需要人工值守的仓库，彼此之间相对独立而封闭，耗费大量不必要的人力、物力、财力、时间，成本巨大、效率低下。”硅谷人工智能专家王亚莉说，相比传统物流，人工智能将带来人力成本的节省、周转效率的提高。

装卸搬运是物流系统中最基本的功能要素之一，存在于货物运输、储存、包装、流通加工和配送等过程中，贯穿于物流作业的始末，物流机器人的应用直接提高了物流系统的效率和效益。

以苏宁南京云仓的AS/RS自动托盘堆垛设备为例，其效率是传统高位叉车的4～5倍，而且不需要人员操作，就能实现整托商品的自动上下架。“机械化设备的投入，大大减少了人力需求，降低了人力成本和管理难度。”苏宁物流研究院副院长孟雷平说，未来10年内，机器人解决方案有望节约20%～40%的装卸、搬运成本。

再比如，顺丰与腾讯云合作，实现人工手写汉字的图像识别。而在这之前，顺丰雇用了8 000名输单员来输入手写运单信息。

在效率方面，一方面，“通过大数据分析和机器学习，可实现依据历史数据对现有作业流程和库内规划的不断优化提升，”孟雷平说，另一方面，人工智能技术能带来运输路径的优化，提高配送效率。得益于人工智能的加持，2017年“双11”，菜鸟联盟仅用时2.8天就将第一亿个包裹送到消费者手中，相比2016年再减少0.7天；“双12”，仅用15小时就送完2016年全天的包裹量。

此外，“人工智能还将带来服务质量的提升。”孟雷平说，信息化手段的使用可做到作业全程可追踪、过程可控和结果可预测，将运作中许多不可控因素排除在外，确保物流运营的质量。重组生产要素、重构运作流程、形成新物流生态，AI+物流未来可期。

（编者根据网络资料改写）

案例思考题

1. 目前物流业发展中的智能化现象对装卸搬运的价值有哪些？
2. 国内主要电商企业智能化装卸搬运的特征有哪些？

推荐阅读

[1]王成林. 装卸搬运技术[M]. 北京：中国财富出版社，2012.
[2]孙家庆. 集装箱多式联运[M]. 北京：中国人民大学出版社，2016.

第 5 章　包装与集装单元化

本章提要

- 包装的内涵、功能及其分类。
- 包装材料的分类及其优缺点。
- 包装容器及其选用方式。
- 包装技术与操作方法。
- 包装机械分类与作用。
- 包装模数及其运用。
- 绿色包装的价值和意义。

学习目标

掌握包装的内涵、功能及其分类；熟悉包装材料的分类及其优缺点；掌握包装容器的基本情况及其选用方式，并熟悉包装标识的内涵及要求；掌握包装技术与操作方法，熟悉包装机械分类与作用；理解集装化的内涵，掌握包装模数及其运用，熟悉集装箱、托盘等集装工具，了解包装行业在绿色物流中的地位与意义。

框架结构

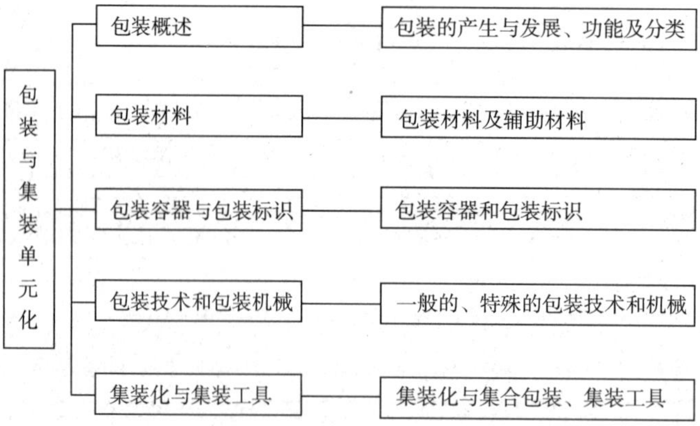

相关知识点微课

5.1 包装概述

5.2 包装材料与标识

5.3 包装技术与集装化

5.4 包装合理化

开篇案例

八部门联合推进快递包装“绿色化、减量化、可循环”

连续六年位居世界第一，2019 年全国快递业务量突破 630 亿件；快递业每年消耗超过 900 万 t 纸类废弃物、约 180 万 t 塑料废弃物；快递业一年消耗胶带可以缠绕地球千圈……种种数据表明，加强快递绿色包装标准化工作，支撑妥善处理快递包装污染问题，已成为行业转型升级、可持续发展的内在要求。近日，国家市场监管总局、国家发改委、科技部、工信部、生态环境部、住房和城乡建设部、商务部、国家邮政局联合印发《关于加强快递绿色包装标准化工作的指导意见》(以下简称《指导意见》)，对未来三年中国快递绿色包装标准化工作作出全面部署。

《指导意见》提出，力争到 2022 年，全面建立严格有约束力的快递绿色包装标准体系，逐步完善标准与法律政策协调配套的快递绿色包装治理体系，推动标准成为快递绿色包装的“硬约束”，支撑快递包装减量化、绿色化、可循环取得显著成效。

国家市场监管总局标准技术管理司副司长陈洪俊表示，中国在快递包装上已出台一系列标准，涉及快递封套、包装袋、包装箱、生物降解胶带、电子运单等方面。但随着快递业转型发展，与交通运输业、制造业等深度融合，在快递绿色包装新材料、新技术、新产品以及快递包装一体化运作等方面，还需要加快补齐一批急需标准。“《指导意见》的出台将加速快递包装新材料、新技术、新产品相关成果转化为标准，不断完善标准与法律政策协调配套的快递绿色包装治理体系。”

围绕“绿色化、减量化、可循环”，《指导意见》着力解决四个方面问题：

(1)升级快递绿色包装标准体系。《指导意见》要求梳理评估现行快递包装标准，满足快递绿色包装标准需求，强化顶层设计，力争用三年时间，建立覆盖产品、评价、管理、安全各类别以及研发、设计、生产、使用、回收处理各环节的快递绿色包装标准体系。

(2)补齐重点领域标准短板。《指导意见》主要针对新材料应用、快递包装产业上下游衔接、快递包装回收体系建设等方面存在的标准短板，加快推出一批重要标准，支撑快递包装源头治理，提高快递包装利用效率。

(3)推动标准有效实施。《指导意见》从政府和市场两方面入手，一方面鼓励相关部门在制定法律政策时引用快递绿色包装标准，加强部门协作，将快递绿色包装标准实施情况纳入快递、电商等行业监管；另一方面开展形式多样的标准实施宣贯活动，鼓励电子商务经营者、快递企业采购符合绿色标准的快递包装产品等。

(4)提升标准国际化水平。《指导意见》提出加强国际交流合作,总结中国快递包装成功经验和做法,积极参与包装、环境管理等领域的国际标准化活动,推动制定相关国际标准,分享中国经验。

科技创新带动标准创新。《指导意见》强调,加强科学研究,鼓励快递企业与电子商务经营者、高校、科研机构合作,建立快递绿色包装实验室,推进包装新材料、可降解材料、新型包装容器、减量化包装结构和方式、包装产品检测等技术研发与标准研制,支持快递绿色包装实验室纳入邮政行业技术研发中心认定管理,在国家科技项目、科技人才评选、标准研制等方面给予倾斜。

据悉,下一步,市场监管总局将按照《指导意见》部署,持续研制发布一批以绿色理念为引领的重要标准,不断完善覆盖设计、材料、生产、使用、评价、回收利用、处置等全生命周期的快递绿色包装标准体系,以标准助力快递包装"绿色革命"。

(编者根据网络资料改写)

5.1 包装概述

5.1.1 包装的产生与发展

包装是人类生产活动及生活消费对物资提出的客观要求,是为了完成物资的运输、保管等活动所采取的必然活动。随着人类社会的进步及生产技术的发展,包装从无到有、从简到繁,如今已经发展成为人们生产生活不可缺少的一部分。

原始社会末期,人们利用自然界的天然材料作为最早的包装物。例如,用藤蔓捆扎猎物,用树皮、竹皮、荷叶等包装农产品。随着生产的进步,人们发明并制作了一些简单的包装工具,如用葫芦做瓢、用兽皮做袋子、把木头挖空后制成容器。

到了奴隶社会,开始出现了用金属制造的容器。我国秦代以前就出现了用木材制作的木箱、木桶等容器。随着人类社会分工的不断细化,商业活动日益频繁,远距离的运输活动也逐渐发展起来,这对包装服务提出了旺盛的需求。在这个时期,密封不漏的桶或篓等容器类包装在商品运输中发挥了十分重要的作用。

包装工业开始于19世纪末20世纪初。工业革命使生产力水平得到大幅度的提高,企业需要大批量向外销售产品。同时,生产的发展也使消费者对商品的质量和数量要求随之提高。为了保证流通领域的商品安全,使之在从生产者流向消费者的过程中保持卫生无毒、不污染且保质保量,包装成了必不可少且行之有效的一种手段。在20世纪的三四十年代,包装由原来的单纯保护商品的作用逐渐发展到具有推销商品的作用,即销售包装。由此,商品包装发展成为独立于商品生产之外的一个新兴工业部门。

现在,新型包装材料、新型包装形式和新型包装技术的出现为包装工业拓展了新的发展空间。随着物流新技术的不断开发和应用,物流对包装又提出了更新更高的要求。

5.1.2 包装的定义

关于包装的定义,不同的国家有不同的解释。

美国对包装的定义为:"包装是使用适当的材料、容器并施以技术,使其能将产品安全送达目的地——即在产品输送过程中的每一个阶段，不论遭到怎样的外来影响，均能保护内装物，不影响产品的价值。”

日本对包装的定义为：“包装是指物品在运输、保管等过程中，为保护其价值和状态而对物品施以适当的材料、容器等的技术以及实施的状态。”

我国《包装术语(第1部分)基础(GB/T 4122.1—2008)》对包装的定义为：“包装是指为了在流通中保护产品、方便储运、促进销售，按一定技术方法而采用的容器、材料及辅助物等的总称，也指为了达到上述目的而在采用容器、材料和辅助物的过程中施加一定技术方法等的操作活动。”

理解商品包装的含义，包括两方面意思：一方面，包装是指盛装商品的容器而言，通常称为包装物，如箱、袋、筐、桶、瓶等；另一方面，包装是指包扎商品的过程，如装箱、打包等。而我国对包装所下的这个定义不仅明确指出包装是在产品生产、流通和消费过程中共有的一种通用器具，并且这种通用器具必须对产品在流通过程的各个环节中具有盛装、保护、便利和效益等属性，而且指明包装是具有劳动形态的技术操作活动过程，这在内容上全面、完整和确切地概括了包装的基本概念。

5.1.3　包装的功能

在市场经济条件下，商品要在激烈的市场竞争中脱颖而出，不仅要有良好的质量，还要有良好的包装。良好的包装可以保护商品、便于流通、吸引顾客购买。大量实践证明，商品在流通中如无良好的包装，则会使商品受到损害，使用价值降低甚至完全丧失。包装的具体作用表现在以下几个方面：

1.保护功能

据统计，商品有效期与流通期的比值为2∶1，也就是说商品有效期的一半消耗在了流通过程中。商品在流通中要经受各种环境的影响和危害，如要经过多次的装卸、存取、运输，甚至拆卸和再包装，会受到各种各样的外力冲击、碰撞和摩擦，也有可能在恶劣的环境中受到有害物质的侵蚀。所以，保护功能是包装的首要功能。

具体来说，包装的保护功能包括以下几方面：

(1)防止商品的破损变形。

(2)防止商品发生化学变化。

(3)防止有害生物对商品的影响。

(4)防止异物混入、污物污染、丢失和散失。

2.方便功能

合理的包装可以为物流全过程的所有环节提供操作上的方便，从而提高物流的效率和降低物流成本。

(1)方便物资的装卸搬运。适当的商品包装能够为商品的装卸搬运作业提供方便。包装的结构造型、辅助设施若能适合装卸搬运机械的使用，就有利于提高装卸搬运机械的效率。包装的规格尺寸标准化为集合包装提供了条件，从而能极大地提高装卸搬运的效率。

(2)方便物资的运输。包装的规格、形状、重量等与货物运输的效率密切相关。如果包装的尺寸与车辆、飞机、船舶等运输工具的载货空间相吻合，就能极大地方便运输。

(3)方便商品的储存。因为包装能方便商品的装卸搬运，所以可以提高商品出入仓库的作业速度。包装的尺寸利于商品的堆码，提高商品的仓容利用率和储存效率。包装物的各种标识利于商品的识别和盘点。

3. 促销功能

优美的包装能美化商品、宣传商品、刺激消费者的购买欲望，起到促进销售的作用。美国最大的化学工业公司杜邦公司的一项调查表明：63%的消费者是根据商品的包装来选购商品的，这一发现就是著名的“杜邦定律”。另据英国市场调查公司报告，在超级市场购物的妇女，一般由于受精美包装的吸引，所购物品通常超出进门时打算购物数的45%。

从以上分析可以看出，除了包装的促销功能主要是出于商流目的外，包装的保护功能和方便功能都是与物流密切相关的。

5.1.4 包装的分类

1. 按包装的功能分类

(1)商业包装。商业包装又称销售包装，是以促进商品销售为主要目的的包装。这种包装外形美观，有必要的装潢，包装单位能适应顾客购买批量和商店设施的要求。

(2)运输包装。运输包装又称工业包装，是以方便运输、储存和保护商品为主要目的的包装。运输包装管理的目标是：在满足物流要求的基础上，包装费用越低越好。

商业包装强调营销，是把商品分装成方便顾客购买和易于消费的商品单位，其目的是向消费者显示商品的内容，吸引消费者，但对于物流系统却并不适宜。运输包装强调物流，是作为把运输、装卸、保管等相关的物流过程有机、顺利地联系起来的一种手段，具有保护货物、便于运输和处置等作用。

2. 按包装的层次分类

(1)个包装。个包装是指以一个商品为一个销售单位的包装形式。个包装直接与商品接触，随同商品一起销售给顾客。个包装上均有印贴商标，便于消费者识别、购买和使用，起到美化、宣传和促进销售的作用。

(2)中包装。中包装又称内包装，是指由若干个单体商品或包装组成一个小的整体包装。中包装是个包装的组合形式，以便在销售过程中起到保护商品、简化计量和利于销售的作用。中包装在销售中，一部分随同商品销售，一部分则在销售中被消耗掉，因而属于销售包装。

(3)外包装。外包装又称运输包装或大包装，是指商品的最外层包装，其目的是在流通过程中保护商品，方便运输、储存、装卸搬运等。

3. 按包装的使用范围分类

(1)专用包装。专用包装是指专供某种或某类商品使用的一种或一系列的包装。采用专用包装是根据商品某些特殊的性质来决定的，这类包装都有专门的设计制造，如各种压缩和液化气体需要耐压和密封的钢制气瓶装运。

(2)通用包装。通用包装是指一种包装能盛装多种商品，被广泛使用的包装容器。通用包装一般不进行专门设计制造，是根据标准系列尺寸制造的，可包装各种无特殊要求的或标准规格的产品。例如，各种瓦楞纸箱、塑料箱、木箱、木桶等，既可装运各种日用百货，也可用来装运各种电器、食品、化妆品等。

4. 按包装容器的质地分类

(1)硬包装。硬包装又称刚性包装，是指包装材料质地坚硬，充填或取出内装物之后，容器形状基本不发生变化的包装。

(2)半硬包装。半硬包装又称半刚性包装,是介于硬包装和软包装之间的包装。

(3)软包装。软包装又称挠性包装,是指包装内的充填物或内装物取出之后,容器形状会发生变化,且材质较软的包装。

5.按包装使用的次数分类

(1)一次用包装。一次用包装是指只能使用一次,不再回收利用的包装。这种包装往往随商品一起销售或在销售过程中被消耗掉。大多数销售包装都属于一次用包装。

(2)多次用包装。多次用包装是指回收后经适当加工整理仍可重复使用的包装。大部分商品的运输包装和一部分中包装可多次使用。

(3)警告性标志。对于危险物品,例如易燃品、有毒品或易爆炸物品等,常在外包装上以特殊的色彩醒目标明,并指出商品的危险等级,以示警告。

5.2　包装材料

包装材料是指用于制造包装容器和构成产品包装的材料的总称。包装容器材料用于制作包装箱、包装罐、包装袋、包装盒、包装瓶,目前较常使用的包括纸、木材、塑料、金属、玻璃陶瓷、复合材料等。内包装材料用于隔断商品和防震,包括纸制品、泡沫塑料、防震用毛等。包装用辅助材料包括各类黏合剂、捆绑用细绳(带)等。由于包装材料的物理和化学性能千差万别,所以包装材料的选择对包装效果的好坏起着非常重要的作用。

5.2.1　纸和纸板

纸和纸板是使用最为广泛的包装材料。据一些工业发达国家统计,纸质包装在包装材料中占40%～50%,我国的纸质包装约占40%。纸和纸板可用于百货、纺织、五金、电信器材、家用电器等商品的包装,还适用于食品、医药、军工产品等的包装。

凡是定量在200 g/m^{2}以下或厚度在0.1 mm以下的统称为纸;定量在200 g/m^{2}以上或厚度在0.1 mm以上的纸称为纸板或板纸。纸属于软性薄片材料,无法形成固定形状的容器,常用于直接包装商品、制作各种包装纸袋和印刷装潢商标。纸板属于刚性材料,能形成固定形状的容器,主要用于生产纸箱、纸桶等包装容器。

常用的包装用纸有普通纸张(如牛皮纸)、特种纸张(如防油脂纸)、装潢用纸(如胶版纸)和二次加工用纸(如防锈纸)。瓦楞纸板是目前世界上最常用的一种包装纸板,具有重量轻、抗震性和缓冲性好、生产成本低等特点,瓦楞纸箱在现代货物运输中是一种重要的包装容器。

纸和纸板用于包装的优点如下:

(1)成型性和折叠性优异,便于加工。

(2)本身重量轻,能降低运输费用。

(3)耐摩擦,具有良好的缓冲防震功能,卫生、无毒、无污染。

(4)具有良好的印刷性能,便于介绍和美化商品。

(5)可以回收利用。

但是,纸和纸板也有一些缺点:易吸湿受潮,气密性、透明性差,机械强度差。

5.2.2 塑料

塑料作为包装材料，近几十年来发展很快。特别是工业发达国家，塑料包装材料在包装材料总量中已上升为第二、三位。我国的塑料包装材料的比重已上升至20%以上。

1.常用的塑料包装材料种类

(1)聚乙烯塑料(PE)。聚乙烯是在包装中用量最大的一种塑料材料，被广泛地用于制造各种瓶、软管、壶、薄膜和黏合剂等。聚乙烯按其密度可划分为高、中、低三种型号，其中低密度聚乙烯制成的薄膜，因透气性好、透明结实，适用于蔬菜、水果的保鲜包装。若加入适当的发泡剂，聚乙烯还可以加工成为聚乙烯泡沫塑料(EPE，又称珍珠棉)，适用于包装任何形状的商品，特别是电子产品的抗静电缓冲包装。

(2)聚氯乙烯(PVC)。聚氯乙烯是当前世界上产量最大的一种塑料，可塑性强，具有良好的装饰和印刷性能。聚氯乙烯可以制成各种软、硬的包装容器，如周转塑料箱。还可以加工成聚氯乙烯薄膜，用于各种薄膜包装制品的制作。

(3)聚丙烯(PP)。聚丙烯是通用塑料中最轻的一种，其耐热性是通用塑料中最好的。聚丙烯可通过吹塑和真空定型来制造各种瓶子、器皿和包装薄膜，也可以加工成各种打包带与纺织袋。将聚丙烯薄膜双向拉伸可以用来包装食品、药品、香烟、纺织品等。

(4)聚苯乙烯(PS)。聚苯乙烯质轻、强度较高、尺寸稳定、收缩性小、印刷性较好、无毒、无味、耐化学腐蚀性强，常用作盛装食品以及酸碱类的容器。聚苯乙烯泡沫塑料常用作仪器、仪表、家用电器等产品的缓冲包装材料，具有良好的防震缓冲、隔音和保温性能。

(5)聚酯(PET)。聚酯是一种无色透明又有光泽的塑料，有较好的韧性和弹性，机械强度高，有良好的防潮性、防水性、气密性，适宜做各种饮料的包装容器。缺点是不耐碱、热封和防止紫外线透过性较差。

2.塑料用于包装的优缺点

塑料包装的优点如下：

(1)物理机械性能好，如有一定的强度、弹性、耐折叠、耐摩擦、抗震动、防潮等，还有较好的气体阻漏性。

(2)化学稳定性较好。

(3)属于轻质材料。

(4)良好的加工适应性。

塑料包装的缺点主要有强度不如钢铁，耐热度不及金属和玻璃，部分塑料有毒，而且很重要的一点是塑料的废弃物处理困难，易产生公害。

5.2.3 木材及木制品

木材是一种优良的包装材料，长期用于制作大型的或较笨重的五金交电、机械以及怕压、怕摔的仪器、仪表等内装物的运输包装。但由于木材的过量使用已经对环境造成了一定的负面影响，所以木材包装正逐渐被其他包装材料所替代。虽然木材在包装材料中的比重正逐渐下降，但其适用范围仍然十分广泛。

包装用木材可分为天然木材和人造板材两大类。人造板材有胶合板、纤维板和竹胶板等。木质容器包括木箱、木桶、木匣、纤维板箱、胶合板箱以及木制托盘等。

木材用于包装的主要优点有以下几方面：

(1)具有优良的强度重量比，有一定的弹性，能承受一定的冲击和震动。

(2)易加工，不生锈，不易被腐蚀，有一定的防潮、防湿性。

(3)可回收利用。

但是，木材易受环境温度、湿度的影响而变形、开裂、翘曲和降低强度，易腐朽、易燃、易被白蚁蛀蚀等。

5.2.4 金属材料

金属是近代四种主要包装材料之一，目前在世界各国的包装材料和包装容器的产量和工业产值中，金属包装材料和包装容器仍占有相当的比重。据统计，美国的金属包装占到第二位，西欧和日本则占到第三位。

包装用金属材料主要有钢材和铝材，前者为刚性材料，后者为软性材料。金属一般制作成薄板、金属箔、捆扎带、捆扎丝(绳)等包装形式。

钢材中包括薄钢板(又称黑铁皮)、镀锌薄钢板(又称白铁皮)、镀锡薄钢板(又称马口铁)和镀铬薄钢板。薄钢板主要制作桶形运输包装容器。镀锌薄钢板耐腐蚀，可盛装粉状、糊状和液体状的各种货物。镀锡薄钢板表面光泽好、美观、印刷性好，且基本无毒、无害，经常用作罐装的食品包装。镀铬薄钢板广泛用于制作各种罐装容器，装运各种饮料、啤酒以及各种液体货物。

铝材中包括纯铝板、铝合金薄板和铝箔。纯铝板强度低，实际运用较少，一般用于制作桶，盛装酒类等。铝合金薄板耐腐蚀性强，抛光性好，广泛用于制作金属包装容器。铝箔多用于复合软包装、硬包装及包装衬里，也常用作食品、卷烟、化学品与化妆品的包装，特别是广泛地用于现代方便食品的包装。

金属用于包装的优点如下：

(1)强度高，有良好的综合保护性能。

(2)有独特的光泽，便于印刷、装饰。

(3)加工性能好。

(4)易于再生利用。

金属包装的缺点是成本高、流通中易变形、生锈，并且金属用作食品包装时，金属及焊料中的铅、砷等易渗入食品中，污染食品。

5.2.5 玻璃材料

玻璃是硅酸盐类材料，可用于制作运输包装和销售包装。用作运输包装时，玻璃材料主要盛装化工产品，如强酸类物质。其次是玻璃纤维复合袋，盛装化工产品和矿物粉料。用作销售包装时，主要是制成玻璃瓶和玻璃罐，盛装酒、饮料、药品、化学试剂、化妆品和文化用品等。

玻璃用于包装的优点如下：

(1)保护性能良好，不透气、不透湿，有紫外线屏蔽性，不变形、耐热、耐酸，无毒无味，有一定的强度，能有效地保护内装物。

(2)透明性和折光性好，能真实地传达商品的效果。

(3)易于加工，可制成各种样式。

(4)易于回收、复用,不易造成公害。

(5)资源丰富,成本较低、较稳定。

玻璃包装材料的缺点是耐冲击强度低、碰撞时易碎、自身重量大、运输成本高等。

5.2.6 复合材料

复合材料是指将两种或两种以上具有不同性能的材料,通过某种方法复合在一起而形成的一种特殊材料。复合材料具有多种材料的优点,因此在包装领域的应用越来越广泛。目前使用较多的复合材料是塑料与玻璃复合材料、塑料与金属箔复合材料、塑料与塑料复合材料等。

5.2.7 可食性包装材料

可食性包装材料是以蛋白质、淀粉、多糖、植物纤维、可食性胶及其他天然物质等人体能消化吸收的天然可食性物质为主,通过不同分子间相互作用而形成的具有多孔网络结构的包装薄膜,此类包装薄膜能直接食用不影响食品风味,且具有质轻、卫生、无毒无味、保质、保鲜效果好等诸多优点。可食性包装是物流业践行绿色发展和生态文明理念的重要体现。

5.3 包装容器与包装标识

5.3.1 包装容器

包装容器一般是为了满足内装商品的销售、仓储和运输过程要求而使用的包装制品。它们是包装材料、包装工艺、包装结构、包装造型以及包装标识的综合产物。包装容器一般分为包装袋、包装盒、包装箱、包装桶等。

1.包装袋

包装袋属于软包装技术,一般采用纸、塑料和复合材料制作,具有较高的韧性、拉伸强度和耐磨性。包装袋一般结构为管筒状结构,一端预先封死,在完成对内装物的充填操作后再封合另一端。包装袋能够分别用于多种产品的运输包装、商业包装、内包装和外包装,用途比较广泛。包装袋按照内装容量的大小一般分为集装袋、一般运输包装袋和小型包装袋。

(1)集装袋。集装袋是一种大容积的包装袋,一般盛装内装物重量在1吨以上,主要用于装运颗粒状、粉状、小型块状和球状的货物,材料主要为聚丙烯、聚乙烯等聚酯纤维。其在顶部一般装有金属吊架或吊环等,以便于铲车或起重机的吊装和搬运。卸货时可打开袋底的卸货孔,即可卸货。集装袋的使用可以提高装卸搬运的效率,所以近年来发展较快。

(2)一般运输包装袋。一般运输包装袋一般盛装内装物重量在0.5～100 kg,主要用于粉状、粒状和个体小的货物,材料主要为植物纤维或合成树脂纤维。

(3)小型包装袋。小型包装袋又叫普通包装袋,一般盛装内装物重量少于10 kg,主要用于液状、粉状、块状和异形内装物等物品包装,材料主要为纸、塑料等。其常见结构为信封式袋、平袋、角撑袋、六角形粘贴袋、方底袋、购物袋等。

2.包装盒

包装盒是介于刚性包装和柔性包装之间的包装技术,一般用纸、塑料、金属和复合材料制作，具有一定的柔性，不易变形，有较高的抗压强度，刚性高于袋装材料。包装盒的结构为规则几何形状的立方体，也可制成其他形状，如圆盒状、尖角状，一般容量较小，有开闭装置。包装盒整体强度不大，包装容量也较小，因此，不适合做运输包装，而适合作商业包装、内包装，适合包装块状及各种异形物品。

3. 包装箱

包装箱包装是属于刚性包装技术，一般用瓦楞纸、木板、塑料和金属制作，具有较高的强度且不易变形。其结构和包装盒的结构相同，只是容积和外形大于包装盒，一般以 10 L 为分界点。包装箱整体强度较高，抗变形能力强，包装量也较大，适合作运输包装、外包装，包装范围较广，主要用于固体杂货包装。一般分为以下几种类型：

(1)瓦楞纸箱。瓦楞纸箱是用瓦楞纸板制成的箱形容器，一般用于运输包装，由于其多变的造型和精美的印刷，可使用在产品的销售包装中。

(2)木箱。木箱是流通领域中常用的一种包装容器，其用量仅次于瓦楞纸箱。木箱主要有木板箱、框板箱、框架箱三种。

(3)塑料箱。塑料箱一般用作小型运输包装容器和工位器具，其优点是自重轻，耐蚀性好，可装载多种商品，整体性强，强度和耐用性能满足反复使用的要求，色彩较多，没有木刺，不易伤手。

(4)集装箱。集装箱是由钢材或铝材制成的大容积、标准尺寸的物流装运设备。从包装角度看，也是一种大型包装箱，可归属于运输包装的类别之中，也是可反复使用的大型周转型包装。

4. 包装桶

包装桶桶身各处横截面形状大致相同，是刚性包装的一种，桶身抗变形能力强，包装桶可作运输包装、外包装，也可作商业包装、内包装用。按照包装材料进行分类，可以分为纸桶、塑料桶和金属桶。纸桶用纸板作坯料，加内衬材料制成大型桶型包装容器，一般容积为 25～250 L，可用于储运干性散装粉粒状产品，若经过特殊处理后，也可储存膏状或液状产品。塑料桶的一般容积为 5～250 L，主要用于化工产品、腌渍食品等产品的包装。金属桶是用厚度大于 0.5 mm钢质薄板制成的容积在 10 L 以上的桶状容器，主要用于包装挥发性强，或对气、湿度敏感的物品，不宜包装对温度敏感和易爆的货物。

5.3.2 包装标识

包装标识主要分为两类，一类是销售包装标识，另外一类是运输包装标识。销售包装标识主要通过包装图案、文字、条形码等信息形式传达商品的信息，能够方便消费者识别、选购，起到促进销售的作用。运输包装标识主要是应用图形或文字在运输外包装箱上对内装物在运输过程中的注意事项进行标识。

1. 销售包装标识

销售包装(Sales Package)是直接接触商品并随商品进入零售店和消费者直接见面的包装(GB/T 18354—2006 物流作业服务术语)。这类包装除必须具有保护商品的功能外，更应具有促销的功能。因此，对销售包装的造型结构、装潢画面和文字说明等方面，都有较高的要求。

(1)包装的图案。销售包装的图案要美观大方，富有艺术上的吸引力，并突出商品特点，图案和色彩应适应有关国家的民族习惯和爱好，在设计画面时，应投其所好，以利于扩大销售。

(2)文字说明。在销售包装上应有必要的文字说明，如商标、品名、产地、数量、规格、成分、用途和使用方法等，文字说明要同画面紧密结合，互相衬托，彼此补充，以达到宣传和促销的目的，使用的文字必须简明扼要，并让销售市场的顾客能看懂，必要时也可以中外文并用。在销售包装上使用文字说明或制作标签时，还应注意有关国家的标签管理条件的规定。

(3)条形码。商品包装上的条形码由一组带有数字的黑白及粗细间隔不等的平行条纹所组成，这是利用光电扫描阅读设备为计算机输入数据的特殊的代码语言。目前，世界许多国家都在商品上使用条形码。只要将条形码对准光电扫描器，计算机就能自动地识别条形码的信息，确定品名、品种、数量、生产日期、制造厂商、产地等，并据此在数据库中查询其单价，进行货款结算，打出购货清单，这就有效地提高了商店的效益和准确性，也方便了顾客。目前，许多国家的超级市场都使用条形码技术进行自动扫描，如商品包装上没有条形码，即使是名优商品，也不能进入超级市场，而只能当作低档商品进入廉价商店。

2. 运输包装标识

运输包装(Transport Package)是以满足运输、仓储要求为主要目的的包装(GB/T 18354—2006 物流作业服务术语)。运输包装标识主要是应物流管理的需要而产生的。商品在物流流动中要经过多环节、多层次的运输和中转，要完成各种交接，这就需要标识来识别货物。包装货物通常为密封容器，经手人很难了解内装物是什么。因为内部产品性质不同，形态不一，轻重有别，体积各异，保护要求也就不一样。物流管理中许多事故和差错常常是因为标识不清或错误而造成的，如错发、错运、搬运装卸操作不当、储存保管不善等。所有这些都说明包装标识对有效地进行装卸、运输、储存等物流活动起着重要作用。

运输包装标识就是指在运输包装外部采用特殊的图形、符号和文字，以赋予运输包装件传达功能。其主要作用有：一是识别货物，实现货物的收发管理；二是明示物流中应采用的防护措施；三是识别危险货物，暗示应采用的防护措施，以保证物流安全。因此，运输标识也分为三类：一是收发货标识，或叫包装识别标识；二是储运图示标识；三是危险货物标识。

(1)运输包装收发货标识。收发货标识是外包装件上的商品分类图示标志和其他文字说明排列格式的总称。运输包装收发货标识是为在物流过程中辨认货物而采用的。它对物流管理中发货、入库以及装车配船等环节起着特别重要的作用。它也是发货单据、运输保险件以及贸易合同中有关标志事项的基本部分。

(2)包装储运图示标识。包装储运图示标识是根据产品的某些特性(如怕湿、怕震、怕热、怕冻等)确定的，如图 5.1 所示。其目的是为了在货物运输、装卸和储存过程中，引起作业人员的注意，使他们按图示的标识要求进行操作。1985 年，我国参照国际标准 ISO 780—1983《包装——货物储运图示标志》，制定了我国《包装——货物储运图示标志》国家标准。该标准适用于铁路、水路、公路和航空储运中怕湿、怕震、怕热、怕冻等有特殊要求的货物的外包装上。

图 5.1 包装储运图标

包装储运图示识志图形应按规定的颜色印刷。涂打的标志，如因货物包装关系不宜按规定的颜色涂打时，可根据各种包装物的底色，选配与其底色不同的、符合明显要求的其他颜色。印刷时外框线及标志名称都要印上；涂打时外框线及标志名称可以省略。印刷标志用纸应采用厚度适当、有韧性的纸张印刷。

包装储运图示标识使用时，对黏贴的标识，箱状包装应位于包装两端或两侧的明显处，袋、捆包装应位于包装明显的一面，桶形包装应位于桶盖或桶身。对涂定的标志，可用油漆、油墨或墨汁，以镂模、印模等方式按上述黏贴标志的位置涂打或者书写。对于钉附的标志，应用涂打有标志的金属板或木板，钉在包装的两端或两侧的明显处。对于“由此起吊”和“重心点”两种标志，要求黏贴、涂打或钉附在货物外包装的实际位置。

(3)危险货物包装标识。危险货物包装标识是用来标明化学危险品的，此类标识为了引起人们特别警惕，采用特殊的彩色或黑色菱形图示。1985 年，国家标准局参照联合国(UN)、国际海事组织(IMO)、国际民航组织(ICAO)和国际铁路合作组织的有关货物运输规则，制定了《危险货物包装标志》标准，对 16 种危险货物包装标识作了具体规定。这 16 种标识为爆炸品标识、易燃气体标识、不燃压缩气体标识、有毒气体标识、易燃液体标识、易燃固体标识、自燃物品标识、遇湿危险标识、氧化剂标识、有机过氧化物标识、有毒品标识、剧毒品标识、有害品标识、感染性物品标识、放射性物品标识、腐蚀性物品标识。标准还对危险品货物的标识尺寸、颜色、印刷、使用等做出了具体的规定。

5.4　包装技术和包装机械

包装技术是指对物资实施各种包装的技术方法，以发挥包装的功能。不同特性的商品、物流活动的不同环节对包装的要求各不相同，因而所采用的包装技术和方法也有差别。

5.4.1　包装技术

1. 一般包装技术

(1)对内装物进行合理的置放、固定和加固。产品的形状各不相同，因此在装入包装容器时要进行合理的置放、固定和加固。置放、固定、加固得巧妙，就能缩小体积、节省材料、减少损失。例如，外形规则的产品可以套装，薄弱的部件要加固，包装内重量要均衡，产品与产品之间要隔离和固定等。

(2)对松泡产品进行压缩。羽绒服、枕芯、棉被、毛线等松泡产品包装时占用包装容器的容积过大，会导致运输储存费用的增大。因此，对于松泡产品要进行体积压缩。其中有效的方法是采用真空包装方法，这可以大大缩小松泡产品的体积，缩小率可达 50%～85%，平均可节省费用 15%～30%。

(3)合理选择外包装的形状尺寸。有些商品运输包装件在运输时需装入集装箱，这就存在包装件与集装箱之间的尺寸配合问题。如果配合得好，就能在装箱时不留下空隙，有效地利用箱容，并能有效地保护商品。包装尺寸的配合主要指容器底面尺寸的配合，即都应采用包装模数系列。另外，外包装的形状尺寸要避免过高、过扁、过大、过重等，因为过高的包装重心不稳，不宜堆垛；过扁则不易印刷标志和辨认；过大则不易流通和销售；过重则包装容器易破损。

(4)合理选择内包装(盒)的形状尺寸。内包装(盒)一般属于销售包装。在选择其形状尺寸时,要与外包装(盒)形状尺寸配合。内包装(盒)的底面尺寸必须与包装模数相协调,而且其高度也应与外包装高度相匹配。当然,内包装的形状尺寸还应考虑产品的置放和固定。但作为销售包装,内包装(盒)更重要的是有利于销售,包括利于展示、装潢、购买和携带等。

(5)包装外的捆扎。包装外捆扎对运输包装功能至关重要,将单个物件或数个物件捆扎可以方便运输、储存和装卸,并且能防止失窃、压缩容积、降低保管费和运费、加固容器,一般地合理捆扎可使容器的强度增加20%～40%。

对于体积不大的普通运输包装,捆扎一般在打包机上进行。而对于托盘这种集合包装,可以采用收缩薄膜包装技术和拉伸薄膜包装技术。收缩薄膜包装技术是用收缩薄膜裹包集装的物件,然后对薄膜进行适当的加热处理,使薄膜收缩从而紧贴于物件上。拉伸薄膜包装技术是依靠机械装置在常温下将弹性薄膜围绕被包装物拉伸、裹紧,最后在其末端进行封合而成。

2.特殊包装技术

(1)缓冲包装技法(防震包装技法)。缓冲包装技法又称为防震包装技法,是使被包装物免受外界的冲击、振动等作用,从而防止损伤的包装技术和方法。外界的冲击和振动使包装物品产生的损伤多数属于物理损伤。在实践中,常采用发泡聚苯乙烯、海绵、木丝、绵纸等材料包衬内装物,或将内装物用弹簧悬吊在包装容器内进行缓冲。具体来说,缓冲包装技法包括全面缓冲、部分缓冲和悬浮式缓冲三种。

①全面缓冲是指将产品或内包装的整个表面都用缓冲材料衬垫的包装方法,如压缩包装法、浮动包装法、裹包包装法、模盒包装法和就地发泡包装法等。

②部分缓冲是指仅在产品表面或内包装的拐角或局部地方使用缓冲材料衬垫的包装方法。这对于整体性好的产品或有内包装容器的产品特别适用,既能得到较好的效果,又能降低包装成本。部分缓冲包括天地盖、左右套、四棱衬垫、八角衬垫和侧衬垫几种。

③悬浮式缓冲是指先将产品置于纸盒中,产品与纸盒间各面均用柔软的泡沫塑料衬垫妥当,盒外用帆布包装装入胶合板箱,然后用弹簧张吊在外包装箱内,使其悬浮吊起的包装方法。弹簧和泡沫塑料同时起缓冲作用,可以保护极易受损且要求确保安全的产品,如精密机电设备、仪器、仪表等。

(2)防潮包装技法。商品在流通和使用中不可避免要受到大气中潮气及其变化的影响而变质或生锈。防潮包装是采用防潮材料对产品进行包封,以隔绝外部空气相对湿度变化对产品的影响,使包装内的相对湿度符合产品要求,从而保护产品质量的包装方法。

防潮包装主要是用防潮性能较好的密闭容器或薄膜包装材料将已干燥的物品密封起来,将被包装物与外界潮湿空气隔绝。常用的防潮包装材料有陶瓷、金属、玻璃、塑料薄膜和加工纸制品。陶瓷、玻璃、金属和一定厚度的金属箔是水汽完全不能透过的材料,而塑料薄膜和加工纸制品是在一定的条件下能透湿的防潮材料。防潮材料的选用取决于产品的性质、储运地区的气候条件和储运期限。

(3)防锈包装技法。金属被腐蚀是不可避免的,金属发生化学变化在其表面生成的有害化合物就是锈。据推测,由铁锈造成的直接损失,美国一年间大约超过55亿美元,日本一年可达2 000亿日元以上。防锈包装的目的是消除和减少致锈的各种因素,降低经济损失。

防锈包装是指在运输储存金属制品与零部件时,为防止其生锈而降低价值或性能所采取的包装方法。金属防锈可以在金属表面涂敷防锈材料,或采用气相缓蚀剂、塑料封存等方法。

在采用容器包装时，还可在容器内或周围放入适量的吸潮剂，以吸收水汽达到防锈的目的。此外，还有充氮和干燥空气等封存法。

(4)防霉包装技法。包装产品的发霉变质是由霉菌引起的，有些产品发霉后可使牢度降低，机械、电工、仪器、仪表等产品发霉可引起故障，金属产品发霉后能引起腐蚀加快。据有关部门统计，仅在欧洲和北美，工业器材因发霉导致生物老化所造成的经济损失每年达10亿美元。

防霉包装是为了防止因霉菌侵袭内装物长霉影响质量所采取的一定防护措施的包装方法。防霉包装主要采用耐低温包装和防潮包装两类。耐低温包装一般用耐冷耐潮的包装材料制成，使包装件能较长时间地存放在低温条件下，包装材料也不会变质，以抑制包装中微生物的生理活动，保护内装物不发霉。例如，鲜蛋、鲜鱼、鲜肉、水果、蔬菜等的包装。防潮包装可以防止包装内水分的增加，也可以起到防霉作用。

防霉包装根据具体物品可采用密封包装和非密封包装。密封包装又可分为抽真空置惰性气体密封包装、干燥空气封存包装、防氧封存、置挥发性防霉剂封存。非密封性包装可采用产品经有效处理和包装箱开通气窗两种方法。

3.包装操作技术

(1)充填技术。充填是将商品装入包装容器的操作过程，分为装放、填充、灌装三种形式。

①装放。装放是按一定的排列顺序将商品置于包装容器内的操作，装放有一次装放(将成件商品直接放入容器中)和多层装放(将小包装的单位商品再放入大的容器中)。

②填充。填充指将干燥的粉状、片状或颗粒状商品装入包装容器内的作业过程。由于填充的物品具有一定的流动性，所以在容器内的空间位置没有任何规律。在实践中，填充过程多与产品的计量工作同步进行。

③灌装。灌装是将液体或半液体商品灌入包装容器内的作业过程。灌装的计量方法主要有定量和定位两种。灌装商品的流动性很强，因而要求其容器不能有任何渗漏，灌装作业经常采用的包装容器有桶、罐、瓶、软管等。

(2)封口和捆扎技术。

①封口。包装的封口直接关系着包装作业的质量和包装的密封性能。不同的包装容器对包装的密封性能要求不同，所采用的封口方法也不同。封口方法主要包括黏合封口、胶带封口、捆扎封口、交接封口、装订封口、热熔封口、盖塞封口、焊接封口、压接封口、缝合封口等。

②捆扎。捆扎是指将商品或包装件用适当的材料进行扎紧、固定或增强的操作，主要有直接捆扎、夹板捆扎、成件捆扎和密缠捆扎等形式。

(3)裹包。裹包是用一层或者多层挠性材料包覆商品或包装件的操作。裹包作业结束后，被包物与包装物呈现的外形通常称为包裹。用于裹包的材料主要有纸张、织品、塑料薄膜等。裹包的方法主要有直接裹包、多件裹包、压缩捆包等。

(4)加标和检重。加标是将标签粘贴或者拴挂在商品或包装件上。检重是检查包装内容物的重量，目前多采用电子检重机进行检测。

5.4.2 包装机械

包装是工业生产中相当重要的环节，而包装机械是实现包装机械化、自动化的根本保证，因此包装机械在现代工业生产中起着重要的作用。包装机械的使用可以提高生产效率、降低劳动强度、改善劳动条件、提高产品包装质量、增强市场销售的竞争力。

1. 包装机械的概念

包装机械(Packaging Machanism)是指能完成全部或部分包装过程的机器,包装过程包括成型、充填、裹包等主要工序,以及与其相关的前后工序,以及清洗、干燥、杀菌、贴标、捆扎、集装和拆卸等前后包装工序,转送、选别等其他辅助工序(GB/T 4122.2—1996《包装术语·机械》)。

2. 包装机械的分类

包装机械的种类繁多,分类方法很多。从不同的观点出发可有多种分类方法:按产品状态分,有液体、块状、散粒体包装机;按包装作用分,有内包、外包包装机;按包装行业分,有食品、日用化工、纺织品等包装机;按包装工位分,有单工位、多工位包装机;按自动化程度分,有半自动、全自动包装机等。

包装机械的分类方法还有许多,各种分类方法各有其特点及适用范围,但均有其局限性。从国际上包装机械总的情况来看,比较科学的分类方法是按其主要功能进行分类,它能抓住事物的本质,其基本分类如下:

(1)充填机。充填机是将精确数量的包装品装入到各种容器内的包装机。其主要种类有:容积式充填机,包括量杯式、插管式、柱塞式、料位式、螺杆式、定时式充填机;称重式充填机,包括间歇称重式、连续称重式、称重一离心等分式等充填机;计数式充填机,包括单件计数式充填机和多件计数式充填机。

(2)封口机。封口机是将充填有包装物的容器进行封口的机械,其主要种类有:无封口材料封口机,包括热压式、冷压式、熔焊式、插合式、折叠式等封口机;有封口材料封口机,包括旋合式、滚纹式、卷边式、压合式等封口机;有辅助封口材料封口机,包括胶带式、黏结式、钉合式、结扎式、缝合式等封口机。

(3)裹包机。裹包机是用柔性的包装材料,全部或部分地将包装物裹包起来的包装机。其主要种类有:全裹式裹包机,包括扭结式、覆盖式、贴体式、接缝式等裹包机;半裹式裹包机,包括折叠式、收缩式、拉伸式、缠绕式等裹包机。

(4)多功能包装机。这类包装机具有两种或两种以上的功能。其主要种类有:充填封口机,它具有充填、封口两种功能;成型充填封口机,它具有成型、充填、封口三种功能,成型的种类有袋成型、瓶成型、箱盒成型、泡罩成型、熔融成型等;定型充填封口机,它具有定型、充填、封口功能;双面封箱机,它能同时封上盖和下底两个面,封箱时,箱子可侧放或立放。

3. 包装机械的作用

包装是产品进入流通领域的必要条件,而实现包装的主要手段是使用包装机械。随着时代的发展,技术的进步,包装机械在包装领域中正起着越来越大的作用,其主要作用有以下几点:

(1)可大大提高劳动生产率。滑台式吸塑封口机机械包装比手工包装快得多,如糖果包装,手工包糖一分钟只能包十几块,而糖果包装机每分钟可达数百块甚至上千块,提高效率数十倍。

(2)能有效地保证包装质量。机械包装可根据包装物品的要求,按照需要的形态、大小,得到规格一致的包装物,而手工包装是无法保证的。这对出口商品尤为重要,只有机械包装,才能达到包装规格化、标准化,符合集合包装的要求。

(3)能实现手工包装无法实现的操作。有些包装操作,如真空包装、充气包装、贴体包装、等压灌装等，都是手工包装无法实现的，只能用机械包装实现。

(4)可降低劳动强度，改善劳动条件。手工包装的劳动强度很大，如用手工包装体积大、重量重的产品，既耗体力，又不安全；而对轻小产品，由于频率较高，动作单调，易使工人得职业病。

(5)有利于工人的劳动保护。对于某些严重影响身体健康的产品，如粉尘严重、有毒的产品，有刺激性、放射性的产品，用手工包装难免危害健康，而机械包装则可避免，且能有效地保护环境不被污染。

(6)可降低包装成本，节省储运费用。对松散产品，如棉花、烟叶、丝、麻等，采用压缩包装机压缩打包，可大大缩小体积，从而降低包装成本。同时由于体积大为缩小，节省仓容，减少保管费用，有利于运输。

(7)能可靠地保证产品卫生。某些产品，如食品、药品的包装，根据卫生法是不允许用手工包装的，因为会污染产品，而机械包装避免了人手直接接触食品、药品，保证了卫生质量。

(8)可促进相关工业的发展。包装机械是一门综合性科学，它涉及材料、工艺、设备、电子、电器、自动控制等多种学科，要求各相关学科同步、协调地发展，任何学科的问题都将影响包装机械的整体性能。

因此，包装机械的发展将有力地促进相关学科的进步。另外，为适应包装机械高速包装的需要，其相关的前后工序也势必与之适应，也就推动了相关工序的同步发展。

4.包装机械的发展现状

近几年，我国包装行业的年增长率虽排名于传统行业之首，但要与国际市场接轨，就得加快包装科技开发，使其向经济、高效、多功能方向发展。根据我国国民经济发展规划和实现小康生活水平的需要，今后几年内要为包装工业、食品工业提供1 000～2 000亿元的装备，这对一些企业来讲是一个良好的发展机遇。

包装机械装备的全面性更新换代是中国乃至世界包装机械发展的总趋势。更新换代的主要特点是：大量移植采用民用和军用工业的各种现代化高精技术、电子技术、微电子技术、边缘技术、模糊技术，进一步提高包装机械装备和生产线的可靠性、安全性、无人作业性等自动化水平。智能化将进入整个包装机械装备和生产线领域。

更新换代的方式是更换局部零部件或关键性部件和采取关键性技术，从而达到更换一台机组的目的，使原包装机械装备或生产线的生产能力、性能、效率、机型和组装方式等得到更新。这样使大部分部件、机组零件获得重复利用，既提高装备价值，又节省了原材料和大量劳动力，降低了成本。这种发展趋势表明，包装机械装备、生产线越来越向标准化、系列化、综合化、组装化、联机化的模式发展。民用、军用高精技术也将越来越广泛地进入整个包装机械装备领域。激烈的市场竞争，无疑将加速包装机械装备在各行各业中的更新换代和技术改造步伐。

世界上不少国家的包装机械装备、生产线制造集团和跨国公司，都在投入巨额资金和组织专业人员进行开发研究，力争加速包装机械装备机电一体化的进程，其开发研究的重点内容可归纳为以下几个方面：

(1)开发节能(水、电、油、汽等)、节约资源(原材料、辅助材料等)消耗指标的机种，以及废料再生利用的机种。

(2)开发耗能小、输出功率大、动态稳定性能好、噪声低、污染小的机种。

(3)开发多形状包装机，可对正方形、长方形、圆形、椭圆形、三角形、枕形、条形以及奇形异状等包装物进行多功能包装的机种。

(4)开发多态料包装机(充填机、灌装机),可对液态、半流态、黏态、浆汁态和固态的微粒状、颗粒状、粉状、片状、块状、条状以及奇形异状等物品进行多功能包装的机种。

(5)开发多种基材袋的包装、充填、灌装以及封装的多功能机种,可对纸、塑、铝箔、复合材料等基材的多功能包装进行作业。

(6)开发多基材制袋机,可对单一多层纸袋与塑料薄膜袋、铝箔复合袋与纸塑等复合袋加工制造的多功能机种。

(7)开发多种树脂成型机、多种树脂挤出机、多种吹膜机,以及多种树脂流涎的多功能机种。开发减少自重、减少占有空间、结构紧凑、安装更换方便、少维护无(少)故障作业,以及在线快速修复与不停机修复的生产线。

(8)开发多范围秤重机,从克到千克,从一千克到几十千克(更换秤重、料斗),除进一步改善机械、电子传感秤重外,开发无干扰的光传感器件,确保对物料的秤重精度。

(9)开发纸、塑、涂布、印刷等设备也是包装机械行业发展的需求。

装备发展动向涉及多种行业,愿企业调动各方力量攻下一个个课题,使包装机械装备走向世界先进行列。

5.5 集装化与集装工具

5.5.1 集装化与集合包装

集装化(Containerization)也称为组合化和单元化,它是将成件包装物、散裸装物品组合而形成一个便于装卸、搬运、储存和运输的单元体的工作过程。我国物流术语标准对集装化的定义是:用集装单元器具或采用捆扎方法,把物品组成集装单元的物流作业方法(GB/T 18354—2006 物流技术与设施设备术语)。集装化物资的载体是集合包装。

实行集装化的有形手段是集装工具。利用集装工具可以将一定数量的包装件或产品,组合成一个更大的、具有一定规格和强度的单元货件,即集合包装。集合包装既是一种包装形式,也是一种新型的运输单元形式。

集装箱和托盘是物流集装化最普遍、最重要的两种工具。除此之外,集装工具还包括集装袋、货捆、框架、滑板等。

5.5.2 物流模数

在物流过程中,各种商品运输包装件的大小并不相同,各种物流设备的规格也多种多样,为了提高设备的利用率和物流的效率,就要求运输包装件的尺寸应与物流设备的尺寸之间相互配合。

模数是指在某种系统的设计、计算和布局中普遍重复应用的一种基准尺寸。模数确定了系统中各组成部分之间的尺寸数值增大或减小的变化关系,是协调系统内外尺寸组合关系的基础。模数概念在现代包装系统中得到了广泛的应用。包装模数是指在商品的销售包装、运输包装和集合包装系统的设计、计算和排列布局中普遍存在的重复应用的基准尺寸。包装模数是计算内外包装尺寸的共同基数。物流模数是指物流集装单元的基础尺寸。国际标准化组织已经制定了有关物流的许多设施、设备等方面的技术标准，并且制定了国际物流基础尺寸的标准方案。

（1）物流基础模数尺寸：600 mm ×400 mm。

（2）物流集装箱基础模数尺寸：以 1 200 mm×1 000 mm 为主，也允许 1 200 mm×800 mm 及1 100 mm×1 100 mm。

（3）物流基础模数尺寸与集装基础模数尺寸的配合关系如图 5.2 所示，单位为 mm。

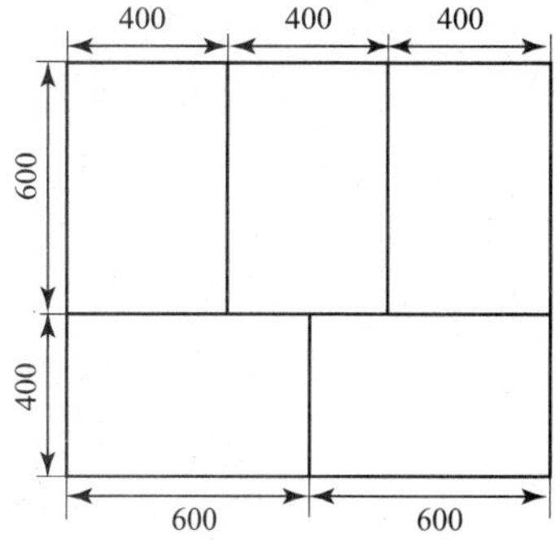

图 5.2　模数配合关系图

包装系统与物流系统两者之间，各有其特殊性。因此，以物流模数为基础的物流模数尺寸和以包装模数为基础的包装模数尺寸之间相互沟通、相互适应，就必须选择集装单元、集装器具的模数尺寸为媒介来过渡，从而达到整体物流系统的相关性和协调性。这就是说，物流模数要以集装单元尺寸为中心，来协调和适应包装、运输、存储、保管以及与装卸搬运等环节的模数尺寸相衔接，这样才能使整个物流系统统一在集装运输的范围内进行正常的生产活动。

5.5.3　集装箱

1. 集装箱的定义

集装箱（Container）是集装工具的最主要形式，亦称“货箱”或“货柜”。根据国际标准化组织的规定，集装箱应具有以下特点和技术要求：

（1）具有足够的强度，能长期反复使用。

（2）适于以一种或多种运输方式运送货物，途中无须倒装。

（3）设有快速装卸和搬运装置，便于从一种运输方式转到另一种运输方式。

（4）便于箱内货物装满和卸空。

（5）内容积等于或大于 1 m^3。

2. 集装箱的分类

（1）按集装箱的用途分类。

①通用集装箱。通用集装箱也称杂货集装箱或干货集装箱，适用于装载运输条件无特殊要求的各种不同规格的干杂货。这类集装箱一般具有全密封的防水功能，是使用最广、数量最多的一类集装箱。国际标准化组织建议的标准集装箱系列指的都是这种集装箱。

②专用集装箱。专用集装箱是为了适应特定货物的要求而采用特殊结构或设置专门设备的各类集装箱的总称。常见的专用集装箱包括保温集装箱、通风集装箱、干散货集装箱、动物集装箱、汽车集装箱、挂式集装箱等。

（2）按集装箱的结构分类。

①整体式集装箱。整体式集装箱为整体的刚性结构，一般具有完整的箱壁、箱顶和箱底。

②折叠式集装箱。折叠式集装箱是箱体的四个侧壁和顶板可以折叠的集装箱，再次使用时可以方便地组合起来。这类集装箱的优点是在回空和保管时能够缩小集装箱的体积。

③框架式集装箱。框架式集装箱呈框架结构，只有部分或完全没有侧板，可以方便装卸货物。

④罐式集装箱。罐式集装箱外部为刚性框架，内有罐体，适于装运液体、气体和粉状固体货物。

(3)按集装箱制作的材质分类。

①钢质集装箱。

②铝合金集装箱。

③玻璃钢质集装箱。

(4)按集装箱的规格尺寸分类。为了方便集装箱的流通，国际标准化组织和我国的有关部门制定了一系列有关集装箱的技术标准。根据国际标准化组织集装箱技术委员会制定的国际标准和我国原有《货物集装箱外部尺寸和额定重量》国家标准，我国于 1998 年重新修订了集装箱的外部尺寸和最大总重量国家标准。

3. 集装箱的换算单位和标记

(1)集装箱的换算单位。国际标准集装箱的换算单位是 TEU，表示一个 20 ft(英尺)的国际标准集装箱，即 1 CC 型箱。一个 20 ft 的集装箱折合一个 TEU，两个 10 ft 的集装箱折合一个 TEU，有时也用 FTU 表示一个 40 ft 的国际标准集装箱。

(2)集装箱的标记。为了方便集装箱的识别、流通和管理，简化各物流环节的交接手续，中华人民共和国国家标准(GB/T 1836—1997)颁布了集装箱的识别系统、尺寸和箱型代码、作业标记的相应标准。

①识别系统。识别系统由以下几部分组成，它们必须同时使用：

- 箱主代码：集装箱的箱主代码由经国际集装局(BIC)注册的 3 个大写拉丁字母组成。
- 设备识别码：由一个大写拉丁字母表示，U 表示所有的集装箱；J 表示集装箱所配置的挂装设备；Z 表示集装拖挂车和底盘挂车。
- 箱号：由 6 位阿拉伯数字组成，如果不足 6 位时，应在前面置 0 以补足 6 位。
- 校验码：也称核对数字，用于确定集装箱箱主代号和箱号在传输和记录时的准确性的手段，是通过一定方法计算出来的。校验码一般紧接于箱号之后，用一加方框的阿拉伯数字表示。

②尺寸代码和箱型代码。集装箱的尺寸(外部尺寸)代码必须用两位数字表示：第一位用数字或拉丁字母表示箱长；第二位用数字或拉丁字母表示箱宽和箱高。

集装的箱型及其特征由两位字母表示：第一位由一个拉丁字母表示箱型；第二位由一个数字表示该箱型的特征。

③作业标记。最大总重量和空箱重量。集装箱的最大总重量和空箱重量应标示于箱门上，两者均以千克(kg)和磅(b)同时标示。

可选择性标记。除包括最大总重量和空箱重量外，还有净货载、超高标记等。

标记的尺寸和颜色。箱主代码、设备识别码、箱号和校验码的字体高度不得小于100 mm；最大总重量和空箱重量的字体高度不得小于 50 mm；所有字体的宽度和笔画粗细应均匀，其颜色应与箱体颜色有明显差别。

5.5.4 托盘

1. 托盘的概念

托盘(Pallet)是一种用于机械化装卸、搬运和堆存的集装单元工具。托盘可以把零星的成件包装件组成一定重量和体积的集装件，并且具有载货平面和插孔，便于叉车操作。

托盘的适用范围较广，是最早使用的一种集装器具。如今，托盘的应用范围已拓展到物流的所有环节。托盘既可以看作装卸工具、储存工具、运输工具，又可以做一种特殊的包装形式。同集装箱相比，托盘具有自重小、返空容易、装卸简单和装载量适中的优点。

2. 托盘的分类

(1)按托盘的结构分类。

①平托盘。平托盘是使用最广泛的一种托盘。

②箱式托盘。箱式托盘指在托盘上部有箱式容器的托盘。

③立柱式托盘。这种托盘没有侧板，但设有四根立柱，有的在柱与柱之间有连接的横梁。

(2)按托盘的实际操作和运用分类。

①双向插入型托盘(两个方向通路的托盘)。指叉车的货叉可以从前面和后面两个方向进出的托盘(如图5.3所示)。此类托盘又分为单面用托盘和双面用托盘。

②四向插入型托盘(四个方向通路的托盘)。指叉车的货叉可以从托盘的前后左右四个方向进出的托盘(如图5.4所示)。

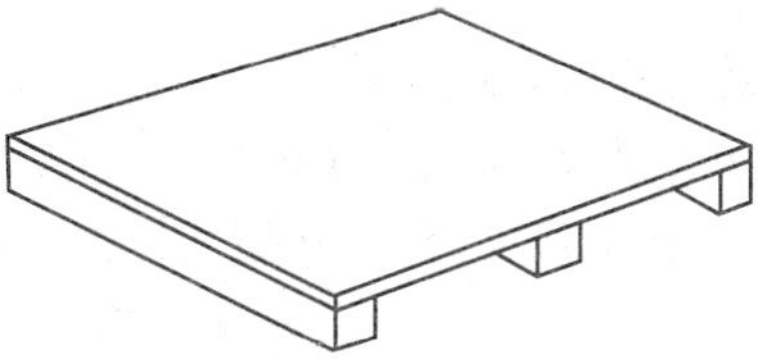

图5.3 双向插入型托盘

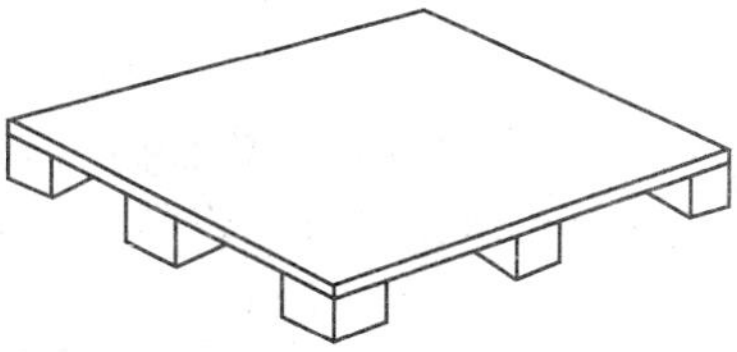

图5.4 四向插入型托盘

(3)按托盘的材质分类。可分为木托盘、钢托盘、铝托盘、胶合板托盘、塑料托盘和复合材料托盘等。

(4)按托盘的负载重量分类。托盘在设计和使用中要考虑它的负载，故可根据负载重量分为0.5吨托盘、1吨托盘、2吨托盘等。

3. 托盘的规格

托盘的规格是指托盘的长与宽，通常用“宽×长”表示。托盘的长与宽及其乘积面积，会涉及货物在托盘上的堆码，也涉及与运输工具内容尺寸和内容面积的配合。

国际标准化组织对托盘的规格标准问题，先后三次提出建议规格。

1961年提出采用800×1 200、800×1 000、1 000×1 200三个尺寸(单位均为mm，下同)。

1963年建议在上述基础上增加：1 200×1 600、1 200×1 800两个规格尺寸。

1971年提出保留1 200 mm系列的同时，增加800×1 100、900×1 100和1 100×1 100三种规格的托盘。

根据实际计算，825×1 100、1 100×1 100和1 000×1 200三种规格的托盘对集装箱的底面积的利用率最高。而国际上主要国家使用率最高的3种规格是：800×1 100、900×1 100和1 100×1 100。

5.5.5 其他形式的集装工具

1. 集装袋

集装袋是一种使用韧性材料制成的软质袋形集装容器，主要用于集装易于流动的粒状、粉状和块状货物，如粮食、盐、砂糖、水泥、化肥、石英砂、矿粉等。

集装袋一般在顶部有吊带、底部设有卸料口，卸料时打开卸料口绳索，货物借助重力很快便可卸出。按形状的不同，集装袋有圆形、方形和圆锥形等形式。按制作材料的不同，集装带有合成纤维集装袋、塑料涂布集装袋和橡胶集装袋等。

2. 货捆

货捆是采用各种材料的绳索，将货物进行多种形式的捆扎，使若干件货物汇集成一个单元的集装化方法。货捆主要用于装载木材、钢材、塑料管、毛竹等无包装、不捆扎的长型裸件货物。

3. 框架

框架是一种可以根据货物的外形特征选择或特制各种形式的集装框和集装架，以适用于货物的集装方法。框架可以集装易变形的长件产品以及玻璃、陶瓷等易碎产品。

有些框架对货物的适应性较广，如门字型框架(如图 5.5 所示)几乎可以适用于所有的长型材。而有些框架则专用性较强，只适用于某种形状的货物。对于一些外观特殊的货物要进行框架集装，往往需要专门设计框架，以适应其要求。

4. 滑板

滑板又称薄板托盘，是一种由载货平板和翼板组成的板式结构物，是托盘的一种简化形式(如图 5.6 所示)。配置推拉系统和夹钳装置的叉车可以装卸滑板集装货件，作业时，操作推拉系统，使活动夹钳夹住翼板，然后把滑板集装件拉入或推出货叉，即可实现货物的装卸、搬运和堆码。

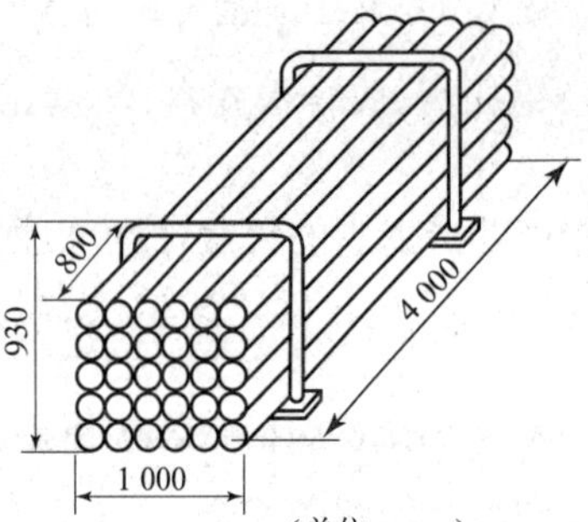

图 5.5　门字型框架

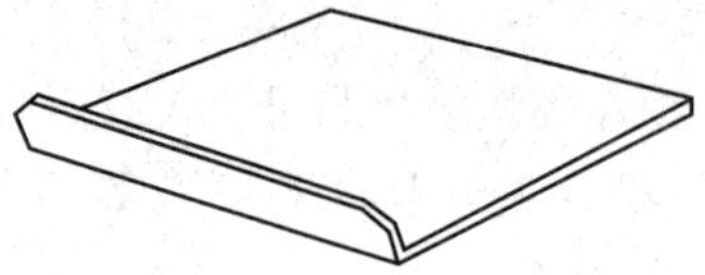

图 5.6　滑板

滑板具有托盘的优点，同时又具有用料省、成本低、占用空间少、便于回送和回收利用等优点。但与滑板匹配的带推拉器的叉车本身较笨重、机动性差、效率低，因而制约了滑板的应用。滑板主要适用于纸箱装食品、纺织品等包装一致且比重较小的货物。

本章小结

包装是人类生产活动及生活消费对物资提出的客观要求，是为了完成物资的运输、保管等活动所采取的必然活动。本章介绍了包装的内涵、功能及其分类，分析了包装材料的分类及其优缺点，说明了包装容器的基本情况及其选用方式、包装技术与操作方法，并对集装化、包装模数及其运用加以说明。

(1)包装是在流通过程中保护产品,方便储运,促进销售,按一定的技术方法采用容器、材料及辅助物等将物品包封并予以适当的封装和标志的工作总称。包装一般分为销售包装和运输包装。

(2)按功能不同,包装分为商业包装和工业包装;按层次不同,包装分为个包装、中包装、外包装;按使用范围不同,包装分为专用包装和通用包装;按包装容器质地不同,包装分为硬包装、半硬包装和软包装;按使用的次数不同,包装分为一次用包装、多次用包装和周转用包装。

(3)包装材料是指用于制造包装容器和构成产品包装的材料的总称。目前较常使用的包装材料包括纸、木材、塑料、金属、玻璃陶瓷、复合材料等。

(4)包装技术是指对物资实施各种包装的技术方法,以发挥包装的功能,包括一般包装技术、特殊包装技术和包装操作技术。

(5)集装化是指用集装器具或采用捆扎方法,把物品组成标准规格的单元货件,以加快装卸、搬运、储存、运输等物流活动。利用集装工具可以将一定数量的包装件或产品,组合成一个更大的、具有一定规格和强度的单元货件,即集合包装。集装箱和托盘是物流集装化最普遍、最重要的两种工具。

(6)包装绿色化是绿色物流的重要体现和支撑,是包装业未来发展的大趋势。绿色包装既包含包装理念的创新和变革,也包含包装技术和包装材料的革新,是新发展理念在包装领域的重要内容。

复习思考题

1. 谈谈包装在物流中所起的作用及物流对包装的要求。
2. 包装方法有哪些,各适用于什么情况?
3. 谈谈包装绿色化的途径和价值。

案例讨论

国家邮政局:快递包装绿色化、减量化、可循环

随着我国快递业高速发展,快递包装回收、绿色治理等行业问题引起全国政协的高度重视,民革中央提案提出促进快递行业绿色发展。一年来,国家邮政局结合提案内容建议和行业工作实际,多次开展快递绿色发展专题调研,将提高快递包装绿色化、减量化、可循环列为邮政业更贴近民生七件实事之一。

1. 完善相关法律法规

国家邮政局市场监管司环境保护处处长尹训国介绍,2018 年出台的《快递暂行条例》中增加专门条款对快递绿色包装进行规定,明确了快递绿色发展的直接上位法依据。

2018 年,国家邮政局联合 10 部门出台了《关于协同推进快递业绿色包装工作的指导意见》,印发《国家邮政局关于全面加强生态环境保护坚决打好污染防治攻坚战的实施意见》,明确了绿色发展指标和计划完成的时间节点。2019 年,将推动相关统计指标纳入常规统计调查范围,加快建立快递包装产品监测评价体系。

此外,国家邮政局还修订了《快递封装用品》系列国家标准和《快递电子运单》《邮政业封装

用胶带》等4项行业标准。试行快递业绿色包装指南，从绿色采购、内部培训、作业操作等方面明确了相关要求，推进规范化系统性治理。

2. 加强包装研发创新

尹训国说，推动快递绿色发展，必须注重发挥企业创新主体地位，搭建快递业绿色发展产学研共促平台，推动邮政行业产业发展的关键性技术研发和成果转化。

国家邮政局推动快递企业积极开展绿色包装实践，如组织申通等6家品牌企业开展可循环中转袋应用试点，选取顺丰等5家品牌企业在8省市针对环保包装、胶带和缓冲物减量化、简约包装、包装箱回收等12项任务开展试点。在快递包装绿色化、减量化和循环再利用方面创出经验、做出样板。

尹训国介绍，下一步，将支持有关企业申报地方节能减排、技术改造等专项资金，积极争取对研发和推广应用快递绿色包装的企业给予政策支持。

3. 完善快递包装回收体系

各地邮政管理部门推动在邮政快递网点结合本地实际完善快递包装回收体系，如设置包装废弃物回收装置，引导快递企业通过在高校和社区网点设立回收装置，快递员上门回收，开启包装物回收"逆向物流"模式。

此外，邮政快递企业积极参与垃圾分类有关部门协作机制，推动完善社会回收体系，将每年11月的第1周确定为"绿色快递宣传周"，广泛宣传绿色理念，不断凝聚行业环保共识。

针对民革中央提案中提出的问题和建议，国家邮政局特别增设了市场监管司环境保护处，专门负责行业生态环境保护工作。2019年2月印发了《2019年行业生态环境保护工作要点》，对相关工作进行了全面部署。

2019年，邮政管理部门聚焦包装治理和节能减排任务，目标实现年底电子运单使用率95%，50%以上电商快件不再二次包装，循环中转袋使用率达到70%、在1万个邮政快递营业网点设置包装废弃物回收装置。选取部分城市开展行业生态环境保护城市综合试点，探索邮政绿色发展全流程、全生态的城市治理模式。

（编者根据网络资料改写）

案例思考题

1. 快递业绿色包装的意义是什么？
2. 当前我国对快递业绿色包装的制度举措有哪些？

推荐阅读

[1]钱静. 包装管理[M]. 北京：中国纺织出版社，2008.
[2]林自葵. 货物运输与包装[M]. 北京：机械工业出版社，2005.
[3]尹章伟. 包装概论[M]. 北京：化学工业出版社，2006.

第 6 章　仓储与库存管理

本章提要

- 仓储的概念、分类与功能；仓储管理的定义、内容。
- 仓储的入库、在库、出库管理。
- 库存的定义、分类；库存管理的概念、目标和方法。
- 库存优化的方法。

学习目标

深入了解仓储的概念、分类与功能；熟悉仓储的作业流程；了解库存的概念、类型及其作用；掌握库存管理的方法；理解库存优化的方法。通过对某光电科技有限公司的仓储管理案例的分析、探讨，加深对仓储管理的认识和理解。

框架结构

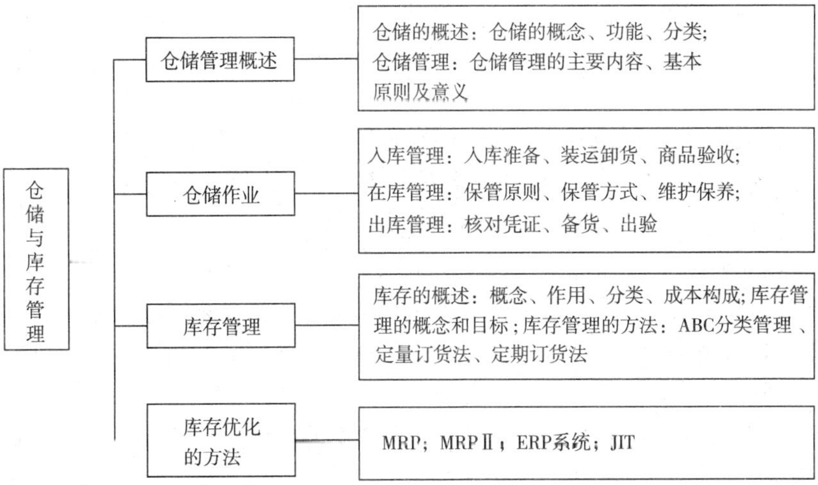

相关知识点微课

6.1 仓储的基本概念、分类与功能

6.2 仓储作业流程

6.3 库存的概念、类型及作用

6.4 定量与定期库存控制方法

6.5 ABC库存控制法

6.6 EOQ库存控制法

开篇案例

动态盘点＋库存管理，秦川仓储实现了质的飞跃

Zoe＋Ann是为都市女性时尚生活而悉心打造的品牌，主营精致、优雅，简洁、柔美的时尚女鞋、女装与饰品。秦川仓储作为Zoe＋Ann的电商仓库，拥有仓储面积8 000 m^2，存储阁楼5 000 m^2，仓库作业人员80人左右。作为一个大型的电商仓库，秦川仓储连接多家线上店铺订单，随着每天的发货量与日俱增，仓库库位无规划，商品难查找；拣货流程混乱；工作效率低等都成了秦川仓储的发展瓶颈。

为解决企业痛点，秦川仓储根据商品特性及出库流程对企业仓储管理进行优化。

1. 仓库布局优化

仓储商品多以服装为主，体积相对较小，但品种多，上万种商品难以查找。为避免员工不必要的行走，首先优化库位管理。库位分收货暂存库位、拣货库位、存储库位、待上架过渡库位、异常暂存库位5个区域。不同工种的员工只在本工作的库位范围内工作，减少员工间工作干扰和时间与精力的浪费。

每个SKU分配一个库位，员工只需通过查找商品二维码查询商品库存情况，及时对应相应库位，避免了过去漫天查找商品的情况产生，商品库存能够进行动态盘点，做到库存精确化。

2. 自动补货减少无用功

过去仓储库位经常出现员工在拣货时才发现库位库存不足现象，严重影响员工的工作效率和发货效率。

构建WMS能够实时查询到商品库存情况，并且进行动态盘点。当拣货库位库存不足时，只需在系统中提前设置好自动补货规则，就能生成补货任务。员工补货后，拣货订单才能生成波次进行拣货作业，这样使得缺货的订单无法进入拣货环节，减少二次找货的时间，避免了走

到库位前没货而做无用功，让整体拣货效率提升30%以上。

3. 波次配货提高拣货效率

根据拣货模式单一、发货慢且错误率高的问题，采用波次策略，按库区生成拣货任务，料框限制领取任务区域。避免了员工在A库区时领取拣货任务在X库区拣货的情况发生，并且一个波次根据库位形成从头到尾的行走路线，避免了员工重复行走。

4. PDA扫描快速出入库

此外，仓库配置PDA。对于退货商品，只需扫描快递单号，扫描商品条码，即可完成销退入库，一单10 s内即可操作完成入库。

秦川仓储通过从仓库布局、补货、拣货、发货、退货多个方面对仓储进行重新规划和整改，使得库存管理更加精细化、商品发货提升了好几倍，实现了质的飞跃。

（编者根据网络资料改写）

仓储是企业物料配送的一个重要环节，总是出现在物流各环节的接合部，例如生产与销售之间，批发与零售之间，采购与生产之间，不同运输方式转换之间，等等。仓储环节集中了上下游流程整合的所有矛盾，仓储管理就是在实现物流流程的整合。其人员和设备配置以及管理效率在很大程度上影响着整个供应链的操作成本。如果不能保证正确的进货、验收、质量保证及发货，就会导致浪费时间、产生库存、延迟交货、增加成本以致失去为客户服务的机会。因此，在提高服务水平，降低库存，节约时间，成本最小化的压力下，仓储管理显得尤为重要。

6.1 仓储管理概述

6.1.1 仓储的概述

1. 仓储的概念

“仓”也称为仓库，是存放物品的建筑物和场地，可以为房屋建筑、大型容器、洞穴或者特定的场地等，具有存放和保护物品的功能；“储”表示收存以备使用，具有收存、保管、交付使用的意思，当适用有形物品时也称为储存。“仓储”则为利用仓库存放、储存未即时使用物品的行为。简言之，仓储就是在特定的场所储存物品的行为。

仓储的形成是社会产品出现剩余和产品流通的需要，当产品不能被即时消耗掉，需要专门的场所存放时，就产生了静态的仓储。而将物品存入仓库以及对于存放在仓库里的物品进行保管、控制、提供使用等的管理，便形成了动态仓储。仓储是对有形物品提供存放场所、物品存取过程和对存放物品的保管、控制的过程。仓储的性质可以归结为：仓储是物质产品的生产持续过程，物质的仓储也创造着产品的价值；仓储既有静态的物品储存，也包含动态的物品存取、保管、控制的过程；仓储活动发生在仓库等特定的场所；仓储的对象既可以是生产资料，也可以是生活资料，但必须是实物动产。

2. 仓储的功能

(1)基本功能。基本功能指为了满足市场的基本储存需求，仓库所具有的基本操作或行为，具体包括储存、保管、拼装、分类等基础作业。其中，储存与保管是仓储最基本的功能。通过基础作业，仓储中的货物得到了有效的、符合市场和客户需求的仓储处理，例如拼装，把不同的零件、配件进行拼接组装，可以为进入物流过程中的下一个物流环节做好准备。

(2)增值功能。通过基本功能的实现,而获得的利益体现了仓储的基本价值。增值功能则是指通过仓储高质量的作业和服务,使经营方或供需方获取除这一部分以外的利益,这个过程称为附加增值,是仓储应该努力扩展的功能。增值功能的典型表现方式包括:一是提高客户的满意度,例如加工/延期加工,保管物在保管期间,保管人根据存货人或客户的要求对保管物的外观、形状、成分构成、尺寸等进行加工,使保管物发生所期望的变化。或者当客户下订单时,仓库能迅速组织货物,并按要求及时送达,提高客户对服务的满意度,从而增加了潜在的销售量。二是信息的传递。在仓库管理的各项事务中,经营方和供需方都需要及时而准确的仓库信息。如仓库利用状况、进出货频率、仓库的地理位置、仓库的运输情况、客户需求状况、仓库人员的配置等信息,这些信息为用户或经营方进行正确的商业决策提供了可靠的依据,提高了用户对市场的响应速度,提高了经营效率,降低了经营成本,从而带来了额外的经济利益。

(3) 社会功能。仓储的基础作业和增值作业会给整个社会物流过程的运转带来不同的影响,良好的仓储作业与管理会保证生产、生活的连续性,会带来积极的影响。

仓储的社会功能,主要体现在三个方面:第一,时间调整功能。一般情况下,生产与消费之间会产生时间差,通过储存可以克服商品产销时间差(如季节性生产,但需全年消费的大米)。第二,价格调整功能。生产和消费之间也会产生价格差,供过于求、供不应求都会对价格产生影响,因此通过仓储可以克服商品在产销量上的不平衡,达到调控价格的效果。第三,衔接商品流通的功能。仓储是商品流通的必要条件,为保证商品流通过程连续进行,就必须有仓储活动。通过仓储,可以防范突发事件,保证商品顺利流通。例如,运输被延误,卖主缺货。对供货仓库而言,这些功能是非常重要的,因为原材料供应的延迟将导致产品生产过程的延迟。

3. 仓储的分类

虽然说仓储的本质都为物品储藏和保管,但由于经营主体的不同、仓储对象的不同、仓储功能的不同、仓储物的处理方式不同、仓储自动化程度不同,使得不同的仓储活动具有不同的特性。

(1)按仓储经营主体划分。

①企业自营仓储。企业自营仓储包括生产企业和流通企业的自营仓储。生产企业自营仓储为生产企业使用自有的仓库设施对生产使用的原材料、生产的中间产品、最终产品实施储存保管的行为,其储存的对象较为单一,以满足生产为原则。流通企业自营仓储则为流通企业以其拥有的仓储设施对其经营的商品进行仓储保管的行为,仓储对象种类较多,其目的为支持销售。企业自营仓储行为不具有独立性,仅仅是为企业的产品生产或商品经营活动服务,相对来说规模小,数量众多,专用性强,而仓储专业化程度低,设施简单。企业自营仓储为自用仓储,一般不开展商业性仓储经营。

②商业营业仓储。商业营业仓储是指仓储经营人以其拥有的仓储设施,向社会提供商业性仓储服务的仓储行为。仓储经营人与存货人通过订立仓储合同的方式建立仓储关系,并且依据合同约定提供服务和收取仓储费。商业营业仓储的目的是为了在仓储活动中获得经济回报,实现经营利润最大化,包括采取提供货物仓储服务和提供仓储场地服务。

③公共仓储。公共仓储是公用事业的配套服务设施,为车站、码头提供仓储配套服务。其运作的主要目的是为了保证车站、码头的货物作业,具有内部服务的性质,处于从属地位。但对于存货人而言,公共仓储也适用营业仓储的关系,只是不独立订立仓储合同,而是将仓储关系列在作业合同之中。

④战略储备仓储。战略储备仓储是国家根据国防安全、社会稳定的需要，对战略物资实行储备而产生的仓储。战略储备由国家政府进行控制，通过立法、行政命令的方式进行。战略储备特别重视储备品的安全性，且储备时间较长。战略储备物资主要有粮食、油料、能源、有色金属、淡水等。

(2)按仓储对象划分。

①普通物品仓储。普通物品仓储为不需要特殊保管条件的物品仓储。一般的生产物质、生活用品、普通工具等杂货类物品，不需要针对货物设置特殊的保管条件，采用无特殊装备的通用仓库或货场存放货物。

②特殊物品仓储。指在保管中有特殊要求和需要满足特殊条件的物品的仓储，如危险物品仓储、冷库仓储、粮食仓储等。特殊物品仓储一般为专用仓储，按照物品的物理、化学、生物特性以及法规规定进行仓库建设和实施管理。

(3)按仓储功能划分。

①储存仓储。储存仓储为物资较长时期存放的仓储。由于物资存放时间长，存储费用低廉，储存仓储一般在较为偏远的地区进行。储存仓储的物资较为单一，品种少，但存量较大。由于物资存期长，储存仓储特别注重对物资的质量保管。

②物流中心仓储。物流中心仓储是以物流管理为目的的仓储活动，是为了实现有效的物流管理，对物流的过程、数量、方向进行控制的环节，为实现物流时间价值的环节。一般在一定经济地区的中心，且交通较为便利、储存成本较低处进行。物流中心仓储品种较少，批量较大进库，一定批量分批出库，整体上吞吐能力强。

③配送仓储。配送仓储也称为配送中心仓储，是商品在配送交付消费者之前所进行的短期仓储，是商品在销售或者供生产使用前的最后储存，并在该环节进行销售或使用的前期处理。配送仓储一般在商品的消费经济区间内进行，能迅速地送达销售处。配送仓储物品品种繁多，批量少，需要一定量进库，分批少量出库操作，往往需要进行拆包、分拣、组配等作业，主要目的是为了支持销售，注重对物品存量的控制。

④运输转换仓储。运输转换仓储是指衔接不同运输方式的转换的仓储，在不同运输方式的衔接处进行，如港口、车站库场所进行的仓储，是为了保证不同运输方式的高效衔接，减少运输工具的装卸和停留时间。运输转换仓储具有小进大出的特性，货物存期短，注重货物的周转作业效率和周转率。

⑤保税仓储。保税仓储指使用海关核准的保税仓库存放保税货物的仓储行为。保税仓库是经海关批准、在海关监管下，专供存放未办理关税手续而入境或过境物品的场所。保税货物主要是不用于国内销售、暂时进境、海关予以缓税的进口货物。

(4)按仓储物的处理方式划分。

①保管式仓储。保管式仓储是以保管物原样保持不变的方式所进行的仓储。保管式仓储也称为纯仓储，存货人将特定的物品交由保管人进行保管，到期保管人原物交还存货人。保管物除了所发生的自然损耗和自然减量外，数量、质量、件数不发生变化。保管式仓储又分为仓储物独立保管仓储和将同类仓储物混合在一起的混藏式仓储。

②加工式仓储。保管人在仓储期间根据存货人的要求对保管物进行一定加工的仓储方式。保管物在保管期间，保管人根据委托人的要求对保管物进行外观、形状、成分构成、尺度等进行加工，使仓储物发生委托人所希望的变化。

③消费式仓储。保管人在接受保管物时，同时接受保管物的所有权，保管人在仓储期间有权对仓储物行使所有权，在仓储期满，保管人将相同种类、品种和数量的替代物交还给委托人。消费式仓储特别适合于保管期较短（农产品）、市场供应（价格）变化较大的商品的长期存放，具有一定的商品保值和增值功能，是仓储经营人利用仓储物开展经营的增值活动，已成为仓储经营的重要发展方向。

（5）按仓储自动化程度划分

①人力仓库。采用人工作业方式，无装卸机械设备，几乎无自动化，一般规模较小，常用于储存电子元器件、工具、备品备件等货物。

②机械化仓库。入库和出库均采用机械作业（如行车、叉车、输送机等）的仓库，有一定程度的自动化，适合整批入库和出库、长大和笨重货物的储存。一般机械化仓库配备了货架，有利于提高仓库空间利用率。

③自动化立体仓库。自动化立体仓库由电子计算机进行管理和控制，不需要人工搬运作业，而实现收发自动化作业的仓库。通常其采用高层货架配以货箱或托盘储存货物，用巷道堆垛起重机及其他机械进行作业，具备自动收货、存货、取货、发货和信息查询等功能，自动化程度较高。

④智慧仓储。智慧仓储是指在仓储管理业务流程再造基础上，利用RFID、网络通信、信息系统应用等信息化技术及先进的管理方法，实现入库、出库、盘库、移库管理的信息自动抓取、自动识别、自动预警及智能管理功能，以降低仓储成本，提高仓储效率、提升仓储智慧管理能力。

6.1.2 仓储管理

1.仓储管理的主要内容

仓储管理简单来说就是对仓库及仓库内的物资所进行的管理，是仓储机构为了充分利用所具有的仓储资源，提供高效的仓储服务所进行的计划、组织、控制和协调过程。具体来说，仓储管理的内容主要包括以下几方面：

（1）仓库的选址与建设。其包括仓库的选址原则，仓库建筑面积的确定，库内运输道路与作业区域布局等问题。仓库的选址和建设问题是仓库管理战略层所研究的问题，它涉及公司长期战略与市场环境相关的问题的研究，对仓库长期经营过程中的服务水平和综合成本产生非常大的影响，所以必须提到战略层面来对待和处理。

（2）仓库机械作业的选择与配置。其包括如何根据仓库作业特点和所储存物资的种类以及其理化特性，选择机械装备以及应配备的数量；如何对这些机械进行管理等。现代仓库离不开仓库所配备的机械设施，如叉车、货架、托盘和各种辅助设备等。恰当地选择适用于不同作业类型的仓库设施和设备将极大降低仓库作业中的人工作业强度，并提高货物流通的顺畅性和保障货物在流通过程中的质量。

（3）仓库作业组织和流程。其包括设置什么样的组织结构，各岗位的责任如何分工，仓储过程中信息流和作业流程的确定等。仓库的作业组织和流程随着作业范围的扩大和功能的增加而变得复杂，现代大型的物流中心要比以前的储存型仓库组织机构大得多，流程也复杂得多。设计合理的组织结构和明确的分工是仓储管理目标得以实现的基本保证。合理的信息流程和作业流程使仓储管理高效、顺畅，并达到客户满意的要求。

(4) 仓库管理技术的应用。现代仓储管理离不开现代管理技术与管理手段,例如,选择合适的编码系统,安装仓储管理系统,实行JIT(Just In Time,准时生产方式)管理等先进的管理方法。现代物流越来越依靠现代信息和现代管理技术,这也是现代物流区别于传统物流的主要特点之一。商品的编码技术和仓储管理系统极大地改善了货物流通过程中信息采集、传递与处理过程,使得货物的仓储信息更准确、快捷,成本也更低。

(5) 仓库的作业管理。仓库作业管理是仓储管理日常所面对的最基本的管理内容。例如,如何组织货物入库前的验收,如何安排库位存放入库货物,如何对在库货物进行合理保存和发放出库等。仓库作业管理是仓库日常所面对的大量和复杂的管理工作,只有认真做好仓库作业中每一个环节的工作,才能保证仓储整体作业的良好运行。

(6) 仓库综合成本控制。成本控制是任何一个企业管理者的重要工作目标,仓储管理也不例外。仓储的综合成本控制不但要考虑库房内仓储运作过程中各环节的相互协调关系,还要考虑物流过程各功能间的背反效应,以平衡局部的利益和总体利益最大化的关系。选择适用的成本控制方法和手段,对仓储过程每一个环节的作业表现和成本加以控制是实现仓储管理目标的要求。

2. 仓储管理的基本原则

(1)效率原则。效率是指在一定劳动要素投入时的产品产出量。较小的劳动要素投入和较高的产品产出量才能实现高效率。高效率就意味着劳动产出大,劳动要素利用率高,高效率是现代生产的基本要求。仓储的效率通过仓容利用率、货物周转率、进出库时间、装卸车时间等指标来体现。高效率仓储表现为“快进、快出、多存储、保管好”。

仓储的生产管理核心就是效率管理,实现最少的劳动量投入,获得最大的产品产出。劳动量的投入包括生产工具、劳动力数量以及它们的作业时间和使用时间。效率是仓储其他管理的基础,没有生产的效率,就不会有经营的效益,就无法开展优质的服务。

高效率的实现是管理艺术的体现,通过准确地核算、科学地组织、妥善地安排场所和空间、机械设备与人员合理配合,部门与部门、人员与人员、设备与设备、人员与设备之间默契配合,使生产作业过程有条不紊地进行。

高效率还需要有效管理过程的保证,包括现场的组织、督促,标准化、制度化的操作管理,严格的质量责任制的约束。反之,现场作业混乱、操作随意、作业质量差,甚至出现作业事故,显然不可能有效率。

(2) 经济效益原则。厂商生产经营的目的是为了获得最大化的利润,这是经济学的基本假设条件,也是社会现实的反映。利润是经济效益的表现。

利润=经营收入-经营成本-税金

实现利润最大化则需要做到经营收入最大化和经营成本最小化。

作为参与市场经济活动主体的仓储业,应围绕着获得最大经济效益的目的进行组织和经营。但也需要承担部分社会责任,履行环境保护、维护社会安定的义务,满足社会不断增长的需求等社会义务,实现生产经营的社会效应。

(3) 服务的原则。仓储活动本身就是向社会提供服务产品。服务是贯穿在仓储中的一条主线,从仓储的定位、仓储的具体操作、对储存货物的控制都围绕着服务进行。仓储管理就需要围绕着服务定位,如提供服务、改善服务、提高服务质量,包括直接的服务管理和以服务为原则的生产管理。

仓储的服务水平与仓储经营成本有着密切的相关性，两者互相对立。服务好，成本高，收费则高。仓储服务管理就是在降低成本和提高（或保持）服务水平之间保持平衡。

3.仓储管理的意义

（1）实现社会再生产过程顺利进行的必要条件。商品由生产地向消费地转移，是依靠仓储活动来实现的。仓储管理的意义正是由于生产与消费在空间、时间以及品种、数量等方面存在着矛盾引起的。尤其是在现代化大生产的条件下，专业化程度不断提高，社会分工越来越细，随着生产的发展，这些矛盾又势必进一步地扩大。这就不能在仓储活动中采取简单地把商品生产和消费直接联系起来的办法，而需要对复杂的仓储活动进行精心组织，拓展各部门、各生产单位之间相互交换产品的深度和广度，在流通过程中不断进行商品品种上的组合，在商品数量上不断加以集散，在地域和时间上进行合理安排。通过搞活流通，搞好仓储管理，发挥仓储活动连接生产与消费的纽带和桥梁作用，得以克服众多的相互分离又相互联系的生产者之间、生产者与消费者之间在商品生产与消费地理上的分离，衔接商品生产与消费时间上的不一致。

（2）保持物资原有使用价值和合理地使用物资的重要手段。任何一种物资，当它生产出来以后至消费之前，由于其本身的性质、所处的条件，以及自然的、社会的、经济的、技术的因素，都可能使物资使用价值在数量上减少、质量上降低，如果不创造必要的条件，就不可避免地使物资造成损坏。因此，必须进行科学管理，加强对物资的养护，搞好仓储管理，以保护好处于暂时停滞状态的物资的使用价值。同时，在物资仓储过程中，努力做到流向合理，加快物资流转速度，注意物资的合理分配，合理供料，不断提高工作效率，使有限的物资能及时发挥最大的效用。

（3）提高经济效益的有效途径。仓储管理活动是物质产品在社会再生产过程中必然会出现的一种形态，这对整个社会再生产，对国民经济各部门、各行业的生产经营活动的顺利进行，都有着巨大的作用。然而，在仓储活动中，为了保证物资的使用价值在时空上的顺利转移，必然要消耗一定的物化劳动和活劳动，尽管这些合理费用的支出是必要的，但由于它不能创造使用价值，因而，在保证物资使用价值得到有效的保护，有利于社会再生产顺利进行的前提下，费用支出的越少越好。那么，搞好物资的仓储管理，就可以减少物资在仓储过程中的物质损耗和劳动消耗，就可以加速物资的流通和资金的周转，从而节省费用支出，降低物流成本，开拓“第三利润源泉”，提高社会和企业的经济效益。

（4）物资供销管理工作的重要组成部分。物资仓储活动在物资供销管理工作中有特殊的地位和重要的作用。从物资供销管理工作的全过程来看，它包括：供需预测、计划分配、市场采购、订购衔接、货运组织、储存保管、维护保养、配送发料、用料管理、销售发运、货款结算、用户服务等主要环节。各主要环节之间相互依存、相互影响，关系极为密切。其中许多环节属于仓储活动，它们与属于“商流”活动的其他环节相比，所消耗和占用的人力、物力、财力多，受自然和社会的各种因素影响大，组织管理工作有很强的经济性，既涉及政治经济学、物理、化学、机械、建筑、气象等方面的知识，又涉及物资流通的专业知识和专业技能，它与物资经济管理专业的其他课程，如产品学、物资经济学、物资计划与供销管理、物资统计学、会计学等都有直接的密切联系。因此，仓储管理活动直接影响到物资管理工作的质量，也直接关系到物资从实物形态一直到确定分配供销的经济关系的实现。

6.2 仓储作业

仓储作业流程，是指以保管活动为中心，从仓库接收商品入库开始，到按需要把商品全部完好地发送出去的全部过程。仓储作业流程分为入库管理、在库管理和出库管理三个阶段。开展仓储作业流程管理的目的在于通过科学化的分析与管理，尽可能减少不必要的作业环节，缩短物品的作业时间，确保物流通畅、安全、有序，降低库存积压和作业费用，提高库存周转率和作业效率，促使销售、生产、采购相协调，加速资金周转。

6.2.1 入库管理

入库是仓储作业的第一步和关键环节，只有对入库活动实施科学合理的管理，才能保证后续在库、出库作业的顺畅性。仓储入库管理是指货物进入库场储存保管时所进行的卸货、搬运、清点数量、检查质量、装箱、整理、上架、堆码、办理入库手续等一系列操作。货物入库的基本要求是，根据货主的正式入库凭证，清点货物数量，计量货物质量、体积，检查货物和包装的质量，并按照规程安排货物入库存放。在入库作业环节中，应注意认真做好交接工作，办理入库单并及时登账。入库管理具体包括以下内容。

1. 入库准备

入库准备包括编制货物入库作业计划、熟悉入库物品、掌握仓库情况、安排仓容、组织人力、准备机械设备及计量检验器具、准备苫垫用品和入库单证等。

2. 接运卸货

接运卸货分为车站、码头接货；专用线接车；仓库自行接货和库内接货四种方式。

3. 商品验收

商品验收是按照验收业务作业流程，核对凭证等规定的程序和手续，对入库商品进行数量和质量检验的经济技术活动的总称。所有到库商品，必须在入库前进行验收，只有验收后的商品，方可入库保管。

商品验收包括验收准备、核对凭证和实物检验3个作业环节。

(1) 验收准备。仓库接到到货通知后，应根据商品的性质和批量提前做好验收前的准备工作，大致包括以下内容：

①人员准备：安排好负责质量验收的技术人员或用料单位的专业技术人员及配合数量验收的装卸搬运人员。

②资料准备：收集并熟悉待验商品的有关文件，如技术标准、订货合同等。

③器具准备：准备好验收用的检验工具，如衡器、量具等，并校验准确。

④货位准备：根据商品的性能、数量、体积、质量等确定商品堆放地点，计算和准备堆码苫垫材料，并进行清理消毒等工作。

⑤设备准备：大批量商品的数量验收，必须要有装卸搬运机械的配合，应做好设备的申请调用。此外，对于一些特殊商品的验收，如毒害品、腐蚀品、放射品等，还要准备相应的防护用品。

(2)核对凭证。入库商品凭证包括：入库通知单、订货合同副本；供货单位提供的质量证明书、装箱单、磅码单、发货明细表；商品承运单位提供的运单，若商品在入库前发现残损情况，还要有承运部门提供的货运记录或普通记录，作为向责任方交涉的依据。

核对凭证，也就是将上述凭证加以整理全面核对。入库通知单、订货合同要与供货单位提供的所有凭证逐一核对，相符后才可进行下一步实物检验。

(3)实物检验。所谓实物检验，就是根据入库单和有关技术资料对实物进行数量和质量检验。

①数量检验。数量检验是保证入库物资数量准确不可缺少的重要步骤，一般在质量验收之前，由仓库技术管理职能机构组织进行。按商品性质和包装情况、数量检验分为3种形式，即计件、检斤、检尺求积。

在进行数量验收之前，还应根据商品来源、包装好坏或有关部门规定，确定对到库商品是采取抽验还是全验方式。在一般情况下数量检验应全验，即按件数全部进行点数，按质量供货的全部检斤，按理论质量供货的全部检尺，后换算为质量，以实际检验结果的数量为实收数。有关全验和抽验，如果商品检验管理机构有统一规定时，则可按规定办理。

②质量检验。包括外观检验、尺寸检验、机械物理性能检验和化学成分检验4种形式。仓库一般只做外观检验和尺寸精度检验，后两种检验如果有必要，则由仓库技术管理职能机构取样，委托专门检验机构检验。

质量检验是商品交货时或入库前的验收。在某些特殊情况下，尚未完工时期的验收和制造时期的验收，即在供货单位竣工和正在制造过程中，由需方派员到供方处进行验收。

4.办理交接手续

交接手续是指仓库与送货人之间就送到的物品进行确认。交接手续的办理，代表仓库已经接收相应物品，同时也意味着划清了送货运输部门与仓库的责任。

5.入库信息处理

入库信息包括登账、立卡和建档。仓库在接收物品后，根据合同的约定或者存货人的要求，及时向存货人签发仓单，并作为提货时的有效凭证。在存储期满，根据仓单的记载向仓单持有人交付物品，并承担仓单所明确的责任。

6.2.2 在库管理

商品在入库之后、出库之前处于保管阶段。商品保管是仓库的主要职能，也是仓库管理工作的核心环节。货物的在库管理是指对货物进行合理保存和经济管理。合理保存，就是将货物存放在适宜的场所与合适的位置。经济管理，是在对货物保证储存质量与数量的前提下，兼顾成本与费用的科学统筹。在个性化的消费时代，在库管理工作要求由储存向流通转变，因此在具体作业期间，不仅要考虑货物的分区、堆码、苫垫、养护等基本工作，还要考虑配合流通需要进行货物的流通加工等增值作业。

1.保管原则

(1)面向通道进行保管。为使物品出入库方便，容易在仓库内移动，基本条件是将物品面向通道保管。

(2)尽可能地向高处码放，提高保管效率。为了有效利用库内容积，应尽量向高处码放；为防止破损保证安全，应当尽可能使用棚架等保管设备。

(3)根据出库频率选定位置。出货和进货频率高的物品应放在靠近出入口、易于作业的地方；流动性差的物品放在距离出入口稍远的地方；季节性物品则依其季节特性来选定放置的场所。

(4)同一品种在同一地方保管。为提高作业效率和保管效率,同一物品或类似物品应放在同一地方保管。员工对库内物品放置位置的熟悉程度直接影响着出入库的时间,将类似的物品放在邻近的地方是提高效率的重要方法之一。

(5)根据物品重量安排保管的位置。安排放置场所时,当然要把重的东西放在货架的下边,把轻的东西放在货架的上边。需要人工搬运的大型物品则以腰部的高度为基准,这对于提高效率、保证安全是一项重要的原则。

(6)依据形状安排保管方法。依据物品形状来保管也是很重要的,如标准化的商品应放在托盘或货架上来保管。

(7)依据先进先出的原则。保管的重要一条是对于易变质、易破损、易腐败的物品以及机能易退化、老化的物品,应尽可能按先进先出的原则加快周转。当前由于商品的多样化、个性化,使用寿命普遍缩短,这一原则更显得十分重要。

2.保管方式

在进行储存保管时,通常采取以下五种正确的保管方式:

(1)地面平放式:将保管物品直接堆放在地面上。

(2)托盘平放式:将保管物品直接放在托盘上,再将托盘平放于地面。

(3)直接堆放式:将货物在地面上直接码放堆积。

(4)托盘堆码式:将货物直接堆码在托盘上,再将托盘放在地面上。

(5)货架存放式:将货物直接码放在货架上。

流通型仓库应首先考虑出入库的时间和效率,因而较多地着眼于拣选和搬运的方便,保管方式必须与之协调。存储中心出入库的频率较低,应该重视保管,因而首先要考虑保管方式。

3.商品的维护保养

由于不同商品性能不同,对储存条件的要求也不同,如怕潮湿和易霉变、易生锈的商品,应存放在较干燥的库房里;怕热易溶化、发黏、易挥发、易变质或易发生燃烧、爆炸的商品,应存放在温度较低的阴凉场所;一些既怕热又怕冻且需要一定湿度的商品,应存放在冬暖夏凉的楼下库房或地窖里。此外,性能相互抵触或易串味的商品不能在同一库房混存,以免相互产生不良影响。尤其对于化学危险物品,要严格按照有关部门的规定,分区分类安排储存地点。

6.2.3 出库管理

出库管理又称发货管理,是指仓库根据货主开具的出库凭证,从对出库凭证审核开始,进行备货、复核、出库交接、销账存档等一系列作业过程。它是仓储作业流程的最后一个环节。出库作业流程如下:

(1)核对凭证。发放商品必须有正式的出库凭证,严禁无单或白条发货。保管员接到出库凭证后,应仔细核对,这就是出库业务的核单(验单)工作。首先要审核出库凭证的合法性和真实性,其次核对商品品名、型号、规格、单价、数量、收货单位、到站、银行账号,然后审核出库凭证的有效期等,如属自提商品,还须检查有无财务部门准许发货的签章。

(2)备货。出库凭证核对无误之后,进行出货准备,此时有两种不同的处理方式:一是照单拣货,准备出货验收;二是视情况拣货,准备改变包装或简易加工。需要注意的是:备货一定要按出库凭证所列的项目和数量进行，不得随意更改；备货计量一般根据货物入库验收单上的数量，不用再重新过磅，对被拆散、零星货物的备货应重新过磅；备好的货物应放于相应区域，等待出库；出库货物应附有质量说明书或抄件、磅码单、装箱单等附件。

(3)复核。复核遵循“单货相符”的原则，出库物品的相关信息与出库凭证一致。复核内容包括“三核对、三齐全、三不走、三清点”，具体如下：

①三核对：核对单据、核对品名规格、核对数量质量。

②三齐全：配套齐全、证件齐全、随商品资料齐全。

③三不走：包装不好不走、数量质量不符不走、装卸不合安全规则不走。

④三清点：仓库保管员清点、库房负责人清点、押运员或收发员清点。

(4)清点交接。货物经复核后，如果是用户自提方式，则将货物和单据当面点交给提货人，办理交接手续；如是送料或办理托运的，则与送料人员或运输部门办理交接手续，当面将货物交点清楚。交清后提货人员应在出库凭证上签章。无论是哪种出库方式，都要按单逐件交接清楚，划清责任。在得到接货人员的认可后，在出库凭证上加盖“货物付讫”印戳，同时给接货人员填发出门证，门卫按出门证核检无误后方可放行。

(5)登账及销账存档。出库货物交接清点以后，保管员应在出库单上填写实发数、发货日期等内容，并签名，然后将出库单连同有关证件资料，及时交于货主，以便使货主办理货款结算。最后，仓管人员要做好清理工作，并注销账目、料卡，标清已出库货物货位，已被后续货物使用。

6.3 库存管理

6.3.1 库存的概述

1.库存的概念

库存是指暂时闲置的用于满足将来需要的资源。它通常摆放在仓库中。在企业生产中，有许多未来的需求变化是人们无法预测或难以全部预测到的，人们不得不采用一些必要的方法和手段应付外界变化，库存就是出于种种经济目的考虑而设立和存在的。设置库存的目的是为了防止短缺，所以企业一般都具有一定的库存。

库存无论对制造业还是服务业都十分重要。传统上，制造业库存是指生产制造企业为实现产成品生产所需要的原材料、备件、低值易耗品及在制品等资源。在服务业中，库存一般指用于销售的有形商品及用于管理服务的易耗用品。

2.库存的作用

一般来说，任何企业都有库存，只是由于各类企业的性质不同，其库存的种类、品种和数量有所不同。库存的作用一般表现在以下几个方面：

(1)库存可以使企业降低采购成本。众所周知，企业在采购过程中，采购的价格因采购数量的多少而有所不同。大批量的采购可以获得更多的价格折扣，使企业降低采购成本，实现规模经济效益。同时，大批量的采购，有时还可以避免由于市场价格上涨带来的资金支出增加。因此，在这种情况下自然就会产生库存。

(2)库存可以调节和缓解供需矛盾。任何产品的生产都不可能与消费达到完全高度的吻合。有些产品的生产时间相对集中，而消费则是相对均衡的，如一些季节性产品、批量产品在生产出来以后，需要储存，形成存货，再持续地向消费者提供，不断保证满足消费者需求，从而缓解供给和消费需求之间存在的差别。从另一方面来说，集中生产的产品如果即时推向市场销售，必然造成市场短时间内产品供大于求，造成产品价格下跌，产品无法消费而被废弃的现象，而通过库存来进行调节，均衡地向市场供应，可稳定市场。因此，库存可以起到维护正常的生产秩序和消费秩序的作用，可以缓解、调节和消除供求之间的这种不协调。

(3)库存可以缩短或消除消费者的等待时间。任何生产过程都需要一定的时间，即产品在到达最终消费者之前，都有必要的原材料的采购、物品的生产、成品的流通等过程。而每一位消费者选择的只是最终可以及时使用的成品，不会愿意花时间去等待产品生产，然后再消费。如果企业保持有一定量的库存，就可以缩短或者消除消费者的等待时间，满足消费者需求，提高产品的竞争力。

(4)库存具有防止和化解不确定因素的作用。库存具有一定的安全功能，就是用来防止和化解由于不确定因素的发生对企业正常运营的影响。这些不确定因素可能是由于临时用量的增加，也可能是市场的供货紧缺等形成的。一般来说，不确定因素主要有两种类型：一种是需求的变化；另一种是时间前置的变化。在生产中，如果实际需求量超过了计划的需求量，或者前置时间超过了计划的前置时间，这时如果企业没有一定量的安全库存，就会发生缺货，并影响企业的正常经营。所以安全库存就是为了避免此类现象的发生而存在的。

(5)经济性作用。库存是企业的一项资产，它也同其他资产一样，也要追求资产运用的最优化。库存过多会造成积压，增加企业不必要的储存成本；库存不足又会造成脱销，影响企业的正常生产经营和造成消费者不满。因此，企业库存应当尽量保持一个最优值，即企业的库存既不应该投资过多，又不能投资过少，应当根据市场需求和变化特点找到最合理优化的平衡点，取得最大化的经济效益。

3.库存的分类

一般情况下，库存可按以下不同的标准进行分类：

(1)按生产过程分类。从生产过程的角度，可分为原材料库存、在制品库存、维修库存、成品库存。

①原材料库存：指企业在存储的过程中所需要的各种原料、材料，这些原料和材料必须符合企业生产所规定的要求。有时，也将外购件库存作为原材料库存。

②在制品的库存：指仍处于生产过程中，但已部分完工的半成品。

③维修库存：包括用于维修与维护的经常性消耗品或者备件，例如润滑油和机器零件等。维修库存不包括产成品的维护所需要的物品或备件。

④成品库存：指可以出售、分配、能提供给消费者购买的最终产品。

(2)按经营过程分类。从经营过程的角度，可将库存分为经常库存、安全库存、生产加工库存、季节性库存、增值库存、积压库存。

①经常库存：指企业在正常经营环境下为满足日常需要而建立的库存。

②安全库存：指为防止不确定因素的影响而准备的缓冲库存。如大量突然发货、交货期突然延期等。有资料表明，安全库存几乎占到零售业库存的1/3左右。

③生产加工库存：指处于加工状态以及为了生产的需要暂时处于储存状态的零部件、半成品或成品。

④季节性库存：指为了满足特定季节中出现的特定需要而建立的库存，或指对季节性出产

的原材料在出产的季节大量收购所建立的库存。

⑤存储库存或积压库存:指因物品品质变坏不再有效用的库存,或没有市场销路而卖不出去的商品库存。

(3)按库存的作用和功能分类。从库存的作用和功能分,可分为基本库存(安全库存)和中转库存。

①基本库存:指补给生产过程中产生的库存。由于生产过程对原材料的需求是源源不断的,因此,就必须有一定数量的库存以便提供生产供应,保障生产所需。补给订货的数量就是订货量。

②中转库存:指正在转移或者等待转移的,或者已经装运在运输工具上的存货。中转库存是实现补给订货所必需的库存,在今天越来越受到企业的关注,在企业生产经营中,中转库存重视小批量、高频率的运输与传递,使之在存货中的比例逐渐增大。

(4)按库存的预测性分类。按库存的预测性分类,可分为独立需求库存和相关需求库存。

①独立需求库存:指需求的数量和时间与其他变量的相互关系不确定,主要受消费市场需求影响的库存。一般来自客户的对企业产品和服务的需求为独立需求。

②相关需求库存:指其需求的数量和时间与其他变量存在一定的相互关系,可以通过一定的数学关系推断出来的库存。一般生产制造企业内部物料转化各环节之间发生的需求为相关需求。客户对企业产品的需求一旦确定,与该产品有关的零部件、原材料的需求也就随之确定,对这些零部件、原材料的需求就是相关需求。

4.库存的成本构成

在库存经营过程中,会产生各种各样的成本,主要包括订货成本、存储成本、进货与购买成本、缺货成本等。

(1)订货成本。订货成本是指订货过程中发生的与订货有关的全部费用,包括办公费、差旅费、订货手续费、通信费、招待费以及订货人员的有关费用。订货成本可分为固定性订货成本和变动性订货成本两部分。固定性订货成本是指与采购次数和数量没有直接联系的,用于维持采购部门正常活动所需要的有关费用,如采购机构的管理费、采购人员的工资等。变动性订货成本是指与订货数量没有直接关系,但随订货次数的变动而变动的费用,如差旅费、运输费等。所以,一般来说,订货成本与订货量的多少无关,而与订货次数有关。要降低订货成本,就需减少订货次数。

(2)存储成本。存储成本又称为持有成本,是指存货在储存过程中发生的费用。存储成本包括货物占用资金应付的利息、货物损坏变质的支出、仓库折旧费、维修费、仓储费、保险费、仓库保管人员工资等费用。

存储成本按照其与存货的数量和时间关系,分为固定性存储成本和变动性存储成本两部分。固定性存储成本是指在一定时期内总额相对稳定,与存货数量和时间无关的存储费用,如仓库折旧费、仓库人员工资等。变动性存储成本是指总额随着存货数量和时间的变动而变动的有关费用,如仓储费、占用资金的利息等。

(3)进货与购买成本。进货与购买成本是指在采购过程中所发生的费用,包括所购物资的买价和采购费用。该成本取决于进货的数量和进货的单位成本。在没有数量折扣的条件下,进货与购买成本是企业无法控制的,属于无关成本。

(4)缺货成本。缺货成本是指当存储供不应求时引起的损失,如失去销售机会的损失、停工待料的损失、临时采购造成的额外费用以及延期交货不能履行合同而缴纳的罚款等。从缺货损失的角度考虑，存储量越大，缺货的可能性就越小，缺货成本也就越低。

存货的总成本即由以上各项成本构成。

6.3.2　库存管理的概念和目标

1. 库存管理的概念

库存管理也称库存控制，是指对生产、经营全过程的各种物品、产成品及其他资源进行预测、计划、执行、控制和监督，使其储备保持在经济合理的水平上的行为。现代企业认为，零库存是最好的库存管理。因为库存多，占用资金也多，利息负担加重。但如果过分追求低库存，也会加大存货短缺成本，造成货源短缺，失去市场甚至失去客户。因此，在库存管理过程中，应把握好衡量的尺度，处理好服务成本、短缺成本、订货成本、库存持有成本等各成本之间的关系，以求达到企业的库存管理目标。

2. 库存管理的目标

为了保证企业正常的生产经营活动，库存是必要的，但因为库存又占用了大量资金，成为企业生产经营成本的一部分，因此，库存管理关键的问题就是要求既能保证经营活动的顺利进行，又能使资金占用达到最小。库存管理的目标就是要防止超储和缺货，在企业资源约束下，以最合理的成本为客户服务。具体而言，库存管理目标就是要实现：库存成本最低的目标、库存保证程度最高的目标、限定资金的目标、快捷的目标等。

通过库存管理，在满足客户服务需求的前提下，企业对库存水平进行控制管理，尽可能降低库存水平，提高物流系统的效率，以强化企业的竞争力。

6.3.3　库存管理的方法

为了提高库存管理的质量，既保证生产经营的正常进行，又能有效地降低库存成本，必须结合企业的实际情况选择有效的控制库存方法。库存管理与控制的方法是随着对库存管理研究的发展和通信技术的发展而不断变化的。下面介绍几种常用的控制库存方法。

1. ABC 分类管理法

一般来说，企业的库存物资种类繁多，每个品种的价格不同，且库存数量也不等，有的物资品种少但价值高，而有的物资品种多但价值低。由于企业的资源有限，因此，对所有库存品种均给予相同程度的重视和管理是不可能的，也是不切实际的。为了使有限的时间、资金、人力、物力等企业资源能得到更有效的利用，应对库存物资进行分类，将管理的重点放在重要的库存物资上，进行分类管理和控制，即依据库存物资重要程度的不同，分别进行不同的管理，这就是 ABC 分类方法的基本思想。

ABC 分类管理方法就是将库存物资按重要程度分为特别重要的库存（A 类库存），一般重要的库存（B 类库存）和不重要的库存（C 类库存）三个等级，然后针对不同的级别分别进行管理和控制。ABC 分类管理方法包括两个步骤：一是如何进行分类，二是如何进行管理。

（1）如何进行分类。由于各种库存品的需求量和单价各不相同，其年耗用金额也各不相同。那些年耗用金额大的库存品，由于其占用企业的资金较多，对企业经营的影响也较大，因此需要特别重视和管理。ABC 分类法根据库存物资年耗用金额的大小，把库存物资划分为 A、B、C 三类。具体地说，A 类库存物资其年库存耗用金额占总库存金额的 70%～80%，其品种数只占库存品种总数的 5%～15%；B 类库存物资其年库存耗用金额占总库存金额的 15%～25%，其品种数占库存品种总数的 20%～30%；C 类库存物资其年库存耗用金额占总库存金额的 5%～10%，其品种数却占库存品种总数的 60%～70%。

以上按所占金额大小来分类的方法有一定的缺陷，例如，按金额来分类，可能出现某个品种被归为 C 类物资，但却是生产过程中不可缺少的重要部件的现象，一旦发生缺货则会造成生产的停顿。为了弥补按金额大小分类方法的不足，发展出了重要性分析方法（Critical Value Analysis，CVA）。这种方法的基本点是按照工作人员的主观认定，对每个库存品种进行重要度打分，评出的分数称为分数值（Point Value），再依据分数值的高低将物资品种划分为 3～4 个级别，即最高优先级（Top Priority）、高优先级（High Priority）、中优先级（Medium Priority）、低优先级（Low Priority）。

（2）如何进行管理。在对库存进行 ABC 分类之后，接着便是根据企业的经营策略对不同级别的库存进行不同的管理和控制。

①A 类库存。这类库存物资数量虽少，但对企业却最为重要，是最需要严格管理和控制的库存。企业必须对这类库存定时进行盘点，详细记录及经常检查分析物资使用、存量增减、品质维持等信息，加强进货、发货、运送管理，在满足企业内部需要和顾客需要的前提下维持尽可能低的经常库存量和安全库存量，加强与供应链上下游企业合作以降低库存水平，加快库存周转率。

②B 类库存。这类库存属于一般重要的库存，对这类库存的管理强度介于 A 类库存和 C 类库存之间。对 B 类库存一般进行正常的例行管理和控制。

③C 类库存。这类库存物资数量最大但对企业的重要性最低，因而被视为不重要的库存。对于这类库存，一般进行简单的管理和控制。比如，大量采购库存、减少这类库存的管理人员和设施、库存检查时间间隔长等。

2. 定量订货法

（1）定量订货法原理。所谓定量订货法，就是预先确定一个订货点和订货批量，随时检查库存，当库存下降到订货点时就发出订货，订货批量取经济订货批量。其原理如图 6.1 所示。

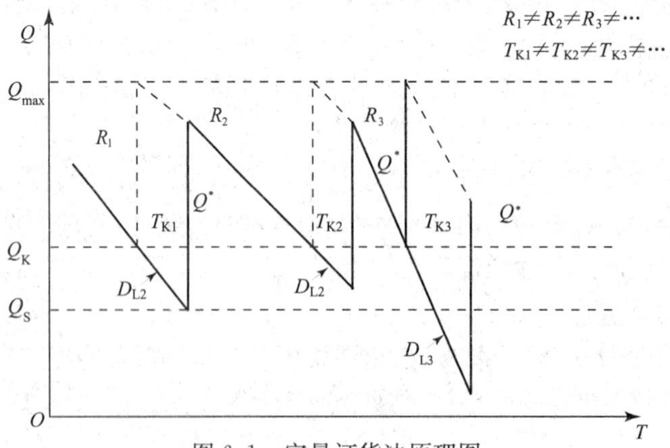

图 6.1 定量订货法原理图

假设实施订货点控制技术之前，已确定好了订货点为 Q_K，订货量为 Q^*。其中 Q_K 由两部分构成，一部分是安全库存 Q_S，另一部分是提前期平均需求量 $\overline{D}_L$，$Q_S = Q_K - \overline{D}_L$，或 $Q_K = Q_S + \overline{D}_L$。在系统开始运转时，从 0 时刻开始，每天检查库存，假设在第一个周期，随着销售的进行，库存量以 R_1 的速度下降，当库存下降到 Q_K 时，就发出订货，订货批量为 Q^*。随后进入订货进货提前期 T_{K1}。提前期 T_{K1} 结束时，消耗的库存物资数量为 D_{L1}，使库存水平下降到最低。这时所订货物批量 Q^* 到达，实际库存量一下上升了一个 Q^*，达到高库存，然后进入第二个周期的销售。这样不断循环下去。

(2)定量订货法控制参数的确定。

①订货点的确定。在定量订货法中，把发出订货时仓库里该品种还保有的实际库存量叫作订货点。订货点是一个决策变量，它是直接控制库存水平的一个关键变量。

显然，订货点不能取太高，也不能太低。如果太高，则订货物资订回来了，原有的库存物资还没有卖完，这样新旧物资合在一起，库存量就太高了，增加库存成本；订货点如果太低，则订货物资还没有到达，旧的物资就已经卖完了，造成缺货，会降低服务水平。那么订货点该如何确定才能合适呢？

订货点的大小取决于两个因素：

- 销售速率(对供应者来说，是供应速率，下同)，也就是销售速率的快慢，用单位时间内的平均销售量 R 来描述。显然，销售速率越高，订货点应该越高。
- 订货提前期。所谓订货提前期，就是指从发出订货到所订货物运回入库所需要的时间。用 T_K 来描述。显然，T_K 越大，订货点越高。T_K 的大小取决于路途的远近和运输工具速度的快慢。按照已有的销售速率在订货提前期内将有一定的销售量，把这个销售量叫作订货提前期销售量，或简称订货提前期需求量，用 D_L 表示，显然有：

$$“D_L” = “R” \times “T_K”$$

这里之所以都加上引号是表示这里只是概念意义，因为它们各自可能都是随机变量或确定变量，在数值上具体表达式可能不同。

由上式提前期需求量 D_L 与订货提前期 T_K 以及销售速率 R 的关系可以看出，订货点合适的大小应当取为刚好等于提前期需求量，即 $Q_K = D_L = R \times T_K$。

②订货批量的确定。所谓订货批量，就是一次订货所订的物资数量。订货批量也是不能随意确定的。因为订货批量的高低直接影响库存量的高低，也直接影响物资的供应满足程度。订货批量太大，虽然可以较充分满足用户需要，但将使库存量过高，成本升高；订货批量太小，库存量虽然可以降下来，但不一定能保证满足用户需要，所以订货批量也要合适。决定订货批量的大小，要考虑哪些因素呢？

- (需求)速率 R 的高低。(需求)速率越高，说明用户的需求量大，当然订货批量也应该大，这是容易理解的。
- 经营费用的高低。费用的高低对订货批量有影响，这也是可想而知的。在确定订货批量时，需要综合考虑发生的各种费用，根据使总费用最省的原则来确定经济订货批量 Q^*。

不同的模型中，考虑的库存费用种类不同，所以订货批量的大小也不一样。例如在不允许缺货、瞬时到货的模型中的经济订货批量 Q^* 可以表示为：

$$Q^* = \sqrt{\frac{2C_0R}{C_1}}$$

它取决于单次订货费用 C_0 和单位物资单位时间的保管费用 C_1，还取决于单位时间内的需求量 R。

在随机型的模型中，订货批量也都可以采用这个公式计算。

③ 如何实施。定量订货法的实施步骤是很简单的，可以分成以下三步：

A. 确定订货点和订货批量。

B. 库存管理人员或销售人员每天检查库存。

C. 当库存量下降到订货点时，就发出订货。订货量取一个经济订货批量。

应用定量订货法时还要注意它的运用环境条件。不是什么情况下都可以运用定量订货法的。定量订货法应用的前提条件是：

- 它只适用于订货不受限制的情况。即什么时候想订货就能订到货，想到哪里订货就能到哪里订到货。也就是说，它只适用于物资资源供应充足、供大于求、自由流通的市场。
- 它的直接运用只适用于单一品种的情况。如果要实行几个品种联合订购，则还要进行灵活处理才行。
- 它不但适用于确定型需求，也适用于随机型需求。对于不同的需求类型，可以导出具体的运用形式，但它们的应用原理都是相同的。
- 它一般多用于A类物资，即品种少而价值高、比较重要的物资，实行固定批量订货。

3. 定期订货法

（1）定期订货法的原理。定期订货法的原理，是预先确定一个订货周期 T^* 和一个最高库存量 Q_{max}，周期性检查库存，发出订货。订货批量的大小应使订货后的"名义"库存量达到额定的最高库存量 Q_{max}。定期订货法的运行模型如图 6.2 所示。

在系统运行以前，先确定好订货周期，假设为 T，也确定好仓库库存控制的最高库存量，假设为 Q_{max}。库存销售按正常规律进行。假设在时间轴的 0 点开始运行定期订货法，这时检查库存量，库存水平在 1 点，库存量假设为 Q_{K1}，则发出订货，订货量取 Q_{K1} 与 Q_{max} 的差值，即第一次的订货量 $Q_1=Q_{max}-Q_{K1}$。随后进入第一个订货提前期 T_{K1}，提前期结束，所订 Q_1 的货物到达，实际库存一下升高 Q_1，到达高库存。然后进入第二个周期的销售，销售仍然按正常进行，销售过程中可以不管库存量的变化。经过一个订货周期 T，到了按订货周期该订货的日子，又检查库存量，假设这时（2 点）的库存量为 Q_{K2}，就又发出订货量 Q_2，Q_2 的大小等于 Q_{K2} 与 Q_{max} 的差值。随后进入第二个订货提前期 T_{K2}，T_{K2} 结束，所订货物 Q_2 到达，将实际库存量又一下提高到高库存。随后进入第三个销售周期。到了下一个订货日，又检查库存、发出订货，这样继续下去。

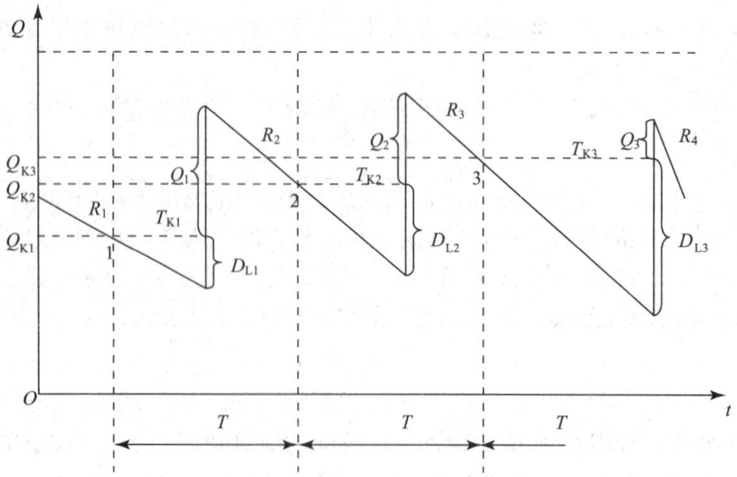

图 6.2　定期订货法原理图

(2)定期订货法控制参数的确定。

①订货周期的确定。定期订货法中，订货周期决定了订货时机，它也就是定期订货法的订货点。订货周期，就是订货间隔期。它与定量订货法的订货间隔期不同，定量订货法的订货间隔期互相可能不等，定期订货法的订货间隔期都互相相等。订货间隔期的长短，直接决定了最高库存量的大小，也就是决定了仓库的库存水平的高低，因而决定了库存费用的大小。所以订货周期不能太大，太大了，就会使库存水平过高；也不能太小，太小了，订货批次太多，增加了订货费用。

在一般情况下，可以用经济订货周期作为定期订货法的订货周期，即：

$$T^* = \sqrt{\frac{2c_0}{c_1 R}}$$

式中的变量的含义与经济订货批量公式中的一样。

实际上，订货周期也可以根据具体情况进行调整。例如：自然日历习惯，如月、季、年等；企业的生产周期或供应周期等，也就是说不一定很精确。

②最高库存量如何确定。前面已经说到，定期订货法的最高库存量应该以满足 $T+T_K$ 期间的需求量为依据。也就是说，可以取最高库存量等于 $T+T_K$ 期间的总需求量。如果用 D_{T+TK}来描述 $T+T_K$ 期间的需求量，则有：

$$Q_{max} = D_{T+TK}$$

③订货量如何确定。定期订货法没有固定不变的订货批量，每个周期的订货量的大小都是由当时的实际库存量的大小确定的，等于当时的实际库存量与最高库存量的差值。这里所谓"实际库存量"，严格地说，是指检查库存时仓库所实际具有的能够用于销售供应的全部物资的数量。也就是说，它不光包括当时的存于仓库中的物资数量 Q_K，也包括已订未到物资数量 I 和已经售出而尚未发货的物资数量 B。Q_K、I、B 都是由订货时检查库存而实际得到的数据，每次检查的值可能不一样。所以每次的订货量也不一样。第 i 次检查库存发出订货的数量 Q_i 可以表示为：

$$Q_i = Q_{max} - Q_K - I_i + B_i$$

(3)如何实施。定期订货法具体实施时，首先要进行需求分析、经营方式分析、控制方法分析等。在确定要用定期订货法时，就要分析确定决策参数 Q_{max} 和 T。然后在具体运行时，每隔一个订货周期 T 检查库存，发出订货。每次的订货量的大小都是使得订货后的名义库存量达到 Q_{max}。

定期订货法应用的前提条件是：

①它的直接运用只适用于单一品种的情况。但是稍加处理，也可以用于几个品种的联合订购。

②它不但适用于随机型需求，也适用于确定型需求。对于不同的需求类型，可以导出具体的运用形式，但它们的应用原理都是相同的。

③它一般多用于 ABC 分类管理中品种数量大、平均占用资金少，只需一般管理的 B 类、C 类物资。

6.4 库存优化的方法

6.4.1 MRP

1. MRP 概述

MRP(Material Requirements Planning)，中文译为"物料需求计划"，是 20 世纪 60 年代由

美国生产管理与计算机专家奥得佛·怀特首先提出来的,随后在美国及其他发达国家制造企业的物料采购中得到了广泛应用。MRP 是在订货点法计划基础上发展形成的一种新的库存计划与控制方法,是计算生产最终产品所用到的原材料、零件和组件的系统。由于现代工业产品的结构非常复杂,一个产品往往由若干种零件和部件组成,用手工方法不能在短期内确定出各种零件及相应的制造资源的需要量和需要时间,易造成大量的原材料库存,由此产生了 MRP 系统,它可以精确地确定各产品的组成件的需求数量与时间,实现低库存与高服务水平的并存,解决了制造企业所关心的短缺与超储的矛盾,是一种保证既不出现短缺,又不积压库存的计划方法。

在企业中,物质资料的生产是将原材料转化为产品的过程。如果确定了产品生产的数量和出产时间,就可以按产品的结构确定构成产品的所有零件和部件的数量,并可按各种零件和部件的生产周期反推它们的出产时间和投入时间,相应地确定各种制造资源的需要数量和需要时间,使之围绕物料的转化过程来组织资源,实现按需要准时生产。

2. MRP 的目标和原理

MRP 系统的主要目标在于控制库存水平,确定产品的生产优先顺序,满足交货期的要求,使生产系统的负荷达到均衡,即采购恰当数量的零部件,选择恰当的时间订货,保证计划生产和向客户提供所需的各种材料、部件和产品,计划交货的时间和生产负荷等。

MRP 的基本原理是:由主生产计划、主产品结构文件、产品库存文件逐个求出主产品所有零部件的生产时间和生产数量。其中,若零部件是企业内部生产,需根据各自生产时间长短提前安排投产时间,形成零部件投产计划;若零部件需外购,则根据各自的订货提前期确定提前发出订货的时间、订货数量,形成采购计划。据此实现所有零部件的出产计划,保证产品的交货期,降低原材料的库存,减少资金占用。MRP 逻辑原理关系如图 6.3 所示。

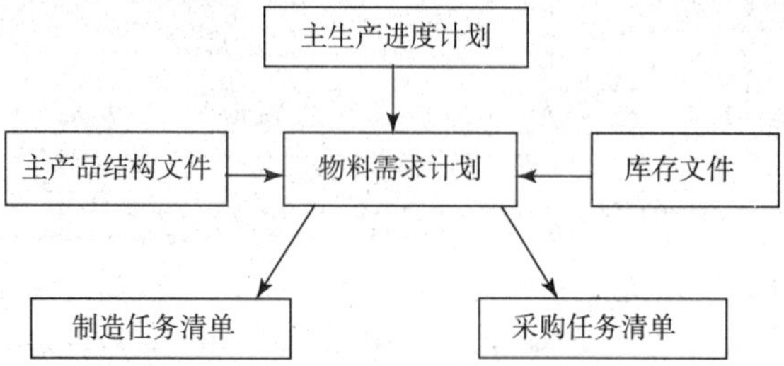

图 6.3　MRP 逻辑原理关系图

3. MRP 系统的运行

简单来说,MRP 的基本内容是编制零件的生产计划和采购计划。但是,要正确编制零件计划,必须掌握客户需求,然后落实产品生产的数量和生产的时间,再确定相应的所需材料的数量并采购。因此,MRP 的内容概括起来主要包括客户需求管理、产品生产计划、原材料计划以及库存记录。通过客户需求管理(包括客户订单管理及销售预测)得出客户需要什么以及需要多少;通过产品生产计划确定最终将要生产的产品的生产时间和数量,成为决定需要多少劳动力和设备以及需要多少原材料和资金的依据;通过原材料计划制订生产产品需要准备的原材料的具体情况。而在确定购买原材料之前,需要检查现有库存记录,并通过比较得出实际的购买量。

为实现这些任务,MRP 系统分为 MRP 的输入和 MRP 的输出两部分。

(1)MRP 的输入。MRP 系统的输入由主生产计划、产品结构文件和库存文件三个部分组成。

①主生产计划:主生产计划(Master Production Schedule,MPS)是 MRP 的主要输入,是关于最终产品生产数量的计划,即最终产品的出产时间和出产数量。在主生产计划中,产品出产进度一般以周为计划单位,根据客户合同和市场预测,把经营计划或生产大纲中的产品系列具体化,使之成为展开物料需求计划的主要依据,起到了从综合计划向具体计划过渡的承上启下作用。

②产品结构文件:又称物料清单(Bill Of Materials,BOM),是生产某种最终产品所需要的零部件、辅助材料的目录。产品结构信息说明生产一件最终产品所需要的材料和零部件数量、使用这些零部件的时间以及各零部件间的数量关系等内容。一般用树形结构表示,将组成最终产品的组件、部件、零件,按组装成品顺序合理地分解为若干个等级层次,每一层次表示制造最终产品过程中的一个阶段。通常,最高层为 0 层,代表最终产品项,1 层代表组成最终产品项的零部件,2 层为组成 1 层零部件的零部件,以此类推,最底层为零件和原材料。各种产品的结构复杂程度不同,产品结构的层数也不同。

现以一个简单的产品 A 为例,其结构如图 6.4 所示。由图 6.4 可知,A 产品有 3 级制造层次,A 处于 0 层次,下面由 C 和 B 两个部件组成,在 B 层下又由两个部件 D 和 E 组成。

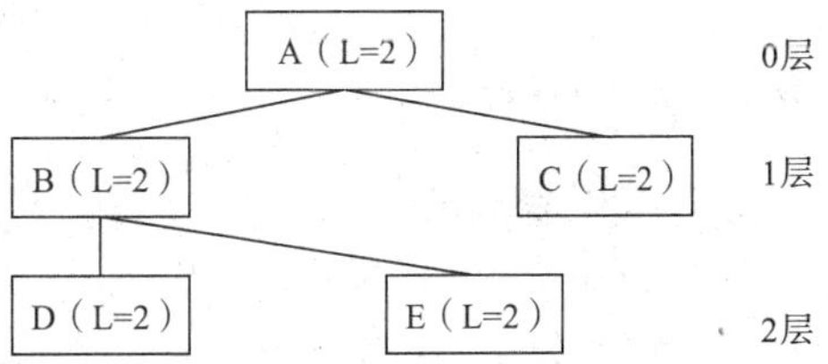

图 6.4　A 产品的产品结构层次图

MRP 系统要正确计算出物料需求的时间和数量,首先要让系统知道企业所制造的产品结构,该产品结构列出了构成成品的所有部件、组件、零件等的组成、装配关系和数量要求以及所有要使用到的物料。为了便于计算机识别,还必须把产品结构图转换成规范的数据格式。用规范的数据格式来描述产品结构的文件就是物料清单,用来说明组件或部件中各种物料需求的数量和相互之间的组成结构关系。

③库存文件:又称库存状态表,是保存企业所有产品、零部件、在制品、原材料等存在状态的数据库,主要包括总需求量、当前库存量、计划入库量、订购批量、安全库存量、净需求量等信息。

- 总需求量:指主产品及其零部件的需要量。主产品需要量与主生产计划一致,零部件的总需要量根据主生产计划和主产品结构文件推算得出。
- 库存量:指在企业仓库中每期期末库存物资的数量。

库存量=本期期初库存量+本期到货量−本期需要量

- 计划入库量:指根据正在执行中的采购订单或生产订单,在未来某个时段物料将要入库或将要完成的数量。
- 安全库存量:指为了预防需求或供应方面的不可预测的变化,在仓库中应经常保持的最低库存数量。
- 订购批量:指计划在某个时段内向供应商订购或要求生产部门生产某种物料的数量。订购批量理论上等于净需求量。
- 净需求量:指需要外界提供的物料数量。

净需求量=总需求量−计划入库量−现有库存量

(2)MRP 的输出。MRP 系统能够输出的信息较多，主要的输出信息有订货数量与时间、是否需要改变所需产品的数量和时间、是否需要取消产品的需求、MRP 系统自身的状态等。

4. MRP 系统的优缺点

MRP 的应用，其优越性是明显的，由于进行了精确的计划和计算，使所需要的物资能够按时按量到达需要的地方，一般不会产生超量库存，尽可能降低了库存水平，又能及早采取防范措施，避免供应中断。此外，采用 MRP，还有利于促进企业提高管理水平。

MRP 的不足表现在：高度计算机化、系统复杂、使用中难以调整。此外，尽管 MRP 的目标之一是将库存保持在最低水平又能保证及时供应所需的物品，但它没有考虑到生产企业现有的生产能力和采购的有关条件的约束，计算出来的物料需求的日期有可能因设备和工时的不足而没有能力生产，或者因原料的不足而无法生产。同时，它也缺乏根据计划实施情况的反馈信息对计划进行调整的功能。因此，MRP 系统在 20 世纪 70 年代发展为闭环 MRP 系统。闭环 MRP 系统除了物料需求计划外，还将生产能力需求计划、车间作业计划和采购作业计划也全部纳入 MRP，形成了封闭的系统。随后闭环 MRP 系统中又加入了对制造范围的资金控制，升级为“制造资源计划”，即 MRPⅡ。

6.4.2 MRPⅡ

1. MRPⅡ概述

MRPⅡ是 20 世纪 80 年代在 MRP 的推广和进一步发展的基础上产生的，它是从整体最优的角度出发，运用科学的方法对企业各种制造资源和生产、供应、销售、财务各环节进行有效地计划、组织和控制，使各个职能得以协调发展。在企业管理中，生产管理只是一个方面，所涉及的仅仅是物流，而与物流密切相关的还有资金流，是由财会人员管理的，可能会造成数据的重复录入与存储，甚至造成数据不一致。于是，把生产、销售、财务、采购等各个子系统集成为一个一体化系统，并将之称为制造资源计划系统，即为 MRPⅡ。

2. MRPⅡ系统的组成

(1)基础数据管理。是指对企业生产经营活动中所涉及的各类数据进行定义，建立它们之间的关系，包括产品结构数据、工艺路线及工时定额数据、工作中心数据以及物料需求信息、成本信息等，并对这些数据进行集中管理与维护，是 MRPⅡ的基础。

(2)库存管理。是指对生产过程中涉及的材料库、标准件库、半成品库等的管理。

(3)经营计划管理。该系统主要是销售与主生产计划管理的制订，一般分为若干子系统。

(4)主生产计划管理。该系统根据企业的经营规划和生产规划自动编制主生产计划和相应的粗能力计划，进行平衡核算，模拟不同的主生产计划对生产资源及经济指标的影响，从中选择最佳的方案，同时具有调整与维护主生产计划的功能。

(5)物料管理。是对库存的超储积压及资金占用进行分析，生成与下达采购单，并对采购单进行跟踪、处理到货验收入库，对供应商进行管理等。

(6)车间作业计划管理。主要是执行由物料需求计划下达的计划，根据材料定额生成领料单或缺货清单，对领料、加工、交接、入库等层层进行控制，并动态跟踪生产过程中的计划执行过程，进行车间生产调度，反馈作业信息。

(7)成本核算与财务管理。包括完成账务管理、应收账款及应付账款管理、固定资产管理、工资管理、成本管理等。

3. MRPⅡ与MRP的对比

与MRP相比，MRPⅡ的核心基本还是MRP，但它的功能比MRP有很大进步。如果说MRP只是一个物料需求计划，MRPⅡ则是一个全面的生产管理系统，它进行了三方面的改进：一是在制订物料需求计划的同时，还制订出合适的能力需求计划，保证了物料需求与生产能力的平衡；二是将库存文件改为库存管理，不仅提供了库存状态的数据，而且进行了物料出入库登记、库存更新和库存统计工作等；三是对MRP执行的延伸，进入车间管理和物料采购计划时，增加了企业的年度生产计划功能、经营计划功能、财务计划功能、信息反馈功能等。

6.4.3 ERP系统

1. ERP系统概述

ERP(Enterprise Resource Planning，企业资源计划)是在MRPⅡ的基础上发展起来的一种现代管理模式。20世纪90年代以来，随着经济全球化进程的加快，社会消费水平、消费结构和消费市场发生了深刻的变革，产品呈现多样化、个性化、系统化和国际化特征，MRPⅡ系统已不能满足企业产品多元化的经营管理要求，随着网络技术的迅速发展和广泛应用，为了实现柔性生产，快速占领市场，企业必须转换经营模式，改变传统的管理方式，面向客户生产，注重产品的研究开发、质量控制、市场营销和售后服务等环节，将经营过程的所有参与者如供应商、客户、制造商、分销商纳入一个紧密的供应链中。ERP正是在这样的市场环境中产生的。

2. ERP的基本思想

ERP的基本思想是将企业的业务流程看作一个紧密相连的供应链，其中包括供应商、制造商、分销网络和客户等，并对此供应链上所有的环节进行有效的管理，将企业内部的业务流程按照供应链管理的要求进行重组，规划出几个相互协同作业的子系统，例如人力资源、市场销售、生产制造、质量控制、财务资金、工程技术、服务维护等，同时还要包括外部的供应商、分销商、融资、投资以及对竞争对手的了解和监视等管理。为了支持业务流程处理的自动化，还需要利用信息技术来实现对工作流程的管理，优化工作流程，进一步提高劳动生产率。通过加强企业间的合作，强调对市场需求快速反应，降低市场风险成本，实现高收益目标。由此可见，涉及管理的范围更广，管理的深度更深，它不但面向离散型制造业，还广泛应用于流程行业、混合型制造业、商业、服务业等行业。

3. ERP的功能

ERP与MRPⅡ相比，除了MRPⅡ已有的生产资源计划、制造、财务、销售、采购等功能外，还有质量管理、实验室管理、业务流程管理、产品数据管理、存货管理、分销与运输管理、人力资源管理和定期报告系统等多种功能。通过系统运行、信息共享和相互交流提高企业各部门之间的合作交流，更能满足企业多元化经营的要求。

总之，ERP打破了MRPⅡ只局限在传统制造业的格局，延伸到了金融业、通信业、零售业等行业，扩大了ERP的应用范围，它把企业外部与企业内部的资源整合在一起，优化了企业的管理，取得了最佳的经济效果。

6.4.4 JIT

1. JIT的产生

传统的库存管理利用经济订货批量来决定库存量，而经济订货批量的确定本身就带有一定的假设性，因此存在着不合理的库存，为了减少库存浪费，需要确立一种消除浪费的理念，推行准时化、同步化，使各工序、各环节在生产供应的数量上和时间上做到紧密结合，实现只在需要的时候，按需要的量，生产所需要的产品，降低闲置的库存，从而使 JIT 应运而生。

JIT 是一种组织生产的新方式，是按照客户要求的时间、地点、需要的数量生产或提供其需要的产品或服务。准时生产方式旨在消除无效劳动与浪费，实现企业资源优化配置，全面提高企业经济效益。它是由日本丰田公司首先提出来的。20 世纪 80 年代以来，作为一种先进的生产运作管理模式，JIT 得到了广泛应用，形成了一套包括从企业经营理念、管理原则到生产组织、计划与控制及作业管理、人力资源管理等在内的理论和方法体系。

2. JIT 的基本思想

JIT 生产方式的基本思想是：在恰当的时间以恰当的数量生产恰当的产品。要求不断改进并全面进行质量控制、全员进行参与和降低库存。强调消除无效劳动和浪费，针对客户要求进行生产和提供服务。JIT 的目标如下：

(1)追求无库存或库存达到最小的生产系统。任何库存都是浪费，库存是生产系统设计不合理、生产过程不协调、生产操作不规范的结果，必须清除。

(2)改进质量，消除生产管理中各种引起不合格产品的因素，实现零缺陷。

(3)通过减少准备时间、等候时间和批量来缩短交货时间。

(4)以最小成本完成任务。

3. JIT 基本构成要素

JIT 生产方式是建立在以下三项基本要素基础上的：消除浪费、全面质量、人员素质。

(1)消除浪费。JIT 认为，同产品的报废和返工是浪费一样，库存也是一种浪费，库存是对生产空间和资金占用的浪费。因此，准时生产方式要求将库存减少至零，凡是不能马上使用、不能马上创造价值的产品都是不能容忍的浪费，过早生产出不急需的产品和不能及时提供生产所必需的物品是同样有害的，它不是要求某个部门提前完成任务，造成不必要的产品积压，而是要求减少浪费，实现各生产环节间的有效衔接。为了彻底消除浪费，一些公司列举了生产过程中的几种最大的浪费现象：过量生产、过量库存、物料等待、过多的搬运、不合理的作业流程、质量缺陷等。

(2)全面质量。JIT 生产方式一反传统的质量成本观念，通过将质量贯穿于每一道工序来实现提高质量和降低成本的一致性。这一目标的实现要依靠操作人员的质量意识和质量保证措施的实施来完成。注重建立质量保证体系，从根本上保证产品质量，坚持预防性设备维护制度，一旦设备出现故障，就全线停工，全力排除故障。

(3)人员素质。充分发挥人的能力是 JIT 生产方式和全面质量思想理念的一个重要方面。按照 JIT 生产方式的要求，员工的职责是在下道工序需要时，能准确及时地提供合乎质量要求的产品，如果员工不能担负这个责任，就必须进行学习，提高技能，否则就会生产出次品，造成浪费。因此，要使每个岗位的员工生产出合格产品，必须对他们进行必要的培训。

4. 看板系统

看板系统是 JIT 生产现场控制技术的核心，是 JIT 生产方式用于实际生产的一种有效方法，它是根据生产过程的先后顺序，采用拉动的办法来控制生产进度和库存水平。具体做法是：看板系统通过最终产品的需求，一级一级地向前一道工序发出各级零部件在制品的需求信号，以保证这些零部件在下一道工序需求之时按时到达，当某道工序因故停产时，后续其他工序也随之停产。这一系统是通过对最终产品的需求来拉动整个生产线的生产活动的。

使用看板作业时，应遵守以下规则：严格按照看板所示的信息提取材料和搬运，按照看板所示信息进行生产作业活动，有质量问题的零件不转移到后道工序，在没有看板的情况下，既不进行生产也不进行搬运作业。

本章小结

仓储是指利用仓库存放、储存未即时使用物品的行为。仓储具有基本功能、增值功能和社会功能，具体表现为储存、保管、拼装、分类、传递市场信息、提高客户满意度、调节市场供需、衔接商品流通等功能。

仓储管理就是对仓库及仓库内的物资所进行的管理，是仓储机构为了充分利用所具有的仓储资源，提供高效的仓储服务所进行的计划、组织、控制和协调过程。仓储管理遵循三大基本原则，即效率原则、经济效益原则和服务原则。

仓储作业流程，是指以保管活动为中心，从仓库接收商品入库开始，到按需要把商品全部完好地发送出去的全部过程。具体分为商品验收入库管理、商品在库存储保管和商品出库管理三个环节。

库存是指暂时闲置的用于满足将来需要的资源。库存管理也称库存控制，是指对生产、经营全过程的各种物品、产成品及其他资源进行预测、计划、执行、控制和监督，使其储备保持在经济合理的水平上的行为。库存管理的目标就是要防止超储和缺货，在企业资源约束下，以最合理的成本为客户服务。常见库存管理方法包括：ABC分类法、定量订货法和定期订货法。

库存优化的方法包括MRP、MRPⅡ、ERP系统和JIT。

复习思考题

1. 仓储与仓储管理的概念是什么？
2. 仓储有哪些作用？它有几种类型？
3. 仓储管理的主要任务是什么？有哪些要求？
4. 如何正确理解和认识仓储管理的基本作业流程？
5. 仓储库存管理的方法有哪些？
6. 企业如何开展JIT库存管理？

案例讨论

某光电科技有限公司的仓储管理

某光电科技有限公司位于广东惠州金源工业区，它成立于1998年，是一家专业照明器与电气装置产品制造商,它是行业的龙头企业,凭借优异的产品品质、卓越的服务精神,获得了客户的广泛认可与赞誉。为了适应新形势下的战略发展需要,公司对现有的客户关系网络进行了整合,在全国各地成立了35个运营中心,完善了公司供应链系统、物流仓储与配送系统以及客户服务系统。

该公司总部共有成品仓库3个,分别是成品一组仓库、成品二组仓库和成品三组仓库。公司按产品的型号不同而将产品分放在不同的仓库:其中成品一组仓库位于一楼,目的是方便进出货,所以它那里存放的货物相对种类比较多一点,如筒灯、灯盘等,并且所有的外销品也存放在一组。成品二组仓库储存的主要是路轨灯、金卤灯、T4灯、T5灯以及光源,公司的几大光源都存放在成品二组仓库。成品三组仓库主要存放特定的格栅灯、吸顶灯、导轨灯以及别的公司的一些产品。

仓库仓储系统的主要构成要素包括储存空间、货品、人员及设备等要素。储存是仓库的核心功能和关键环节,储存区域规划合理与否直接影响到仓库的作业效率和储存能力。因此,储存空间的有效利用成为仓库管理好坏的重要影响因素之一。该公司的产品销量很好,仓库的出入库频率大,货品流量也很大。该公司的仓库空间布局是上货架存放货物,立体的空间利用率不高,所以仓库的机械化程度也不是很高,仓库内只有叉车,包括手动叉车和电动叉车。仓库的作业一般都用叉车,很少用人力的,对于货物的收发,它们用的是物资收发卡,每一次的收发货都会在物资收发卡上做登记,这样就很方便平时查货等一些后续工作,从目前的工作结果来看效率比较高,作业也比较方便。所以整体上看该公司仓库的作业方法还是比较合理的。但仓库平时经常会因为储存空间不够用而将货物存放在作业空间的位置上。特别是在产品的销售旺季,仓库产品存放特别拥挤,在里面工作起来让人有压抑的感觉,所以仓库的作业环境不怎么合理。该公司仓库的储存成本据统计的数据来看还算合理,因为它的设备费用很少,固定保管费用也不是很高,而储存成本就是由该类费用构成,所以储存成本也就不是很高了。

储存空间即仓库中以保管商品为功能的空间。储存空间=物理空间+潜在利用空间+作业空间+无用空间。

物理空间即是指货品实际上占有的空间。该公司仓库中,它的物理空间占了整个仓库的75%以上;潜在利用空间占10%左右;作业空间占10%左右,因为该公司的仓库机械化程度并不高,所以作业空间小点并没有什么影响,它的安全间歇还基本符合要求;无用空间占5%左右。从整体上看该仓库的空间利用率很低,还有一点拥挤的现象。分析认为:应该相对减少一些物理空间的使用,增加一些作业空间中安全间歇等空间的使用。另外,从平面空间和垂直空间看,水平空间有了很好的利用,单垂直空间的利用率不高,因此可以考虑采用高层货架或高层自动立体货架,以便更好地利用垂货空间。

货位管理就是指货品进入仓库之后,对货品如何处理、如何放置、放置在何处等进行合理有效的规划和管理。而货品如何处置、如何放置,主要由所采取的储存策略决定;货品的具体存放位置,则要结合相关的货位分配原则来决定。该公司仓库货位管理的储存方式采用的是定位储存原则。定位储存是指每一类或每一个储存货品都有固定货位,货品不能互用货位。所以,在规划货位时,每一项货品的货位容量不得小于其可能的最大在库量。但在实际操作中,定位储存一般会按照情况不同而做适当的调整,它会根据实际情况而做改变。在该仓库的货位管理中,经该公司有关工作人员研究,把理论与实际相结合,实行了定位、定点、定量管理的原则,因此,它的货位容量不是全部按照最大在库量进行定位的,因为该公司的产品是属于季节性差异比较大的产品，如果按照最大在库量设定就会使仓库的空间利用率下降，从而出现浪费资源的情况。

由于该公司仓库的所有库位都是用的定位储存原则，按照该公司的仓库现状来看，全部使用定位储存原则是不太合理的。应该按照产品不同特点与存储要求，将产品进行分类，对于重要的产品、数量少品种多的产品使用定位储存。由于公司的产品特性几乎都一样，它们的特性是不会相互排斥的，从产品特性上看是可以把它们随机放在一起的。

另外，该公司在仓储管理的货位分配上也有一些原则：①先进先出原则，即先入库的货品先出库的原则，该原则一般适用于寿命周期短的货品。②面对通道原则，即指将货品的标志、名称面对通道摆放，以便让作业员容易简单地辨识，这样可以使货品的存、取能够容易且有效率地进行，这也是使仓库内能流畅作业的基本原则。③质量特性原则，即指按照货品重量的不同来决定货品在保管场所的高低位置。一般而言，重物应该保管于地面上或货架的下层位置，轻的货品则保管于货架的上层位置。如果是以人工进行搬运作业，人的腰部以下的高度用于保管重物或小型货品，而腰部以上的高度则用来保管轻的货物或小型货品。这个原则，对于采用货架的安全性及人工搬运的作业有很大的意义。根据这个原则，该公司的仓库备货就采用了摘果式。

（编者根据网络资料改写）

案例思考题

1. 该公司存在的仓储管理问题有哪些？
2. 该公司在原仓储设施条件不变的情况下，可以采取什么措施来提高仓储管理的效率？
3. 通过对该公司仓储管理案例的探讨，我们从中可以获得哪些启示？

推荐阅读

[1] 沃尔特斯. 库存控制与管理[M]. 李习文，李斌，译. 北京：机械工业出版社，2005.
[2] 周文泳. 现代仓储管理[M]. 北京：化学工业出版社，2010.
[3] 傅莉萍. 仓储管理[M]. 北京：清华大学出版社，2015.
[4] 谷翔盛. 仓储运作与管理[M]. 广州：广东经济出版社，2017.
[5] 郑时勇. 仓储管理从入门到精通[M]. 北京：化学工业出版社，2020.

第 7 章　配送与配送管理

本章提要

- 配送的定义、特点；配送的功能要素，配送的类型。
- 配送中心的定义、功能和类型；配送中心的作业流程，配送中心的规划设计。
- 配送作业的基本环节，配送的工艺流程。
- 配送组织管理，配送管理的程序、内容；配送的合理化。

学习目标

深入认识配送和配送中心的概念；了解配送、配送中心的分类；熟悉配送和配送中心的功能和作业流程；掌握不合理配送的表现形式和实现配送合理化的措施。通过对双 11 快递案例的分析、探讨，加深对配送中心业务流程的认识和理解。

框架结构

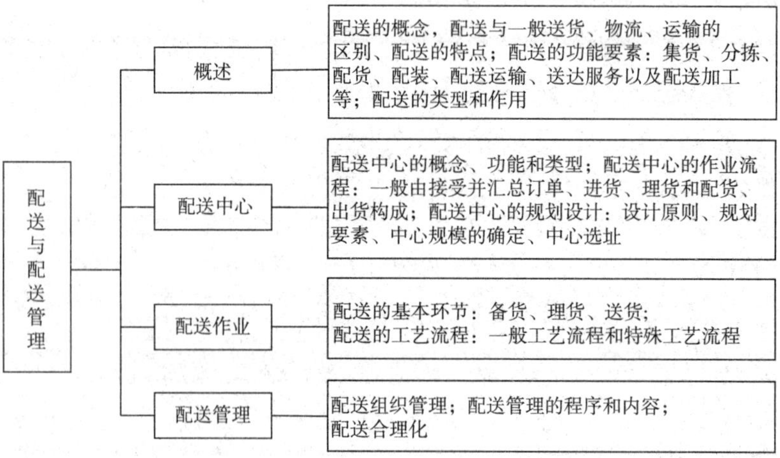

相关知识点微课

7.1 配送的概念及特点

7.2 配送作业流程

开篇案例

天猫1小时达背后的配送变革

“最后一公里”的末端配送对时效性的要求越发苛刻。12 月 26 日，天猫超市将 1 小时达服务推进至北京、上海、成都等 5 个城市。同时，苏宁将于 12 月 29 日落地北京的“SU FRESH 苏鲜生”精品超市，将为超市覆盖的 3 km 范围内的消费者提供极速达服务。此前，盒马鲜生、超级物种同样聚焦更为精准的配送范围，配送时效性也不断提速。当这些新零售样板间将配送时效性变为吸睛亮点时，已经有众多的众包物流企业提前培育即时配送市场，甚至已经成为新零售的配套服务。有分析认为，即时配送的发展仍处于初级阶段，市场尚不成熟，亟待相关的规范标准落地。

1. 即时配送渐成标配

在末端配送环节，即时配送对于企业和消费者来讲，已经从一项“特殊服务”变为标配。12 月 26 日，天猫超市再度加速落地 1 小时达服务，将服务城市从原有的北京扩展到上海、成都、武汉、杭州等城市和地区。天猫超市以小区、CBD、学校等为中心，将 1 小时达服务可触达的范围划定为“天猫小区”，半年时间内全国已形成上万个“天猫小区”。

无独有偶，苏宁将于 12 月 29 日落地北京的首家“SU FRESH 苏鲜生”精品超市，将提供门店 3 km 范围内 30 min 达的急速达服务，店内的海鲜河鲜、蔬果、牛奶、肉类等新鲜食品将在 30 min 内送达消费者手中。在此之前，新零售的样板间盒马鲜生与超级物种，同样深耕门店附近 3 km 的商区与社区，将 30 min 送达设定为配送时间的上限。上述加速落地的新零售试验田，整合新业态的同时，已经将门店的即时配送设定为标配服务，即时配送已然成为消费者下单的衡量因素之一。

此外，生鲜电商每日优鲜将 2 小时达缩短至 1 小时，百度外卖、饿了么平台提供的送餐服务已经以分钟来计算，叮当送药、快方送药等医药平台同样在提升配送的时效性。以小时和分钟来计算的即时配送，正在成为末端配送环节中的常态。

2. 众包物流补位提速

在众多互联网企业将提高配送时效性变为常态的背后，则是众包物流提前布局即时配送市场的结果，也是仓储密度提升带来的反作用。聚焦于“最后一公里”配送的众包物流，已经是即时配送的主力军，人人快送、闪送、点我达、达达一京东到家以及 UU 跑腿等众包物流企业已经开始培育市场并逐渐形成规模。国家邮政局统计数据显示，这些提供即时配送的同城速递已成为物流行业增速最快的子行业,未来五年仍将保持30%的增速。

中国物流学会特约研究员杨达卿在接受北京商报记者采访时表示,随着社会公众对物质、信息流通提出更高要求,即时配送满足了公众对速度的苛刻要求,这些提供即时配送的众包物流企业凭着时效性强、安全性高和服务灵活迅速崛起,目前该行业仍是蓝海市场,将有更多的企业和资本不断涌入。

在众包物流提高时效性的背后,实则是企业对大数据分析的结果,点我达营销副总裁王懿对北京商报记者表示,点我达会根据配送员对配送线路、配送品类等方方面面的熟悉程度,在后台中为配送员设定标签,随着大数据在平台中不断积累,同一个写字楼、社区的配送员将逐渐“固定”,甚至是不同的配送品类也将细化到不同的配送员。经过大数据的积累,众包物流的配送时效性和质量均得以提升。

目前,众多提供即时配送的众包物流企业已经将配送的触角从外卖市场,延伸至快递末端揽件,以及生鲜超市等新零售企业。天猫、饿了么、菜鸟网络以及三通一达等电商企业和物流企业已将即时配送设定为末端配送的硬性指标。

3.行业亟待规范

众包模式用互联网把闲散资源进行配置,进而提高效率,在没有仓库、库存压力以及长途物流的高投入下,众包模式取得了快速发展;但众包模式的人员分散,管理难度大,也降低了服务质量。在杨达卿看来,众包物流在短期内满足了企业与消费者对时效性的需求,但当前行业尚属初级阶段,提速仅是表面现象,提升配送质量并形成服务链条是众包物流亟待思考的关键点。

杨达卿进步一强调,各大众包物流企业没有形成规模效益,也没有成熟的发展模式。虽然即时配送的市场发展空间广阔,但规模效益、价格体系、服务标准的不规范,市场细分不明确,行业方案不系统等因素对即时配送行业的发展产生了制约。

然而随着“互联网+”生活服务的崛起,外卖、跑腿、即时配送等相关生活物流服务市场迅速发展,从事外卖、跑腿、即时配送的相关物流从业人员规模庞大。面对行业的快速发展,制定可以解决行业痛点的规则成为迫在眉睫的事情。12月26日,中国物流与采购联合会以及现代物流报正在着手制定相关的行业规范,并启动对“最后一公里”即时配送员的评选活动,意在整顿行业竞争格局。

中国物流与采购联合会物流金融专委会秘书长、现代物流报常务副社长张炜也强调,即时配送行业经历着井喷式发展,也存在诸多问题,需要行业组织进行引导和规范。

(编者根据网络资料改写)

7.1 概 述

“配送”一词是日本引进美国物流科学时,对英文原词delivery(一说distribution)的意译,我国转学于日本,也直接用了“配送”这个词。

7.1.1 配送的概念

配送是物流中一种特殊的、综合的活动形式,是商流与物流的紧密结合。它几乎包括了所有的物流功能要素,是物流的一个缩影。一般的配送集装卸、包装、保管、运输于一身,通过一系列物流活动将货物送达目的地。它的目标方向是安全、准确、优质服务和较低的物流费用。

国家质量技术监督局颁布的中华人民共和国标准《物流术语》(GB/T 18354—2006)对配送的解释是:按照客户订货要求的时间计划及物流节点(仓库、商店、货运站、物流中心等),在经济合理区域范围内,对物品进行拣选、加工、包装、分割、组配等作业,并按要求送达指定地点的物流活动。

从配送的概念中,可以清楚地看到配送具有六层含义:

(1)“配”——配货,即将用户所需的不同货物组合在一起。

(2)“送”——送货,即将需要的商品送到用户手上,“配送”是“配”和“送”的有机结合。一般而言,经济发达地区“配”的比例大些,经济落后地区“送”的比例大些。

(3)按用户的要求进行。用户对物资配送的要求包括数量、品种、规格、供货周期、供货时间等。

(4)由物流据点完成。物流据点可以是物流配送中心、物资仓库,也可以是商店或其他物资集散地。

(5)流通加工、整理、拣选、分类、配装、末端运输等一系列活动的集合。

(6)配送在将货物送交收货人后即告完成。

由上可见,配送是物流的一种特殊职能,是最能体现物流现代化发展的标志之一。

7.1.2　对配送的进一步认识

1.配送与一般送货的区别

配送与一般送货的区别见表7.1。

表7.1　配送与一般送货的区别

项　目	配　送　活　动	送　货　活　动
目的	是社会化大生产、专业化分工的产物,是流通领域内物流专业化分工的反映	是生产企业的一种推销手段,通过送货上门服务达到提高销售量的目的
内容	客户需要什么送什么,不单是送货,还有分货、配货等项工作	有什么送什么,只能满足客户部分的需要
承担者	是流通企业的专职,要求有现代化的技术装备作保证,要有完善的信息系统,是分货、配货、送货有机结合的配送中心	由生产企业承担,中转仓库的送货只是一项附带业务
基础	必须拥有现代的交通运输工具和经营管理水平作为基础,同时还和订货系统紧密相连;必须依赖现代信息的作用,使配送系统得以建立和完善	没有具体要求
技术装备	全过程有现代化技术和装备,保证在规模、水平、效率、质量等方面占优势	技术装备简单

2.配送与物流的区别

配送作为一种特殊的物流活动形式,几乎涵盖了物流中所有的要素和功能,是物流的一个缩影或某一范围内物流全部活动的体现。但配送又不同于一般的物流要素,其区域与物流区域存在着较大差异。从与顾客关系的角度来看,配送与顾客的关系更紧密,是“最终配置”。

3. 配送与运输的区别

配送与运输的区别在于配送不是单纯的运输，而是与其他活动共同构成的有机体。配送中所包含的那一部分运输活动在整个运送过程中处于“二次输送”“支线输送”“末端输送”的位置，其起止点是物流节点至用户，配送与运输的区别见表 7.2。

表 7.2　配送与运输的区别

项　目	运　输	配　送
运输性质	干线运输	支线运输、区域内运输、末端运输
货物性质	少品种，大批量	多品种，少批量
运输工具	大型货车或铁路运输、水路运输	小型货车
管理重点	效率优先	服务优先
附属功能	装卸、捆包	装卸、保管、包装、分拣、流通加工、订单处理

7.1.3　配送的特点

现代物流配送手段是新兴的，配送方式有不同于旧式送货的现代特征。从美国、日本等较早开展配送业务的国家来看，配送具有以下特点：

1. 配送是从物流节点至用户的一种特殊送货形式

从“送”的功能来看，其特殊性表现为：从事送货的是专职流通企业，而不是生产企业；配送是中转型送货，而一般送货尤其是从工厂到用户的送货往往是直达型；一般送货是生产什么送什么，有什么送什么，配送则是企业需要什么送什么。

2. 配送是一种末端运输

配送不是单纯的运输或输送，而是与其他活动共同构成的组合体。配送中所包含的那一部分运输活动在整个输送过程中处于“二次输送”“支线输送”“终端输送”的位置，其起止点是物流节点到用户。

3. 配送是一种“门到门”服务

配送不是广义概念的组织物资订货、签约、进货及对物资处理分配的供应，而是以供给者送货到户式的服务性供应。从服务方式来讲，是一种“门到门”服务，可以将货物从物流节点一直送到用户的仓库、营业场所、车间乃至生产线的起点。

4. 配送是一种综合服务

配送是在全面配货基础上，完全按照用户对商品种类、品种搭配、数量、时间等方面的要求所进行的运送。因此，除了各种“运”“送”活动外，配送还要从事大量的分货、配货、配装等工作，是“配”和“送”的有机结合形式。

7.1.4　配送的功能要素

配送的功能要素是由集货、分拣、配货、配装、配送运输、送达服务以及配送加工等最基本的构成单元组成。

(1)集货：将各个用户所需要的各种物品，按需要的品种、规格、数量，从仓库的各个货位拣选集中起来，以便进行装车配送的作业。

(2)分拣：将集货形成的集中物品按运输车辆(每辆车都代表一定的运输路线，装载这条路线上各个用户所需要的各种物品)分开,分别堆放到指定的装卸点的作业。

(3)配货:将各个配送车辆所要配送的各个客户所需要的各种货品,按用户需要的品种规格、按车辆的装载容量组配起来,以便装载和配送运输。集货、分拣过程实际上包含了配货活动。

(4)配装:将所配送的客户所需的各种货品,按其配送车辆的装载容量进行装载组配。当单个客户配送数量不能达到车辆的有效运载负荷时,就要将附近不同客户所需的货物进行搭配装载以充分利用运能、运力。

(5)配送运输:是较短距离、局部区域内多客户、多品种的联合送货运输形式,一般使用汽车做运输工具。配送运输的路线是要进行特别计划组织的。

(6)送达服务:不仅包括将货物送到客户手中,正式移交,还包括安装、使用,以及信息咨询等方面的服务活动。

(7)配送加工:按照配送客户的品种要求所进行的流通加工活动。它可以扩大配送品种的实用度,提高客户的满意程度,提高服务水平,提高配送的吸引力。

7.1.5 配送的类型

1.按配送主体不同进行分类

(1)配送中心配送。其组织者是专业从事配送业务的配送中心,一般来说,其规模较大,功能齐全,配送能力较强,配送距离也较长,大都和用户有固定的配送关系。配送中心不仅可以承担工业企业生产所用主要物资的配送、大型工程项目需求物资的配送,以及对商品企业实行补充性的配送等,而且还可以承担对专职配送点的货物补充性配送。配送中心要较好地完成上述职能,对建立自身的电子商务系统十分重要。

(2)仓库配送。它一般是以仓库为据点进行的配送,也可以是以原仓库在保持储存保管功能前提下,增加一部分配送职能,或经对原仓库的改造,使其成为专业的配送中心。

(3)商店配送。这种配送的组织者是商业或物资的门市网点。商店配送形式是除自身日常的零售业务外,按用户的要求将商店经营的品种配齐,或代用户外订、外购一部分本店平时不经营的商品,和本店经营的品种配齐后送达用户。

(4)生产企业配送。配送业务的组织者是生产企业。一般认为这类生产企业具有生产地方性较强的产品的特点,如食品、饮料、百货等。

(5)无人配送。在配送环节,通过运用一些智能化的无人设备,来进行分拣、装卸、保管等作业活动,并将货物按照顾客要求按时送达指定地点的一项物流活动。就目前而言,无人配送设备主要有无人机和无人车两种类型。

2.按配送货物的种类和数量的多少进行分类

(1)单(少)品种大批量配送。这种配送适应于那些需要量大、品种单一或少品种的生产企业。

(2)多品种、小批量、多批次配送。由于这种配送的特点是用户所需的物品数量不大、品种多,因此在配送时,要按用户的要求,将所需的各种货物配备齐全,凑整装车后送达用户。该方式是伴随着消费需求的多样化而产生的高频率的配送方式,通常要求配送组织者具有较高的专业技术和管理水平。

(3)成套配套配送。这种配送是按照装配型企业的需要,将生产每台产品所需的全部零部件配齐,按生产计划定时送达企业,甚至直接送到生产线上。成套配套的配送承担了企业的内部供应,是企业实现零库存的有力保证。

3.按配送时间和数量的多少进行分类

(1)定时配送。这种配送是按规定的时间间隔进行配送,每次配送的品种、数量可按计划执行,也可以在配送之前以商定的联络方式通知配送时间和数量。它可以分为日配送和准时—看板方式配送。

(2)定量配送。它是指按规定的批量在一个指定的时间范围内进行配送。这种配送方式由于配送数量固定,备货较为简单,可以通过与用户的协商,按托盘、集装箱及车辆的装载能力确定配送数量,这样可以提高配送效率。

(3)定时定量配送。这种方式是按照规定的配送时间和配送数量进行配送,兼有定时配送和定量配送的特点,要求配送管理水平较高。

(4)定时定路线配送。它是在规定的运行路线上制订到达时间表,按运行时间表进行配送,用户可按规定路线站和规定时间接货,或提出其他配送要求。

(5)即时配送。这是完全按照用户要求的配送时间、配送数量,随时进行配送的方式。其需要配送方在短时间内响应并进行配送,是一种灵活性很高的应急配送方式,适合于临时性的或急需物资的配送。其目标不仅仅是快速送达,还要提供更好的服务,在配送中由专人专送,保障快件安全送达,因此往往配送费用较高。

4.按经营形式不同进行分类

(1)销售配送。这种配送的主体是销售企业,或销售企业将其作为销售战略措施,即所谓的促销配送型。这种配送的对象一般是不固定的,用户也不固定,配送对象和用户取决于市场的占有情况,因此,配送的随机性较强,大部分商店配送就属于这一类。

(2)供应配送。用户为了自己的供应需要采取的配送方式,它往往是由用户或用户集团组建的配送据点,集中组织大批量进货,然后向本企业或企业集团内若干企业配送。商业中的连销商店广泛采用这种方式。这种方式可以提高供应水平和供应能力,可以通过大批量进货取得价格折扣的优惠,达到降低供应成本的目的。

(3)销售—供应一体化配送。这种配送方式是销售企业对于那些基本固定的用户及其所需的物品,在进行销售的同时还承担着用户有计划的供应职能,既是销售者,同时又是用户的供应代理人。这种配送有利于形成稳定的供需关系,有利于采取先进的计划手段和技术,有利于保持流通渠道的稳定等。

(4)代存代供配送。这种配送是用户把属于自己的货物委托配送企业代存、代供,或委托代订,然后组织对本身的配送。这种配送的特点是货物所有权不发生变化,所发生的只是货物的位置转移,配送企业仅从代存、代供中获取收益,而不能获得商业利润。

5.按加工程度的不同进行分类

(1)加工配送。这种配送是与流通加工相结合,在配送据点设置流通加工,或是流通加工与配送据点组建一体实施配送业务。流通加工与配送的结合,可以使流通加工更具有针对性,并且配送企业不但可以依靠送货服务、销售经营取得收益,还可以通过流通加工增值取得收益。

(2)集疏配送。这种配送只改变产品数量组成形式,而不改变产品本身的物理、化学性质,并与干线运输相配合,如大批量进货后小批量多批次发货,或零星集货后形成一定批量再送货等。

6.按配送企业专业化程度进行分类

(1)综合配送。这种配送的特点是配送的种类较多,且来源渠道不同,但在一个配送据点中组织对用户的配送,因此综合性强。同时,由于综合性配送的特点,决定了它可以减少用户为组织所需全部商品进货的负担,只需和少数配送企业联系,便可以解决多种需求。

(2)专业配送。它是按产品性质和状态划分专业领域的配送方式。这种配送方式由于自身的特点,可以优化配送设施,合理配备配送机械、车辆,并能制订适用合理的工艺流程,以提高配送效率。

7.按配送的组织形式不同进行分类

(1)集中配送。这种配送是由专门从事配送中心对多家用户开展的配送。集中配送的品种多、数量大,一次可同时对几家用户进行配送,配送专业性强、计划性好、效益高。

(2)分散配送。这是由商业销售网点对品种繁多而用量小的货物进行的配送。其特点是分布广、数量多、服务面宽。

(3)共同配送。共同配送是由多个企业联合组织实施的配送活动。共同配送的本质是通过作业活动的规模化降低作业成本,提高物流资源的利用效率。共同配送可分为以下几种形式:

①由一个配送企业综合各用户的要求,在配送时间、数量、次数、路线等方面的安排上,在用户可以接受的前提下,做出全面规划和合理计划,以便实现配送的优化。

②由一辆配送车辆混载多货主货物的配送,是一种较为简单易行的共同配送方式。

③在用户集中的地区,由于交通拥挤,各用户单独配置接收场或处置场有困难,而设置的多用户联合配送的接收点或处置点。

④在同一城市或同一地区中有数个不同的配送企业,各配送企业可以共同利用配送中心、配送机械装备或设施,对不同配送企业的用户共同实行配送。

7.1.6 配送的作用及意义

1.完善和优化了物流系统

第二次世界大战之后,由于大吨位、高效率运输力量的出现,使干线运输无论在铁路、海运或公路方面都达到了较高水平,长距离、大批量的运输实现了低成本化。但是,在所有的干线运输之后,往往都要辅以支线运输和小搬运,这种支线运输及小搬运成了物流过程的一个薄弱环节。这个环节有和干线运输不同的许多特点,如要求灵活性、适应性、服务性,致使运力利用不合理、成本过高等问题难以解决。采用配送方式,从范围来讲将支线运输及小搬运统一起来,加上上述的各种特点使输送过程得以优化和完善。

2.提高末端物流的效益

采用配送方式,通过增大经济批量来达到经济的进货,又通过将各种商品客户集中在一起进行一次发货,代替分别向不同客户小批量发货来达到经济的发货,使末端物流经济效益提高。

3.通过集中库存使企业实现低库存或零库存

实现了高水平的配送之后,尤其是采取准时配送方式之后,生产企业可以完全依靠配送中心的准时配送而不需保持自己的库存。或者,生产企业只需保持少量保险储备而不必留有经常储备。这就可以实现生产企业多年追求的“零库存”,将企业从库存的包袱中解脱出来,同时解放出大量储备资金，从而改善企业的财务状况。实行集中库存后，其库存总量远低于不实行集中库存时各企业分散库存的总量。同时增加了调节能力，也提高了社会经济效益。此外，采用集中库存可利用规模经济的优势，使单位存货成本下降。

4. 简化事务，方便客户

采用配送方式，客户只需向一处订购，或与一个进货单位联系就可订购到以往需要去许多地方才能订到的货物，只需组织对一个配送单位的接货便可代替现有的高频率接货，因而大大减轻了客户的工作量和负担，也节省了事务开支。

5. 提高供应保证程度

生产企业自己保持库存，维持生产，供应保证程度很难提高(受到库存费用的制约)。采取配送方式，配送中心可以比任何单位企业的储备量更大，因而对每个企业而言，中断供应、影响生产的风险便相对缩小，使客户免去短缺之忧。

7.2 配送中心

配送中心是现代物流系统中的一个重要的物流节点。配送中心主要从事货物的配备，并组织对用户的送货，高水平地实现销售和供应服务。通过配送中心，可以很好地解决用户多样化的需求与制造商大批量专业化生产之间的矛盾。配送中心是现代化物流的标志。

7.2.1 配送中心的概念

配送中心的形成及发展是有其历史原因的，很多学者认为配送中心是在仓库的基础上发展而来。在明代出现了和传统以储存为主要职能的仓库不同的新型仓库，被称为"转搬仓"，其主要职能从"保管"转变为"转运"。早在闻名于世的中华大运河在清朝的自南向北运粮的时候，就出现了以转运职能为主的仓库设施。

日本经济新闻社的《输送的知识》一书，将配送中心说成是物流系统化和大规模化的必然结果，《变革中的配送中心》一文中这样讲："由于用户在货物处理的内容上、时间上和服务水平上都提出了更高的要求，为了顺利地满足用户的这些要求，就必须引进先进的分拣设施和配送设备，否则就建立不了正确、迅速、安全、廉价的作业体制。因此，在运输业界，大部分企业都建造了正式的配送中心。"日本《市场用语词典》对配送中心的解释是："配送中心是一种物流节点，它不以贮藏仓库的这种单一的形式出现，而是发挥配送职能的流通仓库，也称作基地、据点或流通中心。配送中心的目的是降低运输成本、减少销售机会的损失，为此建立设施、设备并开展经营、管理工作。"

可见，配送中心的建设是基于物流合理化和发展市场两个需要。配送中心是物流领域中社会分工、专业分工进一步细化之后产生的。在新型配送中心没有建立起来之前，配送中心现在承担的有些职能是在转运型节点中完成的，以后一部分这类中心向纯粹的转运站发展以衔接不同的运输方式和不同规模的运输，一部分则增强了"送"的职能，而后又向更高级的"配"的方向发展。

《物流手册》对配送中心的定义是："配送中心是从供应者手中接受多种大量的货物，进行倒装、分类、保管、流通加工和情报处理等作业，然后按照众多需要者的订货要求备齐货物，以

令人满意的服务水平进行配送的设施”,应基本符合下列要求:

(1)主要为特定的用户服务。

(2)配送功能齐全。

(3)完善的信息网络。

(4)辐射范围小。

(5)多品种、小批量。

(6)以配送为主,储存为辅。

王之泰先生在《物流学》中将其定义如下:“配送中心是从事货物配备(集货、加工、分货、拣选、配货)和组织对用户的送货,以高水平实现销售或供应的现代流通设施”。这个定义的要点如下:

(1)配送中心的“货物配备”工作是其主要的、独特的工作,是全部由配送中心完成的。

(2)配送中心有的是完全承担送货,有的是利用社会运输企业完成送货。从我国国情来看,在开展配送的初期,用户自提的可能性是不小的,所以,对于送货而言,配送中心主要是组织者而不是承担者。配送中心必须具备基本的送货功能,否则就说不上配送。至于车队是什么地方的是次要问题,送货的计划与组织,却是配送中心需要认真对待的关键所在。

(3)定义中强调了配送活动和销售或供应等经营活动的结合,是经营的一种手段,以此排除了这是单纯的物流活动的看法。

(4)定义中强调了配送中心的“现代流通设施”,着意于和以前的诸如商场、贸易中心、仓库等流通设施的区别。在这个流通设施中以现代装备和工艺为基础,不但处理商流而且处理物流,是兼有商流、物流全功能的流通设施。

“配送中心”一词在国际物流界是基本认同的。在供应链中,配送中心是一个物流业务实体,是进行商品流通必要的基础设施。许多新型企业,特别是高新科技制造型企业、全球分销企业以及全球第三方物流企业建设了许多配送中心,不少跨国企业在全球的产品分销仅靠一个或者少数几个巨型配送中心。因此,配送中心被认为是决定物流企业成败的战略性业务实体。

7.2.2 配送中心的功能

配送中心的具体功能及其内容,主要有如下几方面:

(1)保管功能。保管功能是配送中心的主要内容之一,但它与一般的仓库不同,其仓库形式、平面布置、设备组成等,首先要有利于拣选作业、拣选顺序、拣选路线、拣选方法等。为了充分利用仓库的面积和空间,为了提高保管商品的入出库频率,随着科技的进步,货架向高层化发展,作业向机械化、自动化发展,保管机械向小通道或无通道发展,库存账目管理和货位管理向计算机化发展,配送中心与相关企业的信息交换向网络化发展。

(2)倒装功能。配送中心采购时为了降低运输成本,一般采用大包装或散装。此外,商品来自不同的制造厂或流通企业,运输包装的形式也各不相同。但为了有利于配送中心的机械化和自动化作业,必须进行商品的集装单元化,即进行倒装作业。倒装作业一般在入库区和出库区的商品整理、检验作业时进行。

(3)拣选功能。商品在配送中心保管时,一般是按保管单元的形式来分区域存放。但出库时,首先按客户订单的商品进行拣选,同一张订单的商品可能只有一种,但通常是若干种;同一张订单的商品可能在一个区域内存放,但通常是在不同的区域内存放;所需商品的数量可能是一个完整保管单元，但有时不是一个完整保管单元。应根据具体情况，采用一张订单，顺序到有关保管区去一一拣选；或者先分解成若干张订单，指令有关保管区分别拣选有关商品及其数量，然后再按订单一一汇总。

(4)流通加工功能。经济、高效的运输、装卸、保管一般需要大的包装形式。但在配送中心下位的零售商、最终客户，一般需要小的包装。为解决这一矛盾，有的配送中心设有流通加工功能。流通加工与制造加工不同，它对商品不作性能和功能的改变，仅仅是商品尺寸、数量和包装形式的改变。例如：粮油配送中心是将大桶包装加工成瓶状小包装；饲料配送中心则是将多种饲料的大包装加工成混合包装的小包装。

(5)运送功能。配送中心需在其服务范围内，准时地把必要的商品及其数量送达客户，为了减少客户的库存或做到零库存，运送是多频次的。这就需要配备相应的运输设备及运输前后的装卸设备，保障良好快捷的服务。

(6)信息管理功能。在流通领域，为了从各供应商处准时地采购商品，然后准时地向众客户配送，提供快捷满意的服务，并最大限度地减少库存，提高工作效率，信息管理功能是十分重要的。配送中心应具有功能完备的仓库管理系统(WMS)，并能与各供应商、各客户的ERP或其他信息系统实现实时连接。

7.2.3 配送中心的类型

1. 按照配送中心的内部特性分类

(1)储存型配送中心。储存型配送中心是有很强储存功能的配送中心，一般来讲，在买方市场下，企业成品销售需要有较大库存支持，其配送中心可能有较强储存功能；在卖方市场下，企业原材料、零部件供应需要有较大库存支持，这种配送中心也有较强的储存功能。大范围配送的配送中心，需要有较大库存，也可能是储存型配送中心。我国目前拟建的一些配送中心，都采用集中库存形式，库存量较大，多为储存型。瑞士GIBA－GEIGY公司的配送中心拥有世界上规模居于前列的储存库，可储存7万个托盘；美国赫马克配送中心拥有一个有173 000个货位的储存区，可见存储能力之大。

(2)流通型配送中心。流通型配送中心基本上没有长期储存功能，仅以暂存或随进随出方式进行配货、送货的配送中心。这种配送中心的典型方式是大量货物整进并按一定批量零出，采用大型分货机，进货时直接进入分货机传送带，分送到各用户货位或直接分送到配送汽车上，货物在配送中心里仅做少许停滞。日本的阪神配送中心一般是暂存后就出货，大量储存则依靠一个大型补给仓库。

(3)加工型配送中心。加工型配送中心主要有加工职能，根据用户的需要或者市场竞争的需要，先对配送物进行加工，再进行配送的配送中心。在这种配送中心内，有分装、包装、初级加工、集中下料、组装产品等加工活动。世界著名连锁服务店肯德基和麦当劳的配送中心，就属于这种类型的配送中心。在工业、建筑领域，生混凝土搅拌的配送中心也属于这种类型的配送中心。上海等城市开展的配煤配送，在配煤处进行流通加工也属于这种形式。

2. 按照配送中心的经营主体分类

(1)制造商型配送中心。制造商型配送中心是以制造商为主体的配送中心。这种配送中心里的物品100%是由自己生产制造，用以降低流通费用、提高售后服务质量和及时地将预先配齐的成组元器件运送到规定的加工和装配工位。制造商型配送中心从物品制造到生产出来后条形码和包装的配合等多方面都较易控制，所以按照现代化、自动化的配送中心设计比较容易，但不具备社会化的要求。通过该种模式的设立，形成具有特色的产供销一体化的经营体制，以此增强市场竞争力，保持市场占有率。一般地，家电、汽车、化妆品等厂家多采取这种形式。

(2)批发商型配送中心。批发商型配送中心是由批发商或代理商所成立的配送中心。批发是物品从制造者到消费者之间的传统流通环节之一，一般是按部门或物品类别的不同，把每个制造厂的物品集中起来，然后以单一品种或搭配向消费地的零售商进行配送，在订货周期、送货时间等方面不断加以改进，提高服务水平。这种配送中心的物品来自各个制造商，它所进行的一项重要的活动是对物品进行汇总和再销售，而它的全部进货和出货都是社会配送的，社会化程度高。

(3)零售商型配送中心。零售商型配送中心是以零售业为主体的，由零售商向上整合所成立的配送中心。零售商发展到一定规模后，就可以考虑建立配送中心，从而减少流通加工环节，降低物流成本，配送中心把来自不同供货商的商品在配送中心集中分拣、配装、加工等，然后按其所属的门店进行配送。在专业物品零售店、超级市场、百货商店、建材商场、粮油食品商店、宾馆饭店等领域比较常见，其社会化程度介于前两者之间。

(4)专业物流配送中心。专业物流配送中心是以第三方物流企业(包括传统的仓储企业和运输企业)为主体的配送中心。这种配送中心有很强的运输配送能力，地理位置优越，可迅速将到达的货物配送给用户。它为制造商或供应商提供物流服务，而配送中心的货物仍属于制造商或供应商所有，配送中心只是提供仓储管理和运输配送服务。这种配送中心的现代化程度往往较高。

3.按配送的服务范围分类

(1)城市配送中心。城市配送中心是以城市范围为配送范围的配送中心，由于城市范围一般处于汽车运输的经济里程，这种配送中心可直接配送到最终用户，所以一般采用汽车进行配送。所以，这种配送中心往往和零售经营相结合，由于运距短，反应能力强，因而从事多品种、少批量、多用户的配送较有优势。

此外，由于城市配送中心的服务对象多为城市圈里的零售商、连锁店和生产企业，所以，一般来说，它的辐射能力都不太强。当前我国一些试点城市所建立或正在建立的配送中心绝大多数都属于城市配送中心。

(2)区域配送中心。区域配送中心是以较强的辐射能力和库存准备，向省(州)、全国乃至国际范围的用户进行配送的配送中心。这种配送中心配送规模较大，一般而言用户群也较大，配送批量也较大，而且往往是配送给下一级的城市配送中心，也配送给营业所、商店、批发商和企业用户，虽然也从事零星的配送，但不是主体形式。

这种类型的配送中心在国外十分普遍，美国沃尔玛公司的配送中心，建筑面积有12万平方米，投资7 000多万美元，它每天可为分布在7个州的100多个连锁店面配送货物，经营商品有7万多种。荷兰的“国际配送中心”，其业务活动范围更广，该中心于接到订单之后的27小时之内即可将货物装好，仅用3天时间就可把货物运送到欧盟成员国的客户手中。

4.按照配送对象分类

(1)专业配送中心。专业配送中心又有两个含义：一是配送对象、配送技术属于某一专业范畴，综合该专业的多种物资进行配送，如多数制造业的销售配送中心，我国目前石家庄等地建的配送中心大多数采用这种形式；二是配送为专业化职能，基本不从事经营的服务型配送中心。

(2)柔性配送中心。柔性配送中心不是向固定化、专业化方向发展,而是强调市场适应性。它能根据市场和客户的需求变化而随时变化,对客户要求有很强的适应性,不一定固定供需关系,而是不断向发展配送客户甚至改变配送客户的(有利)方向发展。

7.2.4 配送中心的作业流程

配送中心的作用在于“化零为整”和“化整为零”,使产品通过它快速流转。物流配送的作业流程,是配送中心为完成配送任务所必须制订的配送组织程序。配送中心的作业流程要便于实现两个主要目标:一是降低企业的物流总成本;二是缩短补货时间,提供更好的服务。

1.配送中心的一般作业流程

(1)接受并汇总订单。用户的订货单(或要货通知单)是配送中心组织全部配送业务的依据。接受配送服务的各个用户一般都要在规定的时间以前将订货单(或要货单)交给配送中心,后者则在规定的时间截止之后将各个用户的订货单进行汇总,以此来确定所要配送的货物的种类、规格、数量和配送时间等。

(2)进货。配送中心的进货流程包括以下几种作业:

①订货。配送中心收到和汇总用户的订货单以后,首先要确定配送货物的种类和数量,然后要查询本系统现有库存物资中有无所需要的现货。如果有现货,则转入拣选流程;如果没有,或虽然有现货但数量不足,则要及时向供应商发出订单,进行订货。有时,配送中心也根据各用户需求情况或商品销售情况,以及与供货商签订的协议,提前订货,以备发货。

②接货。供应商接到配送中心的订单后会根据订单的要求很快组织供货。配送中心的有关人员接到货物以后,先要在送货单上签收,继而还要准备对货物进行检验(即验收)。

③验收。采取一定的手段对接收的货物进行检验。若与订货合同要求相符,则很快转入下一道工序(分拣工序);若不符合合同要求,配送中心将详细记载差错情况,并且拒收货物。按照规定,质量不合格的商品将由供应商自行处理。

④分拣。对于生产商送交来的商品,经过有关部门验收之后,配送中心的工作人员随即要按照类别、品种将其分开,分门别类地存放到指定的仓位和场地,或直接进行下一步操作——加工和选拣。

⑤储存。为了保证配送活动正常运行,也为了享受价格上的优惠待遇(打折),有些配送中心常常大批量进货,继而将货物暂时储存起来。由此,在进货流程中又增加了一项储存作业。

(3)理货和配货。为了顺利、有序地出货,以及为了便于向众多的客户发送商品,配送中心一般都要对组织进来的各种货物进行整理,并依据订单要求进行组合。理货和配货乃是整个作业流程的关键环节。同时,它也是配送运动的实质性内容。从理货、配货流程的作业内容来看,它是由以下几项作业构成的:加工作业、拣选作业、包装作业、组合或配装作业。

(4)出货(或送货)。这是配送中心的末端作业,也是整个配送流程中的一个重要环节。它包括装车和送货两项经济活动。

2.配送中心的特殊作业流程

所谓特殊作业流程是指某一类配送中心(即个别配送中心)进行配送作业时所经过的程序(或过程)。其中包括不设储存库的作业流程、加工型配送中心的作业流程和分货型配送中心的作业流程等。

(1)不设储存库的作业流程:在流通实践中,有的配送中心主要从事配货和送货活动(或者说专职于配货和送货),本身不设置储存库和存货场地,而是利用设立在其他地方的"公共仓库"来补充货物。据此,在其配送作业流程中,没有储存工序。实际上,在这类配送中心内部,货物暂存和配货作业是同时进行的。一般配送生鲜食品的配送中心通常都按照这样的作业流程开展业务活动。

(2)加工型配送中心的作业流程:加工型配送中心,储存作业和加工作业占主导地位。由于流通加工多为单品种、大批量产品的加工作业,并且是按照用户的要求安排的,对于加工型的配送中心来说虽然进货量比较大,但是分类、分拣工作量并不太大。此外,因加工的产品种类较少,一般都不单独设立拣选、配货等环节。通常,加工好的产品(特别是生产资料产品)可直接运到按用户户头划定的货位区内,并且要进行包装、配货。

(3)分货型配送中心的作业流程:分货型配送中心是以中转货物为其主要职能的配送组织。在一般情况下,这类配送中心在配送货物之前都先要按照要求把单品种、大批量的货物(如不需要加工的煤炭、水泥等物资)分类,然后再将分好的货物分别配送到用户指定的接货点。其作业流程比较简单,无须拣选、配货、配装等作业程序。

7.2.5 配送中心的规划设计

1.配送中心设计原则

配送中心一旦建成就很难改变,所以在规划设计时,必须切实掌握以下五项基本设计原则:

(1)系统工程原则。配送中心的工作,包括收验货、搬运、储存、装卸、分拣、配货、送货、信息处理,以及供应商、连锁商场等店铺的连接等。设计时要考虑各个作业之间的协调均衡,追求整体优化是应该遵守的第一个重要原则。

(2)价值工程原则。在激烈的市场竞争中,配送的准点及时等方面的要求越来越高,在满足服务高质量的同时,又必须考虑物流成本。特别建造配送中心耗资巨大,必须对建设项目进行可行性研究,并做出多个方案的技术、经济比较,以求最大的企业效益和社会效益。

(3)管理科学化的原则。近年来,配送中心均广泛采用电子计算机进行物流管理和信息处理,大大加速了商品的流转,提高了经济效益和现代化管理水平。同时,要合理地选择、组织、使用各种先进物流机械、自动化设备,以充分发挥配送中心多功能、高效率的特点。

(4)发展的原则。规划配送中心时,无论是建筑物、信息处理系统的设计,还是机械设备的选择,都要考虑到有较强的应变能力,以适应物流量扩大、经营范围拓展的需要。在规划设计第一期工程时,应将第二期工程纳入总体规划,并充分考虑到扩建时的业务工作需要。

(5)以人为本原则。配送中心作业地点的设计,实际是人机环境的综合设计,要考虑创造一个良好、舒适的工作环境。

2.配送中心的规划要素

配送中心的规划要素就是影响配送中心系统规划的基础数据和背景资料,主要包括如下几个方面:

(1)配送的对象或客户(Customer)。配送中心的服务对象或客户不同,配送中心的订单形态和出货形态就会有很大不同。例如,为生产线提供JIT配送服务的配送中心和为分销商提供服务的配送中心,其分拣作业的计划、订单传输方式、配送过程的组织将会有很大的区别;而同是销售领域的配送中心,面向批发商的配送和面向零售的配送,其出货量的多少和出货的形态也有很大不同。

(2)配送的货品种类(Item)。在配送中心所处理的货品品项数差异性非常大,多则上万种(如书籍、医药及汽车零件等配送中心),少则数百甚至数十种(如制造商型的配送中心)。由于品项数的不同,则其复杂性与难度也有所不同。例如,所处理的货品品项数为一万种的配送中心与处理货品品项数为一千种的配送中心是完全不同的,其货品存放的储值安排也完全不同。

另外,配送中心所处理的货品种类不同,其特性也完全不同。例如,目前比较常见的配送货品有:食品、日用品、药品、家电产品、服饰、录音带、化妆品、汽车零件及书籍等。它们分别有各自的物品特性,配送中心的厂房及物流设备的选择也完全不同。

(3)货品的配送数量或库存量(Quantity)。这里的Quantity包含两方面的含义:一是配送中心的出货数量,二是配送中心的库存量。

货品的出货数量多少随时间变化趋势会直接影响到配送中心的作业能力和设备配置,例如一些季节性波动、节日的高峰等问题,都会引起出货量的变动。

配送中心的库存量和库存周期将影响到配送中心的面积和空间的需求。因此,应对库存量和库存周期进行详细的分析。一般进口型的配送中心因进出口船期的原因,必须拥有较长的库存量(约两个月以上);而流通型的配送中心,则完全不需要考虑库存量,但必须注意分货的空间及效率。

(4)物流通路(Route)。

物流通路与配送中心的规划也有很大的关系。常见的几种通路模式如下:

①工厂→配送中心→经销商→零售商→消费者。

②工厂→经销商→配送中心→零售商→消费者。

③工厂→配送中心→零售商→消费者。

④工厂→配送中心→消费者。

因此规划配送中心之前,就必须了解物流通路的类型,然后根据配送中心在物流通路中的位置和上下游客户的特点进行规划。

(5)物流的服务水平(Service)。一般企业建设配送中心的一个重要目的就是提高企业物流服务水平,但物流服务水平高低恰恰与物流成本成正比,也就是物流服务品质愈高其成本也愈高。但是站在客户的立场而言,总是希望以最经济的方式得到最佳的服务。所以原则上物流的服务水准,应该是合理物流成本下的服务品质,也就是物流成本不会比竞争对手高,而物流服务水准比竞争对手高。

物流服务水平的主要指标包括:订货交货周期、货品缺货率、增值服务能力等。应该针对客户的需求,制定一个合理的服务水准。

(6)物流的交货周期(Time)。在物流服务品质中物流的交货周期非常重要,因为交货周期太长或交货不准时都会严重影响零售商的业务,因此交货期的长短与是否守时,是对物流业者重要的评估项目。

所谓物流的交货周期是指从客户下订单开始,包括订单处理、库存检查、理货、流通加工、装车以及卡车配送到达客户的这一段时间。物流的交货周期依厂商的服务水准而不同,可分为2小时、12小时、24小时、2天、3天、1周等。同样情况下,物流的交货周期越短,则其成本会越高。

(7)配送货品价值或建造预算(Cost)。在配送中心规划时,除了考虑以上的基本要素外,还应该注意研究配送货品价值和建造预算。

首先,配送货品的价值与物流成本很有密切的关系。因为在物流的成本计算中,往往会计算物流成本所占货品的比例,如果货品的单价高而物流费用比较低,则客户有能力负担;如果货品的单价低而物流费用比率较高,则客户难以接受。

另外,配送中心的建造费用预算也会直接影响到配送中心的规模和自动化水准。没有足够的建设投资,所有理想的规划都是无法实现的。

3.配送中心规模的确定

配送中心的总体设计是在物流系统设计的基础上进行的。由于配送中心具有收货验货、库存保管、拣选、分拣、流通加工、信息处理以及采购组织货源等多种功能,配送中心的总体设计首先要确定总体的规模。进行总体设计时,要根据业务总量、业务性质、内容、作业要求确定总体规模。

(1)预测物流量。物流量预测是指对历年业务经营的大量原始数据进行深入分析,结合当前物流总体环境的状况分析,对未来某段时间物流量的估算。在确定配送中心的能力时,要考虑商品的库存周转率、最大库存水平、企业发展的规划目标等。通常以商品的品种作为前提,根据商品数量的ABC分析,做到A类商品备齐率为100%,B类商品为95%,C类商品为90%,由此研究、确定配送中心的平均储存量和最大储存量。

(2)确定单位面积的作业量定额。根据规模和经验,可确定单位面积的作业量定额,从而确定各项物流活动所需的作业场所面积。例如,储存型仓库比流通型仓库的保管效率高,即使使用叉车托盘作业,储存型仓库的走道面积占仓库面积的30%以下,而流通型仓库往往要占到50%。同时,应避免一味追求储存效率高,而配送中心造成理货场堵塞、作业混杂等现象,以致无法达到配送中心要求周转快、出货迅速的目的。根据经验,配送中心各作业区的单位面积作业量定额见表7.3。

表7.3 配送中心各类型作业区作业量定额分布

作业区名称	单位面作业量(t/m^2)
收货验货作业区	0.2~0.3
分拣作业区	0.2~0.3
储存保管作业区	0.7~0.9
配送理货作业区	0.2~0.3

(3)确定配送中心的占地面积。一般来说,辅助生产建筑的面积,占配送中心建筑面积的5%~8%;另外,办公、生活用占地面积占5%左右。再考虑作业区的占地面积,配送中心总的面积便可大体确定。再根据城市规划部门对建筑覆盖率和建筑容积率的规定,可基本上估算出配送中心的占地面积。

4.配送中心的选址

在确定了配送中心建筑规模之后,接下来就是选址的问题。配送中心的选址应符合城市规划和商品储存安全的要求，适应商品的合理流向，交通便利，具有良好的运输条件、区域环境和地形、地质条件，具备给水、排水、供电、道路、通信等基础设施。特别是大型配送中心，应具备大型集装箱运输车辆进出的条件，包括附近的桥梁和道路也应符合要求。配送中心一般都选址在环状公路与干线公路或者铁路的交汇点附近，并充分考虑商品运输的区域化、合理化。此外，还应分析服务对象，例如连锁超市门店目前的分布状况和将来的布局的预测，以及配送区域范围。往往先初定若干候选地点，然后采用数值分析法和重心法，谋求配送成本最低的地点。

(1)配送中心选址的程序。

①收集整理历史资料。制订物流系统的基本计划，进行物流系统的现状分析，确定配送中心规模。

②地址筛选。考虑因素包括地形、地价、费用、配送路线、设施现状的分析及需求预测。

③定量分析。运用的方法主要有数理解法及重心法。

④复查。主要考虑选址的约束条件，如地理、地形、地价、环境、交通、劳动条件及有关法律的条目。

⑤确定。评价市场的适应性、购置土地条件、服务质量、总费用、商流、物流的职能及其他，确定最终方案。

(2)配送中心选址的约束条件。配送中心选址决策常见的约束条件有：

①资金。资金约束将会影响到区位决策，因为不同位置的土地，其价格差异非常大。

②交通运输条件。由于只能选择能够到达用户的运输方式，选址决策必须在此范围内进行。例如，对多数用户而言公路是唯一能到达的运输方式，则配送中心必须在公路交通枢纽或干线附近选址。

③通信条件。订单和其他物流信息的传递受现有通信条件的限制。但是，中国电信业的发展迅速，此项约束权重将越来越小。

④政府对土地用途的规划。地方政府对使用不同区块的土地有着各种不同的限制。有的地方，配送中心只允许建在政府指定的区域范围内。对化工、燃料等易造成环境污染的物流设施建设，限制就更多。

此外，一些特殊商品的物流中心还受到温度、湿度、雨量等自然因素的影响。

7.3 配送作业

7.3.1 配送的基本环节

从总体上看，配送是由备货、理货和送货三个基本环节组成的，其中每个环节又包含若干项具体的活动。

1. 备货

备货即指准备货物的系列活动，它是配送的基础环节。备货应当包括两项具体活动：筹集货物和储存货物。

(1)筹集货物。在不同的经济体制下，筹集货物(或者说组织货源)是由不同的行为主体去完成的。若生产企业直接进行配送，那么，筹集货物的工作自然是由企业(生产者)自己去组织的。在专业化流通体制下，筹集货物的工作则会出现两种情况：其一，由提供配送服务的配送企业直接承担，一般是通过向生产企业订货或购货完成此项工作；其二，选择商流、物流分开的模式进行配送，订货、购货等筹集货物的工作通常是由货主（如生产企业）自己去做，配送组织只负责进货和集货（集中货物）等工作，货物所有权属于事主（接受配送服务的需求者）。总之，筹集货物都是由订货（或购货）、进货、集货及相关的验货、结算等一系列活动组成的。

(2)储存货物。储存货物是购货、进货活动的延续。在配送活动中，货物储存有两种表现形态：一种是暂存形态；另一种是储备（包括保险储备和周转储备）形态。暂存形态的储存，是按照分拣、配货工序要求，在理货场地储存少量货物。这种形态的货物储存是为了适应“日配”“即时配送”需要而设置的，其数量多少对下一个环节的工作方便与否会产生很大影响，但不会影响储存活动的总体效益。储备形态的储存，是按照一定时期配送活动要求和根据货源的到货情况（到货周期）有计划地确定的，它是使配送持续运作的资源保证。用于支持配送的货物储备有两种具体形态：周转储备和保险储备，不管是哪一种形态的储备，相对来说数量都比较多。因此，货物储备合理与否，会直接影响配送的整体效益。

备货是决定配送成败与否、规模大小的最基础的环节。同时，它也是决定配送效益高低的关键环节。如果备货不及时或不合理，成本较高，那么就会大大降低配送的整体效益。

2.理货

理货是配送的一项重要内容，也是配送区别于一般送货的重要标志。理货包括货物分拣、配货和包装等项经济活动。货物分拣是采用适当的方式和手段，从储存的货物中分出（或拣选）用户所需要的货物。分拣货物一般采取两种方式来操作：其一是摘果式；其二是播种式。

(1)摘果式分拣是一种较传统的作业方式，是指作业人员针对每一订单，将客户订购的货物逐一从仓库中挑选出来。

(2)播种式分拣又称批量拣选，是把多张订单集合成一批，按照商品品种将数量汇总后再进行拣取，然后按照不同客户订单做分类处理的拣选作业方法。

3.送货

送货是配送活动的核心，也是备货和理货工序的延伸。在物流活动中，组成配送活动的运输，称为“配送运输”，与通常所讲的“干线运输”是有很大区别的。在配送过程中，根据用户要求或配送对象（产品）的特点，有时需要在未配货之前先对货物进行加工，叫作流通加工，如钢材剪切、木材截锯等，以求提高配送质量，更好地满足用户需要，提高资源的利用率。

7.3.2　配送的工艺流程

配送工艺流程包括一般流程和特殊流程。一般流程即配送活动必须经过的基本工艺流程，也是各种货物的配送活动共同具有的工艺流程。特殊工艺流程则刚好相反，它是为适应于特殊需要和特殊产品而设计、实施的工艺流程。

1.配送的一般流程

配送的一般流程基本上是这样一种运动过程：进货→储存→分拣→配货、配装→送货。每个流程的作业内容如下所述：

(1)进货。即组织货源，其方式有两种：订货或购货；集货或接货。

前者的货物所有权属于配送主体，后者的货物所有权属于用户。

(2)储存。即按照用户提出的要求并依据配送计划将购到或收集到的各种货物进行检验，然后分门别类地储存在相应的设施或场所中，以备拣选和配货。储存作业一般都包括这样几道程序：运输→卸货→验收→入库→保管→出库。储存作业依产品性质、形状不同而形式各异。

(3)分拣、配货。分拣和配货是同一个工艺流程中的两项有着紧密关系的经济活动，一般采用机械化或半机械化方式去操作。随着一些高新技术的广泛应用，自动化的分拣\配装系统已在很多国家的配送中心建立起来，并发挥了重要作用。

(4)送货。在送货流程中，包括这样几项活动：搬运、配装、运输和交货。其作业程序如下所示：配装→运输→交货。送货是配送的终结。

2.配送的特殊流程

在实践中，某些有特殊性质、形状的货物，其配送活动有许多独特之处(例如，液体状态的物质资料的配送就不存在配货、配装等工序，金属材料和木材等生产资料的配送常常附加流通加工工序)，据此，在配送的一般流程的基础上，又产生了配送的特殊流程。其作业程序如下所示：

(1)进货→储存→分拣→送货。

(2)进货→储存→送货。

(3)进货→加工→储存→分拣→配货→配装→送货。

(4)进货→储存→加工→储存→装配→送货。

上面各个配送流程分别为各类食品的配送工序，煤炭等散货的配送流程，木材、钢材等原材料配送经常采用的作业工序，机电产品中的散件、配件的配送流程。

例如，食品配送有三种工艺流程：

(1)在备货工序之后紧接分拣和配货等工序，中间不存在储存工序。即货物(食品)组织到以后基本上不存放，很快进行分拣、配货、配装，然后快速送货。通常，保质期较短和保鲜要求较高的食品(如点心类食品、肉制品、水产品等)基本上都按照上述流程进行配送，其配送工艺流程如图 7.1 所示。

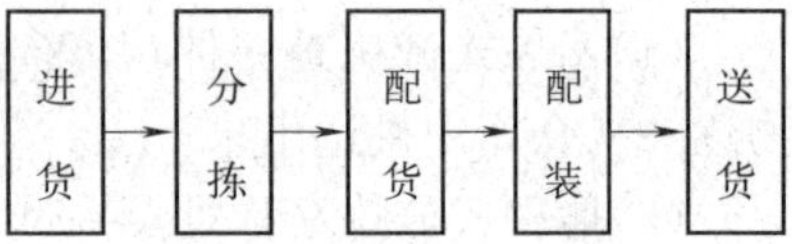

图 7.1　没有储存工序的食品配送工艺流程

(2)在备货作业后安插储存工序，然后依次进行分拣配货和配装等作业。通常，保质期较长的食品主要按照此流程进行配送。其操作程序是：大量货物组织进来以后，先要进行储存、保管，然后根据用户订单进行分拣、配货、配装，待车辆满载以后，随即向各个用户送货。这种带有储存工序的食品配送工艺流程如图 7.2 所示。

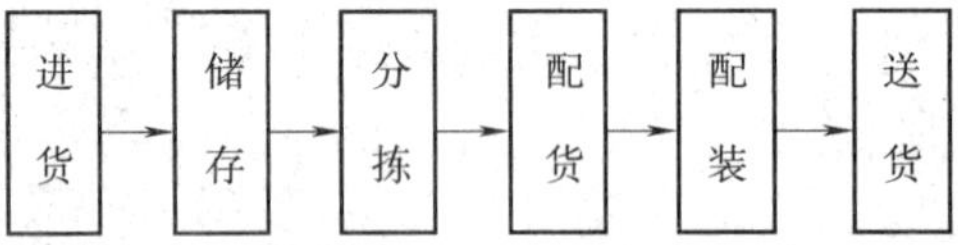

图 7.2　带有储存工序的食品配送工艺流程

(3)带有加工工序的配送流程。实际操作情况大体上是这样的：大量货物集中到仓库或场地以后，先进行加工，然后依次衔接储存、分拣、配货、配装和送货等工序，其顺序如图 7.3 所示。

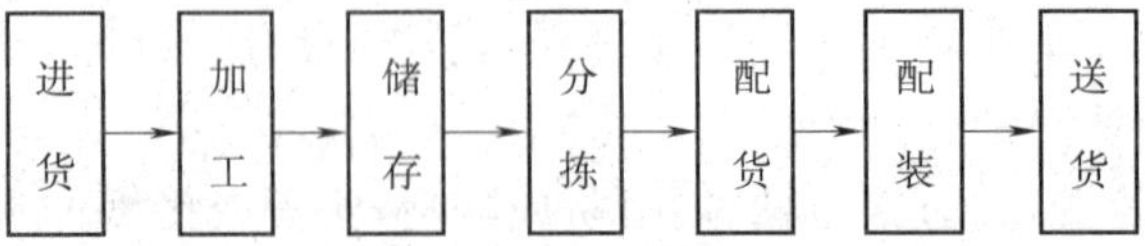

图 7.3　带有加工工序的食品配送工艺流程

鲜菜、鲜果、鲜肉和水产品等保质期短的货物配送经常选用上述包含加工工序的食品配送模式。而就加工工序的作业内容而言，主要有以下几项：分装货物（将大包装改成小包装）、货物分级分等、去杂质（如蔬菜去根、鱼类去头和内脏）、配制半成品等。食品配送特别强调速度和保质，据此，在物流实践中，一般都采用定时配送、即时配送等形式向用户供货。

7.4　配送管理

7.4.1　配送组织管理

（1）充分了解用户的情况。要深入用户群体，进行周密细致地调查研究，了解和掌握各物流企业加工、设备维修和基础设施等情况。对用户所需原材料、燃料、辅助材料和各种配件的品种、规格、型号、数量、接受价格及供应周期等情况要充分掌握，并进行科学的预测。在此基础上，建立配送档案，随时掌握经营进度，了解用户需要，迅速传递信息，保证按需组织配送。只有全面、准确地掌握了用户的需求情况，配送才有明确的目标和方向。

（2）建立稳定的上下游客户关系。是否有稳定的资源基地，是配送能否持续稳定发展的关键。物流企业要改变那种现买现卖、只管买卖的做法，要有供应链的思想。一方面通过与资源单位密切联系，建立一批稳定的资源基地，为配送打下物质基础；另一方面，还要与用户建立稳定的供需关系。无论是物流企业的经营活动，还是用户的消费需求，都要求保持相对稳定，如通过签订配送协议，明确双方的责任和义务，把供需关系相对稳定下来。

（3）加强配送的计划管理。生产的连续性和计划性，决定了配送具有很强的计划性。组织资源、配货、储运、送货上门等一系列活动，都要有严密的计划，这是一项需要多方面密切协调配合的工作。在掌握用户需求的基础上，制订发展配送的总目标和分阶段目标，以及实施步骤和措施，做到有计划分期地订货和采购，确定合理的库存储备。在用户向物流企业提出计划之后，经衔接平衡后，物流企业按计划组织配送。

（4）建立合理的配送体系。应通盘考虑建立合理的配送体系，逐步在一些中心城市建立和改造一批购销、储运、加工、配送一体化的配送中心，按照具体情况确定配送中心的规模、网络分布、配送半径。在充分利用现有条件的前提下，加快配送的基础设施建设与改造，并逐步实现配送的现代化、自动化。

（5）科学高效地组织配送。要按经济区域来规划配送的半径和范围，在保证按用户要求及时准确地组织配送的前提下，根据商品流通合理化的要求，科学地确定配送路线和批量。在具体作业时，要科学地安排人力、物力和财力的比例关系，衔接好各环节的作业活动，合理调度各要素的运动，使整个配送业务过程进行得高效有序。

（6）争取各方面的协作和支持。配送是一项系统工程，涉及资源单位、用户和运输部门等相关部门，需要得到各方面的支持，才能做好这项工作。物流单位要协调好各方面的关系，争取他们的协作，共同搞好配送活动。为使配送正常运行和发展，有关政府管理部门还要研究和制定确保高效配送的法律法规，使配送的具体做法如价格、结算办法和利益分配等逐步规范化。

7.4.2　配送管理的程序和内容

物流配送的对象、品种、数量等较为复杂。为了做到有条不紊地组织配送活动，物流管理者应当遵照一定的工作程序对配送业务进行安排与管理。一般情况下，配送组织工作的基本程序和内容主要有以下几个方面：

1. 拟定配送计划

物流经理应组织拟定出配送计划，供具体负责进行配送作业的员工执行。现在一般采用计算机作为编制配送计划的主要手段。

(1)拟定配送计划的主要依据。

①订货合同副本。订货合同一般包括客户订货的品种、规格、数量、送货时间、送达地点、接货人、接送货方式等。

②仓储配送合同。

③电话预约合同。

④所需配送的各种商品的性能、运输要求，以此决定车辆种类及运输方式。

⑤配送车辆、装卸设备、相关专用工具等情况。

⑥运输条件。与道路运输有关的要求、运达地点、作业环境、气候等。

⑦各配送节点的商品品种、规格、数量及分布等情况。

(2)确定配送计划的主要内容。

①按日排定客户所需商品的品种、规格、数量、送货时间、送达地点、接货人等，并详细弄清各客户的地址，可用地图标明，也可在表格中列出。

②按客户需要的时间，确定配送作业准备的提前期。

③确定每天从各配送点发运的商品品种、规格、数量。

④按计划的要求选择配送服务的具体组织方式。

⑤列出详细配送计划表供审批、执行和备案。

2. 下达配送计划

配送计划确定之后，物流经理要向各配送节点下达配送任务。依据计划调度运输车辆、装卸机械及相关作业班组与人员，并指派专人将商品送达时间、品种、规格、数量通知客户，使客户按计划准备好接货工作。

3. 配货和进货组织工作

物流经理应按计划做好配送组织工作，要求各配送点按配送计划审定库存商品的保有程度，若有缺货情况应立即组织进货。同时要求各配送点按配送计划进行配货、分货、包装、配装等工作。

4. 配送发货管理

物流经理应组织与监督理货人员按计划将各种所需的商品进行分类，标明到达地点、客户名称、配送时间、商品明细等，并按流向、流量、距离将各类商品进行配装，将发货明细表交给司机或随车送货人，发货车辆按指定路线运达客户。

5. 费用结算管理

物流部门的车辆按指定的计划送达客户，由客户在回执上签字。完成配送工作后，物流经理即可通知财务部门进行费用结算，完成整个配送过程的业务。

7.4.3 配送合理化

物流配送难度大，在实际操作中，会出现很多不合理的配送形式，如：库存决策不合理，配送方式的选择不合理，集货计划不合理，送货中运输不合理，经营观念不合理等。物流合理化是配送系统要解决的问题，也是衡量配送本身的重要指标。由于存在不合理配送方式，有必要对物流配送工作的改善进行探索。

1.不合理配送的表现形式

(1) 库存决策不合理。具体表现在：一是配送企业为减少缺货损失，加大库存，造成集中后的库存总量等于或高于分散的库存量，没有实现库存成本的降低和社会财富的节约；二是片面追求低库存，使存储量不足，不能满足用户的随机需求，造成物流服务水平的降低。

(2)配送方式的选择不合理。在配送过程中，是选择自行配送还是委托配送，是选择直达配送还是中转配送，取决于配送的成本和价格。如果在委托配送时，在获得的服务基本相同的情况下，价格较高则是不合理的。在选择中转配送时，如果增加的环节可以降低用户的平均库存，能够抵销因此增加的支出，就是合理的决策。如果用户进货能够实现经济批量，放弃直达配送而选择中转则是不合理的。

(3)集货计划不合理。配送中心是通过对多用户的共同集货，实现批量筹措资源，以达到规模效益的。如果配送中心不能实现批量集货，而只是为某一两个用户代购代筹，对用户而言不仅不能降低费用，反而增加了购货成本，因而是不合理的。此外，配送计划失实、集货量畸多畸少、与供应商之间的关系不稳定等也是集货计划不合理的表现。

(4)配送中的不合理运输。没有实现集中配送或共同配送，不能达到送货的经济批量，浪费了运力，增加了成本。此外，对流运输、迂回运输、空驶等也都是运输中的不合理现象。

(5)经营理念不合理。在配送实施过程中，必须树立起服务观念、系统化观念和效益观念。配送企业应当通过提供优质服务，降低物流系统的总成本，在获得企业微观效益的同时创造社会效益。如果配送企业利用配送的手段，向用户转嫁库存和资金的矛盾，加大社会物流总成本的支出，这就是不合理的配送。

2.配送合理化的标志

对于配送合理与否的判断，是配送决策的重要内容。目前国内外尚无统一的技术经济指标体系和判断方法，按一般认识，可考虑以下标志。

(1)库存标志。库存标志是判断配送合理与否的重要标志，具体指标有以下两方面：

①库存总量。在配送系统中，库存从分散于各个客户转移给配送中心，配送中心库存数量加上各客户在实行配送后库存量之和应低于实行配送前各客户库存量之和。从各个客户角度判断，各客户在实行配送前后的库存量比较，也是判断配送合理与否的标准。库存总量是一个动态的量，上述比较应当是在一定经营量的前提下。在客户生产有发展之后，库存总量的上升则反映了经营的发展，必须扣除这一因素，才能对总量是否下降做出正确判断。

②库存周转。由于配送企业的调剂作用，以低库存保持高的供应能力，库存周转一般总是快于原来各企业库存周转。此外，从各个客户角度进行判断，各客户在实行配送前后的库存周转比较，也是判断配送合理与否的标志。为取得共同比较基准，以上库存标志，都以库存储备资金计算，而不以实际物资数量计算。

(2)资金标志。实行配送应有利于资金占用降低及资金运用的科学化，具体判断标志如下：

①资金总量。用于资源筹措所占用的流动资金总量，随储备总量的下降及供应方式的改变必然有一个较大的降低。

②资金周转。从资金运用来讲，由于整个节奏加快，资金充分发挥作用，同样数量的资金，过去需要较长时期才能满足一定供应要求，配送之后，在较短时期内就能达此目的。所以资金周转是否加快，是衡量配送合理与否的标志。

③资金投向的改变。资金分散投入还是集中投入，是资金调控能力的重要反映。实行配送后，资金必然应当从分散投入改为集中投入，以增加调控作用。

(3)成本和效益。总效益、宏观效益、微观效益、资源筹措成本都是判断配送合理化的重要标志。对于不同的配送方式，可以有不同的判断侧重点。配送企业、客户都是各自独立的以利润为中心的企业，不但要看配送的总效益，而且还要看对社会的宏观效益及两个企业的微观效益，不顾及任何一方，都必然出现不合理。又如，如果配送是由客户集团自己组织的，配送主要强调保证能力和服务性，那么，效益主要从总效益、宏观效益和客户集团企业的微观效益来判断，而不必过多顾及配送企业的微观效益。由于总效益及宏观效益难以计量，在实际判断时，常以按国家政策进行经营，完成国家税收及配送企业及客户的微观效益来判断。

对于配送企业而言(投入确定的情况下)，则企业利润反映配送合理化程度。对于客户企业而言，在保证供应水平或提高供应水平(产出一定)的前提下，供应成本的降低反映了配送的合理化程度。成本及效益对合理化的衡量，还可以具体到集资、配货、配装、送货等具体配送环节，使判断更为精细。

(4)供应保证。实行配送，各客户的最大顾虑是害怕供应保证程度降低，这是个心态问题，也是承担风险的实际问题。配送的重要一点是必须提高而不是降低对客户的供应保证能力，才算实现了合理化。供应保证能力可以从以下几方面判断：

①缺货次数。实行配送后，对各客户来讲，该到货而未到货以致影响客户生产及经营的次数，必须有显著下降才算合理。

②配送企业集中库存量。对每一个客户来说，其数量所形成的保证供应能力高于配送前单个企业保证程度，从供应保证来看才算合理。

③即时配送的能力及速度。在客户出现特殊情况时，对客户的配送能力及反应速度必须高于未实行配送前客户紧急进货能力及速度才算合理。

特别需要强调的是，配送企业的供应保障能力，是一个科学的、合理的概念，而不是无限的概念。具体来讲，如果供应保障能力过高，超过了实际需要，也是一种不合理。所以，追求供应保障能力的合理化也是有限度的。

(5)社会运力节约标志。末端运输是目前运能、运力使用不合理，浪费较大的领域，因而人们寄希望于配送来解决这个问题，因此，它也成为配送合理化的重要标志。运力使用的合理化是依靠送货运力的规划和整个配送系统的合理流程及与社会运输系统合理衔接实现的。送货运力的规划是任何配送中心都需要花力气解决的问题，而其他问题依赖于配送及物流系统的合理化，判断起来比较复杂。可以简化判断如下：社会车辆总数减少，而承运量增加为合理；社会车辆空驶减少为合理；一家一户自提自运减少，社会化运输增加为合理。

(6)物流合理化标志。物流的合理化是配送要解决的重要问题，也是衡量配送本身的重要标志，配送必须有利于物流合理化，可从以下几方面来判断：

①是否降低了物流费用。

②是否减少了物流损失。

③是否加快了物流速度。

④是否发挥了各种物流方式的最优效果。

⑤是否有效衔接了干线运输和末端运输。

⑥是否不增加实际的物流中转次数。

⑦是否采用了先进的技术手段。

3.配送合理化的措施

(1)推行一定综合程度的专业化配送。通过采用专业设备、设施及操作程序,取得较好的配送效果并降低配送过分综合化的复杂程度及难度,从而追求配送合理化。

(2)推行加工配送。通过流通加工和配送的有机结合,充分利用本来应有的这次中转,而不增加新的中转求得配送合理化。同时,加工借助于配送,加工目的更明确,与客户联系更紧密,更避免了盲目性。这两者有机结合,投入不增加太多却可追求两个优势、两个效益,是配送合理化的重要经验。

(3)推行共同配送。通过共同配送,可以以最近的路程、最低的配送成本完成配送,从而追求合理化。

(4)实行双向配送。配送企业与客户建立稳定、密切的协作关系,配送企业不仅成为客户的供应代理人,而且承担客户储存据点,甚至成为产品代销人。在配送时,将客户所需的物资送到,再将该客户生产的产品用同一车运回,这种产品也成了配送中心的配送产品之一,或者作为代存、代储,免去了生产企业的仓储包袱。这种双向配送,使运力充分利用,也使配送企业功能有更大的发挥,从而追求合理化。

(5)推行准时配送系统。配送做到了准时,客户才有资源把握,可以放心地实施低库存或零库存,可以有效地安排接货的人力、物力,以追求最高效率的工作。保证供应能力,也取决于准时供应,从国外的经验看,准时供应配送系统是现在许多配送企业追求配送合理化的重要手段。

(6)推行即时配送。要最终解决客户企业担心断供之忧,大幅度提高供应保证能力,就应具有即时配送能力。从这个角度说,即时配送是配送企业快速反应能力的具体化,是配送企业能力的体现。

本章小结

配送按照客户订货要求的时间计划及物流节点(仓库、商店、货运站、物流中心等),在经济合理区域范围内,对物品进行拣选、加工、包装、分割、组配等作业,并按要求送达指定地点的物流活动。配送不同于一般的配货、物流和运输,具有末端运输、门到门运输和综合服务等特点。集货、分拣、配货、配装、配送运输、送达服务以及配送加工等最基本的单元构成配送的功能要素。

配送中心是从供应者手中接受多种大量的货物,进行倒装、分类、保管、流通加工和情报处理等作业,然后按照众多需要者的订货要求备齐货物,以令人满意的服务水平进行配送的设施。配送中心类型多样,通常具有保管、倒装、拣选、流通加工、运送和信息管理等主要功能。

配送是由备货、理货和送货三个基本环节组成。其流程包括:一般流程和特殊流程。一般流程即配送活动必须经过的基本工艺流程,也是各种货物的配送活动共同具有的工艺流程。特殊工艺流程则刚好相反,它是适应于特殊需要和特殊产品而设计、实施的工艺流程。

实施配送管理要选择合理配送组织，遵循配送管理的流程有效开展配送管理工作，从而避免不合理配送现象，实现配送合理化。

复习思考题

1. 名词解释：配送、配送中心。

2. 请你谈谈对配送的进一步认识。

3. 简述配送作业环节。

4. 配送中心的功能有哪些？

5. 如何进行配送中心的规划设计？

6. 简述配送合理化措施。

案例讨论

2020年"双11"快递为啥这么快？

2020年11月1日00:00刚过，参与"双11"大战的各方便迫不及待地晒出战果：

(1)00:15，南京羊山湖小区的球迷马先生收到了网购的球衣，这是南京苏宁"双11"第一单。

(2)00:35，杭州萧山的李先生收到菜鸟送达的包裹，此时距离他支付尾款仅过去5 min。

(3)11月11日7:45，家住湖北省宜昌当阳市坝陵村的郑女士刚准备送孙子去幼儿园，就收到了快递小哥送来的快递。

(4)"我15分钟前付完尾款，快递就送到了，你们是从哪儿变出来的？"

1."分钟级"常态

2020年天猫"双11"预售开启之际，作为天猫官方供应链，菜鸟供应链早已准备就绪。截至10月21日，已经有近1 000万吨"双11"商品备货进入菜鸟仓，规模比2019年"双11"几乎翻番。菜鸟国内供应链总经理黄巍表示，"疫情发生以来，中国的内需市场成为全球商业的新希望。为了抓住年内最强劲的商业增长机会，国内和全球数十万个品牌、数百万商家正纷纷将商品备进'双11'仓库"。

每一次"双11"都是对快递的一次大考。菜鸟网络方面介绍，菜鸟供应链在"双11"前推出大促宝2.0升级版，根据智能预测，把大促备货的截止时间进一步压缩，提高库存周转率，并提供更加精准的分仓、备货和补货建议，确保商家在"双11"两个售卖爆发期之间不断货、不压货。

当天猫"双11"全球狂欢季00:00正式开场，菜鸟物流骨干网即全速开动发货。杭州萧山李先生支付尾款5 min后收到的包裹刷新了"双11"快递新速度。

为了让"双11"包裹提速，菜鸟数字供应链今年与更多品牌商家合作，通过"预售极速达"服务把预售订单提前下沉到配送网点和社区。买家支付尾款后，大量快递就从买家身边发出，分钟级送达成为普遍现象。

与此同时，今年天猫"双11"，菜鸟十大数字化技术运用到供应链管理、仓库发货、快递中转、末端配送的所有环节，旨在使"双11"的快递物流能够又快又好。

截至11月7日10:00，消费者在11月1日—3日购买的天猫‘双11’商品普遍比去年‘双11’提前1天收到货。物流已经从包裹数字化，向全链路全流程数字化升级。

2020年“双11”菜鸟的黑科技矩阵已具有10项核心能力，包括数据协同、智能预测、供应链大促宝、预售下沉、物流天眼、智能语音助手、无人仓、无人车、末端IoT、秒级通关。其中仅快递公司升级的自动化流水线，全行业就超过了6 000 km。2020年菜鸟在“双11”跨境物流上也力度空前。受海外疫情影响，在国际物流运力紧张的情况下，菜鸟的海外数字贸易枢纽昼夜不停地运行，半个月内使用700多架次全货机和其他航班承担运输，成为保障进出口流通的大动脉。

菜鸟进口物流提速的背后，是其通过数字化技术不断升级海外提货、中心仓分发、保税仓运营等各个物流环节，并与海关部门联合打造了“秒级通关”的关务平台。为了提速全球物流，菜鸟在“双11”前已将核心物流协调部署到15个国家，把中国快递的数字化经验提供给东南亚、南亚等国的物流公司，带动了全球物流的数字化升级。菜鸟大规模应用云原生实时数仓，整体数据链路同步时间从1 h缩减到3 min。

2. 从1到∞

11月1日00:00刚过，家住中国最北端的黑龙江漠河县西林吉镇的荣女士就收到了在京东平台预订的口红，此时距离她支付完尾款仅仅过去6 min。几乎同时，在距离漠河4 000 km之外的甘肃酒泉，家住玉门新市区的王女士在付完尾款后10 min后收到了自己喜爱的口红。

在“618”第一单8 min送达的基础上，京东物流在大促分钟达上再度加码。据了解，开门红当天，京东物流通过预售前置的模式，在消费者支付定金瞬间即已开始仓储生产，预售商品早在支付尾款前就已抵达距消费者最近的快递站点。待消费者支付尾款后，京东快递小哥将立即进行“最后一公里”的配送，确保数分钟内即可完成收货。

2020年是京东物流半日达(211限时达)推出的第10年，从最初6座城市试点，扩展为全国200多个城市的服务标配，成为京东物流的标志。为解决农村地区末端配送的难题，近年来京东物流一直在加快网络下沉，推动物流普惠建设，让更多农村地区消费者体验到和一二线城市一样的极致快递服务。在“双11”期间，京东物流通过预售前置模式把很多预售商品提前放置到距消费者最近的站点，或是通过仓储投入、建设中转场地、投入智能设备与加密配送班次等举措，让更多县城以及周边乡村的消费者享受到“睡前下单、醒来收货”。

在把快递车开进田间地头的同时，京东物流也把更多产地农特产品带出了大山。京东快递发力布局春茶、烟台樱桃、大闸蟹、平谷大桃、内蒙古牛羊肉、赣南脐橙等全国530余个农特产地，并为其制定专属供应链方案。仅在“双11”期间，京东快递农特产品业务量就比“618”增长近5倍，全面助力农产品上行，推动产地经济转型升级，成为帮助农民增收致富的重要力量。

从商家端到消费者端的全链路、全场景、全网络上的运营体系中追求细节，把从全流程中争取下来的每一分每一秒都以快速履约的形式回馈给广大消费者。京东物流供应链一体化服务协同联动，推出“十项全能”的运营举措:360°全托管、高精预测、入仓ETC、一件代发、限时清零、预售商品前置、启用“双11”指挥室、仓单质押、青流出仓、智能大脑，助力广大商家入仓备货，预计备货量总计超过12亿件商品。

3. 多“仓”出世

10月29日至11月11日，苏宁易购超级买手直播间带货总GMV超8亿元，直播观看人数超1.2亿，相关话题总阅读量超5 000万，短视频总播放量超2亿次。

2020年“双11”，苏宁易购三十而立，既有回忆，又正当年轻。“双11”期间苏宁易购优质头部商家直播销售占店铺整体销售的30%左右，商家自播正成为苏宁销售增长的核心渠道。为匹配线上的井喷销售量，苏宁物流推出了专业细分的“直播仓”，各大品牌纷纷入驻，为“双11”的直播峰值构建强大的物流后援。

虽然直播商品单量波动很大，但好在SKU比较集中，通过大数据可实现更为精准的预测与提前分仓；虽然直播商品短时间内急剧聚集，但胜在流转率高，可做到快速精准出仓发货，更能提高仓储能效。直播爆品入驻直播仓后，依靠遍布全国的多级立体仓配网络，能做到货品最快4 h入仓，通过组合预包装、快速分拣可做到爆品一键发货，直播仓单仓峰值发货量每天可达8万件。

除了苏宁武汉物流基地的直播仓外，南京、上海、北京、西安等地的区域中心仓、城市仓、前置仓、冷链仓等也纷纷开辟出专门的直播仓，服务不同品类、不同需求的直播商家。在直播仓的基础上，苏宁物流发挥仓配一体物流供应链优势，做好路由规划、末端配送等全环节精益管理。

苏宁物流还通过大数据预测，依托“区域中心仓群+前行仓群+前置仓群”三级网络布局，为快消、3C、生鲜、家电、家居等多领域合作伙伴的商品合理布局到离消费者更近的地方，实现科学分仓、智能分发，减少中转环节，提升商品周转效率，并保障合作伙伴在下沉市场的优质服务。

值得一提的是，在客服方面，苏宁物流已完成客服呼叫中心的智能化升级，通过大数据计算、AI技术打造客服AI大脑，不断完善全语音智能及自助机器人服务，通过自动识别、自动分析、自动反馈为商户减少咨询量，为用户提供更好的服务体验。

快递“秒到”得益于大数据下商家的产品前置到离消费者最近的仓。作为新势力的代表，今年中通云仓依托大数据支持充分发挥中心仓和前置仓等优势，为客户提供专属服务，保证了“双11”期间商品包裹及时高效送达。

“中通云仓采用‘大数据算法、前置仓下沉、智能化订单分配、优势化快递匹配’相结合的模式，在商品配送各环节全面提速，实现商品在最短时间内送至消费者手中。”中通云仓持续引进灯光拣选机、自动称重机、自动打包机等智能设备，配合专业化定制化WMS、OMS、TMS等仓配管理系统，依托新设备新系统实现运营能力全面提升，加快商品出库速度。

（编者根据网络资料改写）

案例思考题

1. “今年快递为啥这么快”的原因有哪些？
2. 菜鸟、京东、中通快递采用的配送技术都有哪些？
3. 通过对该案例的探讨，你从中获得的启示有哪些？

推荐阅读

[1] 汝宜红，宋伯慧. 配送管理[M]. 北京：机械工业出版社，2016.
[2] 张竞禾. 配送中心规划与运作管理[M]. 北京：中国财富出版社，2020.
[3] 孔继利. 物流配送中心规划与设计[M]. 北京：北京大学出版社，2019.
[4] 中国物流与采购联合会：http://www.chinawuliu.com.cn/.
[5] 物流技术与应用：http://www.edit56.com/.

第8章　流通加工

本章提要

- 流通加工的定义，流通加工与生产加工的区别，流通加工的地位及作用。
- 流通加工的类型。
- 水泥熟料、机电产品、钢板剪板、木材等产品的流通加工。
- 流通加工的合理化。

学习目标

深入了解流通加工的概念及其与一般生产加工的区别；理解流通加工在物流活动中的地位和作用；熟悉流通加工的类型；掌握流通加工的合理化措施。通过对顺丰优选的生鲜电商之道案例的分析、探讨，加深对流通加工的认识和理解。

框架结构

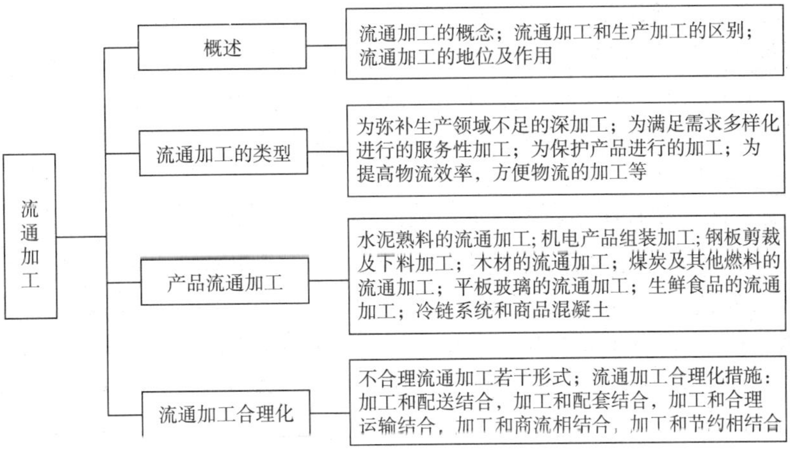

相关知识点微课

8.1 流通加工概述　　8.2 流通加工类型

开篇案例

鲜易通构建全国首张流通加工网络，打通生鲜农产品流通的任督二脉

2018年8月9日，第六届中国生鲜农产品供应链峰会在江西南昌召开，鲜易控股旗下河南鲜易通食品有限公司副总经理李伟民受邀出席会议，并在大会现场分享了鲜易通对生鲜产业链服务模式的探索与实践，获得了行业的广泛关注和高度认可。

作为我国国民消费的第一大刚需品的生鲜农产品，面临着供应链链条环节多、损耗和成本高、冷链物流基础设施薄弱等问题，这些问题困扰着行业及生鲜企业的发展。为此，李总在分享中指出：当前农产品供应链缺乏有效的服务链接者，应通过供应链两端延伸，打造交易闭环，提供从源头到终端的全链接、全网络的供应链集成服务。

为了解决"产地冷链最初一公里"和"销地冷链最后一公里"，鲜易通致力构建全国首张分布式生鲜加工(PC)网络，以产地PC+销地PC，重点围绕国家物流节点城市、流通节点城市、跨境电商试点城市，形成全国性、分布式、路由的流通加工网络布局。目前已布局上海、天津、郑州、合肥、长春等12个PC流通加工基地，这使得越来越多的生鲜农产品享受到预冷、加工、冷链运输、冷库仓储、冷链配送等"待遇"，既提高农产品标准化，又使农产品损耗大大降低，品质明显提升，附加值不断放大。

据悉，鲜易通定位于"新流通生鲜食品服务商"，旨在建设集新制造、新产业、新模式、新价值融合为一体的S2B(Supply chain platform To Business)智慧流通加工中心，为生鲜产业链中的终端商家、新零售等提供品质安全、具备价格竞争力的全球生鲜食材供应链整合服务，优化生鲜食品流通方式。

同时，鲜易通链接鲜易供应链全国化网络布局优势，利用其完善的仓运配一体化服务，真正打通了从源头到终端的全链条、全覆盖、全流程农产品服务解决方案。

（编者根据网络资料改写）

8.1 概　　述

8.1.1 流通加工的概念

流通加工是指某些原料或产成品从供应领域向生产领域，或从生产领域向消费领域流动过程中，为了有效利用资源、方便用户、提高物流效率和促进销售，在流通领域对产品进行的初

级或简单的再加工。简言之，在流通过程中辅助性的加工活动称为流通加工。在国家标准《物流术语》中，流通加工的定义是：物品从生产地到使用地的过程中，根据需要施加包装、分割、计量、分拣、刷标志、拴标签、组装等作业的总称。

流通与加工的概念属于不同的范畴。流通是改变物质的空间状态与时间状态的一种活动；而加工则是改变物质的形状与性质，形成一定产品的活动。而"流通加工"是一个全新的概念，它既属于流通的范畴，又包含着简单加工的内容属性，既可以看成是生产加工在流通领域中的延伸，也可以看成是流通领域为了更好地服务而在职能方面的扩大。

8.1.2　流通加工和生产加工的区别

流通加工和生产加工在加工方法、加工组织、生产管理方面并无显著区别，但在加工对象、加工程度方面差别较大，其主要差别表现在五个方面：

(1)加工对象的区别。流通加工的对象是进入流通过程的商品，具有商品的属性，以此来区别多环节生产加工中的一环。流通加工的对象是商品，而生产加工对象不是最终产品，而是原材料、零配件、半成品。

(2)加工程度的区别。流通加工大多是简单加工，而不是复杂加工，一般来讲，如果必须进行复杂加工才能形成人们所需的商品，那么，这种复杂加工应专设生产加工过程，生产过程应完成大部分加工活动，流通加工则是对生产加工的一种辅助及补充。需要指出的是，流通加工绝不是对生产加工的取消或代替。

(3)附加价值的区别。从价值观点来看，生产加工的目的在于创造使用价值，而流通加工则在于完善其使用价值，并在不做大改变情况下提高价值。

(4)加工责任人的区别。流通加工的组织者是从事流通工作的人，能密切结合流通的需要进行这种加工活动。从加工单位来看，流通加工由商业或物资流通企业完成，而生产加工则由生产企业完成。

(5)加工目的的区别。商品生产是为交换和消费而进行的，流通加工的一个重要目的也是为了消费(或再生产)，这一点与商品生产有共同之处。但是流通加工也有时候是以自身流通为目的，纯粹是为流通创造条件，这又是流通加工不同于一般生产的特殊之处。

8.1.3　流通加工的地位及作用

1.流通加工在物流中的地位

(1)流通加工有效地完善了流通。流通加工在实现时间场所的两个重要效用方面，确实不能与运输和储存相比，因而，不能认为流通加工是物流的主要功能要素。流通加工的普遍性也不能与运输、储存相比，流通加工不是所有物流中必然出现的。但这绝不是说流通加工不甚重要，实际上它也是不可轻视的，它有着补充、完善、提高、增强的功能，它的作用是运输、储存等其他功能要素无法替代的。所以，流通加工的地位可以描述为是提高物流水平，促进流通向现代化发展的不可少的形态。

(2)流通加工是物流中的重要利润源。流通加工是一种低投入高产出的加工方式，往往以简单加工解决大问题。实践证明，有的流通加工通过改变装潢使商品档次跃升而充分实现其价值，有的流通加工将产品利用率提高20%～50%，这是采取一般方法提高生产率所难以企及的。我国近些年的实践表明，流通加工仅就向流通企业提供利润一点，其成效并不亚于从运输和储存中挖掘的利润，是物流中的重要利润源。

(3)流通加工在国民经济中也是重要的加工形式。在整个国民经济的组织和运行方面，流通加工是其中一种重要的加工形态，对推动国民经济的发展、完善国民经济的产业结构和生产分工有一定的意义。

2.流通加工的作用

(1)方便流通。这方面主要包括方便产品的运输、储存和销售。例如，流通加工中的集中下料，是将生产企业直接运来的整包装、标准化产品，分割成适合用户需要的规格、尺寸或包装的物品。如钢板裁剪，薄板厂生产出来的薄板，60吨一卷，运输、吊装、储存都非常方便，运到金属公司销售给用户时，有的用户只买几米，为了方便销售、方便用户，就需要金属公司用切板机将钢板切割、裁剪成适合用户需要的形状尺寸，用户买回去就可以直接使用，因此钢板裁剪这种流通加工就起到了方便流通、运输、储存、销售的作用。其他如钢筋或圆钢裁制成毛坯、木材锯板等都具有这样的作用。

(2)提高生产效益及流通效益。由于采用流通加工，生产企业可以进行标准化、整包装生产，这样做适应大生产的特点，提高了生产效率，节省了包装费用和运输费用，降低了成本。流通企业可以促进销售，增加销售收入，也提高了流通效益。

(3)不但方便了用户购买和使用，还降低了用户成本。用量小或临时需要的用户，缺乏进行高效率初级加工的能力，依靠流通加工可使用户省去进行初级加工的机器设备的投资及人力，降低了成本。目前发展较快的初级加工有：净菜加工，将水泥加工成生混凝土，将原木或板方材加工成门窗，冷拉钢筋及冲制异形零件，钢板预处理、整形、打孔等加工。

(4)提高加工效率及设备利用率。由于建立集中加工点，可以采用效率高、技术先进、加工量大的专门机具和设备。这样做的好处有：提高了加工质量，提高了设备利用率，提高了加工效率。其结果是降低了加工费用及原材料成本。

例如，一般的使用部门在对钢板下料时，采用气割的方法，需要留出较大的加工裕量，这样不但出材率低，而且由于热加工容易改变钢的组织，加工质量也不好。集中加工后可设置高效率的剪切设备，在一定程度上防止了上述问题。

(5)充分发挥各种输送手段的最高效率。流通加工环节将实物的流通分成两个阶段。一般说来由于流通加工环节设在消费地，因此，从生产厂到流通加工点第一阶段输送距离长，而从流通加工点到消费环节的第二阶段距离短。第一阶段是在数量有限的生产厂与流通加工点之间进行定点、直达、大批量的远距离输送，因此，可以采用船舶、火车等大量输送的手段；第二阶段是利用汽车和其他小型车辆来输送经过流通加工后的多规格、小批量、多用户的产品。这样可以充分发挥各种输送手段的最高效率，加快输送速度、节省运力运费。

(6)可实现废物再生和物资的充分、综合利用，提高物资利用率。例如，集中下料可以优材优用、小材大用、合理套裁，具有明显提高原材料利用率的效果。再比如，北京、济南、丹东等城市曾对平板玻璃进行流通加工（集中裁制、开片供应），玻璃利用率从60%左右提高到85%～95%。木屑压制成木板、边角废料改制等流通加工可以实现废物再生利用，提高物资的利用率。

(7)改变功能，增加商品价值，提高收益。在流通过程中进行一些改变产品某些功能的简单加工，其目的除上述几点外还在于提高产品销售的经济效益。例如，内地的许多制成品（如洋娃娃、时装、轻工纺织产品、工艺美术品等）在深圳进行简单的包装装潢加工，改变了产品外观，仅此一项就可使产品售价提高20%以上。

所以，在物流领域中，流通加工可以成为高附加价值的活动。这种高附加价值的形成，主要是靠满足用户的需要、提高服务功能而取得的，是贯彻物流战略思想的表现，是一种低投入、高产出的加工形式。

8.2 流通加工的类型

为了充分体现流通加工对物流的服务功能，流通加工的种类很多，主要有如下几种：

1.为弥补生产领域不足的深加工

有许多产品在生产领域的加工只能到一定程度，这是由于存在许多制约因素限制了生产领域不能完全实现终极的加工。例如钢铁厂的大规模生产只能按标准规定的规格生产，以使产品有较强的通用性，使生产能有较高的效率和效益；木材如果在产地完成成材制成木制品的话，就会造成运输的极大困难，所以原生产领域只能加工到圆木、板方材这个程度，进一步的下料、切裁、处理等加工则由流通加工环节完成。

这种流通加工实际是生产的延续，是生产加工的深化，对弥补生产领域加工的不足有重要意义。

2.为满足需求多样化进行的服务性加工

从需求角度看，需求存在着多样和多变两个特点，为满足这种要求，经常是用户自己设置加工环节，例如，生产消费型用户的再生产往往从原材料的初级处理开始。

就用户来讲，现代生产的要求，是生产型用户能尽量减少流程、尽量集中力量从事较复杂的技术性较强的劳动，而不愿意将大量初级加工包揽下来。这种初级加工带有服务性，由流通加工来完成，生产型用户便可以缩短自己的生产流程，使生产技术密集程度提高。

对一般消费者而言，则可省去烦琐的预处置工作，而集中精力从事能直接满足需求的较高级劳动。

3.为保护产品所进行的加工

在物流过程中，直到用户投入使用前都存在对产品的保护问题，防止产品在运输、储存、装卸、搬运、包装等过程中遭到损失，保障使用价值顺利地实现。和前两种加工不同，这种加工并不改变进入流通领域"物"的外形及性质。这种加工主要采取稳固、改装、冷冻、保鲜、涂油等方式。

4.为提高物流效率、方便物流的加工

有一些产品，其本身的形态使之难以进行物流操作，如鲜鱼的装卸储存操作困难；过大设备搬运、装卸困难；气状物体运输、装卸困难等。进行流通加工，可以使物流各环节易于操作，如鲜鱼冷冻、过大设备解体、气体液化等。这种加工往往改变"物"的物理状态，但并不改变其化学特性，并最终仍能恢复原物理状态。

5.为促进销售的流通加工

流通加工可以从若干方面起到促进销售的作用，如将过大包装或散装物分装成适合一次销售的小包装的分装加工；将原来以保护产品为主的运输包装改换成以促进销售为主的装潢性包装，以起到吸引消费者、指导消费的作用；将零配件组装成用具、车辆以便于直接销售；将蔬菜、肉类洗净切块以满足消费者要求等。这种流通加工不改变"物"的本体，只进行简单改装的加工，也有许多是组装、分块等深加工。

6. 为提高加工效率的流通加工

许多生产企业的初级加工由于数量有限加工效率不高，难以投入先进的技术。流通加工以集中加工的形式，解决了单个企业加工效率不高的弊病。以一家流通加工企业代替若干生产企业的初级加工工序，可以提高加工效率，促使生产水平的提高。

7. 为提高原材料利用率的流通加工

利用流通加工综合性强、用户多的特点，可以实行合理规划、合理套裁、集中下料的方法，这就能有效地提高原材料利用率，减少损失浪费。

8. 衔接不同运输方式，使物流合理化的流通加工

在干线运输及支线运输的节点设置流通加工环节，可以有效解决大批量、低成本、长距离干线运输多品种、少批量、多批次末端运输和集货运输之间的衔接问题，在流通加工点与大生产企业间形成大批量、定点运输的渠道，又以流通加工中心为核心，组织对多用户的配送，也可在流通加工点将运输包装转换为销售包装，从而有效衔接不同目的的运输方式。

9. 以提高经济效益、追求企业利润为目的的流通加工

流通加工的一系列优点，可以形成一种"利润中心"的经营形态，这种类型的流通加工是经营的一环，在满足生产和消费要求的基础上取得利润，同时在市场和利润引导下使流通加工在各个领域中能有效地发展。

10. 生产流通一体化的流通加工形式

依靠生产企业与流通企业的联合，或者生产企业涉足流通领域，或者流通企业涉足生产领域，形成的对生产与流通加工进行合理分工、合理规划、治理组织，统筹进行生产与流通加工的安排，这就是生产流通一体化的流通加工形式。这种形式可以促成产品结构及产业结构的调整，充分发挥企业集团的经济技术优势，是目前流通加工领域的新形式。

8.3 产品流通加工

本节简要介绍流通加工过程中几种常见产品的加工方法，包括水泥熟料的流通加工、机电产品组装加工、钢板剪板及下料加工、木材的流通加工、煤炭及其他燃料的流通加工、平板玻璃的流通加工、生鲜食品的流通加工、冷链系统和商品混凝土的流通加工。

8.3.1 水泥熟料的流通加工

在需要长途运入水泥的地区，变运入成品水泥为运进水泥熟料，在该地区的流通加工点（磨细工厂）磨细，并根据当地资源和需要掺入混合材料及外加剂的量，制成不同品种及标号水泥供应给当地用户，这是水泥流通加工的重要形式之一。在国外，采用这种物流形式已有一定的比重。

在需要经过长距离输送供应的情况下，以熟料形式代替传统的粉状水泥有很多优点：

(1)可以大大降低运费、节省运力。运输普通水泥和矿渣水泥平均约有 30%以上的运力消耗在矿渣及其他各种加入物上。在我国水泥需用量较大的地区，工业基础大都较好，当地又有大量工业废渣，如果在使用地区对熟料进行粉碎，可以根据当地的资源条件选择混合材料的种类，这样就节约了消耗在混合材料上的运力和运费。同时水泥输送的吨位也大大减少，有利于缓和铁路运输的压力。

(2)可按照当地的实际需要大量掺加混合材料。生产廉价的低标号水泥,发展低标号水泥的品种,就能在现有生产能力的基础上更大限度地满足需要。我国大中型水泥厂生产的水泥,平均标号逐年提高,但是目前我国使用水泥的部门大量需要较低标号的水泥,然而大部分施工部门没有在现场加入混合次料来降低水泥标号的技术力量和设备,因此,不得已使用标号较高的水泥,这是一种浪费。如果以熟料为长距离输送的形态,在使用地区加工粉碎,就可以按实际需要生产各种标号的水泥,尤其可以大量生产低标号水泥,减少水泥长距离输送的数量。

(3)容易以较低的成本实现大批量、高效率的输送。从国家的整体利益来看,在铁路输送中运力利用率比较低的输送方式显然不是发展方向。如果采用输送熟料的流通加工形式,可以充分利用站、场、仓库现有的装卸设备,又可以利用普通车皮装运,比之散装水泥方式具有更好的技术经济效果,更适合我国的国情。

(4)可以大大降低水泥的输送损失。水泥的水硬性是在充分磨细之后才表现出来的,而未磨细的熟料抗潮湿的稳定性很强。所以,输送熟料也可以防止由于受潮而造成的损失。此外,颗粒状的熟料也不像粉状水泥那样易于散失。

用长途输送熟料的方式,水泥厂就可以和有限的熟料粉碎工厂之间形成固定的直达渠道,能实现经济效果较优的物流。水泥的用户也可以不出本地区而直接向当地的熟料粉碎工厂订货,因而更容易沟通产需关系,具有明显的优越性。

8.3.2 机电产品组装加工

自行车及机电设备储运困难较大,主要原因是不易进行包装,如进行防护包装,包装成本过大,并且运输装载困难,装载效率低,流通损失严重。但是,这些货物有一个共同特点,即装配较简单,装配技术要求不高,主要功能已在生产中形成,装配后不需进行复杂检测及调试。所以,为解决储运问题、降低储运费用、对半成品(部件)进行高容量包装出厂、消费地拆箱组装,组装之后随即进行销售,这种流通加工方式近年来已在我国广泛采用。

8.3.3 钢板剪板及下料加工

热轧钢板和钢带、热轧厚钢板等板材最大交货长度常可达7～12米,有的是成卷交货,对于使用钢板的用户来说,大、中型企业由于消耗批量大,可设专门的剪板及下料加工设备,按生产需要进行剪板、下料加工。但是,对于使用量不大的企业和多数中、小型企业来讲,单独设置剪板、下料的设备有设备闲置时间长、人员浪费大、不容易采用先进方法的缺点,钢板的剪板及下料加工可以有效地解决上述弊病。

剪板加工是在固定地点设置剪板机进行下料加工或设置种种切割设备将大规格钢板裁小,或切裁成毛坯,降低销售起点,便利用户。

钢板剪板及下料的流通加工有如下几项优点:由于可以选择加工方式,加工后钢材的晶体组织较少发生变化,可保证原来的交货状态,因而有利于高质量的保证;加工精度高,可减少废料、边角料,也可减少再进行机加工的切削量,既可提高再加工效率,又有利于减少消耗;由于集中加工可保证批量及生产的连续性,可以专门研究此项技术并采用先进设备,从而大幅度提高效率和降低成本,使用户能简化生产环节,提高生产水平。

和钢板的流通加工类似,还有圆钢、型钢、线材的集中下料、线材冷拉加工等。

8.3.4 木材的流通加工

(1)磨制木屑、压缩输送。这是一种为了实现流通的加工。木材是低密度的物资,在运输时占有相当大的体积,往往使车船满装但不能满载,同时,装车、捆扎也比较困难。

从林区外送的原木中有相当一部分是造纸材,美国采取在林木生产地就地将原木磨成木屑,然后采取压缩方法使之成为密度较大、容易装运的形状,之后运至靠近消费地的造纸厂,取得了较好的效果。根据美国的经验,采取这种办法比直接运送原木节约一半的运费。

(2)集中开木下料。在流通加工点将原木锯截成各种规格材,同时将碎木、碎屑集中加工成各种规格板,甚至还可进行打眼、凿孔等初级加工。过去用户直接使用原木不但加工复杂、加工场地大、加工设备多,更严重的是资源浪费大,木材平均利用率不到50%,平均出材率不到40%。实行集中下料按用户要求供应规格料,可以使原木利用率提高到95%,出材率提高到72%左右,有相当大的经济效益。

8.3.5 煤炭及其他燃料的流通加工

(1)除矸加工。除矸加工是以提高煤炭纯度为目的的加工形式。为了多运“纯物质”,少运矸石,以充分利用运力、降低成本,可以采用除矸的流通加工排除矸石。

(2)为管道输送煤浆进行的煤浆加工。煤炭的运输方法主要采用运输工具载运方法,运输中损失浪费较大,又容易发生火灾。采用管道运输是近代兴起的一种先进技术。目前,某些发达国家已开始投入运行,有些企业内部也采用这一方法进行燃料输送。

在流通的起始环节将煤炭磨成细粉,本身便有了一定的流动性,用水调和成浆状则具备了流动性。可以像其他液体一样进行管道输送。这种方式不与现有运输系统争夺运力,输送连续、稳定而且快速,是一种经济的运输方法。

(3)配煤加工。在使用地区设置集中加工点,将各种煤及一些其他发热物质,按不同配方进行掺配加工,生产出各种不同发热量的燃料,称作配煤加工。这种加工方式可以按需要发热量生产和供应燃料,防止热能浪费、大材小用的情况;也防止发热量过小,不能满足使用要求的情况出现。

工业用煤经过配煤加工还可以起到便于计量控制、稳定生产过程的作用,在经济及技术上都有价值。

(4)天然气、石油气等气体的液化加工。由于气体输送、保存都比较困难,天然气及石油气往往只好就地使用,如果当地资源充足而使用不完,往往就地燃烧,造成浪费和污染。两气的输送可以采用管道,但因投资大、输送距离有限,也受到制约。在产出地将天然气或石油气压缩到气液临界压力之上,使之由气体变成液体,就可以用容器装运,使用时机动性也较强,这是目前采用较多的方式。

8.3.6 平板玻璃的流通加工

按用户提供的图纸对平板玻璃套裁开片,向用户供应成品,用户可以将其直接安装到采光面上。这种方式的好处是:

(1)平板玻璃的利用率可由62%～65%提高到90%以上。

(2)可以促进平板玻璃包装方式的改革,从工厂向套裁中心运输平板玻璃,如果形成固定渠道便可以搞大规模集装,这不但节约了大量包装用木材,而且可防止流通中大量破损。

(3)套裁中心按用户需要裁制,有利于玻璃生产厂简化规格,搞单品种大批量生产。这不但能提高工厂生产率,而且可以简化工厂切裁、包装等工序,使工厂能集中力量解决生产问题。

(4)现场切裁玻璃劳动强度大,废料也难于处理,搞集中套裁可以广泛采用专用设备进行裁制,废玻璃相对数量少并且易于集中处理。

(5)能够增强服务功能,尤其对没有玻璃切裁能力的零散用户,这是重要的服务方式。

8.3.7 生鲜食品的流通加工

(1)冷冻加工。为解决鲜肉、鲜鱼在流通中保鲜及搬运装卸的问题,采取低温冻结方式进行加工。这种方式也用于某些液体商品、药品等。

(2)分选加工。农副产品规格、质量离散情况较大,为获得一定规格的产品,采取人工或机械分选的方式加工称分选加工,广泛用于果类、瓜类、谷物、棉毛原料等。

(3)精制加工。农、牧、副、渔等产品精制加工是在产地或销售地设置加工点,去除无用部分,甚至可以进行切分、洗净、分装等加工。这种加工不但大大方便了购买者,而且还可以对加工的淘汰物进行综合利用。比如,鱼类的精制加工所剔除的内脏可以制成某些药物或饲料,鱼鳞可以加工成高级黏合剂,头尾可以制鱼粉等;蔬菜的加工剩余物可以制成饲料、肥料等。

(4)分装加工。许多生鲜食品零售起点较小,而为保证高效输送出厂,包装则较大,也有一些是采用集装运输方式运达销售地区。为了便于销售,在销售地区按所要求的零售起点进行新的包装,即大包装改小包装、散装改小包装、运输包装改销售包装,这种方式称分装加工。

8.3.8 冷链系统和商品混凝土

冷链系统和商品混凝土是两种特殊的流通加工形式。一般的流通加工,都是在物流节点上进行加工,而冷链系统和商品混凝土中的一种加工方式(不是全部商品混凝土),是在流通线路上,在流通设施运行的过程中进行加工。所以,这和一般的流通加工概念又有区别。

1.冷链系统

物流领域面对的物流对象,遍及整个国民经济的所有工业产品,这些产品的物流要求有很大的差异,如果对这个领域做出细分,会有几百种不同的物流方式,例如粮食物流、煤炭物流、水泥物流、钢材物流、蔬菜物流、鸡蛋物流、饮用水物流……尽管物流系统的物流对象和要求不同,但是都可以通过各种包装进行组合,解决物流对象繁多的特殊物流问题。但是,有一些物流对象有其他的要求,例如生鲜食品在物流过程中必须要保持一定的温度。要创造这个环境条件,不能采取通常的方法,冷链系统就是在物流过程中创造物流环境的温度条件进行控温或冷藏、冷冻的一种特殊的物流系统。

冷链的"链"的含义,指的是"全过程",和一般冷藏物流系统相比较,特别强调一开始就进入所要求的温度环境之中,直到交给消费者为止。例如:水果从采摘之后开始直到最终消费时为止,肉类从屠宰冷却之后开始直到交给消费者,全过程都在有效的温度环境控制之中。

2.商品混凝土

改变以粉状水泥供给用户,由用户在建筑工地现制现拌混凝土的习惯使用方法,将粉状水泥输送到使用地区的流通加工点(集中搅拌混凝土工厂或称商品混凝土工厂),在那里搅拌成商品混凝土，然后供给各个工地或小型构件厂使用；也可以将混凝土的干配料混合搅拌，到工地之后，通过专用喷射设备与水及外加剂混合成为混凝土。它有优于直接供应或购买水泥在工地现制混凝土的技术经济效果，因此，受到许多工业发达国家的重视。这种流通加工的形式有以下优点：

(1)把水泥的使用从小规模的分散形态改变为大规模的集中加工形态，可以充分应用现代管理科学技术组织现代化的大生产；发挥现代设备和现代化管理方法的优势，大幅度地提高生产效率和混凝土质量。

(2)有比较大的节约效果。与分散搅拌比较，相等的生产能力，集中搅拌的设备在吨位、设备投资、管理费用、人力及电力消耗等方面，都能大幅度地降低。由于生产量大，可以采取措施回收使用废水，防止各分散搅拌点排放洗机废水造成的污染，有利于环境保护。由于设备固定不动，还可以避免因经常拆建所造成的设备损坏，延长设备的寿命。

(3)可以使水泥的物流更加合理。这是因为，在集中搅拌站(厂)与水泥厂(或水泥库)之间可以形成固定的供应渠道，这些渠道的数目大大少于分散使用水泥的渠道数目，在这些有限的供应渠道之间，就容易采用高效率、大批量的输送形态，有利于提高水泥的散装率。在集中搅拌场所内还可以附设熟料粉碎设备，直接使用熟料实现熟料粉碎及拌制商品混凝土两种流通加工形式的结合。

另外，采用集中搅拌混凝土的方式，也有利于新技术的推广应用，大大简化了工地材料的管理，节约施工用地。

8.4 流通加工合理化

流通加工是在流通领域中对生产的辅助性加工，因此它不仅是生产过程的延续，也是生产本身或生产工艺在流通领域的延续。这个延续是把双刃剑，可能有正、反两方面的作用，即一方面可能有效地起到补充完善的作用，另一方面则可能对整个过程产生负效应。各种不合理的流通加工都会产生抵消效益的负效应。

8.4.1 不合理流通加工的若干形式

1.流通加工地点设置不合理

流通加工地点设置即布局状况是决定整个流通加工是否有效的重要因素。一般而言，为衔接单品种大批量生产与多样化需求的流通加工，加工地设置在需求地区，才能实现大批量的干线运输与多品种末端配送的物流优势。

如果将流通加工地设置在生产地区，其不合理之处在于：

(1)多样化需求所要求的产品多品种、小批量由产地向需求地的长距离运输会出现不合理。

(2)在生产地增加了一个加工环节，同时增加了近距离运输、装卸、储存等一系列物流活动。

所以，在这种情况下，不如由原生产单位完成这种加工而无需设置专门的流通加工环节。一般而言，为方便物流的流通，加工环节应设在产出地，设置在进入社会物流之前。如果将其设置在物流之后，即设置在消费地，则不但不能解决物流问题，又在流通中增加了一个中转环节，因而也是不合理的。即使是产地或需求地设置流通加工的选择是正确的，还有流通加工在小地域范围的正确选址问题，如果处理不善，仍然会出现不合理。这种不合理主要表现在交通不便，流通加工与生产企业或用户之间距离较远，流通加工点的投资过高(如受选址的地价影响)，加工点周围社会、环境条件不良等。

2.流通加工方式选择不当

流通加工方式的选择涉及流通加工对象、流通加工工艺、流通加工技术、流通加工程度等因素。流通加工方式的确定与生产加工的合理分工分不开，如果分工不合理，本来应由生产加工完成的，却错误地由流通加工完成；本来应由流通加工完成的，却错误地由生产过程去完成，这些都会造成不合理的加工方式。

流通加工不是对生产加工的代替，而是一种补充和完善。所以，一般而言，如果工艺复杂，技术装备要求较高，或加工可以由生产过程延续或可以轻易解决，都不宜再设置流通加工，尤其不宜与生产过程争夺技术要求较高、效益较高的最终生产环节，更不宜利用一个时期市场的压迫使生产者变成初级加工或前期加工，而流通企业完成装配或最终形成产品的加工制造。如果流通加工方式选择不当，就会出现与生产夺利的恶果。

3.流通加工作用不大，形成多余环节

有的流通加工过于简单，或对生产及消费者作用都不大，甚至有时由于流通加工的盲目性，同样未能解决品种、规格、质量、包装等问题，相反却增加了流通环节，这也是流通加工不合理的重要形式。

4.流通加工成本过高，效益不好

流通加工之所以能够有生命力，重要优势之一是有较大的产出投入比，因而有效起着补充完善的作用。如果流通加工成本过高，则不能实现以较低投入实现更高使用价值的目的。除了一些必需的、政策要求即使亏损也应进行的加工外，其他成本过高、效益不好的流通加工都应看成是不合理的。

8.4.2 流通加工的合理化

流通加工合理化的含义是实现流通加工的最优配置，不仅要做到避免各种不合理，使流通加工有存在的价值，而且要做到最优的选择。

为避免各种不合理现象，对是否设置流通加工环节、在什么地点设置、选择什么类型的加工、采用什么样的技术装备等，需要做出正确的抉择。目前，国内在进行这方面合理化的考虑中已积累了一些经验，取得了一定成果。

实现流通加工合理化主要考虑以下几方面：

1.流通加工和配送结合

这是将流通加工设置在配送点中，一方面按配送的需要进行加工，另一方面加工又是配送业务流程中分货、拣货、配货之一环，加工后的产品直接投入配货作业，这就无需单独设置一个加工的中间环节，使流通加工有别于独立的生产，从而使流通加工与中转流通巧妙地结合在一起。同时，由于配送之前有加工，可使配送服务水平大大提高，这是当前对流通加工做合理选择的重要形式，并在煤炭、水泥等产品的流通中已表现出较大的优势。

2.流通加工和配套结合

在对配套要求较高的流通中，配套的主体来自各个生产单位，但是，完全配套有时无法全部依靠现有的生产单位。进行适当流通加工，可以有效地促成配套，大大提高流通的桥梁与纽带功能。

3. 流通加工和合理运输结合

流通加工能有效衔接干线运输与支线运输，促进两种运输形式的合理化。利用流通加工，在支线运输转干线运输或干线运输转支线运输这本来就必须停顿的环节，不进行一般的支转干或干转支，而是按干线或支线运输合理的要求进行适当加工，从而大大提高运输及运输转载水平。

4. 流通加工和合理商流结合

通过流通加工有效促进销售，使商流合理化，也是流通加工合理化的考虑方向之一。通过流通加工，提高了配送水平，强化了销售，是加工与合理商流相结合的一个成功的例证。

此外，通过简单地改变包装加工，形成方便的购买量，通过组装加工解除用户使用前进行组装、调试的难处，都是有效促进商流的做法。

5. 流通加工和节约结合

节约能源、节约设备、节约人力、减少耗费是流通加工合理化的重要考虑因素，也是目前我国设置流通加工时考虑其合理化的较普遍形式。

对于流通加工合理化的最终判断，是看其是否能实现社会和企业本身的两个效益，而且是否取得了最优效益。对流通加工企业而言，应把社会效益放在首位。如果片面追求企业的微观效益，不适当地进行加工，甚至与生产企业争利，不仅有违流通加工的初衷，而且脱离了流通加工的范畴。

本章小结

流通加工是物品在从生产地到使用地的过程中，根据需要施加包装、分割、计量、分拣、刷标志、拴标签、组装等简单作业的总称。当然还包括单位化、价格贴付、标签贴付、备货、商品检验等为使流通顺利进行而进行的辅助作业。它是提高商品附加价值、实现商品差别化的重要手段。流通加工与一般生产型加工在加工方法、加工组织、生产管理方面并无显著区别，但在加工对象、加工程度方面差别较大。流通加工有提高原材料利用率、进行初级加工方便用户、提高加工效率及设备利用率、充分利用各种输送手段的最高效率、改变功能提高收益等作用。因此要做到流通加工的合理化，实现流通加工的最优配置，使流通加工有存在的价值。

复习思考题

1. 流通加工与生产加工的区别主要有哪些？
2. 简述流通加工的作用。
3. 举例说明流通加工的类型。
4. 分析不合理的流通加工方式有哪些，并回答如何实现流通加工合理化。
5. 流通加工创造的产值，有没有可能超过生产加工的产值？举例说明。

案例讨论

顺丰创新生鲜寄递模式

2019 年 5 月 21 日，茂名荔枝产业园顺丰电商服务中心资源共享发布会召开，顺丰再度与茂名政府联手，共同推动荔枝产业自动化转型，打造产销密切衔接的农产品全产业链条。

作为中国荔乡，茂名生产的荔枝在销售市场中始终占据强势地位。数据显示，从2013年到2018年，销售茂名荔枝的网店数量从36家发展到1 500多家，增长40多倍，网络销售量则由450 t跃增到4.5万t，增长100倍。为了充分发挥茂名荔枝在网络销售中的龙头带动作用、推动农产品批发市场升级、加强农产品冷链物流体系建设，茂名顺丰荔枝产业园电商服务中心（以下简称服务中心）应运而生。

1. 自动化升级预处理再进一步

经过近两年的发展，顺丰果蔬预处理中心建设已初具规模，截至2019年5月，华南地区的预处理中心数量已达到9个。2018年荔枝季期间，茂名单个果蔬预处理中心发货总量达10万票以上，在高峰时期日均发货10 000件，处理荔枝50 000斤，在优化荔枝产业供应链、推动当地农产品上行中起着重要作用。在今年的粤西荔枝项目中，顺丰将投入3个预处理中心，充分发挥协同效应，在荔枝处理数量、发件效率上再创新纪录。

顺丰速运粤西区负责人马家彬表示，服务中心是顺丰第一代果蔬预处理中心的再升级，依托顺丰速运物流优势及茂名荔枝丰富资源，通过流水线自动化分拣模式大幅提升预处理效率。采摘完成后，荔枝将首先在剪枝台上被剪去杂枝，然后进行预冷降温，以保障果品的新鲜可口。随后，服务中心内置的专业分拣设备将对荔枝产品进行深度筛选，从果形、果径、单果质量等维度对果品进行精准筛检，便于商家对商品进行分级销售。同时，专业质检人员会对每颗荔枝进行严格的分拣把关，杜绝坏果裂口果，保障果品标准统一。

此外，今年顺丰在荔枝包材上也做了优化升级，采用可循环利用的EPP“小粉箱”进行包装，提升保温保鲜能力，助力物流绿色发展。

2. 满足个性化寄递需求

作为国内领先的荔枝承运商，顺丰今年首次尝试临时中转场模式，通过缩短中转流程的方式进一步提升物流时效。目前，顺丰在深圳、茂名设立了3个临时中转场，同时承担网点、分拣部、中转场三个环节的功能，省去了其中的运输路程；在此基础上，顺丰还开辟了5条直发的水果航空专线，进行小批量、多班次模式发运，大幅提升荔枝运输时效。

同时，顺丰在茂名设置了超过300个揽收点，投入8台冷运车，保障荔枝新鲜送达。今年，由茂名发出的荔枝可做到全国主要城市次晨送达，缩短从枝头到舌尖的等待时间。

3. 顺丰牵手当地合伙伙伴打通荔枝产业链

为了方便果农果商和市民更便捷地找到附近的果蔬寄递网点，顺丰上线了“荔枝寄递一点通”小程序。除网点信息外，小程序还提供查询运费价格、直接下单等服务，彰显了顺丰的服务品质。

在华南地区，顺丰果蔬预处理中心已实现了落成、推广、升级的三步走。顺丰要做的不仅仅是荔枝的承运商，更要将自己的价值向产业链上下游延伸，为区域农业提供一体化综合物流服务。未来，在与果农不断深化合作的过程中，顺丰将助鲜果产业实现规范化、自动化、规模化转型，推动产业发展。

（编者根据网络资料改写）

案例思考题

1. 顺丰物流为实现荔枝的“鲜”，开展的流通加工服务有哪些？
2. 通过此案例，试分析流通加工对顺丰物流发展的影响。

推荐阅读

[1]王红艳.物流基础[M].北京:北京理工大学出版社,2010.
[2]中国物流与采购网:http://www.chinawuliu.com.cn/.
[3]王欣兰.现代物流管理概论[M].3版.北京:清华大学出版社,2018.
[4]中国快递协会:http//www.cea.org.cn/.

第 9 章　物流信息管理

本章提要

- 物流信息的概念、特征，物流信息化的内涵，物流信息的内容和标准。
- 常用的物流信息技术。
- 物流信息系统的含义及子系统。

学习目标

掌握物流信息、物流信息系统的概念、内涵；了解物流信息的内容和标准；熟悉物流信息系统中常用的信息技术；熟悉物流管理信息系统的相关子系统。

框架结构

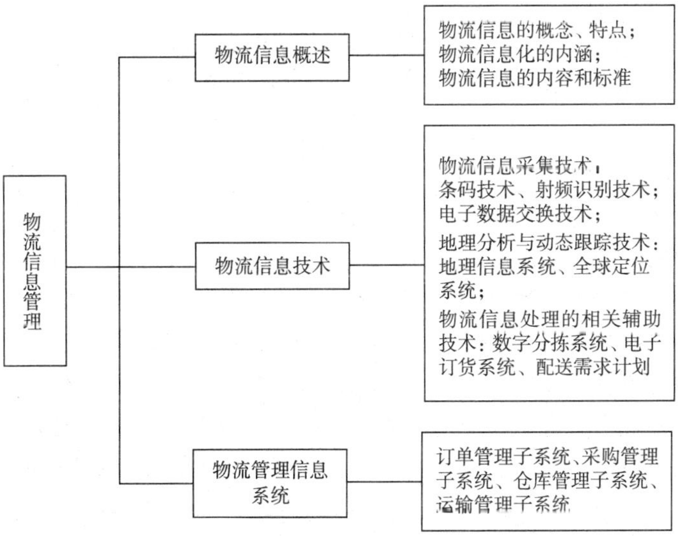

开篇案例

人工智能或成竞争新领域！中日物流对比，谁更强？

提及“人工智能”这一概念，想必大家立刻想到的就是击败李世石的 Alpha Go；或者是每天在手机里陪伴我们的 Siri；又或者是让我们不再为汽车追尾等问题烦恼的无人驾驶技术。当然，还有无人机、人脸识别等技术……可以说，“人工智能”正在走进我们生活的方方面面。而在物流领域，这一概念已在全球掀起新一轮“科技竞赛”。那么，在加码智能业务方面，中日物流对比，谁更胜一筹？

1. 日本：力争 2030 年实现物流无人化

近年来，随着人工智能、物联网、大数据技术的发展，物流无人化在美国率先取得了进展。作为美国的坚定“盟友”，日本在物流无人化的发展上也展开了自己的计划。

据日媒报道，日本政府近日决定通过人工智能（AI）来革新物流和交通等行业，促进人工智能产业的发展，力争到 2030 年实现物流无人化。

为实现人工智能的产业化，日本政府制定了路线图，将分三个阶段推进利用 AI 大幅提高制造业、物流、医疗和护理行业效率的构想。

（1）第一阶段：到 2020 年左右，除了推进小型无人飞机等运货派送机器的多样化外，还将推进机器人作业、人通过显示器远程监控的无人农场及工厂的完善。

（2）第二阶段：从 2020 年至 2030 年，开发适合个人的医药品及实现自动维护工厂等的机器设备；自动控制房屋及家电、通过解析庞大的医疗数据，促进疾病的早期发现及预防。

（3）第三阶段：到 2030 年以后，推进机器人作为家庭的一员帮助护理，或参与室内外的生产作业；通过实现全自动驾驶，使交通死亡事故降为零；同时，还力争解决年迈的移动困难者的问题。

目前，日本政府和民间正在讨论实施人工智能的实证试验，以及放宽人工智能实用化的限制。例如，日本大型快递企业雅玛多运输和 IT 企业 DeNA 确立了讨论活用自动驾驶技术进行宅急便配送的共同项目。

2. 中国：巨头抢先布局，力争行业第一

随着人工智能时代的到来，中国也在进行大力布局——从 2017 年“人工智能”首次被写进政府工作报告，到“科技创新 2030—重大项目”或将新增“人工智能 2.0”，一场由政府、学术界、企业界共同掀起的人工智能新纪元正在到来。

在充满不确定性的市场上，京东、苏宁、菜鸟等物流巨头在促进行业转型发展方面发挥着重要作用。在市场的推动下，这些巨头企业早已将人工智能作为自身发展的重要砝码。

（1）京东：力争实现全程智能化。有着自建仓储和物流的京东在 2016 年 5 月成立了 X 事业部，从仓储到配送环节都力图实现智能化操作。效率倍增的无人仓、会走路的无人车，以及飞升上天的无人机，都让京东在智慧物流领域崭露头角。

（2）苏宁：聚焦仓储智能化升级。在大数据管理平台驱动仓储网络智能化方面，苏宁全国仓储网络事实上变成了一个即时共享的云存储系统，配合精准的供应链计划，苏宁物流可在全国的各级仓库间实现智能分仓、就近备货和预测式调拨，同时，通过智能化作业，精准分析订单、库位、路径、区域，从而保证商品在全国范围内的高效流通。

(3)菜鸟:发力“最后一公里”。事实上,菜鸟网络自成立之初就有着两大方面的先天优势:一是,阿里巴巴自身庞大的电商平台所孕育的海量快递订单;二是,阿里巴巴在云计算、大数据、人工智能等领域的技术优势。菜鸟 TMS/DSS 运输系统从战略布局优化、业务流程优化到日常操作管理,实现了业务全程可视化,有效提升了物流运营中的信息流、产品流、资金流的高效运作。

3. 未来:中国物流有望“弯道超车”

人工智能如火如荼,全球研发的脚步正在加快,中国也不甘示弱。在不少国内企业家看来,人工智能寄托着中国抓住高科技“产业链话语权”、与国外巨头齐头并进的愿望。作为新一轮科技革命的重要代表,人工智能正由科技研发走向行业应用,成为全球经济发展的新动力。在人工智能技术逐步成熟的当下,谁率先在应用上实现突破,谁就有可能在智能时代的竞争中占据优势。

未来,中日物流智能化水平到底谁更胜一筹,让我们拭目以待吧!

(编者根据网络资料改写)

9.1 物流信息概述

J. 佩帕德和 P. 罗兰认为,信息同劳动力、原料、资本和土地共同构成现代企业的生产要素。成功的经营管理就是通过上述要素的优化组合,实现企业或战略经营单位的目标。

物流是一种由信息引导并伴随大量信息交换活动的经济活动,信息流是物流作业的关键。信息的收集和处理在物流管理活动中起着重要作用。进行物流管理时,需要订货数量、库存数量、品种、质量、规格以及顾客服务、运输优化等大量及时、准确的信息。任何相关信息的遗漏和错误都将直接影响物流管理的效果,进而影响物流企业的经济效益。因此,物流界有句格言:“物流管理,信息先行。”信息化是现代物流的灵魂,没有物流的信息化,就没有物流的现代化。但信息的快速、有效收集、处理和运输,需要先进的信息技术和完善的信息系统的支持。

9.1.1 物流信息的概念

物流信息(Logistics Information)是反映物流各种活动内容的知识、资料、图像、数据、文件的总称。从狭义范围来看,物流信息是指与物流活动(如运输、保管、包装、装卸、流通加工等)有关的信息。从广义范围来看,物流信息不仅指与物流活动有关的信息,而且包含与其他流通活动(如采购、生产和销售)有关的信息。

物流信息贯穿于物流活动的整个过程中,对物流活动起到支持保证的作用,可以被看作物流活动的“中枢神经”。物流活动中的信息流可以被分为两类:一类信息流的产生先于物流,它控制物流产生的时间、流量的大小和流动方向,对物流起着引发、控制和调整的作用,如各种计划、用户的订单等,这类信息流被称为计划信息流或协调信息流;另一类信息流与物流同步产生,反映物流的状态,如运输信息、库存信息、加工信息等,这类信息流被称为作业信息流(见图 9.1)。

从某种意义上讲,物流信息在物流活动中发挥着神经网络的作用。物流信息处理功能是物流其他功能赢得价值最大化不可或缺的基础功能,因为物流的每个基本功能都与信息功能息息相关,只有大大借助于信息功能的支撑,才能保证物流基本功能的顺利完成,物流系统与外界之间发生的关系和互动凭借信息来实现，所以说物流信息处理功能在提高物流运作效率方面起着主导作用。

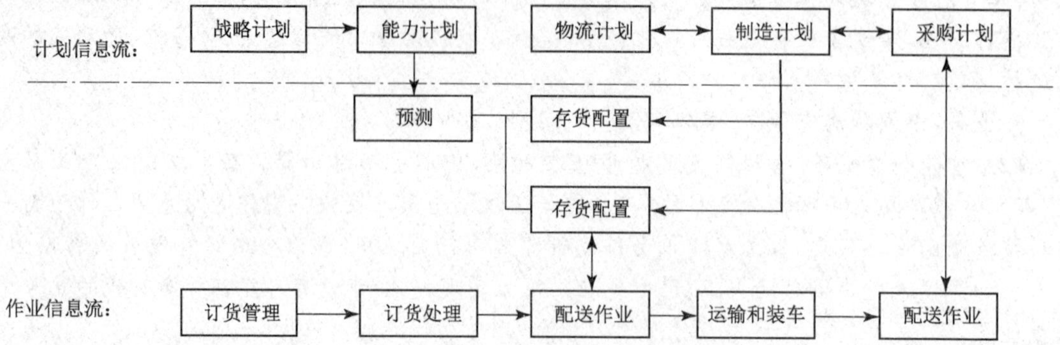

图 9.1　物流业务中的信息流

9.1.2　物流信息的特点

物流信息除了具有信息的基本特征外，由于物流活动的特殊性，还具有自身的特点。

(1)数量大、分布广。物流信息随着物流活动以及商品交易活动的展开而大量产生。随着现代物流的飞速发展，多品种、小批量、多批次和个性化服务等现代物流活动，使库存、运输、分拣、包装、加工、配送等物流信息大量产生，且分布在制造厂、仓库、物流中心、配送中心、运输路线、商店、中间商、用户等处。为了使物流信息适应企业开放性、社会性的发展要求，必须对大量的物流信息进行有效管理。信息的产生、加工和应用在时间、地点上不一致，在方式上也不相同，这就需要有性能较高的信息处理机构与功能强大的信息收集、传输和存储能力。

(2)动态性、实时性强。在现代物流活动中，市场状况、用户需求的变化多端，物流信息会在瞬间发生变化，因而信息的价值衰减速度加快，大量的信息转瞬即逝。例如，现代物流的一个特点是物流服务供应商千方百计满足客户个性化服务的需求，多品种、小批量配送，因此产生大量的新信息，不断更新原有的数据库、分析数据，以适应现代物流信息的特点。

(3)种类多、来源广阔。物流活动的各个环节都会产生类型繁多的各种物流信息，不仅包括企业内部的物流信息，而且包括企业间的物流信息和与物流活动有关的基础设施信息。各种物流信息的来源、发生处理地点、扩散范围都不同，这使得物流信息的搜集分类、统计分析等工作量明显较大。在物流企业内部，来源广泛的物流信息要求物流企业建立有效的信息收集和处理系统，实现企业内部的信息统一和信息共享。在供应链管理中，某个企业竞争优势的获得需要供应链各参与者同企业相互协调合作，通过 EDI 在各个企业间进行物流信息传输，实现资源共享，降低物流信息的处理成本，推动物流活动的顺利开展。

9.1.3　物流信息化的内涵

物流信息化是指物流企业运用现代信息技术对物流过程中产生的全部或部分信息进行采集、分类、传递、汇总、识别、跟踪、查询等一系列处理活动，以实现对货物流动过程的控制，从而降低成本、提高效益的管理活动。物流信息化是现代物流的灵魂，是现代物流发展的必然要求和基石。物流信息化建设主要包括以下 3 个方面的内容。

(1)基础环境建设。基础环境建设包括制定物流信息化规划和相应的法律、法规、制度、标准、规范,开展物流关键技术的研发和应用模式的探索,以及通信、网络等基础设施建设。

(2)物流公共信息平台的建设。公共信息平台是向各类用户提供信息交换与共享服务的开放式的网络信息系统。通过统一的信息平台可以达到共享信息资源、进行流程设计和优化、建立通信服务平台、提供技术服务平台、实现供求资源互通等目的。

(3)企业内部信息系统建设。制造业、商贸流通业、农业、建筑业等企业信息管理系统的建设是物流领域全面信息化的核心内容。企业各类子系统的运用可以大幅度地提高物流企业的运转效率,减少成本,并提高客户的满意度,如仓储管理系统、运输管理系统、订单管理系统、服务管理系统等。

9.1.4 物流信息的内容和标准

1.物流信息的内容

根据企业性质的不同,物流信息的具体内容不尽相同。但制定物流活动的决策以及对物流活动的协调和控制的管理,都需要详细、准确、直接的物流信息。物流信息的内容总是与企业物流各子系统对物流信息的需求相一致,各物流子系统有各自的信息内容,这些信息之间既有联系又有区别。

(1)运输功能信息。运输连接着物流各节点,影响着物流的许多构成因素,而物流费用又直接受到供货厂商、仓库和用户之间的地理分布的影响。不同的运输方式有不同的特点,但不论哪种运输方式,对其及时、准确、经济和安全的要求都是一致的。

运输业务中主要的基础信息的载体是各种单证,各种运输单证为运输决策提供了各种信息。履行每一次运输活动都需要一些单证,其中最主要的单证类型有提单、运单和运费清单等。单证中主要物品信息包含名称、数量、包装、相关物理属性、搬运要求等。运输信息包括发货时间、发货地点、运输距离、到货时间、到货地点、运输方式、运输工具、运输费用、运输人员、接收方、运输损耗等。

运输信息处理系统要在充分分析运输距离、运输环节、运输工具、运输时间、运输费用“五要素”信息的基础上,制定出合理的实施方案,减少或避免空驶、对流运输、迂回运输、重复运输、倒流运输、过远运输、运力选择不当、运输方式选择不当等。要克服不合理运输,通常还需要掌握其他相关的信息,如各地交通信息、地理信息、货源信息、社会运力信息、在途商品信息、各种额外费用信息等。

(2)存储功能的信息。实现物流存储功能的场所主要是仓库。存储业务的基本信息分为描述仓库和描述库存物品的信息,仓库的基本信息包括仓库的地点、类型、面积、保管方式、储位信息等。库存物品的基本信息有存放地点、物品名称、结构、质量、形状、包装类别、数量、储存要求、入库时间、适用装卸方式等。其他信息包括物品需求信息、供应商信息。

为了充分利用仓库资源和提高服务水平,需要完成具体的信息分析,如出入库频率、物品需求预测、库存安全、订货周期、订货批量、占用资金以及主被动的各种形态的储备、超储和积压等方向的分析,以便使储存进一步合理化。

(3)流通加工的信息。流通加工对物流起着补充、完善、提高和增强的作用。物流加工功能的主要作用表现在:适应多样化的顾客需求,进行方便用户的初级加工,提高原材料利用率,提高加工效率及设备利用率,充分发挥各种运输手段的最高效率。

实现流通加工合理化主要考虑配送、配套、合理运输、合理商流和节约等几个方面的因素。由于加工需要加工设备、加工人员等资源，所以流通加工业务需要的主要信息有加工要求、加工时间、加工能力、加工流程、加工成本等，相关的辅助决策信息有加工方式、加工周期等。

(4)配送功能的信息。从物流角度来讲，配送几乎包括了所有的物理功能要素，是物流的一个缩影或在某一小范围中物流全部活动的体现。一般的配送包括装卸、包装、保管、运输等，通过这一系列活动完成将货物送达目的地。特殊的配送则要以加工活动为支撑，所以包括的方面更广。但是，配送的主体活动与一般物流却有不同，一般物流是运输及保管，而配送则是运输及分拣配货。分拣配货是配送的独特要求，也是配送中特有的活动，以送货为目的的运输则是最后实现配送的主要手段。

配送功能的设置可采取物流中心集中库存、共同配送等形式，使用户或服务对象实现零库存，依靠物流中心的准时配送，而无须保持自己的库存或只需保持少量的安全储备，以减少物流成本的投入。对于不同类型的物流中心，由于其服务对象、配送技术和配送目的不同，形成的配送形式和运作形式也不同，从而使得该项业务所需要的基本信息和决策信息的重点也不同。

备货的基本信息包括货源供应信息与筹集信息及有关的质量检查、结算、交接等信息，需要进行的信息分析主要有备货成本、备货规模、供应商信息等。决策的问题主要包括备货规模、物资来源、配送方式、配送路线等。配送加工、分拣及配货的决策问题根据用户的要求，包括品种、数量、包装、运送方式等。

配送是在单个用户配送数量不能达到车辆的有效载运负荷时，将不同用户的货物集中进行配送，这时需充分考虑如何进行有利的搭配装载，以充分利用运能、运力提高送货效率及降低运货成本。

配送运输属于运输中的末端运输和支线运输，具有配送用户多、距离较短、线路较复杂、规模较小等特点，一般使用汽车作为运输工具。因此需要辅助的决策问题主要有选择最佳运输路线、配送和路线有效搭配等，它需要有关运输方面的信息支持。

2. 物流信息的标准

物流活动是解决物品(商品)时间效用和空间效用的活动，是国民经济正常运转的保障，是人类赖以生存的基础。随着电子商务的发展，物流系统的信息化要求日益迫切，与电子商务相配套的物流信息系统建设必须加大力度。在物流信息系统建设中，通过标准化来实现系统间的数据交换与共享已经成为电子商务的必然要求。因此，用现代化的信息技术来支撑现代物流活动具有重要意义。

物流信息标准化是指以物流为一个大系统，制定系统内部设施，机械装备、专用工具等的技术标准，包装、仓储、运输等各类作业标准作为现代物流突出特征的物流信息标准，并形成全国及与国际接轨的标准化体系。

物流信息标准分为基础性标准和应用性标准。

(1)基础性标准。物流基础性标准主要是物流实体的编码(即标识代码)技术标准及这些编码的数据库结构标准，包括托盘编码技术标准、集装箱编码技术标准、商品编码技术标准及其数据库结构标准等。标识代码的编码规则须保证其在全球范围内的唯一性，即物流管理对象与其标识代码的一一对应。

国际物品编码协会(EAN)和美国统一代码委员会(UCC)及其地区编码组织开发了对货

物、运输、服务和位置等进行唯一有效编码的方案，即国际EAN/UCC系统。EAN/UCC包括对商品的统一标识、统一分类、统一属性的描述及全球同步对整个数据的维护工作。为全球行业的供应链进行有效管理提供了一整套开放式的国际标准。

(2)应用性标准。应用性标准主要是指自动识别与分拣跟踪技术标准和电子数据交换标准。

①自动识别与分拣跟踪技术标准。自动识别技术主要有条码技术、扫描技术和射频技术。条码技术标准主要包括码制标准和条码标识标准。码制标准主要有128码制、交叉25码制、39码制等。条码标识标准主要有商品条码标准、128条码标准、贸易单元128条码标准、交叉25条码标准、39条码标准、库德巴条码标准等一维条码标准及PDF417条码、QR矩阵码等二维条码标准。在物流管理中与射频相关的标准或规范有物流射频标签技术规范、物流射频识别读写器应用规范和射频识别过程通信规范等。

②电子数据交换标准。电子数据交换标准主要包括电子数据交换语法标准和电子数据交换报文标准。国际物品编码协会制定的流通领域电子数据交换规范是以EAN标识代码体系和条码标准体系为基础。为EAN贸易单元编码、物流单元编码、位置码等在EDI中的应用提供了一整套解决方案。

9.2　物流信息技术

物流信息技术是物流现代化的重要标志，是现代物流区别于传统物流的根本标志，也是物流技术中发展最快的领域。物流信息技术是现代信息技术在物流各个作业环节中的综合应用，如图9.2所示。

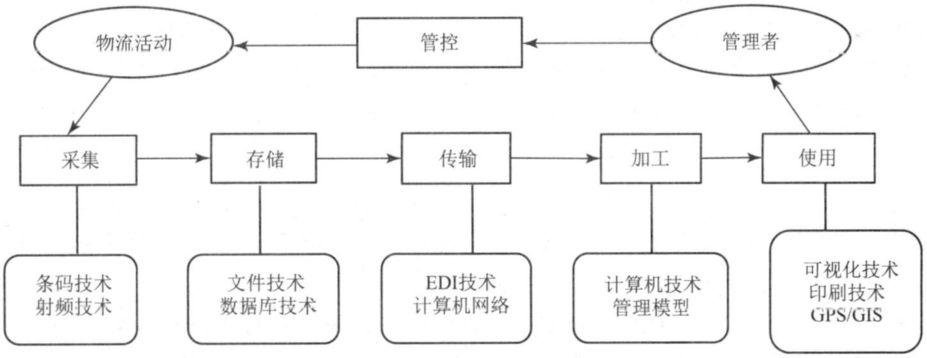

图9.2　物流信息技术体系

运用于物流各环节中的信息技术，根据物流的功能以及特点，包括计算机技术、网络技术、信息分类编码技术、条码技术、射频识别技术、电子数据交换技术、全球定位系统(GPS)、地理信息系统(GIS)等。常用的信息技术一般分为基础信息技术、信息采集技术、数据交换技术、地理分析与动态跟踪技术四大类。物流信息技术作为现代信息技术的重要组成部分，本质上都属于信息技术范畴，只是因为信息技术应用于物流领域而使其在表现形式和具体内容上存在一些特性，所以物流基础信息技术包括计算机网络、网络技术、数据库技术以及信息安全等技术。

9.2.1 信息采集技术

信息采集就是把原始数据如何收集输入信息系统，其核心技术是自动识别技术。自动识别技术是信息数据自动识读、自动输入计算机的重要方法和手段，是以计算机技术和通信技术的发展为基础的综合性科学技术，目的在于能够快速、准确地将现场庞大的数据有效地记录到计算机系统的数据库中，从而加快物流、资金流、信息流的速度，明显提高商家的经济效益和客户服务水平。在物流过程中，自动识别技术通过对所有实体对象(包括零售商品、物流单元、集装箱、货运包装等)进行唯一有效标识，可以有效解决物流领域各项业务运作数据的输入/输出、业务过程的控制与跟踪等问题，并减少出错率，在仓库管理、运输管理、生产管理、物料跟踪、运载工具和货架识别等领域都具有明显的优势。

根据识别原理的不同，自动识别技术包括条码技术、无线射频识别技术、磁卡及智能卡识别技术、光学字符识别技术、语音识别技术、图形识别技术和生物识别技术等。常用的是条码技术、无线射频识别技术和扫描技术。

1. 条码技术

条码技术诞生于20世纪40年代，美国乔·伍德兰德(Joe WoodLand)和贝尼·西尔佛(Beny Silver)两位工程师开始研究用条码标识食品项目以及相应的自动识别设备，并于1949年获得了美国专利。20世纪60年代后期，西尔韦尼亚发明了一种被北美铁路系统所采纳的条码系统。20世纪70～80年代条码技术进入普及期，1970年，美国超级市场Ad Hoe(非常设)委员会制定了通用商品代码——UPC代码。美国统一代码委员会于1973年建立了UPC商品条码应用系统。1977年，欧洲物品编码协会在12位的UPC－A商品条码的基础上，开发出与UPC－A商品条码兼容的欧洲物品编码系统(European Article Numbering System，EAN)。20世纪80年代至今是条码技术的成熟期。1981年Computer-Identic公司推出EAN-128条码。美国先后制定了军用标准、交插25条码、39条码和Coda Bar条码等ANSI标准。戴维·阿利尔研制出第一个二维码码制——49条码，这是一种非传统的条码符号，比以往的条码符号具有更高的密度。2003年，中国龙贝公司研制成龙贝码，矽感公司研制成二维半条码码制——CompactMatrix。

在国家标准《物流术语》(GB/T 18354—2006)中，条码是“由一组规则排列的条、空及其对应字符组成的，用以表示一定信息的标识”。条形码技术在流通和物流活动中被广泛应用，是为了能迅速、准确地识别商品，自动读取有关商品的信息。

条形码用一组数字来表示商品的信息。按使用方式分为直接印刷在商品包装上的条形码和印刷在商品标签上的条形码，按使用目的分为商品条形码和物流条形码。

商品条形码是以直接向消费者销售的商品为对象，以单个商品为单位使用的条形码。它由13位数字组成，最前面的两个数字表示国家或地区的代码，中国的代码是69，接着的5个数字表示生产厂家的代码，其后的5个数字表示商品品种的代码，最后1个数字用来防止机器发生误读错误。例如，商品条码6902952880041中，69代表中国，02952代表贵州茅台酒厂，88004代表53%、106PROOF. 500ml的白酒。物流条形码是物流过程中以商品为对象，以集合包装商品为单位使用的条形码。标准条形码由14位数字组成，除了第1位数字之外，其余13位数字代表的意思与商品条形码相同。物流条形码的第1位数字表示物流识别代码，在物流识别代码中，1代表集合包装容器装6瓶酒，2表示装24瓶酒。物流条形码

26902952880041 代表该包装容器装有中国贵州茅台酒厂的白酒 24 瓶。商品条形码和物流条形码的区别如表 9.1 所示。

表 9.1　商品条形码与物流条形码的区别

	商品条形码	物流条形码
应用对象	向消费者销售的商品	物流过程中的商品
数字构成	13 位数字	14 位数字(标准物流条形码)
包装形状	单个商品包装	集合包装
应用领域	POS 系统、补充订货系统	运输、仓储管理、分拣管理

按照维数，条形码可分为一维条形码、二维条形码和多维条形码。按照码制，一维条形码又可分为 UPC 码、EAN 码、交叉 25 码、39 码、Code Bar 码、128 码、93 码、49 码等；二维条形码又可分为 PDF417 码、Code49 码、Code16K 码、Data Matrix 码、MaxiCode 码等。

2. 射频识别技术

射频识别技术(Radio Frequency Identification，RFID)是通过射频信号识别目标对象并获取相关数据信息的一种非接触式的自动识别技术。射频识别的优点是不局限于视线，识别距离比光学系统远，射频识别卡既可读出信息，又可写入数据，携带数量大，难以伪造，且具有智能化特点，适用于物料跟踪、运载工具和货架识别等要求非接触数据采集和交换的场合，采用 RFID 技术制作的射频标签对于需要频繁改变数据内容的场合尤为适用。

在储存方面，RFID 技术主要应用于存取货物与库存盘点。将标签贴在每个货物的包装上或托盘上，在标签中写入货物的相关信息，同时在货物进出仓库时可在标签中写入货物存取的相关信息，并在仓库内各巷道设置阅读器，以实现货物存取控制与库存盘点。

在运输方面，RFID 技术主要用于货物的跟踪、管理及监控。在货物运输过程中，可以在在途运输的货物和车辆上贴上 RFID 标签，同时在运输路线的一些物流节点安装上 RFID 接收转发装置。当接收装置收到 RFID 标签发出的信息后，可将货物当前的情况及所在的地理信息等传送至通信卫星，再由卫星传送给运输调度中心送入数据库中。

在配送方面，RFID 技术主要应用于提高配送的速度和效率。当贴有 RFID 标签的所有商品进入配送中心时，配送中心的阅读设备可以读取所有商品各自标签中所包含的内容，配送系统将这些信息与发货记录进行核对，以检测出可能的错误，然后将 RFID 标签更新为最新的商品存放地点和状态，并且根据要求将商品进行下一步处理，确保对商品的精确控制。

9.2.2　电子数据交换技术

1. 电子数据交换的概念

电子数据交换(Electronic Data Interchange，EDI)是指不同企业之间，为了提高经营活动的效率，在标准化的基础上通过计算机联网进行数据传输和交换的方法。EDI 的目的是通过建立企业间的数据交换网来实现票据处理、数据加工等事务的自动化、省力化和正确化，同时通过有关销售信息和库存信息的共享来实现经营活动的效率化。EDI 的主要功能表现在电子数据传输和交换、传输数据的存证、文书数据标准格式的转换、安全保密、提供信息查询、提供技术咨询服务、提供信息增值服务等。

2. 电子数据交换系统的要素

EDI 数据标准、EDI 软硬件、通信网络是构成 EDI 系统的三要素。

EDI 标准是整个 EDI 最关键的部分，是由各企业、各地区代表共同讨论、制定的电子数据交换共同标准，可以使各组织之间的不同文件格式，通过共同的标准，获得彼此文件交换的目的。EDI 软件具有将用户数据库系统中的信息译成 EDI 标准格式以供传输交换的能力。EDI 软件分为转换软件、翻译软件和通信软件三类。通信网络是实现 EDI 的手段。EDI 通信方式有点对点方式、增值网络方式等。

3. 物流 EDI

物流 EDI 是指货主、承运业主以及其他相关单位之间，通过 EDI 系统进行物流数据交换，并以此为基础实施物流作业活动的方法。物流 EDI 参与单位有货主(如生产厂家、贸易商、批发商、零售商等)、承运业主(如独立的物流承运企业等)、实际运送货物的交通运输企业(铁路企业、水运企业、航空企业、公路运输企业等)、协助单位(政府有关部门、金融企业等)和其他物流相关单位(如仓库业者、专业报送业者等)。

下面看一个应用物流 EDI 系统的实例，一个由发送货物业主、物流运输业主和接收货物业主组成的物流模型，具体运作步骤如下：

(1)发送货物业主(如生产厂家)在接到订货后制订货物运送计划，并把运送货物的清单及运送时间安排等信息通过 EDI 发送给物流运输业主和接收货物业主(如零售商)，以便物流运输业主预先制订车辆调配计划和接收货物业主制订货物接收计划。

(2)发送货物业主依据顾客订货的要求和货物运送计划下达发货指令、分拣配货、打印出物流条形码的货物标签并贴在货物包装箱上，同时把运送货物品种、数量、包装等信息通过 EDI 发送给物流运输业主和接收货物业主依据请示下达车辆调配指令。

(3)物流运输业主在向发货货物业主取运货物时，利用车辆扫描仪读取货物标签的物流条形码，并与先前收到的货物运输数据进行核对，确认运送货物。

(4)物流运输业主在物流中心对货物进行整理、集装，做成送货清单并通过 EDI 向收货业主发送发货信息。在货物运送的同时进行货物跟踪管理，并在货物交纳给收货业主之后，通过 EDI 向发货物业主发送完成运送业务信息和运费请示信息。

(5)收货业主在货物到达时，利用扫描仪读取货物标签的物流条形码，并与先前收到的货物运输数据进行核对确认，开出收货发票，货物入库。同时通过 EDI 向物流运输业主和发送货物业主发送收货确认信息。

4. EDI 在物流信息管理中的应用

EDI 既准确与迅速，可免去不必要的人工处理，节省人力和时间，同时可减少人工作业可能产生的差错。所以，它已被广泛应用于物流公司、制造商、批发商、零售商等的物流作业流程中。EDI 在物流信息管理中的应用主要表现在以下几个方面。

(1)配送中心的 EDI 应用。配送中心是连接供应商与客户的桥梁，它对调节产品供需、缩短流通渠道、解决不经济的流通规模以及降低流通成本起到了极大的作用。配送中心利用 EDI 可改善作业流程，如应用 EDI 出货单可与自己的拣货系统集成，生成拣货单，这样就可以加快内部作业速度，缩短配货时间；在出货完成后，可将出货结果用 EDI 通知客户，使客户及时了解出货情况，也可以尽快处理缺货情况。

(2)运输商的 EDI 应用

运输商利用 EDI 进行数据传输，可接收委托人传来的 EDI 托运单报文，从而可事先得知托运货物的详情，包括箱数、质量等，以便配备车辆。运输商利用EDI可改善托运，收货、送货、回报、对账、收款等作业流程。托运人传来的EDI托运数据可与发送系统集成，自动生成发货明细单；托运数据可与送货的回报作业集成，将送货结果及早回报给托运人，提高客户服务质量。对外，对已完成送货的交易，也可回报运费，供客户提早核对，并可运用EDI催款对账单向客户催款。

制造商、批发商、零售商通过EDI可以实现与其贸易伙伴间的接单、出货、催款及收款作业，利用EDI进行数据转化，不需要重新输入数据，节省了人力和时间，提高了交易作业效率。此外，在报关、商检等物流活动中也常常应用EDI技术。EDI还特别适用于国际贸易中的大量文件传输。在商业贸易活动中，每个贸易伙伴每天都要与供应链中的供应商、生产商、批发商、零售商及其商业组织交换数据，从而产生大量的文档，如订购单、发票、产品目录、销售报告等，这些文档也是商业贸易中重要的信息流。EDI可有效地使信息在不同职能部门间通畅、可靠地流通，能有效地减少低效工作和非增值业务。同时，通过EDI可快速获取信息，使企业合作伙伴之间能更好地进行联系、交流，更好地为用户提供服务。EDI技术使供应链变得更加集成化，使供应链中的物流、资金流、信息流变得更加通畅与及时。

9.2.3 地理分析与动态跟踪技术

随着互联网的发展和通信技术的进步，跨平台、组件化的地理信息系统(GIS)和全球定位系统(GPS)技术的逐步成熟，基于GIS/GPS的应用将构造具有竞争力的透明物流企业。基于互联网的GIS/GPS技术，在现代物流及供应链管理领域有着广阔的应用前景，对于物流企业优化资源配置、提高市场竞争力，将起到积极的促进作用。

1. 地理信息系统(GIS)

在国家标准《物流术语》(GB/T 18354－2006)中，地理信息系统是由计算机硬件环境、地理空间数据、系统维护和使用人员四部分组成的空间信息系统。可对整个或部分地球表层(包括大气层)空间中有关地理分布数据进行采集、储存、管理、运算、分析显示和描述。

(1)GIS在配送中心中的应用。物流配送是供应链中极为重要的一环。因为现代配送具有多频次、小批量、多品种、高效率的特点，设计科学有效的物流配送系统，加快物流信息的反应速度并尽量减小配送成本就成为非常实际的问题。GIS在物流配送中心的作用可以分为以下几点。

①配送区域划分：随着经济的发展，物流配送呈现跨地区、跨国家的趋势，但大多数情况下都是经过配送中心及配送点转移到消费者手中。企业可以利用GIS强大的空间网络分析功能，使配送区域分布趋于合理。

②客户定位：使用GIS对某个城市或地区按管理的要求建立电子地图，准确地反映出街道、道路等情况，因为地理地图已具有了地理坐标，通过地理坐标的描述，可以在地图上对新客户进行地理位置的定位或者修改老客户的地理位置，从而使企业能精确地确定配送点和客户的位置。

③物流中心选址：在物流系统中，仓库和运输路线共同组成了物流网络，仓库处于网络的节点上，节点决定着线路，如何根据供求的实际需要并结合经济效益等原则，在既定区域内设立多少个仓库，每个仓库的位置，每个仓库的规模，以及仓库之间的物流关系等，运用GIS很容易地得到解决。

④物流配送的动态监测：可以将纸面上的表格和图形通过 GIS 转化为空间网络图，使物流信息更加形象化和直观化。借助于物流配送的动态空间网络图，可以实时监测物流配送的动态、发现影响物流配送的症结，从而使整个配送过程货畅其流、物尽其用。

⑤信息查询：对配送范围内的主要建筑、运输车辆、客户等进行查询，查询资料可以以文字、语言及图像的形式显示，并在电子地图上显示其位置。

(2)GIS 在物流公共信息平台中的应用。在物流公共信息平台中采用 GPS/GIS 技术，就是利用 GPS 的定位功能、GIS 的可视化环境对物流配送进行管理，使错综复杂的车辆线路、物流配送、网络管理调度和需求点的布局等与空间位置有关的问题在显示器上直观地显示出来；同时，借助 GIS 的强大空间查询与分析功能，进行空间信息的再加工，为空间辅助决策打好基础。

基于 GIS 的物流公共信息平台可以实现：合理配置物流企业的资源；物流配送车辆、货物实时跟踪；物流配送车辆路线优化；实现物流信息共享；加强物流企业间的联系；实现网上物流、网上交易等功能，是第三方物流的信息基础，是第四方物流的核心内容。

2. 全球定位系统(GPS)

全球地位系统是利用人造地球卫星，在全球范围内实时进行定位、导航的系统，称为全球卫星定位系统。

为缩短物流完成周期、提高配送速度，并胜任小批量、多品种的配送任务，以适应当前经济发展的要求，迫切需要实现对车辆等物流配送工具的即时监控、监测和调度。要实现该目标，需要企业随时获得配送车辆的位置信息，并让信息以直观的形式予以表达。为此，企业可以采用 GPS 作为信息采集手段，GIS 作为信息表达手段，GSM 作为通信手段建立综合性、可视化的物流配送信息系统，来提高物流配送的质量和效率。物流配送中心根据配送订单，确认配送货品与配送地点，集中物流；由自动配送系统根据区域交通、配送点的行业类型、配送商品特点决定配送实施方案；仓库管理系统即是根据配送调度计划分拣、包装货品等待装运；运输管理系统接受并处理 GPS、GPRS 返回的车辆定位信息，调度人员利用 GIS 平台对接收的数据进行分析和查询，实时完成对目标信息的搜集和调度指挥。

基于 GPS 的物流配送系统应用后，相关企业通过互联网实现信息共享、实现三方应用，车辆使用方、运输公司、接货方对物流中的车货位置及运行情况等都能了如指掌、透明准确。利用三方协调好商务关系，使各个物流参与方获得最佳的物流配送方案，取得最大的经济效益。

9.2.4 物流信息处理的相关辅助技术

1. 数字分拣系统(DPS)

数字分拣系统中常用的技术是电子标签辅助拣货技术，它是一种无纸化的拣货系统。一般传统拣货是拣选人员根据拣货单逐一进行拣货，工人劳动强度大，容易造成错拣或漏拣现象。而数字分拣系统是把打印拣货单的过程省略，而在货架上加装一组 LED 显示器及线路，客户的订单资料直接由计算机传输到货架上的显示器，拣货人员根据显示器上的数字进行拣货，拣货完成之后在确认键上按一下即可。采用这种方式可大大提高拣选效率，降低工人的劳动强度。

2. 电子订货系统(EOS)

电子订货系统是不同组织间利用通信网络和终端设备进行订货作业与订货信息交换的系

统。EOS在零售商和供应商之间建立起了一条高速通道，使双方的信息能及时得到沟通，使订货过程的周期大大缩短，这既保障了商品的及时供应，又加速了资金的周转，实现了零库存战略。

EOS系统在企业物流管理中的作用主要有：①提高订单的处理效率。缩短订货商品的交货期，减少商品订单的出错率，节省人工费。②降低企业库存水平。提高企业的库存管理效率，同时也防止商品特别是畅销商品缺货现象的出现。③有利于提高企业物流信息系统的效率。使各个业务信息子系统之间的数据交换更加便利和迅速，丰富企业的经营信息。

3.配送需求计划(DRP)

配送需求计划是一种既保证有效地满足市场需求，又使得物流资源配置费用最省的计划方法，是物料需求计划原理与方法在物品配送中的运用。该技术主要解决分销物资的供应和调度问题。基本目标是合理进行分销物资和资源配置，以达到既有效满足市场需求又使得配置费用最省的目的。

9.3 物流管理信息系统

物流管理信息系统又称物流信息系统，是由人员、计算机硬件、软件、网络通信设备及其他办公设备组成的人机交互系统。它的主要功能是进行物流信息的收集、存储、传输、加工整理、维护和输出，为物流管理者及其他组织人员提供战略、战术及运作决策的支持，以达到组织的战略竞争优势，提高物流运作的效率与效益。物流管理信息系统实现从物流决策、业务流程、客户服务的全程信息化，对物流进行科学管理。

一般来说，一个典型的物流信息系统通常包括订单管理、采购管理、仓储管理、运输管理、财务管理以及决策管理等子系统。这些子系统之间并不是彼此孤立的，它们之间存在信息交换和共享，使物流信息系统成为一个一体化的系统。

1.订单管理子系统

订单管理子系统(OMS)是物流信息系统的前端，管理所有与订单有关的信息和资料的处理。订单管理系统对客户下达的各种指令进行管理、查询、修改、打印等，同时将业务部门的处理信息反馈至客户。

订单管理子系统通常包括客户订单的接收、存货查询、存货分配、订单处理资料输出、订单异常变动处理、订单跟踪查询等各项作业内容。当接到客户的订单后，OMS与仓储管理系统相互交流，核查产品可得率，从而判断供应网络中产品的位置、可得数量和预计送货时间，一旦产品可得信息得到客户的首肯，就要进行客户信用审核，OMS将与企业财务系统相联系审核客户的状况和信用。在订单被接收后，OMS将产品分派到某订单下，指定生产地、扣减库存、在运输安排确定后准备发票。在OMS与运输管理系统的信息共享支持下，客户可以根据日期、订单号、订单类型、业务部门、客户信息、配送区域等条件对订单进行跟踪查询。

2.采购管理子系统

采购管理子系统(PMS)管理所有与采购有关的信息和资料的处理。采购管理系统通常包括采购单管理、供应商管理、采购单到期提醒、采购单数据处理、采购变更处理以及周期报表生成等功能模块。

采购管理子系统的主要业务流程：当收到一个采购请求后，采购部门需要确定能够满足此需求的供应商。系统首先根据订单的物料清单查询库存量，如果库存量不足查询数据库中相关的采购商，如果数据库中没有合意的供应商，则根据现实信息新建一个供应商信息。经过向供应商询价、核价等过程系统做出采购计划并制作采购单，等待供应商发货。系统根据采购单到期的日期提前提醒供应商，以保证物料能及时到货。若订单取消，系统可做出采购单取消的管理。系统可在一定周期内，根据采购单的类别，提供采购单周期的资料查询。

3.仓库管理子系统

仓库管理子系统(WMS)是物流信息系统中重要的子系统之一，管理所有与仓库资源有关的信息及资料的处理，是一个实时的计算机软件系统，能够按照仓储运作的业务规则，对信息、资源、行为、存货和分销进行更完善的管理，使其最大化满足有效产出和精确性的要求。仓储管理子系统的主要内容包括接收、入库、库存管理、订单处理和取货、运输准备。

(1)接收。这是 WMS 的入口，利用条码、无线射频等技术对入库货物进行系统登录，并通过产品编码检索内部产品文件获知质量、尺码、包装方式等信息，同时对货物进行验收。

(2)入库。入库的货物需要在仓库内进行短缺储存。WMS 根据可用空间和货物存放规则进行库位分配。如果在同一次存货作业中，有多件货物要放到多个货位，WMS 将指定存放顺序和路线来使作业时间最小化。WMS 会根据实时入库情况对库存量和货位进行记录。

(3)库存管理。WMS 对库存货物进行盘点时，如果库存水平低于安全库存，就会依据某些原则提出补货数量的建议。补货请求将通过 EDI 系统或互联网传输给采购部门或直接送达供应商或工厂。有时 WMS 还需对货物进行包装处理和退货处理。

(4)订单处理和取货。WMS 按照其内部规则，将订单货物分类，进而将订单分解，进行货物调配，合理安排拣货顺序，降低取货成本，提高作业效率。此外，WMS 还可以为作业人员安排合理的拣货任务，平衡作业人员的工作量，以缩短拣货时间。

(5)运输准备。订单货物的拣取常常取决于合并运输的安排，如相邻客户的订单会一起拣取，使货物同时到达发货站台，卡车也会同一时间到达。还要考虑货物的体积和质量，以安排装上同部卡车、集装箱或铁路车厢的货物。再将来自不同仓位的同一订单货物汇集并按顺序装配，以最佳运输路径进行配送。

WMS 在仓库作业计划、库存水平管理、仓储空间利用和拣货路线等方面进行信息支持以辅助管理。同时，WMS 还与订单管理子系统、运输管理子系统等物流信息子系统共享信息来实现一体化管理。

4.运输管理子系统

运输管理子系统(TMS)是基于运输作业流程的管理系统，它利用计算机网络等现代信息技术，对运输计划、运输工具、运送人员及运输过程进行跟踪、调度、指挥。TMS 的目标是帮助计划和控制企业的运输活动，包括运输方式的选择、装载优化、安排运输路线和时间、投诉处理、货物及车辆跟踪、运费结算等内容。

(1)运输方式的选择。由于运输的货物批量和运输方式各有不同，TMS 可以将运输批量与运输服务成本和质量要求结合起来。好的 TMS 能够储存多种运输方式、服务费用、预计运输时间、可用方式和服务频率的数据，能够为每单货物提议最好的承运人。

(2)装载优化。TMS 的一个重要功能就是将小批量货物合并成大批量，对拼货作业提出建议。TMS 可以实时掌握运输批量、目的地和预计到达时间等信息。根据这些信息，利用内部决策规则，就可以决定经济批量，使车辆车型的使用和搭配达到最优，同时兼顾配送服务目标。

(3)安排运输路线和时间。如果企业拥有或租用车队，就需要认真管理以提高车辆运作效率。订单管理系统提供订单信息，仓库管理系统提供订单处理信息，运输管理系统指派运货的车辆，并且建议车辆经停点的顺序。TMS 还考虑每个经停点的时间窗口，在经停点搭载运回的货物，为回程货物做计划，满足驾驶人驾车时间和休息时间的规定，多个时段车队的利用率等因素。TMS 还存有运输资源的基本信息，如车辆经停点、车辆类型、车辆数量和运力；经停点装卸次数；经停点的时间窗口限制和途中其他一些限制条件的信息。在这样的信息支持下，TMS 利用决策规则或本身的算法制订当前的运输计划。

(4)货物及车辆跟踪。一旦货物转移到运输承运人的控制之下，就主要由信息技术来实现跟踪查询。条码、无线射频识别设备、全球定位系统和车载计算机都是信息系统的组成部分，可以实时获知货物及车辆所处位置。随后来自 TMS 的货物跟踪信息就可以通过互联网或其他电子手段提供给收货人，甚至可以计算出预计到达时间。

(5)运费结算。TMS 对运输子系统中发生的相关业务进行物流费用的结算记录，并将和费用信息转至财务结算系统中的物流业务核算。

5.财务管理子系统

财务管理子系统(FMS)可能包含于其他物流信息管理子系统中，也可以看成是物流信息系统中的独立单元。财务管理子系统管理所有与物流费用有关的信息和资料。对企业发生的所有物流费用，包括运输费用、库存费用、行政费用、办公费用等费用计算。根据规范的合同文本、货币标准、收费标准自动生成结算凭证，为企业以及物流企业的自动结算提供完整的结算方案。

6.决策支持子系统

决策支持子系统(DSS)能及时地掌握商流、物流、资金流和信息流所产生的信息并加以科学利用，在运筹学模型的基础上，通过数据挖掘工具对历史资料进行多角度、立体的分析，实现对企业中的人力、物力、财力、客户、市场、信息等各种资源的综合管理，为企业管理、客户管理、市场管理、资金管理等提供科学决策的依据，从而提高管理层决策的准确性和合理性。

本 章 小 结

物流信息系统作为现代物流系统的重要支撑，在整个物流过程中，通过物流信息的集成管理，对提高物流能力、效率，降低物流成本，保证物流服务质量等方面起着重要作用。物流信息技术主要包括信息采集技术、电子数据交换技术、地理分析与动态跟踪技术以及其他相关辅助技术。在这些信息技术的支撑下，形成了以资源管理、监控调度管理、业务管理、客户服务管理等多种业务集成的一体化现代物流信息系统。

通过本章的学习，能够理解物流信息的定义、特点，了解各种物流信息技术，熟悉各种物流信息技术在物流中的应用，了解包含众多子系统的物流信息系统。

复习思考题

1. 什么是物流信息？物流信息的特点是什么？

2. 什么是物流信息技术？常用的物流信息技术及其应用领域有哪些？

3. 物流信息系统包含哪些子系统？

案例讨论

京东的现代化物流信息系统布局

京东物流作为新兴物流企业的代表，在技术创新、服务升级、结构优化、节能减排、降本增效等方面成为行业表率。智慧创新，已经成为京东物流的一张名片。京东物流 CEO 王振辉在 2018 年的博鳌亚洲论坛上明确提出，物流发展将达到无界物流这一状态，无缝链接产业端和消费端，实现商品的快速流通、需求的匹配和价值体系的全面提升。这其中，智慧物流将起到核心推动作用，不仅将为消费者和商家带来“快”“精”“喜”的服务，还将成为推进物流业发展的新动力、新路径，并为经济结构优化升级和提质增效注入强大动力。基于大数据分析和算法优化等工具，京东物流打造出行业的智慧时效履约系统与算法支持体系，实现“预测—库存—仓储—运输—配送”全链路资源动态调整和自主管理，支撑起复杂网络、庞大库存和海量订单的管理。

不仅可以为商家提供多业务模式、多业务类型、多网络、全链条的时效产品，并可根据商家不同的物流需求，提供定制化时效产品。另外，通过无界物流的实践和探索，京东物流可以准确洞察消费者个性化的商品和服务需求，通过“短链、智慧、共生”的布局，无缝链接消费者和商家、消费和产业，建立一套数字化的、敏捷的、稳定的、智慧的供应链网络，即刻满足消费者不同的场景、不同的交付时间、不同服务标准、不同送达方式、不同附加功能等个性需求。目前京东物流已经为消费者打造了 211 限时达、次日达、京准达、京尊达、闪电送、极速达、长约达、快递到车等多元化服务产品，形成了一个用户可根据需求任意选择的全场景“配送全家桶”服务体系。

近日，国家邮政局通报了 2018 年 5 月邮政业消费者申诉情况，在主要快递企业有效申诉率(有效申诉件数/百万件快件)这一指标中，消费者对京东物流满意度较高。京东物流成立之初的核心使命是“降低社会化物流成本”，在网络基础设施建设、智慧物流布局、数字化运营方面不断取得突破性成果后，伴随无人技术、大数据、人工智能等创新技术的运用，将社会化物流成本降低了 70%，将物流的运营效率提升了 2 倍以上，降本增效成果初现。京东集团董事局主席兼 CEO 刘强东在 2018 中国电子商务大会上表示，社会化物流成本有望降到 5%以内。

目前，京东物流已建成全球全流程无人仓、无人配送站等物流节点，在国内电商和物流领域首先实现无人机、配送机器人的常态化运营，实现了物流全链路的无人化。无界零售时代，短链、智慧、共生是构建物流的三大核心要素，而智慧的关键是基于数据共享的系统自主决策和服务。京东物流表示，还将进一步建立现代化物流信息系统、完善物流服务网络、打造智慧物流服务平台，发展现代物流，全面实现物流行业的节能减排与降本增效，为客户、行业、社会创造全面价值。

（编者根据网络资料改写）

案例思考题

1. 京东物流信息系统如何提升其服务水平?
2. 物流信息技术将如何推动未来物流的发展?

推荐阅读

[1] 章雪岩.物流信息管理:规划、设计与建设[M].北京:中国人民大学出版社,2010.
[2] 侯安才,张强华.物流信息技术实用教程[M].2版.北京:人民邮电出版社,2017.

第 10 章　电子商务物流

本章提要

• 电子商务物流的概念和特征、电子商务与物流的关系、电子商务物流运作流程、电子商务物流模式。

• 跨境电子商务与传统物流的差异、跨境电子商务物流增值服务、跨境电子商务物流模式。

学习目标

掌握电子商务物流的概念和特征；了解电子商务物流运作流程；熟悉电子商务物流模式；了解跨境电子商务物流增值服务；熟悉跨境电子商务物流模式。

框架结构

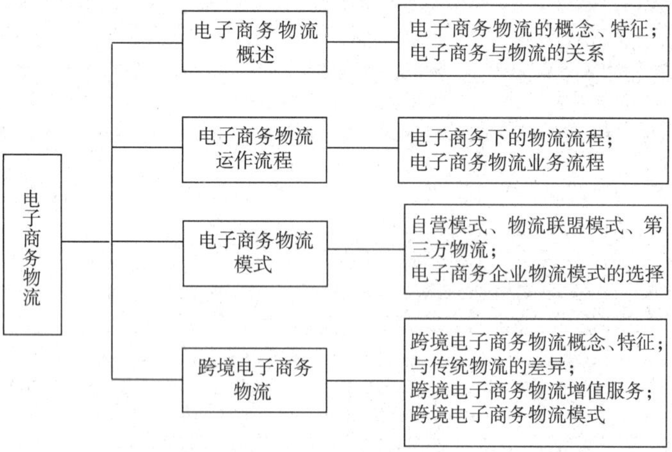

开篇案例

马云为什么要创建"菜鸟物流"

2013 年 5 月 28 日，阿里巴巴、银泰、富春、复星，三通一达召开新闻发布会，宣布成立"菜鸟网络"，即中国物流骨干网。阿里巴巴在电商中已经处于领先地位了，为什么马云还要创建

"菜鸟物流"?

菜鸟其实就是一个资源整合平台,为什么马云要搞这个?电商脱离了物流很容易被物流控制。由于相关利益没谈妥,最近我国香港特别行政区的DHL停止转运亚马逊的货,结果亚马逊损失惨重。

所以,无论亚马逊或者京东都一直在布局自建物流,把客户在商城购买到商品送达客户手上整个过程都由自己全程控制,形成一个闭环。这样可以打通各个环节,每个环节都有数据,把商城自身和用户之间紧紧联系、环环相扣。这整个闭环链条形成的生态系统才是真正有价值的!

而淘宝在物流上就被断开了,导致很多淘宝用户数据不精确,而且难以把控物流,无法让用户的黏性增强,无法自然形成一个闭环的生态系统。电商的竞争是价格的竞争,更是用户体验的竞争,京东、苏宁投入大手笔自建物流,我们可以看到用户体验有了极大的提升,现在很多人提到京东,会首先想到送货快。而在这方面,阿里巴巴的用户体验则一直不佳。因为阿里巴巴一直打造的是一个平台,上面有万千商家,阿里没办法自己建设物流也不能要求商家必须用哪家物流,因为这是与平台理念不符的。我们知道淘宝上有十大快递公司,即EMS、顺丰、四通一达,全峰、宅急送、天天等,这十家快递公司中,EMS和顺丰用的人较少,因为价格太贵,其他快递公司的服务质量根本无法和京东、苏宁自建物流相比,投诉率居高不下,这已经严重影响了阿里巴巴的用户体验。阿里巴巴目前在电商中绝对领先,要想在10年后继续保持霸主地位,那改善物流则成为重中之重。所以,"菜鸟物流"是马云势在必行的事情。

而菜鸟物流包含3个部分:天网、地网、人网。

天网指的是淘宝上的用户数据,通过对这些数据的分析,阿里巴巴可以根据特定货物的流向、用户的喜好,事先把货物布局到离客户最近的仓储中,从而可以做到快速送货,即马云说的全国24小时必达。

地网指的是仓储物流供应链这一块。为什么三通一达加入菜鸟会显得那么暧昧,甚至有点不情愿?因为传统快递是通过层层中转最终到达用户手上,而菜鸟要做的仓储配送,就是说菜鸟很可能会把快递长干线这一块利润砍掉,而给另一家专注做干线的来做,如普洛斯及最近兴起的卡行天下。三通一达最终就剩下纯配送这一块,而它们自身也有别的布局,它们总不能真地全心全意只为淘宝服务吧。

人网指的就是淘宝商家,现在在政府的大力支持补贴下,淘宝开启2.0模式,向农村电商进军,解决了就业问题同时扩大自身的体量。

对于电商来说,物流非常关键,如果在物流上面脱节,那么电商行业的发展也不会稳定持续。所以,对于马云来说,改善物流、创建"菜鸟物流"是必须做的事情。

(编者根据网络资料改写)

10.1 电子商务物流概述

当前,科学技术日新月异,一场席卷全球的信息化热潮,深刻地影响着社会和经济发展的各个领域,电子商务作为信息技术与现代经济贸易相结合的产物,已经成为人类社会进入知识经济、网络经济时代的重要标志。物流是电子商务的重要组成部分,也是实现电子商务的保证。

10.1.1 电子商务物流的概念、特征

1. 电子商务物流的概念

电子商务物流是基于传统物流的概念，结合电子商务中信息流、商流、资金流的特点而提出的。它是电子商务环境下物流的新的表现方式。因此，电子商务物流的概念可以表述为："基于信息流、商流、资金流，网络化的物资或服务的配送活动，包括软体商品的网络传送和实体商品的物理传送。"

与传统物流相比，电子商务物流在服务理念、配送体系、技术支持、管理特征等方面都具有明显的特点（见表10.1）。

表10.1 电子商务物流与传统物流的区别

比较项	电子商务物流	传统物流
服务理念	以客户为中心	以规模为中心
配送体系	网状配送、网络体系	单一线性配送网
技术支持	网络技术、信息技术	传统管理技术
信息相应	信息化程度高、反应迅速	信息传递迟缓、反应慢
管理特征	柔性化	刚性化
合作程度	强调协同合作	格局分散

2. 电子商务物流的特征

(1)信息化。在电子商务时代，要提供最佳的物流服务，物流系统必须要有良好的信息处理和信息传输系统。计算机的普遍应用提供了更多的需求和库存信息，提高了信息管理的水平。电子数据交换技术与国际互联网的应用，使物流效率的提高更多地依赖于信息化管理技术，物流的信息化使对商品流动的管理更加方便、准确和迅速，从而保证了商品与生产要素在全球范围内以空前的速度流动。

物流信息化既是电子商务的必然要求，也是物流现代化的基础。没有信息化，任何先进的技术设备都不可能应用于物流领域。物流信息化具体表现为物流信息的商品化、物流信息收集的数据库化和代码化、物流信息处理的电子化和计算机化、物流信息传递的标准化和实时化、物流信息存储的数字化等。在电子商务活动过程中，信息流分布于各个环节，贯穿于整个商务过程。物流系统是一个跨部门、跨行业、跨区域的社会系统，物流企业需要与上下游之间进行频繁的信息交换，要实现各部门之间的平滑对接，信息流的畅通是基本保障。在电子商务中，零库存的实现、运作周期的缩短也都须依赖与信息的灵敏传送。

(2)自动化。电子商务物流自动化是以信息化为基础，以自动化、智能化、无人化机械设备为核心，其目的是扩大物流作业能力、提高作业效率、减少物流作业差错等。随着信息技术的发展、移动网络和物联网的发展，自动识别系统、自动分拣系统、自动立体化仓库、自动导引车、无人叉车、无人驾驶车和无人机等越来越多地应用到物流作业流程中。

(3)网络化。物流网络化已成为电子商务下物流活动的趋势和重要特征之一。同时，互联网的发展及网络技术的普及也为物流网络化提供了良好的外部环境。物流网络化包括两个方面：一方面是物流系统的计算机通信网络，例如利用电子订货系统和电子数据交换技术实现配送中心与供应商、制造商或消费者之间的通信联系；另一方面是组织或企业内部的网络化，即

利用内部网采取外包的形式组织生产，再由统一的物流配送中心将商品迅速发给客户，这一过程离不开高效的物流网络的支持。

(4)智能化。智能化是物流信息化、自动化的高层次应用的体现，物流作业过程中大量的运筹和决策，例如库存水平的确定、运输路线的选择、自动导引车的运行轨迹、无人配送车和自动分拣系统的运行等问题需要借助于大量的模型和算法才能解决。随着智能设备、人工神经网络、数字孪生等智能技术的发展，物流智能化成为电子商务物流发展的趋势。

(5)柔性化。柔性化最早是为实现“以顾客为中心”的理念而在生产领域提出的。电子商务的发展，使得企业根据客户的实际需要“量体裁衣”成为可能。企业生产方式由传统的大规模、机械化方式转为以时间成本为基础的弹性方式，整个生产作业过程呈现出柔性化的特征。但要真正做到柔性化，真正能根据消费者需求的变化来灵活调节生产工艺，没有配套的柔性化物流是不可能达成的。柔性化物流是配合生产领域中的柔性制造而提出的一种新型物流模式。物流柔性化对配送中心的要求就是根据多品种、小批量、多批次、短周期的全新消费需求，灵活有效地组织和实施物流作业。

10.1.2 电子商务与物流的关系

1.电子商务对物流的影响和作用

(1)电子商务改变了传统的物流概念。电子商务作为一种新兴的商务活动，为物流创造了一个虚拟的运动空间。在电子商务的状态下，人们在进行物流活动时，物流的各种职能及功能可以通过虚拟化的方式表现出来，在这种虚拟化的过程中，人们可以通过各种组合方式寻求物流的合理化，使商品实体在实际的运动过程中达到效率最高、费用最低、距离最短、时间最少的功能。

(2)电子商务促进物流服务的社会化和多功能化。随着电子商务的发展，物流服务的社会化趋势越来越明显。在传统的经营方式下，无论是实力雄厚的大企业还是中小型企业，一般都由企业自身承担物流职能，从而导致企业物流成本过高。而在电子商务背景下，网上订购、网上支付实现后，最关键的问题是物流配送，如果仍由企业自己配送，一是成本过高，二是不能很好地保证服务水平，特别是对小型企业来说，当面对跨地区、跨国界的用户时，将会束手无策。因此，电子商务的发展促进了诸如第三方物流、配送中心、第四方物流等物流服务的专业化和社会化。同时，为了更好地满足客户的需求，电子商务要求物流提供给企业全方位的服务，既包括仓储、运输服务，还包括配货、分发和各种客户需要的配套服务。社会化的物流通常把物流的各个环节作为一个完整的系统进行统筹协调、合理规划，为电子商务企业提供全面化和功能多样化的物流服务。

(3)电子商务促进物流基础设施的改善和物流技术的提高。电子商务高效率和全球化的特点，要求物流要具备良好的交通运输网络、通信网络等基础设施。物流技术主要包括物流硬技术和软技术。物流硬技术是指物流过程中所需要的各种材料、机械和设施等；物流软技术是指组织高效率的物流所需要的计划、管理、评价等方面的技术和管理办法。从物流环节来考察，物流技术包括运输技术、保管技术、装卸技术、包装技术等。物流技术水平的提高是实现物流效率高低的一个重要因素，要建立一个适应电子商务运作的高效率的物流系统，加快提高物流的技术水平则有着重要的作用。

(4)电子商务促进增值性物流服务的发展。一切能够简化手续、简化操作的服务都是增值性服务。在提供电子商务的物流服务时，如推行门到门服务、提供完备的操作提示、免费培训、代办业务、自动订货、传递信息和转账、物流全过程追踪等都是对电子商务销售有用的增值服务。另一方面，在现代物流条件下，通过优化电子商务系统的配送中心、物流中心网络，重新设计适合电子商务的流通渠道，以此来减少物流环节、简化物流过程，提高物流系统的快速反应性能。这种使流通过程加快的物流服务也是一种增值性物流服务。增值性物流服务除了可以向上延伸到市场调查与预测、采购及订单的处理，向下延伸到配送、咨询、物流方案的选择与规划、库存控制决策、物流系统设计与规划方案的制作等，还包括向企业提供产品研发与设计、全球资源与采购、融资、订单跟踪、生产与品质监控以及全球分销等服务。这些延伸服务最具有增值性，但也是最难提供的服务。能否提供此类增值服务已成为衡量一个物流企业是否具有竞争力的标准。

2.物流对电子商务的影响

(1)物流是电子商务的重要组成部分。电子商务中的任何一笔交易都是由信息流、商流、物流和资金流四部分组成。四部分相互依存，相互联系，共同支撑流通活动的整体。其中，信息流、商流和资金流可以通过计算机和网络通信设备实现。在电子商务中，交易的无形商品如电子出版物、信息咨询服务、信息软件等可以直接通过网络传输的方式进行配送，而大多数有形的商品和服务，仍需要进行货物的包装、装卸搬运、运输、保管、配送等活动。电子商务环境下的物流，通过机械化、自动化、智能化设备的应用和准确、及时的物流信息对物流过程的监控，使物流速度加快、准确率提高，能有效减少库存，缩短流通周期。因此，在一定意义上物流是电子商务的重要组成部分，是信息流和资金流的基础和载体。

(2)物流是促进电子商务优势发挥的基础。电子商务的开展能够有效地缩短供货时间和生产周期，简化订货程序，降低库存水平，同时使得客户关系管理更加富有成效。在电子商务条件下，商品生产和交换的全过程，即从原材料的采购、各工艺流程的生产到成品的交付，都需要各类物流活动的支持。物流还是商流的后续者和服务者，如果消费者购买的商品没有物流体系来保证送达，电子商务快速、便捷的优势将得不到发挥，落后的物流使计算机和网络节约的时间和劳动被抵消，消费者最终会转向他们认为更为安全的传统购物方式。因此，物流是电子商务中的一个关键环节，是电子商务所具优势发挥的基础。

(3)物流是实施电子商务的保证。无论是传统的贸易方式还是电子商务，生产都是商品流通之本，而生产的顺利进行需要物流活动的支持。从供应物流、生产物流到回收物流，整个生产过程离不开物流活动。在商流活动中，商品所有权在购销合同签订时起，便由卖方转移到买方，而商品实体并没有移动，在传统交易中，除了非实物交割的期货交易，一般的商流都必须伴随相应的物流活动，即按照买方的需求，将商品由卖方以适当的方式、途径向买方转移。而在电子商务下，用户通过上网点击购物完成了商品所有权的交割过程即商流过程，只有商品和服务真正转移到买方手中，商务活动才告终结。在整个电子商务的交易过程中，物流实际上是商流的后续者和服务者。没有现代化的物流，电子商务的优势无法发挥。

(4)物流是实现以“客户为中心”理念的最终保证。电子商务的出现，在最大程度上方便了最终用户。他们足不出户，在网上完成购物过程。但如果商品不能及时准确地送到客户手中，电子商务的购物便捷就失去了效用。因此，物流服务水平的高低，决定了顾客的满意程度，同时也就决定了电子商务的形象和地位。物流是电子商务中实现以“客户为中心”理念的最终保证。

10.2 电子商务物流运作流程

10.2.1 电子商务下的物流流程

电子商务的本质特征是减少生产者与消费者的中间环节，拉近企业与用户之间的距离。电子商务利用互联网技术，将供应商、企业、用户及其他商业伙伴连接到现有的信息技术上，达到信息共享，彻底改变现有业务作业方式及手段，实现充分利用资源、缩短商业环节及周期、提高效率、降低成本、提高服务水平的目的。

电子商务下，整个供应链是由供应商、制造商、物流中心和顾客所组成的，供应商、制造商、物流中心和顾客通过 Internet 共享需求信息，供应商根据客户的需求，生产所需要的原材料，原材料经过制造商的加工、包装等一系列作业后，将产品集中到物流中心，物流中心根据顾客的订单情况，将货物送到顾客手中。

与传统商务相比，供应链环节减少了，现实的零售店没有了，物流中心的作用变得越来越显著，物流中心既是制造商的仓库又是客户的实物供应仓库。如果上述流程再简化一下，变成电子商务环境下生产企业与用户之间的物流运行过程，如图 10.1 所示。可以看出，用户通过网上的虚拟商店购物，并在网上支付，信息流和资金流的运作过程很快就能完成，剩下的工作就只有实物的物流处理了，物流中心成了所有企业和供应商对用户的唯一供应者，可见，物流中心的作用越来越突出。

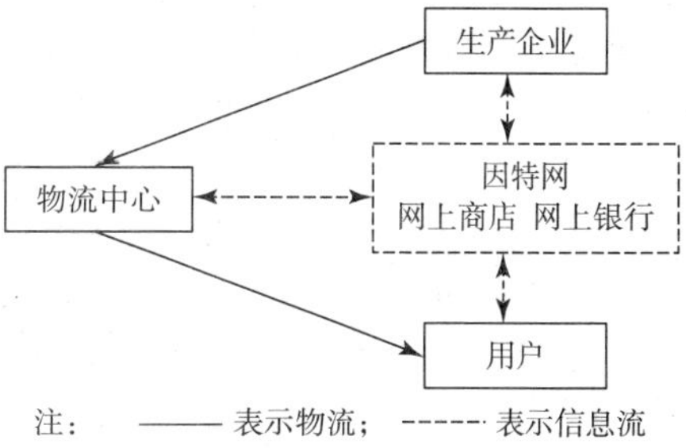

图 10.1 电子商务下生产企业与用户之间的物流运行过程

10.2.2 电子商务物流业务流程

电子商务的优势之一就是能优化业务流程，降低企业运作成本。而电子商务下企业成本优势的建立和保持必须以可靠的、高效的物流作为保证，这也是企业在竞争中取胜的关键。

1. 普通商务物流流程

在普通电了商务物流流程中，物流作业流程与商流、信息流和资金流的作业流程综合在一起，更多地围绕企业的价值链，从实现价值增值的目的安排每一个配送环节，如图 10.2 所示。

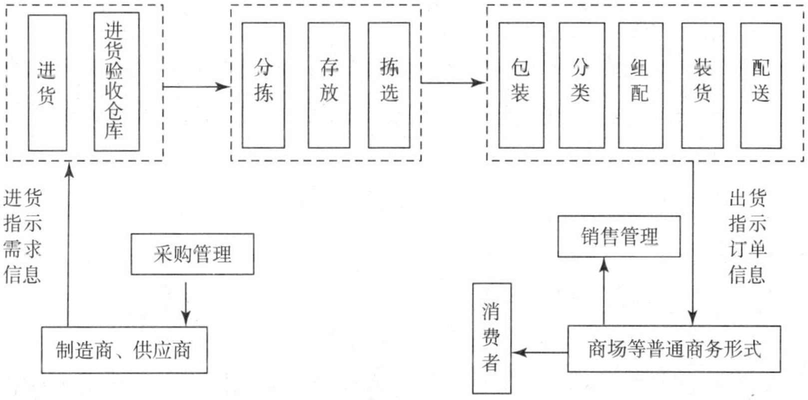

图 10.2 普通电子商务物流流程

2. 电子商务物流流程

电子商务的发展及其对配送服务体系的配套要求，极大地推动了物流的发展。与普通电子商务物流流程相比，电子商务物流流程在企业内部的微观物流流程上是相同的，都具有从进货到配送的物流体系。然而，在电子商务环境下，借助电子商务信息平台，有利于企业提高采购效率，合理地规划配送路线，实现电子商务物流流程和配送体系的优化。

电子商务物流系统的基本业务流程因电子商务企业性质不同而有所差异。如制造型企业的电子商务物流系统，其主要业务流程起始于客户订单，中间包括与生产准备和生产过程相关的物流环节，同时包括从产品入库，直至产品送达客户的全部物流过程；而对销售型的电子商务企业如销售网站而言，其物流过程就不包括生产过程的物流，主要是供应物流和销售物流；对于单纯的物流企业而言，由于它充当为电子商务企业提供第三方物流服务的角色，因此，它的功能和业务过程更接近传统意义上的物流或配送中心。

虽然各种类型的电子商务企业的物流组织过程有所差异，但从电子商务物流过程的流程看，还是具有许多相同之处，具体地说，其基本业务流程一般都包括进货、检验、分拣、存储、包装、组配、装车及送货等。与传统物流模式不同的是，电子商务的每个订单都要送货上门，因此电子商务的物流成本更高，配送路线的规划、配送日程的调度、配送车辆的合理利用难度更大。与此同时，电子商务的整个物流过程可能会受到更多因素的制约。电子商务物流业务流程如图 10.3 所示。

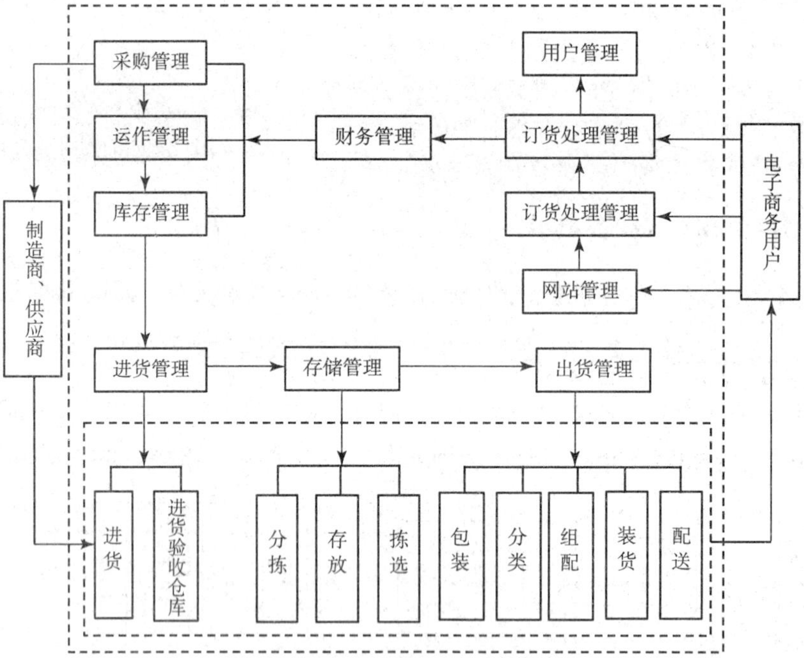

图 10.3 电子商务物流业务流程

10.3 电子商务物流模式

物流模式又称物流管理模式，是指从一定的观念出发，根据现实的需要，构建相应的物流管理系统，形成有目的、有方向的物流网络，采用某种形式的物流解决方案。在电子商务环境下，主要的物流模式有自营物流、物流联盟、第三方物流、第四方物流等。这些模式各具特色，但都凸显了物流管理创新的主旨。

10.3.1　自营物流模式

自营物流模式是指电子商务企业沿用旧有的物流系统或自行组建物流系统的模式。目前，采取自营模式的电子商务企业主要有两类：一是资金实力雄厚且业务规模较大的传统商务公司；二是传统的大型制造企业或批发企业经营的电子商务网站，由于其自身在长期的传统商务中已经建立起初具规模的影响网络和物流配送体系，在开展电子商务时只需将其加以改进、完善，便可满足电子商务条件下对物流配送的要求。从企业竞争战术的角度来考虑，企业自营物流有两个最重要的决策变量：一是看能否提高企业运营效率；二是看是否降低企业运营成本。前提是社会物流企业的服务能够满足所要求的物流服务标准。

1. 自营物流模式的优势

自营物流可以使企业对供应链有较强的控制能力，容易与其他业务环节密切配合，全力专门地服务于本企业运营管理。

(1)掌握控制权。通过自营物流，企业可以对物流系统运作的全过程进行有效控制。对于企业内部的采购、制造和销售活动的环节，原材料和产成品的价格、规格，供应商以及销售商的经营能力，企业自身能够掌握的最详尽的资料。企业自营物流，可以运用自身掌握的物流活动的各个环节、销售商以及最终顾客的第一手信息，随时调整自己的经营战略。

(2)盘活企业原有资产。根据中国仓储协会的调查：目前生产企业中73%的企业拥有汽车车队和仓库，33%的企业拥有机械化装卸设备，3%的企业拥有铁路专用线；商业企业中36%的企业拥有汽车车队和仓库，7%的企业拥有机械化装卸设备。企业选择自营物流的模式，可以在改造企业自营管理结构和机制的基础上盘活原有物流资源，带动资金流转，为企业创造利润空间。

(3)降低交易成本。选择物流外包，由于信息的不对称性，企业无法完全掌握物流服务商完整、真实的资料。而企业通过内部行政权力控制原材料的采购和产成品的销售，可不必就相关的运输、仓储、配送和售后服务的佣金问题进行谈判，避免多次交易花费以及交易结果的不确定性，降低交易风险，减少交易费用。

(4)避免商业秘密的泄露。对于任何一个企业来说，其内部的运营情况都是处于相对封闭的环境下，这不仅是外界对于企业运营了解渠道匮乏的原因，更重要的是企业为了保持正常的运营，特别是对于某些特殊运营环节，如原材料的构成、生产工艺等，不得不采取保密手段。当企业将运营中的物流要素外包，特别是引入第三方来经营其生产环节中的内部物流时，其基本的运营情况就不可避免地向第三方公开。而在某一行业专业化程度高、占有较高市场份额的第三方会拥有该行业的诸多客户，企业物流外包就可能会通过第三方将企业经营中的商业秘密泄露给竞争对手，削弱企业的竞争力。

(5)提高企业品牌价值。企业自建物流系统，就能够自主控制营销活动。一方面，可以亲自为顾客服务到家，使顾客以最近的距离了解企业、熟悉产品，提高企业在顾客群体中的亲和力，提升企业形象，让顾客切身体会到企业的人文关怀；另一方面，企业可以掌握最新的顾客信息和市场信息，从而根据顾客需求和市场发展动向调整战略方案，提高企业的竞争力。

自营物流可以有效地提高企业核心竞争力。苏宁易购的物流是其核心竞争力之一。苏宁易购建立了区域配送中心、城市配送中心、转配点三级物流网络,相继在杭州、北京、南京、上海等地建设了现代物流基地,依托 WMS、TMS、DPS、GPS 等先进信息系统,实现了长途配送、短途调拨与零售配送到户一体化运作,并承担地区售后服务中心、地区呼叫中心、地区培训中心等功能,成为支撑公司连锁事业的大服务、大后方平台。因此,良好的自营物流队伍,可以在激烈的竞争环境下提高产品质量、缩短交货期、降低库存水平、降低成本,实现整个供应链节点企业的共赢。

2. 自营物流模式的劣势

(1)企业庞大的投资。电子商务公司自营物流所需的投入非常大,建成后对规模的要求很高,大规模才能降低成本,否则将会长期处于不盈利的境地。而且投资成本较大、时间较长,对于企业柔性也有不利影响。

(2)企业配送效率较低,管理难以控制。对于大多数企业而言,物流并不是企业所擅长的活动。在这种情况下,企业自营物流就等于迫使自己从事不太专长的业务活动,企业的管理人员往往需要花费过多的时间、精力和资源从事物流活动,结果可能是辅助性的工作没有做好,又没有发挥关键业务的作用。

(3)规模有限,物流配送的专业化程度低,成本较高。对规模较小的企业来说,企业产品数量有限,采用自营物流,不足以形成规模效应。一方面导致物流成本过高,产品成本升高,降低了市场竞争力;另一方面,由于规模的限制,物流配送的专业化程度较低,企业的需求无法得到满足。

(4)无法进行准确的效益评估。许多自营物流的企业内部各职能部门独立地完成各自的物流活动,没有将物流费用从整个企业分离出来进行独立核算,因此企业无法准确地计算出产品的物流成本,所以无法进行准确的效益评估。

10.3.2 物流联盟模式

物流联盟是介于自营和第三方物流之间的一种物流模式,是以物流为合作基础的企业战略联盟。物流联盟是指物流企业通过签署合同,在物流业务方面形成优势互补、要素双向或多向流动、相互信任、共担风险、共享收益的物流伙伴合作关系。物流联盟是为追求规模经济而产生的,通过物流联盟,联盟成员可以利用其他成员过剩的物流资源,或具有战略意义的市场位置,或卓越的管理能力等。

联盟是动态的,只要合同结束,双方又变成追求自身利益最大化的单独个体。狭义的物流联盟存在于非物流企业之间,可以是电子商务企业之间联合发展,如中小型电子商务企业联合投资兴建配送中心,实行配送共同化;广义的物流联盟包括第三方物流,即可以由电子商务企业与专业物流服务商联合发展,如天猫商城宣布与包括 EMS、顺丰、四通一达在内的国内九大快递公司达成战略合作,也可以由专业物流服务商联合发展。

在物流联盟内部,组成物流联盟的企业之间具有很强的依赖性,同时,各企业间也有明确的分工。各企业为实现整体配送的规模化、专业化和合理化,以互惠互利为原则,形成联盟,各尽所能,各取所需,实现配送的共同化、物流资源利用共同化、物流设施设备利用共同化以及物流管理共同化。这是电子商务发展到目前为止比较合理的一种物流模式。

1. 物流联盟的分类

(1)纵向模式。纵向模式即垂直一体化。这种联盟方式是基于供应链一体化管理的基础形成的，即从原材料到产品生产销售服务形成一条龙的合作关系。垂直一体化物流联盟能够按照最终客户的要求，为其提供最大价值的同时，也使联盟总利润最大化，但这种联盟一般不太稳定，主要是在整个供应链上，不可能每个环节都能同时达到利益最大化，因此打击了一些企业的积极性，使其有随时退出联盟的可能。

(2)横向模式。横向模式即水平一体化。由处于平行位置的几个物流企业结成联盟，包括第三方物流，这种联盟能使分散物流获得规模经济和集约化运作，降低了成本，并且能够减少社会重复劳动，但也有不足之处，如其必须有大量的商业企业加盟，并有大量的商品存在，才可发挥其整合作用和集约化的处理优势，此外，这些商品的配送方式的集约化和标准化也不是一个可以简单解决的问题。

(3)混合模式。混合模式既有处于上下游位置的企业，也有处于平行位置的物流企业的加盟。

(4)以项目为管理的联盟模式。以项目为中心，由各个物流企业合作形成一个联盟，这种联盟方式只限于一个具体的项目，是联盟成员之间合作的范围不广泛，优势不太明显。

(5)基于Web的动态联盟。由于市场经济条件下激烈的竞争，为了占据市场的领导地位，供应链应成为一个动态的网络结构，以适应市场变化柔性速度革新知识的需要，不能适应供应链需求的企业将被淘汰，并从外部选择优秀的企业进入供应链，从而使供应链成为一个能快速重构的动态组织，实现供应链的动态联盟，但这种联盟方式缺乏稳定性。

2.物流联盟的优势

(1)减少经营风险。长期供应链关系发展成为联盟形式，有助于降低企业的风险。单个企业的力量是有限的，如果几个企业联合起来，在不同的领域分头行动，就会减少风险。而且联盟企业在行动上也有一定的协同性，因此对于突如其来的风险能够共同分担，这样便减少了各个企业的风险，提高了抵抗风险的能力。如果企业自身物流管理水平较低，参与或组建物流联盟，将在物流设施、运输能力以及专业管理技巧上获得较大收益，有助于电子商务企业降低经营风险，提高竞争力。

(2)降低成本。如果物流在企业战略中不是关键地位，但其物流水平却很高，就应该寻找其他企业共享物流资源，通过增大物流量获得规模效益，降低成本。物流联盟有助于物流合作伙伴之间在交易过程中减少相关交易成本，物流合作伙伴之间经常沟通与合作，互通信息，建立相应信任和承诺，减少履约风险，即使在服务过程中产生冲突，也可通过协商加以解决，从而避免无休止的讨价还价，甚至提出法律诉讼产生费用。

(3)提高竞争力。物流联盟能够在物流设备、技术、信息、管理、资金等方面互通有无，优势互补，减少重复劳动，降低成本，达到共同提高、逐步完善的目的，从而使得物流业朝着专业化、集约化方向发展，提高整个行业的竞争能力。同时，不同地区的物流企业通过联盟，共同为某一电子商务客户服务，能够更好地满足电子商务企业跨地区全方位的物流服务要求。

10.3.3 第三方物流模式

第三方物流是社会化、专业化的一种物流形式。第三方物流是指由供方与需方以外的物流企业提供物流服务的业务模式。第三方物流有广义和狭义两种理解。广义的第三方物流是相对于自营物流而言的，凡是由社会化的专业物流企业按照货主的要求所从事的物流活动都可以包含在第三方物流范围之内。狭义的第三方物流主要是指能够提供现代的、系统的物流服务的第三方物流。对于电子商务企业来说它是指以签订合同的方式,在一定期限内将部分或全部物流活动委托给专业的第三方物流企业来完成。因此第三方物流又称合同物流、外协物流。第三方物流企业利用专业物流设施和物流运作的管理经验,汇集社会物流需求,为客户定制物流计划。一般来说,中小型电子商务企业大多选择第三方物流模式。

第三方物流的特点:

(1)提高企业竞争力。第三方物流为其他企业提供了可以利用的外部资源,使后者能更好地发挥企业的优势和核心竞争力。利用第三方物流的企业,将资源配置在核心业务上,使企业各项目标得以更大限度实现。通过利用第三方物流服务系统和良好的业务关系,企业注入了新的资源,弥补投资设备扩大业务等多个方面所带来的资金不足,提高企业竞争力。

(2)降低成本。第三方物流有丰富的专业知识和经验,有完善的设备,能够实现规模经济,从而降低货主企业物流成本;另一方面也减少了货主企业用于物流业务的固定资产投资,加快资金周转。

(3)推动物流行业发展。从发展的观点来看,第三方物流应该是科学的设计组织体系,按照市场机制运作,除了要避免市场供求及价格波动的风险外,还必须建立集成化的物流管理信息系统,使物流价值链上的各成员能做到信息共享,对物流实施监控,以压缩物流流程时间,提高需求供货预测精度。这样的革新和变化推动了物流业的发展,使诸多的物流企业汇聚起来,形成了一种新的产业,成为社会再生产的支持平台。

10.3.4 电子商务企业物流模式的选择

企业在进行物流决策时,应根据企业的实际情况和资源条件,以提高企业核心竞争力为目标,综合考虑多种因素,选择合适的物流模式。

(1)物流的战略地位。在物流模式决策时,首先要考虑物流子系统的战略重要性,它是电子商务企业决定其采用何种物流模式的首要影响因素,物流地位越重要,企业自营物流的可能性就越大,反之亦然,而考虑物流子系统的战略地位,主要看其是不是构成企业的核心能力。如果物流影响企业的业务流程,并且是企业长期积淀下来,在短期内具有一定的竞争优势,那么物流在企业中就占有重要地位。在物流子系统构成企业战略子系统的情况下,为保证物流的连续性,最好是与物流公司长期合作,建立物流联盟;而在物流子系统不构成企业战略子系统的情况下,采用何种物流模式就要在顾客服务水平与成本之间寻找平衡点。

(2)企业对物流的管理能力。企业对物流的管理能力是影响其选择物流模式的一个重要因素。一般而言,在其他条件相同的情况下,企业物流管理能力越强,自营物流的可能性就越大,而在企业对物流的管理能力较差的情况下,物流子系统在战略上处于重要地位,则应该寻找合适的物流伙伴,建立物流联盟,反之,选择第三方物流较为合适。但应当注意的是,具备了物流能力并不意味着企业一定要自营物流,还要与物流公司比较"在满足一定的顾客服务水平下,谁的成本更低",只有在企业的相对成本较低的情况下,选择自营物流的方式才有利,反之,物流外包比较合适。

(3)对企业柔性的要求。随着科技的进步与经济的发展。企业要根据市场不断调整自己的经营方向、经营重点、产品研发等问题。这就对企业的柔性提出了越来越高的要求。

相对而言，外包物流能使企业具有较大的柔性，能够比较容易地对企业业务方面、内容、重点、数量等进行必要的调整。所以，相对而言，处于变化发展速度较快的行业中的企业，其商品种类，数量比较不稳定，非规则化、变化较多、较大。需要根据情况相应调整其经营管理模式及相关服务，为保证企业具有足够的柔性，应采用外包物流服务。而业务相对稳定，物流商品种类比较稳定，数量大的企业，对于企业的柔性要求比较低，采用自营物流的可能性就比较大。

(4)企业规模和实力。一般来说，大中型企业由于实力较雄厚，有能力经营自己的物流系统，制定合适的物流需求计划，保证物流服务质量。另外，还可以利用过剩的物流网络资源为别的企业提供服务，而中小企业则受人员、资金和管理的资源限制，物流管理效率难以提高，更适宜把物流业务交给第三方物流公司。

10.4 跨境电子商务物流

在世界经济一体化和中国电商全球化的大趋势下，跨境电子商务是外贸发展的新模式，是扩大海外营销渠道、实现外贸转型升级的有效途径，更是通向全球市场的一条“高速公路”。物流作为连通买卖双方的桥梁，在跨境电子商务活动中发挥着重要作用。与国内电子商务活动不同，跨境电子商务存在时间跨度大、空间距离远、范围覆盖面广等特点。因此，实现跨境电子商务中商品的有效流通，发展科学、合理的跨境电子商务物流就显得尤为重要。同时，跨境电子商务的快速发展为国际物流提供了新的、重要的发展契机。因此，可以说，跨境电子商务与国际物流之间是相互影响、相互促进、相互制约的关系。

相较于国内电子商务物流，跨境电子商务物流一直存在配送时间长、包裹无法全程追踪、不支持退换货甚至会出现清关障碍和破损以及丢包的情况。而消费者除了最关心的运输成本和交货时间问题，还普遍希望有完全的透明度和问责制。从客户需求出发，物流依然是跨境电子商务运营中的关键环节，跨境电子商务企业是否能提供消费者所偏好的递送方式将直接影响消费者的海外购物决定。

10.4.1 跨境电子商务物流概述

物流作为供应链的重要组成部分，是对商品服务以及相关信息从产地到消费地的高效、低成本流动和储存进行的规划、实施与控制的过程，目的是满足消费者的需求。跨境电子商务物流利用互联网技术，尽可能把世界范围内有物流需求的货主企业和提供物流服务的物流公司联系在一起。提供中立、诚信、自由的网上物流交易市场，促进供需双方高效达成交易，创造性地推动物流行业发展的新商业模式。而跨境电子商务物流的特殊之处就在于交易的主题分属于不同关境，商品要跨越不同的国界才能够从生产者或供应商到达消费者手中。

1.概念和特征

跨境电子商务物流指分属不同关境的交易主体通过电子商务平台达成交易并进行支付结算后，通过跨境物流服务送达商品完成交易的国际商务活动。其范围包括进出口商品的运输贸易、国际邮件的快递业务等。其实质是依照国际惯例，以国际分工协作为原则，利用国际化的物流网络、设施和技术，实现货物在国际间的流动与交换，以促进区域经济的发展和全球资源优化配置；其目标是通过最佳的方式与路径，用最低的费用，承担最小的风险，保质、保量、适时地将货物从出口国的销售方运到进口国的需求方。其核心要素包括包装、运输、仓储、装卸、通关和信息交换等，贯穿于整个国际物流活动中。

跨境电子商务物流的特征主要表现在以下几个方面：

(1)物流地域的国际化。跨境电子商务物流是典型的国际物流，是通过网络平台销售的物品从供应地到不同国家或地区地域范围接收地的实体流动过程。

(2)物流反应的快速化。跨境电子商务要求国际物流上下游的物流配送需求反应的速度更加迅速。跨境电子商务物流要求提前期和配送间隔越来越短，商品周转率和物流配送时间时效却越来越快。

(3)物流功能的集成化。单一物流服务功能与单一物流环节最优化已不能满足跨境电子商务物流需求，跨境电子商务通过物流来集成供应链的不同环节，包括物流渠道与产品渠道的集成、不同物流渠道之间的集成、物流环节与物流功能的集成等，追求物流活动的整体最优化，从而保证物流需求方整体经营目标的最优化。

(4)物流作业的规范化。跨境电子商务物流强调作业流程的标准化，包括物流订单处理标准化、物流渠道管理标准化等。这使得复杂的跨境电子商务物流作业流程转变成相对简单的、可量化的、可考核的物流操作方式，有利于跨地区协同与沟通，也有利于操作过程监控与对操作结果的评价。

(5)物流信息的电子化。跨境电子商务物流强调订单处理、信息处理的系统化和电子化，广泛采用 ERP 系统完成标准化的物流订单处理和物流仓储管理，便于考核物流渠道的成本和时效，并对库存积压、产品延迟到货、配送不及时等情况进行有效的风险控制。

2.跨境电子商务物流与传统物流的差异

跨境电子商务物流的运作流程一般包括境内物流、出境清关、国际物流、目的国(或地区)清关与商检、目的国(或地区)物流、目的国(或地区)配送等。再从物流作业环节进行细化，则包括接单、收货、仓储、分类、编码、理货、分拣、转运、包装、贴标、装卸等，还会涉及支付、报关、纳税、售后服务、退换货物流等。该运作流程会涉及多个国家(或地区)、多个物流企业，其复杂性要远超国内物流，为适应跨境电子商务发展需求，更好地服务于跨境电子商务，商业快递、邮政快递国际物流专线、海外仓等跨境电子商务物流模式不断衍生出来。跨境电子商务物流对物流的要求区别于传统物流，差异性主要体现在以下几个方面：

(1)运营模式的不同使得物流服务的要求发生改变。传统商业模式“少品种、大批量、少批次、长周期”的运营模式决定了传统物流的固化性和单一性。而跨境电子商务“多品种、小批量、多批次、短周期”的运营模式对物流的响应性和柔性提出了更高的要求。跨境电子商务网上交易后对物流信息的更新强调了库存商品快速分拣配送的原则，体现了跨境电子商务物流快速响应的特点，多元化物流渠道的选择也符合跨境电子商务的柔性要求。

(2)物流功能性的附加价值不同。传统物流除了运输功能外，附加价值体现并不明显。跨境电子商务物流的附加价值体现不仅在于实现物品在空间上跨关境的转移，更强调了终端客户的时效体验以及物流成本在产品价格上的竞争优势体现。

(3)物流服务的层次不同。传统物流主要强调“门到门”“点到点”的服务，而跨境电子商务物流强调物流的整合和全球化。

(4)对信息化和智能化的要求不同。传统物流的作业流程相对固定，对信息技术的重视程度和智能化程度低于跨境电子商务物流。跨境电子商务的物流、信息流、资金流以主动的方式推送给客户，并实时监控，因此三流的统一是跨境电子商务物流的本质要求。

跨境电子商务物流更关注以信息技术为核心对物流的全过程进行优化。各大物流服务提供商也都致力于开发领先的信息系统，以提供更全面、简单的物流信息操作模式，实现跨境电子商务的一体化和智能化

3. 跨境电子商务物流的增值服务

在跨境电子商务的盛行趋势下，许多传统物流服务商参与到跨境电子商务物流市场的竞争中来，因此，行业竞争压力越来越大。未来服务商真正提供给商家的不仅仅是流于表面的、粗放式的基础运输服务，而是越来越精细化的增值服务。而这些需求点绝大多数集中在发货建议、咨询、物流跟踪、索赔等中间环节，侧重商家真正关心的精细化运作受理及服务。常见的跨境电子商务物流增值服务有以下四种。

(1)提供境外合规建议及咨询。很多商家对跨境电子商务物流输送商品的相关规定并不是特别了解，错误、不合规的操作导致亚马逊、Wish 等跨境电子商务平台上因货物被退而诱发的账号关闭等事件层出不穷。为此，一些物流服务商还专门成立了合规、独立运营的部门，为商家提供包括《出口美国注意事项》、FDA 认证等合规性建议。

(2)境外扣件货物处理。商家货物被海关扣件主要有以下原因：一是无法联系到进口商清关交税；二是商品缺乏某些信息，不能完成申报，如缺乏商品型号和商品描述。三是缺乏合规性声明，如全面型号认证申报；四是商品的描述和申报不清晰；五是货物缺乏进口资质。专业物流服务商提供的协助清关服务可以有效地帮助跨境电子商务消费者避免这些问题。例如，对于无线蓝牙音箱，部分国家的海关需要蓝牙认证号；对于益智玩具，需提供塑玩标签等。只有手续齐全，证书合理，货物才能被合理清关。

(3)退货换标处理。海外仓商家常会出现账号被关闭、商品无法上架、客户退货等问题，造成这些问题的原因大多是因为运输过程中商品包装损坏而不能作为新品登记入仓，或者商品被告侵权，账号被封。这些滞销的商品大多数都是可以经过处理重新销售的，然而由于多数商家在境内，没办法处理这些商品，导致海外仓积压的滞销商品越来越多，造成了很大的损失。因此，一些物流服务商在海外仓提供换标处理服务，重新打包，可以让商品重新获得价值。这能在一定程度上减少损失。

(4)海外仓库存索赔处理。海外仓指建立在境外的仓储设施。由于海外仓原因导致的货物损失，商家可以发起索赔。例如亚马逊平台，亚马逊代发货服务是亚马逊的特色卖点，也是区别于其他平台的主要特征，由于亚马逊业务迅速发展，近年来，在亚马逊平台上开店的中国商家也随之增加，导致亚马逊的仓储和运作能力达不到现有的业务发展水平。只要商家未违规，商家就可以对亚马逊进行索赔。但很多商家因为不了解相关规则，得不到赔偿，因此一些物流服务商提供亚马逊代发货库存索赔服务。物流服务商根据情况写出申诉邮件，由商家把邮件发给亚马逊，便可以在 48 小时拿到赔偿。

10.4.2 跨境电子商务物流模式

1. 按照物流运行流程分类

(1)“单一”跨境电子商务物流模式。在“单一”跨境电子商务物流模式中，境外上游供应商会将跨境电子商务企业需求的商品运送至后者在境外的物流配送中心，配送中心负责商品备货及仓储管理等。当收到电子商务平台发送的订单后，配送中心就会进行拣选、包装及出货，

将订单所需的商品以单件包裹的形式交付给具备跨境电子商务物流服务能力的国际快递公司,如图 10.4 所示。

这种物流模式不需要跨境电子商务企业建立专业的转运物流配送中心,并且不用考虑目的地对于跨境包裹的特殊规定。这些都由专业的第三方国际快递公司全权负责。这些国际快递公司在跨境电子商务物流配送领域多年,其在通关及报税等方面往往具备较大的优势,此外,由于包裹是进行单件配送的,不需要积累足够规模的订单后再交给国际快递公司,从而有效降低了配送的时间成本。

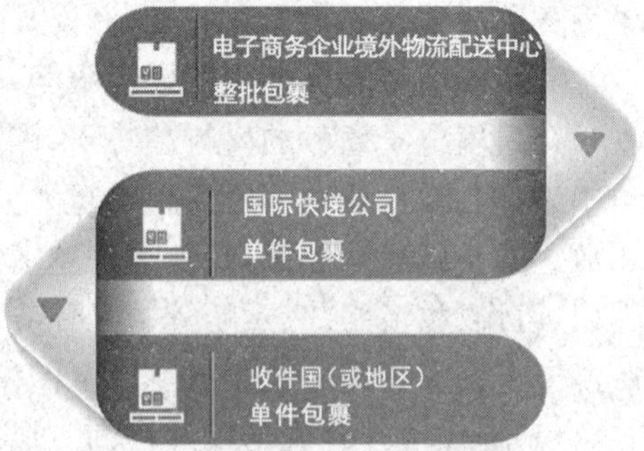

10.4 "单一"跨境电子商务物流模式

但这种模式也存在着一个十分明显的缺陷,即国际快递公司对于单件快递收取的运费十分高昂。除了利润相对较高的奢侈品、艺术品等,跨境电子商务企业很少采用这种配送方式。

(2)"两段中转"跨境电子商务物流模式。在"两段中转"跨境电子商务物流模式中,跨境电子商务企业的境外供应商首先将商品配送至跨境电子商务企业在境外的配送中心。收到订单后,配送中心进行拣选、包装及出货,这与"单一"模式完全相同。但这种模式需要配送中心对订单及包裹进行整合,将货物通过快递公司整批运送到转运中心。转运中心收到货物后,会将整批货物进行拆分,然后以单件包裹的形式交付给国际快递公司运送至目的地。由于这种模式包含两段运输路程,且转运点位于境外转运中心,因此称为"两段中转"跨境电子商务物流模式,如图 10.5 所示。

这种物流模式不需要跨境电子商务企业考虑目的地的特殊政策,并且由于能够整合大量的单件包裹,明显降低了物流成本。这种模式也存在一定的缺陷:如运输方案相对复杂,同时涉及单件运输与批量运输,对国际快递公司的配送能力提出了极高的要求;消费者查询物流信息时,需要分成两个阶段;由于商品需要通过转运中心进行转运,从而增加了配送时长。

(3)"两段收件"跨境电子商务物流模式。"两段收件"跨境电子商务物流模式是由境外供应商将商品配送至跨境电子商务企业位于该国家(或地区)的配送中心。收到订单后,配送中心对商品进行拣选、包装及出货,而且还要根据目的地将其整合为不同的整批货品,再交给国际快递公司运送到目的地的物流配送中心。然后,目的地物流配送中心对整批货品进行拆分,最后使用当地的运力资源将包裹运送到目的地。

该模式同时包含整批运输及单件运输,且转运点位于目的地,所以将其称为"两段收件"跨境电子商务模式,如图 10.6 所示。该模式整合了大量的单件包裹,可以有效降低物流成本,并且由于使用当地快递体系完成配送,在成本方面会更具优势。

受世界各地物流产业发展水平的影响,跨境电子商务企业很难给消费者一个明确的包裹预计到达时间。物流信息查询分为国际快递公司运输和收件地本地快递运输两个环节。

2.按照物流主体分类

(1)邮政物流模式。邮政物流是指各国邮政部门所属的物流系统。据不完全统计,我国出口跨境电商 70%的包裹都是通过邮政系统投递的,其中中国邮政占据 50%左右。因此,目前跨境电商物流还是以邮政的发货渠道为主。这主要得益于万国邮政联盟和卡哈拉邮政组织,邮政网络覆盖全球220个国家和地区,比其他物流渠道覆盖面都广。邮政物流主要国际业务包括:EMS、中速国际快件业务、针对国际及我国台港澳地区电子商务快递业务推出的e邮宝、e特快、e包裹、e速宝,中邮海外仓(跨境电子商务出口)和中邮海外购(跨境电子商务进口)等。

图10.5 "两段中转"跨境电子商务物流模式

图10.6 "两段收件"跨境电子商务物流模式

①EMS。邮政特快专递服务(Express Mail Service,EMS)是中国邮政速递物流与各国家(或地区)邮政合作开办的中国与其他国家(或地区)寄特快专递邮件的一项服务,可以为用户快速传递国际各类文件资料和物品,同时提供多种形式的邮件跟踪查询服务。该业务与各国家(或地区)邮政、海关、航空等部门紧密合作,打通绿色便利邮寄通道。这也是该业务区别于很多商业快递最根本的地方。此外,邮政速递物流还提供代客包装、代客报关等一系列综合延伸服务。

②中国邮政航空大包。中国邮政航空大包简称"航空大包""邮政大包"。邮政大包覆盖面广,可发往全球200多个国家和地区;价格低廉,不计算体积、质量,没有偏远附加费;通达国家(或地区)多,清关能力强;运单操作简单方便。但查询信息更新慢、妥投速度慢。对时效性要求不高且质量较大的货物,一般选择此种物流方式。

③中国邮政国际小包。中国邮政国际小包简称"航空小包""中邮小包"。国际邮政小包在目前跨境电子商务中使用最多,也是海淘与海外代购最常用的跨境物流模式。以中国为例,据不完全统计,目前跨境电子商务中有超过60%的商品是通过国际邮政小包运输的。中邮小包最大的优点是运费便宜,部分国家和地区运达时间并不长,属于性价比较高的物流方式。凭借万国邮政联盟的庞大网络,覆盖面广,大大拓展了跨境电子商务的物流空间。中邮小包享用"绿色通道",清关能力强,有效缩短发货时间。但递送时间久、包裹丢失率高、非挂号件难以追溯进度。国际邮政包裹适合轻、小型商品,在货物体积、质量、形状等方面限制性较高,如含电、粉末、液体等特殊商品无法通过正常方式在邮政渠道实现通关。

④中邮海外仓。中邮海外仓是邮政速递物流为跨境电子商务卖家量身定制的灵活、经济、优质的一站式跨境出口解决方案,帮助国内跨境电子商务卖家实现销售区域本土发货、配送,全面缩短从出单到收件的时限。

⑤中邮海外购。中邮海外购是邮政速递物流为满足国内消费者"足不出户,买遍全球"的

购物需求，专门设计开办的跨境电子商务个人包裹进口转运、入境申报配送等综合物流服务，可实现在线制单、海关电子申报、在线关税缴纳，一票到底，全程状态追踪。

(2)商业快递模式。商业快递模式分为国际快递和国内快递两种模式。

国际快递是指货物通过国际快递公司实现在两个或两个以上国家(或地区)之间物流与配送活动。UPS、FedEx、DHL和TNT四大国际商业快递巨头通过自建的全球网络，利用强大的IT系统和遍布全球的本地化服务，为全世界用户提供优质的物流服务和良好的跨境电子商务购物体验。

国际快递与国际邮政小包具有明显的互补性，国际快递具有速递时效性高、丢包率低、可追溯查询等优点，国际快递全球网络较完善，能够实现报关、报检、保险等辅助业务，支持货物包装与仓储等服务，可以实现门到门服务以及货物跟踪服务。但是，国际快递的价格偏高。一般跨境电子商务企业在采购大批量货物、商品单件较高的物品或邮寄样品等对时效性要求很高的情况下，会采用这种物流模式。

国内快递模式主要是指顺丰和“四通一达”为主导提供的跨境电商物流。在跨境物流方面，顺丰速运的国际化业务相对成熟，其快递服务已覆盖美国、澳大利亚、韩国、日本等53个国家(或地区)。“四通一达”中，申通2013年在美国运行，圆通2014年与CJ大韩通运开始合作。

(3)专线物流模式。国际专线物流是跨境电子商务发展背景下出现的一种新型跨境物流模式。国际专线物流具体指在两个国家(或地区)以上形成的跨境物流模式。专线物流一般是通过航空包舱方式，把货物运输到特定的国家或区域，再通过其在目的地的派送网络或目的地第三方物流服务商来完成本地派送。专线物流的优势在于，其能够集中大批量到某一特定国家(或地区)的货物，通过规模经济以效应降低成本，因此，其价格一般比商业快递低。在时效性上，优于邮政包裹。

依据线路的不同，国际物流专线种类非常多，以我国为例，可分为中俄专线、中美专线、中欧专线、中澳专线等。依据运输方式的不同，国际物流专线分为航空专线、港口专线、铁路专线、大陆桥专线以及多式联运专线。已经开通的专线主要有郑欧班列、日本OCS、欧洲GLS、渝新欧专线、中欧(武汉)冠捷班列、国际传统亚欧航线等。

(4)海外仓物流模式。海外仓俗称海外仓储，是近几年兴起的跨境物流模式，是指跨境电子商务企业在卖方所在国之外，尤其是买方所在国通过租赁或建设仓库，通过国际货运方式，预先将所售商品运至该仓库，然后通过跨境电子商务平台进行商品展示与销售，在接到消费者下单后，商品从该仓库进行出货、物流与配送活动。

海外仓储包括头程运输、仓储管理和本地配送三个部分。头程运输是指商家将商品运送至海外仓库；仓储管理是指商家通过物流信息系统远程操作海外仓储货物，实施管理库存；本地配送是指海外仓储中心根据订单信息，通过当地邮政或快递将商品配送给客户。

海外仓物流模式改变了传统的跨境电商物流方式，实现海外物流的本地化运输和配送，降低物流成本、缩短交货期、提升客户的购物体验；有利于海外市场价格的调配，降低海外竞争的激烈程度；实现了产品的本地配送，可以极大地提高配送效率，优化消费者购物体验，从而提高重复购买。但也存在需要提前备货、垫付资金多的问题，有库存积压的风险，因此海外仓更适合库存周转快的热销商品，同时海外仓对跨境电子商务企业在供应链管理、库存管控、动效管理等方面提出了更高的要求。

边境仓是一个衍生于海外仓的概念与跨境物流模式。边境仓与海外仓的区别在于仓库所处的地理位置不同。海外仓是建设在跨境电子商务交易主体的卖方所在国家之外的仓库，边境仓则是建设在跨境电子商务交易主体买方所在国家邻国的仓库。边境仓具体指的是在商品输入国的邻国边境，通过租赁或建设仓库，预先将商品送达该仓库，通过跨境电子商务平台进行商品的陈列、浏览、下单、处理、支付及客服等一系列活动，通过线下物流直接从该仓库进行跨境物流运输与配送。

按照仓库所处地理位置的差异，边境仓可以分为相对边境仓与绝对边境仓两类。绝对边境仓是指跨境电子商务交易主体所在国家接壤，仓库设在交易主体卖方所在国家内，该仓库所在地方与交易主体买方所在国家相邻。相对边境仓指的是跨境电子商务交易主体所在国家不接壤，仓库设在交易主体买方所在国家的邻国边境城市或地区，用于应对跨境电子商务交易所产生的跨境物流业务需求。

(5)保税区、自贸区物流。保税区或自贸区物流是指通过国际货运预先将商品运至保税区或自贸区仓库，通过跨境电子商务平台进行商品陈列、流量、下单、处理、支付等活动，当处理完网络订单后，通过线下的保税区或自贸区仓库实现商品的分拣、包装、发货，完成终端配送等物流活动。自贸区或保税区物流模式集规模化物流、集货物流、本地化物流优势于一身，有利于缩短物流时间、提高物流时效、降低物流成本，还利于享受保税区或自贸区的资源优势。保税区或自贸区物流可以享受保税区或自贸区的优惠政策与综合优势，主要体现在物流、通关、商检、收付汇、退税等方面，也简化了跨境电子商务与跨境物流烦琐的流程与手续。

天猫国际、苏宁全球购等纷纷推出保税区物流模式，通过与郑州、重庆等跨境电子商务试点城市合作，在保税区设立物流保税仓库，预先将商品送至保税仓库，当消费者下单购买后，商品直接从保税区仓库发出。

(6)集货物流。集货物流具体指先将商品运输到本地或当地的仓储中心或集散中心，当积累到一定数量或达成一定规模后，与国际物流公司合作，通过国际货运模式将商品运至境外的买家手中，或者将各地发来的商品先进行聚集，然后再批量配送，或一些商品属性或种类相似的跨境电子商务企业形成战略联盟，成立共同的跨境物流运营中心，利用规模优化与互补优势等理念，实现降低跨境物流成本的目的。

虽然保税区或自贸区物流模式类似于集货物流模式，大致可以归属于集货物流范畴，但是集货物流又不等同于保税区或自贸区物流模式，集货物流不仅可以集中仓储后再进行跨境电子商务活动，也可以先进行跨境电子商务活动再集中物流与配送。集货仓库也不单独局限在保税区或自贸区，已经脱离了局限性的地理空间范畴。

通过分析各跨境物流模式在时效性、成本、适用性以及目前的使用率等方面的表征，能够对各类跨境物流模式有较为清晰的了解，如表10.2所示。

10.2 跨境电子商务物流模式对比分析

模　式	时效性	成　本	适用性	目前使用率
国际邮政小包	慢	低	广	高
国际快递	快	高	广	高
海外仓	较快	较低	广	较高
边境仓	较快	较低	局限性明显	低
国际物流专线	较快	较低	局限性明显	低
保税区、自贸区物流	较快	较低	局限性明显	较高
集货物流	一般	较低	局限性明显	低

以上模式基本涵盖了跨境电商的主要物流模式，跨境电子商务商家应根据所售产品的特点、物流成本和企业自身情况来选择合适的物流模式。

本章小结

随着信息产业的发展，电子商务对世界经济产生了前所未有的影响，同时也给全球物流带来了新的发展，使物流具备了信息化、自动化、网络化、智能化、柔性化等特点。物流的第一步发展，保证了电子商务的实现，提升了电子商务的运作质量，促进电子商务的发展。电子商务物流是辅助于电子商务实现经济价值不可或缺的组成部分。通过本章的学习，能够理解电子商务物流和跨境电子商务物流的概念、特征，了解电子商务物流业务流程，熟悉电子商务物流模式和跨境电子商务物流模式。

复习思考题

1. 什么是电子商务物流？其特征是什么？
2. 电子商务与物流的关系是什么？
3. 什么是物流联盟？其优势是什么？
4. 跨境电子商务物流模式有哪些？

案例讨论

海外仓:为跨境电商添翅膀

海外仓模式是指跨境电商企业按照一般贸易方式，将商品批量出口到境外仓库，电商平台完成销售后，再将商品送达境外的消费者。自诞生开始，海外仓就不单单是在海外建仓库，它更是一种对现有跨境物流运输方案的优化与整合。海外仓能解决跨境电商的难题吗？怎样管理才会更高效？建设还面临哪些问题？

外贸下行压力较大，跨境电商却颇为火爆。然而，海外物流耗时长、费用高成为跨境电商企业的一大烦恼。致力于降低物流成本、提高配送效率、提供一站式解决方案的海外仓应运而生，为跨境电商发展提供服务支撑。

“自从用了海外仓，跨境业务有了不小的改善。”江苏一家摄像头企业的老板许国荣说，近两年外贸订单量下滑，企业把一部分精力转移到跨境电商，并且赢得不少新订单。

“订单不少，利润不多。”许国荣说，对于不少外贸企业来说，B2C 模式的跨境电商业务有些“鸡肋”，主要原因就在于居高不下的物流成本。许国荣说，有一次，一位美国消费者在亚马逊网上订购了公司的一款摄像头产品。该产品在亚马逊网上的包邮价是 30 美元，然而商品从中国发货到美国消费者手里，各项运费就高达 120 元。这样的一单交易，基本不挣钱。后来，许国荣接触到北京小笨鸟跨境电商平台，并尝试利用该平台建立的海外仓开展跨境电商业务，尝到了不小的甜头。

从费用上来说，有了海外仓，一件摄像头产品只需几元钱的海外仓费用，加上本地 5 美元左右的物流费用就可以送到消费者手中，物流总成本控制在60元以内，企业的利润空间有了保障。从时效上来说，以前，一个摄像头从中国发货，到美国消费者收货，至少需要15天时间，影响了购买体验。如今利用海外仓，美国本土的消费者下单后，企业可以从海外仓直接发货，只需2天左右就能把商品送到。

传统外贸增长乏力，跨境电商却颇为火爆。一些传统外贸企业把目光瞄准境外消费市场，通过亚马逊等网站，把商品直接卖给国外消费者。新模式解了一些企业的订单之渴，却也遭遇物流成本居高不下的难题。在这种背景下，海外仓应运而生。

业内人士认为，海外仓成为跨境电商发展的重要环节和服务支撑，对我国外贸发展方式的转型升级有一定的积极作用，提升了外贸方式的便捷性和效率，在拓展国际营销网络、提升外贸企业竞争优势等方面发挥了积极作用。

数量快速增长，适合单价高、交易量大的产品。据不完全统计，我国超过200家企业在境外设立了海外仓，数量超过500个。地区分布上，我国企业设立的"海外仓"主要集中在美、欧等发达地区；国别上主要有美国、英国、德国、澳大利亚、俄罗斯、加拿大、荷兰、比利时、西班牙、日本等；形式上，以租用仓为主，自建仓较少；数量上，呈快速增长趋势。

据大数据物流协同平台菜鸟网络科技有限公司副总裁万霖介绍，目前菜鸟网络的平台上有74个跨境仓库，其中主要服务于出口的海外仓有43个。万霖说："海外仓服务大大缩短了物流时间，提高了境外买家的消费体验，大宗货物运输成本也较低。"

"当然，海外仓储费用和人力成本都高于国内，对于一些单价并不高，或者单品销量并不大的产品，则不必在海外囤货。"万霖说。从速卖通、淘宝、天猫等电商交易平台的情况看，数码产品、小电器、中高档服装等单价较高或对客户体验要求更高的商品，卖家更愿意选择海外仓服务。

在北京小笨鸟跨境电商平台首席执行官刘寅看来，海外仓种类很多，大小不一，不能靠量取胜，而是要靠质，而保证质量的出发点就是企业的实际需要。"如果只建一个仓库，不科学管理，实际上就是把国内库存搬到了海外，没太大意义。"

海外仓规模、标准、分布还参差不齐。不少跨境电商企业认为，目前海外仓建设从规模到标准、分布都参差不齐。尽管海外仓建设是企业的自发行为，但海外仓代表了中国跨境电商的"门面"，是中国商品形象和品牌的重要阵地，相关部门还应加以引导和规范。

目前，菜鸟网络正在逐步和各国邮政签订信息共享协议。签订协议后，各国邮政公司可以提早了解菜鸟的物流订单情况，提早报关并安排配送，大大提高物流时效。"目前菜鸟网络已经同俄罗斯、西班牙、新加坡等国邮政签订了协议，其他国家也在推进过程中。"万霖透露。

业内人士认为，政府层面可以为企业建立海外仓提供建仓所在国的法律、税务、政策的咨询服务，同时为企业提供更多政策上的便利，如便捷通关、审批手续减免等。对于企业在国外建立海外仓所需的各项材料、资格认证等，应给予积极支持。同时鼓励金融机构对企业建立海外仓提供更多、更低利率的融资支持。

2016年的《政府工作报告》提出："鼓励商业模式创新。扩大跨境电子商务试点，支持企业建设一批出口产品'海外仓'。"《国务院办公厅关于促进跨境电子商务健康快速发展的指导意见》明确提出："支持跨境电子商务零售出口企业加强与境外企业合作，通过规范的海外仓、体验店和配送网店等模式，融入境外零售体系。"

商务部新闻发言人沈丹阳表示，商务部将会参照国际规则，采取有效措施支持有实力的企业设立海外仓。总体考虑有五点：一要进一步提高通关效率；二要降低物流成本；三要缩短营销环节；四要改善配送效率；五要帮助企业更好地融入境外流通体系。

（编者根据网络资料改写）

案例思考题

1. 海外仓适用于哪类商品，其优缺点是什么？
2. 如何建设海外仓？

推荐阅读

[1]张军玲.电子商务物流管理[M].北京：电子工业出版社，2016.

[2]唐红涛，谭颖.跨境电子商务理论与实践[M].北京：对外经贸大学出版社，2019.

[3]王凤珍，陆端.跨境电子商务物流[M].北京：人民邮电出版社，2019.

第 11 章　国 际 物 流

本章提要

- 国际物流的内涵和特征。
- 国际物流的系统、业务与运输方式。
- 国际货物的包装与仓储。
- 保险的基本知识及其在国际运输中的作用。

学习目标

了解国际物流的内涵和特征；掌握国际物流的系统、业务与运输方式；了解国际货物的包装与仓储；掌握保险的基本知识及其在国际运输中的作用。

框架结构

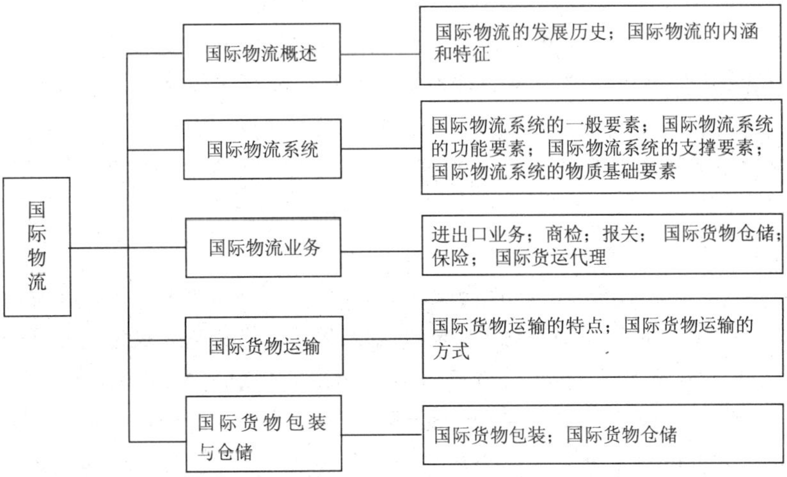

开篇案例

国际航运集装箱一箱难求

由于全球新冠肺炎疫情此起彼伏，国际物流运力下降，集装箱航运价格暴涨，爆仓甩柜成为常态，行业“一箱难求”，这些连锁效应更是引起了监管部门的高度重视。商务部发言人最新表示，运力供需不匹配是运价上涨的直接原因，集装箱周转不畅等因素间接推高了航运成本、降低了物流效率。

近两年全球贸易收缩，2020 年突发疫情与封锁措施，导致集装箱企业产能收缩；但随着欧美等经济体解封重启经济，需求反弹，导致集装箱运力明显不足。此外，全球严峻疫情导致多个港口处于半停工状态也是集装箱周转时间拉长的一个重要原因。

1. 港口货运业务反弹

盐田港是全球单体吞吐量最大的集装箱码头之一，主要服务出口欧美的航线，深圳地区近九成的出口贸易通过盐田港到达欧美地区。盐田港务集团表示，集装箱相对短缺的情况确实存在，针对此情况，港口和航运方面一边增加订单，一边加紧调度。在国内疫情得到有效控制的背景下，国内的对外贸易集运需求在下半年得到充分释放。数据显示，深圳盐田港单月吞吐量超 146 万标箱，刷新了自己创造的全球单一码头单月吞吐量纪录。

不过缺箱并非所有国内港口的共同问题，有些港并不缺箱。业内人士指出，这与港口运输货物特征有关，本轮缺箱的主要是需要集装箱装卸的电商、防疫等物资。

2. 下游商家一箱难求，供需失衡运价暴涨

对于集装箱供给以及运力最敏感的是下游外贸商，集装箱缺货现象从 2020 年 6 月份就开始了，企业需要提前预定集装箱。并且，近几个月集装箱紧缺问题一直存在，出口商提前预定时间不断加长，从一周、10 天一直拉长到 20 天、一个月，甚至部分还需要摇号拼运气。而且不但提前预定的时间延长，集装箱的价格还一路上涨。

供需矛盾之下，是价格的飞涨。目前广州发往纽约 40 ft 的集装箱价格涨到 5 000 美元，超过疫情前的 3 倍；特种柜的涨价更为疯狂，有货代在短短一周内被船公司涨价 4 000 美元，北方港口某些特种柜更涨价至 1 万美元，而疫情前特种柜的定价仅 1 000 美元左右。上海航交所发布的中国出口集装箱价格指数从 5 月低于 850 点，一路飙涨到 11 月 13 日的 1 107.28 点，创下近年新高。

3. 航运公司“盆满钵满”

箱价、运价持续大幅上涨已引起市场管理部门关注。中国交通运输部和美国联邦海事局曾在 9 月表态加强管控集装箱海运运价，如发现航运公司或联盟涉嫌违反竞争标准，将立即介入；在中美两国政府的压力下，各主要航运公司开始恢复停航的航班和船舶。

Alphaliner 调查数据显示，当前全球 98.4% 的运力已投放，但因集装箱设备短缺叠加造成了远东出口实际运力舱位十分紧张。全球供应链的堵塞延时，货物流向的极度不平衡，船司不约而同的自律，导致目前整体实际运营效率、客户服务体验与高启的运价严重脱钩。

由于全球许多国家在经历新冠肺炎疫情二次暴发，再次全国性封锁，预计空箱短缺情况仍会持续，受此影响，中国港口的出口订舱不得不面临取消或者延迟装运。旺盛的贸易需求背后，产业链开始出奇招应对。由于集装箱航运费高涨，租船市场上网格式集装箱船缺乏，已经

有班轮公司甚至启用多用途船来替代集装箱航运货。

而"缺箱"背后，航运公司赚得"盆满钵满"。航运咨询机构 Sea-Intelligence 预测，全球顶级集装箱航运公司有望在 2020 年实现数十亿美元的营业利润，并且将达到 8 年来的最高水平。

（编者根据网络资料改写）

11.1　国际物流概述

11.1.1　国际物流的发展历史

第二次世界大战以后，国际间的经济交往越来越扩展，越来越活跃，尤其在 20 世纪 70 年代的石油危机以后，原有为满足运送必要货物而运输的观念已不能适应新的要求，系统物流就是在这个时期进入国际领域的。

20 世纪 60 年代开始形成了国际间的大数量物流，在物流技术上出现了大型物流工具，如 20 万吨的油轮、10 万吨的矿石船等。

20 世纪 70 年代，由于石油危机的影响，国际物流不仅在数量上进一步发展，船舶大型化趋势进一步加强，而且，出现了提高国际物流服务水平的要求，其标志是国际集装箱船的发展，国际间各主要航线的定期班轮都投入了集装箱船，把散杂货的物流水平提了上去，使物流服务水平获得很大提高。

20 世纪 70 年代中、后期，国际物流领域出现了航空物流大幅度增加的新形势，同时出现了更高水平的国际联运。船舶大型化的趋势发展到一个高峰，出现了 50 万吨的油船、30 万吨左右的散装船。

20 世纪 80 年前、中期，国际物流的突出特点，是在物流量不继续扩大的情况下出现了"精细物流"，物流的机械化、自动化水平提高。同时，伴随新时代人们需求观念的变化，国际物流着力于解决"小批量、高频度、多品种"的物流，现代物流不仅覆盖了大量货物、集装杂货，而且也覆盖了多品种的货物，基本覆盖了所有物流对象，解决了所有物流对象的现代物流问题。

20 世纪 80、90 年代在国际物流领域的另一大发展，是伴随国际联运式物流出现的物流信息和电子数据交换（EDI）系统。信息使物流向更低成本、更高服务、更大量化、更精细化方向发展，这个问题在国际物流中比国内物流表现更为突出，物流的几乎每一阶段的活动都有信息支撑，物流质量取决于信息，物流服务依靠信息。可以说，国际物流已进入了物流信息时代。

20 世纪 90 年代国际物流依托信息技术发展，实现了"信息化"。信息对国际物流的作用，依托互联网公众平台，向各个相关领域渗透，同时又出现了全球卫星定位系统、电子报关系统等新的信息系统，在这个基础上，构筑国际供应链，形成国际物流系统，使国际物流水平进一步得到了提高。

11.1.2　国际物流的内涵和特征

1. 国际物流的含义

国际物流（International Logistics，IL），是组织原材料、在制品、半成品和制成品在国与国之间进行流动和转移的活动。它是相对于国内物流而言的，发生在不同国家间的物流，是国内物流的延伸和进一步扩展，是跨国界的、流通范围扩大了的物的流通，有时也称其为国际大流通或大物流。

对国际物流的理解分为广义和狭义两个方面。广义的国际物流是指各种形式的物资在国与国之间的流入和流出，包括进出口商品、暂时进出口商品、转运物资、过境物资、捐赠物资、援助物资、加工装配所需物料、部件以及退货等在国与国之间的流动。而狭义的国际物流是指与一国进出口贸易相关的物流活动，包括货物集运、分拨配送、货物包装、货物运输、申领许可文件、仓储、装卸、流通加工、报关、保险、单据等。换句话说，即当某国一企业出口其生产或制造的产品给在另一国的客户或消费者时，或当该企业作为进口商从另一国进口生产所需要的各种原材料、零部件或消耗品时，为了消除生产者与消费者之间的时空差异，使货物从卖方的处所物理性地移动到买方处所，并最终实现货物所有权的跨国转移，国际物流的一系列活动就产生了。

国际物流的实质是按照国际分工协作的原则，依照国际惯例，利用国际化的物流网络、物流设施和物流技术，实现货物在国际间的流动和交换，以促进区域经济的发展和世界资源的优化配置。国际物流是国际贸易的一个必然组成部分，各国之间的相互贸易最终都将通过国际物流来实现。

国际物流的总目标是为国际贸易和跨国经营服务，使各国物流系统相互“接轨”。即选择最佳的方式和路径，以最低的费用和最小的风险，保质、保量、适时地将货物从某国的供方运到另一国的需方，使国际物流系统整体效益最大。

在国际物流活动中，为实现物流合理化，必须按照国际商务交易活动的要求来开展国际物流活动。并且，不仅要求降低物流费用，而且要考虑提高顾客服务水平(Service Level，SL)，提高销售竞争能力和扩大销售效益，即提高国际物流系统的整体效益，而不仅仅是提高局部效益。

国际物流过程离不开贸易中间人，即由专门从事商品使用价值转移活动的业务机构或代理人来完成。如国际货物的运输是通过国际货物运输服务公司代理货物的出口运输。另外如报关行、出口商贸易公司、出口打包公司和进口经纪人等，它们主要是接受企业的委托，代理与货物有关的各项业务。这主要是因为在国际物流系统中，很少有企业能依靠自身力量办理和完成这些复杂的进出口货物的各项业务工作。

2. 国际物流的主要特征

(1)国际物流快速反应。国际物流服务提供者对上游、下游的物流、配送需求的反应速度越来越快，前置时间越来越短，配送间隔越来越短，物流配送速度越来越快，商品周转次数越来越频繁。

(2)国际物流功能集成化。国际物流着重于将物流与供应链的其他环节进行集成，包括：物流渠道之间的集成、物流渠道与商流渠道的集成、物流环节的集成与物流功能的集成等。

(3)国际物流服务系列化。国际物流强调物流服务功能的恰当定位与完善化、系列化。除了传统的物流服务外，现代物流服务的外延向上扩展至市场调查与预测、采购及订单处理，向下延伸至配送、物流咨询、物流方案的选择与规划、库存控制策略建议、货款回收与结算、教育培训等增值服务，在内涵上则提高了以上服务对决策的支持作用。

(4)国际物流作业规范化。国际物流强调功能、作业流程、作业动作的标准化与程序化，使复杂的作业变成简单的、易于跨国界、跨区域推广与考核的作业。国际物流的标准化要求较高，要使国际间物流畅通起来，统一标准是非常重要的，可以这样说，如果没有统一的标准，国际物流水平是无法提高的。目前,美国、欧洲基本实现了物流工具、设施的统一标准,如托盘采用1 000 mm×1 200 mm,集装箱的几种统一规格及条形码技术等,这样一来,大大降低了物流费用,降低了转运的难度。而不向这一标准靠拢的国家必然在转运、换车等许多方面要多耗费时间和费用,从而降低其国际竞争能力。

(5)国际物流目标系统化。现代国际物流从系统的角度统筹规划一个公司整体的各种物流活动,处理好物流活动与商流活动及公司目标之间、不同物流活动之间的关系,在实现每个物流环节最优化的同时,追求整体活动的最优化。

(6)国际物流手段现代化。国际物流使用先进的技术、设备与管理为客户提供服务、生产、流通、销售,规模越来越大,范围越来越广,物流技术、设备及管理越来越现代化、自动化、机械化、无纸化和智能化。

(7)国际物流组织网络化。国际物流需要有完整的、健全的物流网络体系,网络上点与点之间的物流活动保持系统性、一致性,这样可以保证整个物流网络有最优的库存总水平及库存分布,运输与配送快速、机动,既能收拢又能展开。

(8)国际物流系统信息化。由于计算机信息技术的应用,国际物流过程的可见性明显增加,从而可以加强供应商、批发商、零售商等在组织物流过程中的协调和配合,以及对物流过程的控制。

(9)国际物流服务社会化。众多工商企业更倾向于采取资源外取的方式,将本企业不擅长的物流环节交由专业物流公司,或者在企业内部设立相对独立的物流专业部门,而将有限的资源集中于自己真正的优势领域。

(10)国际物流活动全球化。跨国公司普遍采取全球战略,在全世界范围内进行物流的选择和配置,着眼于物流技术和系统在全球大市场的推广。

3.国际物流的分类

国际物流按照不同的标准可以分为不同的类型:

(1)按照物流活动参与国家的发达程度,国际物流可以分为:发达国家与发达国家之间的国际物流;发达国家与发展中国家之间的国际物流;发展中国家与发展中国家之间的国际物流。

(2)按照国际物流货物的运载形式,国际物流可以分为:以国际远洋运输为主的国际物流;以国际航空运输为主的国际物流;以国际铁路运输为主的国际物流;大陆桥国际物流和国际多式联运物流等。

(3)按照国际物流经营方式,国际物流可以分为:顾客服务驱动的国际物流;建立综合供应链系统的国际物流;运用库存波动作为缓冲器的国际物流;运用信息技术支撑的国际物流和运用第三方物流形式的国际物流。

11.2 国际物流系统

国际物流是一个复杂、巨大的系统工程,国际物流系统的基本要素包括一般要素、功能要素、支撑要素和物质基础要素。

11.2.1 国际物流系统的一般要素

(1)实物,即国际物流系统的劳动对象、劳动工具和劳动手段。缺少了劳动对象,国际物流系统便成为无本之木、无源之水。劳动工具和劳动手段包括各种物流设施、工具、各种消耗材料(如燃料和保护材料)等。

(2)劳动者,是现代物流系统的关键要素和第一要素,缺少这一核心要素,国际物流系统根本运转不起来。提高劳动者的素质是建立一个合理的国际物流系统并使它有效运转的根本所在。

(3)资金,是交换的货币媒介。实现交换的国际物流过程,实际上也就是资金的运动过程。国际物流本身也是以货币为媒介,国际物流系统建设是资金投入的一大领域,国际物流系统离开资金这一要素也就不可能得以实现。

11.2.2 国际物流系统的功能要素

国际物流系统的功能要素指的是国际物流系统所具有的基本能力,这些基本能力有效地组合、联结在一起,形成了国际物流系统的总功能。通过这些功能,便能合理、有效地实现国际物流系统的总目的,实现其自身的时间和空间效益,满足国际贸易活动和跨国公司经营的要求。

国际物流系统的功能要素一般认为有采购、包装、储存保管(仓储)、流通加工、出入境检验检疫和通关、装卸搬运、运输、物流信息处理等。如果从国际物流活动的实际工作环节来考察,国际物流也主要由上述八项具体工作构成。换句话说,国际物流能实现以上八项功能。这八大功能要素也相应地形成各自的一个子系统。

1. 国际物流采购子系统

随着国际物流管理内涵的日益拓宽,采购功能在企业变得越来越重要。要真正做到低成本、高效率地为企业国际物流服务,采购就需要涉及企业的各个部门。采购的功能是:选择企业各部门所需要的适当物料,从适当的来源(包括全球采购),以适当的价格、适当的送货方式(包括时间和地点)获取适当数量的这些原材料。

2. 国际物流包装子系统

杜邦定律(美国杜邦化学公司提出)认为:63%的消费者是根据商品的包装装潢进行购买的,国际市场和消费者是通过商品来认识企业的,而商品的商标和包装就是企业的面孔,它反映了一个国家的综合科技文化水平。

在考虑出口商品包装设计和具体作业过程时,应把包装、储存、搬运和运输有机联系起来,统筹考虑,全面规划,实现现代国际物流系统所要求的"包、储、运一体化",即从开始包装商品时就考虑储存的方便、运输的快速,以加速物流,减少物流费用,符合现代物流系统设计的各种要求。

3. 国际物流储存保管子系统

商品储存、保管使商品在其流通过程中处于一种或长或短的相对停滞状态,这种停滞是完全必要的。因为,商品流通是一个由分散到集中,再由集中到分散的源源不断的流通过程。国际贸易和跨国经营的商品从生产厂家或供应部门被集中运送到装运港口,有时需临时存放一段时间,再装运出口,这是一个"集和散"的过程,它主要是在各国的保税区和保税仓库进行的,主要涉及各国保税制度和保税仓库建设等方面。

从物流角度看,应尽量减少储存时间和储存数量,加速货物和资金的周转,实现国际物流的高效率运转。

4. 国际物流流通加工子系统

流通加工是为了促进销售、提高物流效率和物资利用率，以及为维护产品的质量而采取的，能使物资或商品发生一定程度上的化学及形状变化的加工过程。它可以确保进出口商品的质量达到要求。出口商品加工的重要作用是使商品更好地满足消费者的需要，不断地扩大出口。同时，它也是充分利用本国劳动力和部分加工能力，扩大就业机会的重要途径。

进出口商品流通加工的具体内容包括两种：其一是指装货、贴标签、配装、挑选、混装、刷标记（刷唛）等出口贸易商品服务；另一种则是生产性外延加工，如剪断、平整、套裁、打扎、折弯、拉拔、织装、改装、服装的检验和烫熨等。其中，后一种出口加工或流通加工，不仅能最大限度地满足客户的多元化需求、同时还可以实现货物的增值。

5. 国际物流出入境检验检疫和通关子系统

由于国际贸易和跨国经营具有投资大、风险高、周期长等特点，这就使得商品检验成为国际物流系统中重要的子系统。通过商品检验，确定交货品质、数目和包装条件是否符合合同规定。如发现问题，可分清责任，向有关方面索赔。在买卖合同中，一般都订有商品检验条款，其主要内容有检验时间与地点、检验机构与检验证明、检验标准与检验方法等。另外，商品的出入境还须申请通关。

6. 国际物流装卸搬运子系统

装卸搬运子系统主要包括国际货物运输、保管、包装、流通加工等物流活动，以及在保管等活动中为进行检验、维护、保养所进行的装卸活动。伴随装卸活动的小搬运，一般也包括在这一活动中。在国际物流活动中，装卸活动是频繁发生的，因而是产品损坏的重要原因。对装卸活动的管理，主要是确定最恰当的装卸方式，力求减少装卸次数，合理配置及使用装卸工具，以做到节能、省力、减少损失、加快速度，最终获得较好的经济效果。

7. 国际物流运输子系统

运输的作用是将商品使用价值进行空间移动，物流系统依靠运输作业克服商品生产地和需要地的空间距离阻隔，创造了商品的空间效益。国际货物运输是国际物流系统的核心。国际货物运输具有路线长、环节多、涉及面广、手续繁杂、风险性大、时间性强等特点。运输费用在国际贸易商品价格中占很大比重。国际运输主要包括运输方式的选择、运输单据的处理以及投保等有关方面。

8. 国际物流信息处理子系统

信息处理子系统的主要功能是采集、处理及传递国际物流和商流的信息情报。没有功能完善的信息系统，国际贸易和跨国经营将寸步难行。国际物流信息主要包括进出口单证的作业过程、支付方式信息、客户资料信息、市场行情信息和供求信息等。

国际物流信息系统的特点是信息量大、交换频繁；传递量大、时间性强；环节多、点多、线长，所以要建立技术先进的国际物流信息系统。国际贸易中 EDI 的发展是一个重要趋势。我国应该在国际物流中加强推广 EDI 的应用，建设国际贸易和跨国经营的信息高速公路。

应将上述各主要系统有机地联系起来，统筹考虑，全面规划。其中，运输及储存保管分别解决了供给者与需要者之间场所和时间的分离，分别是国际物流创造“空间效用”及“时间效用”的主要功能要素。国际物流主要通过国际货物的储存保管和国际运输实现其自身的时空效应，满足国际贸易的基本需要。

11.2.3 国际物流系统的支撑要素

国际物流系统的运行需要有许多支撑手段，其共处于复杂的社会经济系统中，要确定国际物流系统的地位，要协调与其他系统的关系，这些要素就更加必不可少、它们主要包括：

(1)体制、制度。物流系统的体制、制度决定了物流系统的结构、组织、领导和管理的方式：国家对其控制、指挥和管理的方式，是国际物流系统的重要保障。

(2)法律、规章。国际物流系统的运行，不可避免地涉及企业或人的权益问题，法律、规章一方面限制和规范物流系统的活动，使之与更大的系统相协调，另一方面则是给予保障。合同的执行、权益的划分、责任的确定都要靠法律、规章来维系。各个国家和国际组织的有关贸易、物流方面的安排、法规、公约、协定、协议等也是国际物流系统正常运行的保障。

(3)行政、命令。国际物流系统和一般系统的不同之处在于，国际物流系统关系到国家的军事、经济命脉，所以，行政、命令等手段也常常是国际物流系统正常运转的重要支持要素。

(4)标准化系统。它是保证国际物流各环节协调运行、保证国际物流系统与其他系统在技术上实现联结的重要支撑条件。

11.2.4 国际物流系统的物质基础要素

国际物流系统的建立和运行，需要有技术装备手段，这些手段的有机联系对国际物流系统的运行具有决定意义。这些要素对实现国际物流和某一方面的功能也是必不可少的。具体而言，物质基础要素主要有：

(1)物流设施。它是组织国际物流系统运行的基础物质条件，包括物流站、场，物流中心、仓库，国际物流线路，建筑物、公路，铁路，口岸(如机场、港口、车站、通道)等。

(2)物流装备。它是保证国际物流系统运行的条件，包括仓库货架、进出库设备、加工设备、运输设备、装卸机械等。

(3)物流工具。它是国际物流系统运行的物质条件，包括包装工具、维护工具、办公设备等。

11.3 国际物流业务

11.3.1 进出口业务

1.交易磋商

所谓交易磋商是指买卖双方就交易的各项条件进行谈判，以期达成交易的过程。在业务中，交易磋商又称作贸易谈判。交易磋商可以采取口头的形式，也可以采用书面形式，一般包括四个环节，即询盘、发盘、还盘和接受。其中，发盘和接受是不可缺少的两个环节。

(1)询盘。指交易的一方向另一方询问有关商品的交易条件。询盘的内容可以是一项或几项交易条件，可涉及价格、规格、品质、包装等，多数只是询问价格，因此业务上常把询盘称作询价。询盘可以是出口方向进口方发出，也可以是进口方向出口方发出。在我国外贸业务中，前者称作家盘，后者称作操盘。

(2)发盘。又称发价，是指交易的一方向另一方指出某项商品的交易条件，并愿意按照这些条件达成交易、订立合同的行为。发盘的内容不是一项或几项交易条件，而必须是足以构成合同成立的那些主要交易条件。发盘一经对方(受盘人)表示接受，合同即告成立。因此，对于发盘人来说，发盘是一种具有法律约束力的行为。

(3)还盘。又称还价，是指受盘人不同意接受发盘人在发盘中的某些交易条件，对这些交易条件提出修改的表示。还盘不是交易磋商中必不可少的步骤。有时，发盘后没有还盘，直接被受盘人表示接受。对于一项还盘，原发盘人也可以表示不同的意见，而进行再还盘。有时，一项交易须经过多次相互还盘，才能达成最后协议。

(4)接受。指交易的一方在接到对方的发盘或还盘后，以声明或行为向对方表示同意。对发盘或还盘一旦表示接受，合同即告成立，发盘中的交易条件不仅对发盘人，而且对接受人都构成法律约束力。

2.签订合同

交易双方经过磋商，一方发盘，另一方对该项发盘表示接受，合同即告成立。根据国际贸易习惯，买卖双方通常还需照例签订书面的正式合同或成立确认书。

国际贸易的买卖合同一般包括以下三个部分：第一部分是合同的首部，包括合同名称、合同号数、缔约日期、缔约地点、缔约双方的名称和地址等；第二部分是合同的主体，包括合同的主要条款，如商品名称、品质、规格、数量、包装、单价和总值、装运、保险、支付，以及特殊条款，如索赔、仲裁、不可抗力等；第三部分是合同的尾部，包括合同文字和数量，以及缔约双方的签字。

3.合同的履行

(1)出口合同的履行。

①备货。备货活动就是根据出口合同的规定，按质、按量、按时备货，以便及时装运。

②报验。凡按约定条件和国家规定必须法定检验的出口货物，在备好货物后应向进出口商品检验机关申请检验，只有经检验得到商检局签发的检验合格证书，海关才予以放行。

③催证。催促买方按合同规定及时办理开立信用证或付款手续。

④审证。信用证是依据合同开立的，信用证的内容应与合同的内容一致。但是在实务中，由于种种原因，往往会出现开立的信用证条款与合同规定的不符，审核信用证是一项很重要的工作。

审核信用证是银行与出口企业共同的责任。其中，银行主要负责审核有关开证行资信、付款责任及索汇路线等方面的条款和规定，出口企业则着重审核信用证的条款是否与买卖合同的规定相一致。

⑤租船、订舱装运。按照CIF或CFR价格条件成交的出口合同，租船订舱工作应由卖方负责。出口货物在装船前，还要办理报关和投保手续。

⑥制单结汇。在出口货物装船后，应按照信用证的规定，正确制备各种单据，并在信用证有效期内送交银行议付、结汇。银行收到单据审核无误后，一方面向国外银行收款，另一方面按照约定的结汇办法，与进出口公司结汇。

(2)进口合同的履行。

①开立信用证，进口合同签订后，需按照合同规定填写开立信用证申请书向银行办理开证手续。信用证内容应与合同条款一致。

②派船接运货物与投保。在FOB交货条件下，应由买方负责派船到对方口岸接运货物。

FOB或CFR交货条件下的进口合同,保险由买方办理。

③审单和付汇。银行收到国外寄来的汇票及单据后,对照信用证的规定,核对单据的份数和内容。如内容无误,即由银行对国外出口商付款。

④报关。进口货物到货后,由进出口公司委托外贸运输公司根据进口单据,填具“进口货物报关单”向海关申报。

⑤验收货物。进口货物到达港口卸货时,港务局要进行卸货核对否有短缺或残损。发现有残损短缺,凭商检局出具的证书对外索赔。

⑥办理运交手续。委托货运代理将货物运交订货单位。

⑦进口索赔。进口商品因品质、数量、包装等不符合合同的规定而提出索赔。

11.3.2 商检

1.商检的概念与意义

进出口商品的检验检疫是在国际贸易中对买卖双方成交的商品由商品检验检疫机构对商品的质量、数量、重量、包装、安全、卫生及装运条件等进行检验,并对涉及人、动物、植物的传染病、病虫害、疫情等进行检疫工作,在国际贸易活动中通常简称商检工作。

商品检验是进出口商品检验机构为了鉴定商品的品质、数量和包装是否符合合同规定的要求,以检查卖方是否已按合同履行了交货义务,并在发现卖方所交货物与合同不符时,买方有权拒绝接受货物或提出索赔。因此,商品检验对保护买方的利益是十分重要的。

出口贸易中应当贯彻“平等互利”的原则,按照“重合同,守信用”“按时、按质、按量”交货的精神,根据不同的商品,公平合理地订立检验条款,并由国家的商检部门监督实施。

在进口工作中,订立好检验条款,做好进口商品的检验工作,对于维护国家和人民的正当权益是有重要意义的。根据《中华人民共和国进出口商品检验法》(以下简称《商检法》)的规定,我国商检机构的主要任务是:对重要进出口商品进行法定检验,对一般进出口商品实施监督管理和鉴定。

2.商检的范围

我国对外贸易中的商品检验,主要是对进出口商品的品质、规格、数量以及包装等实施检验,对某些商品进行检验以确定其是否符合安全、卫生的要求;对动植物及其产品实施病虫害检疫;对进出口商品的残损状况和装运某些商品的运输工具等亦需进行检验。商检的范围主要有以下几个方面。

(1)现行《商检机构实施检验的进出口商品种类表》(以下简称《种类表》)所规定的商品。《种类表》是由国家商品检验局根据对外经济贸易发展的需要和进出口商品的实际情况制定的,不定期地加以调整和公布。

(2)《中华人民共和国食品安全法》和《中华人民共和国进出境动植物检疫法》所规定的商品。

(3)船舶和集装箱。

(4)海运出口危险品的包装。

(5)对外贸易合同规定由商检局实施检验的进出口商品。

我国进出口商品实施检验的范围除以上所列之外,根据《商检法》规定,还包括其他法律、行政法规规定需经商检机构或由其他检验机构实施检验的进出口商品或检验项目。

3. 进出口商品检验检疫的程序

凡属法定检验检疫商品或合同规定需要检验检疫机构进行检验并出具检验证书的商品，对外贸易关系人均应及时提请检验检疫机构检验。我国进出口商品的检验程序主要包括报检、抽样、检验和签发证书四个环节。

(1)报检。也称报验，是指对外贸易关系人向检验检疫机构申请检验。凡是检验检疫范围内的进出口商品，都必须报检。报检单位首次报检时须持本单位营业执照和政府批文办理登记备案手续，取得报检单位代码。其报检人员须经检验检疫机构培训合格后领取"报检员证"，凭证报检。代理报检单位须按规定办理注册登记手续，其报检人员须经检验检疫机构培训合格后领取"代理报检员证"，凭证办理代理报检手续。

对入境货物，应在入境前或入境时向入境口岸、指定或到达站的检验检疫机构办理报关手续，入境的运输工具及人员应在入境前或入境时申报入境货物。需对外索赔出证的，应在索赔有效期前不少于 20 天内向到货口岸或货物到达地的检验检疫机构报检。输入微生物、人体组织、生物制品、血液及其制成品或种畜、禽及其精液、胚胎、受精卵的，应当在入境前 30 天报检；输入其他动物的，应当在入境前 15 天报检。输入植物、种子、种苗及其他繁殖材料的，应当在入境前 7 天报检。出境货物最迟于报关或装运前 7 天报检，对于个别检验检疫周期较长的货物，应留有相应的检验检疫时间。出境的运输工具和人员应在出境前向口岸检验检疫机构报检或申报。需隔离检疫的出境动物在出境前 60 天预报，隔离前 7 天报检。

(2)抽样。检验检疫机构接受报验后，须及时派人到货物堆存地点进行现场检验鉴定。其内容包括货物数量、重量、包装、外观等项目。现场检验一般采取国际贸易中普遍使用的抽样法(个别特殊商品除外)。抽样时须按规定的抽样方法和一定的比例随机抽样，以便样品能代表整批商品的质量。

(3)检验。根据我国《商检法》的规定，内地省市的出口商品需要由内地检验检疫机构进行检验。经内地检验检疫机构检验合格后，签发"出口商品检验换证凭单"，当商品的装运条件确定后，外贸经营单位持内地检验检疫机构签发的"出口商品检验换证凭单"向口岸检验检疫机构申请查验放行。

检验检疫机构接受报验后，认真研究申报的检验项目，确定检验内容，仔细审核合同、信用证对品质、规格、包装的规定，弄清检验的依据，确定检验标准、方法，然后抽样检验。

根据我国《进出口商品免验办法》规定，凡列入《商检机构实施检验的进出口商品种类表》的进出口商品，经收货人、发货人和生产企业(以下简称"申请人")提出申请，国家商检局审查批准，可免予检验。获准免验进出口商品的申请人，凭有效的免验证书、合同、信用证及该商品的品质证明直接办理放行手续，免于检验。

(4)签发证书。对于出口商品，经商检机构检验合格后，凭《出境货物通关单》进行通关。如合同、信用证规定由检验检疫部门检验出证，或国外要求签发检验证书的，应根据规定签发所需证书。

对于进口商品，经检验后签发《入境货物通关单》进行通关。凡由收、用货单位自行验收的进口商品，如发现问题，应及时与检验检疫局申请复验。如复验不合格，检验检疫机构即签发检验证书，以供对外索赔。

11.3.3 报关

1.海关及其职责

海关是国家设在进出境口岸的监督机关，在国家对外经济贸易活动和国际交往中，海关代表国家行使监督管理的权利。通过海关的监督管理职能，保证国家进出口政策、法律、法令的有效实施，维护国家的权利。

中华人民共和国海关总署为国务院的直属机构，统一管理全国海关，负责拟定海关方针、政策、法令、规章。国家在对外开放口岸和海关监督业务集中的地点设立海关。海关的隶属关系，不受行政区划分的限制，各地海关依法行使职权，直接受海关总署的领导，向海关总署负责，同时受所在省、市、自治区人民政府的监督和指导。

1987年7月1日实施的《中华人民共和国海关法》(以下简称《海关法》)是现阶段海关的基本法规，也是海关工作的基本准则。海关贯彻《海关法》，在维护国家主权和利益的同时，需促进对外经济贸易和科技文化交流的发展。

中国海关按照《海关法》和其他法律法规的规定，履行下列职责：

(1)对进出境的运输工具、货物、行李物品、邮递物品和其他物品进行实际监管。

(2)征收关税和其他费税。

(3)查缉走私。

(4)编制海关统计和办理其他海关业务。

2.报关单证和期限

《海关法》规定，出口货物的发货人或其代理人应当在装货的24小时前向海关申报。进口货物的收货人或其代理人应当自运输工具申报进境之日起14天内向海关申报，逾期则征收滞报金。如自运输工具申报进境之日起超过3个月未向海关申报，其货物可由海关提取，依法变卖处理。如确因特殊情况未能按期报关，收货人或其代理人应向海关提供有关证明，海关可视情况酌情处理。

对一般的进出口货物需交验下列单证。

(1)进出口货物报关单。这是海关验货、征税和结关放行的法定单据，也是海关对进出口货物汇总统计的原始资料。

(2)进出口货物许可证或国家规定的其他批准文件。凡国家规定应申领进出口许可证的货物，报关时都必须交验外贸管理部门签发的进出口货物许可证。凡根据国家有关规定需要有关主管部门批准文件的还需交验有关的批准文件。

(3)提货单、装货单或运单。这是海关加盖放行章后发还给报关人以提取或发运货物的凭证。

(4)发票。它是海关审定完税价格的重要依据，报关时应递交载明货物价格、运费、保险费和其他费用的发票。

(5)装箱单。单一品种且包装一致的件装货物和散装货物可以免交。

(6)减免税或免检证明。

(7)商品检验证明。

(8)海关认为必要时应交验的贸易合同及其他有关单证。

3. 报关程序

《海关法》规定，进出口货物必须经设有海关的地点进境或者出境，进口货物的收货人、出口货物的发货人或其代理人应当向海关如实申报，接受海关监管。对一般进出口货物，海关的监管程序是：接受申报、查验货物、征收税费、结关放行。而相对应的收、发货人或其代理人的报关程序是申请报关、交验货物、缴纳税费、凭单取货。

海关在规定时间内接受报关单位的申报后，审核单证是否齐全、填写是否正确，报关单内容与所附各项单证的内容是否相符，然后查验进出口货物与单证内容是否一致，必要时海关将开箱检验或者提取样品。货物经查验通过后，如需纳税货物，由海关计算税费，颁发税款缴纳证，待报关单位交清税款或担保付税后，海关在报关单、提单、装货单或运单上加盖放行章后结关放行。

11.3.4 国际货物仓储

1. 外贸仓库

外贸仓库是进出口商品储存、中转、外发的服务场所。它保管着大量的贵重商品，必须做到安全第一，优质服务、方便货主，扩大储存，降低消耗，以提高仓库作业的经济效益和社会效益。对外贸仓储的要求是："安全、优质、方便、多储、快发、低耗"。其基本任务如下：

(1)在合理选择库地的基础上，加强仓储作业的科学管理，确保外贸商品的安全和完好无损。

(2)合理组织外贸商品的进库、在库和出库业务，加速外贸商品流转，促进外贸事业发展。

(3)货主至上，开展全方位的优质服务，吸引组织大量进出口商品，特别是出口商品的进库储存，直接服务于外贸事业。

(4)有机地协调配合外贸商品的购、销、储、运、包，增收节支。

外贸仓库是组织进出口商品流通必不可少的物质技术基础设施。为有效地组织外贸商品流通，需要有相应的不同类型、不同规模和不同职能的仓库，以承担日益发展、日趋繁重的进出口商品的储存任务。由于外贸商品的种类繁杂，如有散件、包件、箱件、组件、大件、集装箱等，商品性能、用途各异，所存货物的数量、重量不等，如大到几十吨的集装箱，小到几千克的小件物品，因此，外贸商品仓库的种类也不同。

(1)按仓库所处地理位置和商品在流通中的职能分类。

①口岸仓库。口岸仓库的特点是外贸商品储存时间短、周转快。这种仓库一般都设置在商品集中发运出口的沿海港口城市。仓库规模大，来往进出口商品面向全国、全世界，流动性大，要求及时集散。其主要职能是储存口岸和内地外贸业务部门或其他外贸经营单位收购的待运出口商品和进口待分拨的商品。因而，这种仓库又称周转仓库。

②中转仓库。中转仓库又称内地转运仓库。其主要特点是：这类仓库大都设置在商品生产集中的地区（或城市）和出运港口之间铁路、公路、水路交通运输方便的大、中城市。其主要职能是严格地按照进出口商品的合理流向，收储、转运本地区和外地区经过口岸出口的商品。这种大中型中转仓库，工作量繁重，一般都设有铁路专用线，将外贸商品的运输和储存紧密结合起来。

③加工仓库。随着科技的进步，生产力的发展，消费者的需求正向着多元化方向发展。为了最大限度地满足用户需要，特设这种加工仓库。其主要特点是将商品的储存与加工业务紧

密结合起来。其主要职能是对某些出口商品，按照成交合同规定的质量、规格、数量和包装等要求进行加工、挑选、整理、再包装、分装、拼装和改装，以适应国际市场的需要。

④一般储存仓库。这种储存仓库的主要特点是商品储存期较长，货物来自四面八方。其主要职能是用于储存那些待销的出口商品、援外的储备物资、进口扶持生产用物资、包装材料和需要转为内销的商品等。这种储存仓库的规模大小不等，所储存的商品、物资需定期检查，以加强商品的维护保养。

(2)按储存商品的性能和技术设备分类。

①通用仓库。此种仓库是用以储存一般没有特殊要求的工业品或农副产品的仓库，又叫普通仓库。它属于一般的保管场所。所需要的储存、装卸、搬运、堆码和养护设备都比较简单，仓库建造也比较容易，但适用的范围却较广。在各类外贸仓库中，通用仓库所占比重最大。

②专用仓库。专用仓库是专门用以存储某一类商品的仓库。如食糖、卷烟、茶叶等较容易受外界环境影响而发生变质和失量的商品；又如有些商品，由于本身的特殊性质，不适宜与其他商品混合存放，否则容易对共同存储的商品产生有害影响，如棉麻、粮食、食油、中药材等。对此类商品一般要求有专仓或专库加以存放，其所需仓库具有专用特性。在其对商品的保养维护技术方面，则相应地增加了密封、防火、防霉、防失以及检测等设备设施，以确保外贸商品的安全。

③特种仓库。特种仓库是用来存储具有特殊性能、要求、使用特别保管设备维护的商品，一般指的是化学危险品、易腐蚀品、石油及部分医药品的仓库。这种仓库中所配备的设备都是专门的，以确保这些危险品的安全。比如设置有制冷设备的冷藏库、保温仓库以及危险品仓库等。

(3)按仓库管理体制分类。

①自由仓库。这种仓库实行分散管理，分别由各进出口公司经营管理，为数众多。

②公用仓库。这是一种集中统一管理的专业经营仓库。

③联营仓库。这是由几个对外贸易企业联合投资建设的仓库。这类仓库在国外比较普通，如日本的物流配送(加工)中心等就属于这种联合投资兴办的现代化的集购、销和内部配货为一体的新型物流服务中心。

2.保税仓库

(1)保税仓库的概念。保税仓库是指经海关批准，受海关监管，专门存储经海关核准缓纳税的外贸商品的仓库。能进入保税仓库的货物仅限于来料加工、进料加工复出口的货物，或者暂存后再复运出口的货物，以及经海关核准缓办纳税手续的进境货物。上述货物，如果转为内销，进入国内市场，则必须事先提供进口许可证和有关证件，正式向海关办理进口手续，并交纳关税，货物方能出库。非经海关批准，货物不得入库和出库。

建立保税仓库可大大降低进口货物的风险，有利于鼓励进口，鼓励外国企业在本国投资，是良好的投资环境非常重要的组成部分。保税仓库的设立需经专门批准，外国货物的保税期一般最长为两年。在这个时期中，可将其存放在保税仓库中，经营者则可以寻找最适当的销售时机，一旦实现销售，再办理通关手续。如果两年之内未能销售完毕，可再运往其他国家，保税仓库所在国则不收取关税。

(2)保税仓库的类型。

①专业性保税仓库，指具有外贸经营权的企业经海关批准而建立的自管自用的保税仓库。

②公共保税仓库，是具有法人资格的经济实体，是经海关批准建立的综合性保税仓库。这

类保税仓库一般不经营进出口商品，只为国内外保税货物持有者服务。

③保税工厂，是整个工厂或专用车间在海关的监督管理下，专门生产进料加工、进件装配复出口产品的工厂。

④海关监管仓库，主要存放已进境而所有人未来提取的货物或行李物品，或者无证到货、单证不齐、手续不完备以及违反海关规程，海关不予放行，需要暂存海关监管仓库等候海关处理的货物。海关监管仓库的另一种类则是出口监管仓库，专门存储已对外成交，并已结汇，但海关暂不批准出境的货物。

(3)保税仓库允许存放的货物。我国的海关监管制度中，保税仓库制度是主要的组成部分。保税仓库也是由海关批准设立并由海关监管的。我国规定，保税仓库制度所允许存放的货物范围如下：

①缓办纳税手续的进口货物。这主要包括为进口国工程、生产等所需要，由于种种原因而预进口的货物，储存在保税仓库内，随需随提，并办理通关手续，剩余的货物免税。也包括因进口国情况变化、市场变化而暂时无法决定去向的货物，或是无法做出最后处理的进口货物，这些都需要将货物存放一段时间。如果条件变化，需要实际进口，再缴纳关税和其他税费，这就使进口商可以将纳税时间推迟到货物实际内销的时间。

②需做进口技术处置的货物。有些货物到库后，由于不适于在进口国销售，需换包装，改包装尺寸或作其他加工处理，则可入保税仓库进行这一技术处置，待到符合进口国的要求再完税内销，不符合的则免税退返。

③来料加工后复出口的货物。为鼓励“两头在外”的国际贸易战略的实施，对有些来料加工，又是在保税区或保税仓库加工完成的货物，加工后该货物复出口，则可存放于保税仓库。

④不内销而过境转口的货物。有些货物或内销无望而转口，或在该区域存放有利于转口向第三国直接出口而需转口，货物可存放于保税仓库中。

保税仓库在国际物流中不仅适用于进口货物，也可用于出口货物。

3.保税区

1990年，经国务院批准，我国借鉴国际通行做法，按照自由贸易区模式建立了一个自由经济区——上海外高桥保税区。随后在短短几年里，又先后建立了深圳沙头角、深圳福田、烟台、青岛、天津港、大连大瑶湾、张家港、宁波、厦门、福州、广州和海口等保税区，总启动面积达17.6 km^2。

保税区，又称保税仓库区，是海关设置或经海关批准注册的，受海关监督的特定地区和仓库。外国商品存入保税区，可暂时不缴纳进口税；如再出口，不缴纳进口税；如要运进所在国的国内市场，则需办理报关手续，缴纳进口税。运入区内的外国商品可进行储存、改装、分类、混合、展览、加工和制造等。此外，有的保税区还允许在区内经营金融、保险、房地产、展销和旅游业务。

按照职能不同，保税区一般可分为指定保税区、保税货棚、保税仓库、保税工厂、保税陈列场等。

11.3.5 保险

在国际贸易中，每笔成交的货物，从卖方交至买方手中，一般都要经过长途运输。在此过程中，货物可能遇到自然灾害或意外事故，从而使货物遭受损失。货主为了转嫁货物在途中的风险，通常都要投保货物运输险。一旦货物发生承包范围内的风险损失，即可以从保险公司取得经济上的补偿。

国际货物运输保险，是以运输过程中的各种货物作为保险标的物，被保险人（卖方或买方）向保险人（保险公司）按一定的金额投保一定的险别，并缴纳保险费。保险人承保以后，如果保险标的物在运输过程中发生约定范围内的损失，应按照规定给予被保险人经济上的补偿。

国际货物运输保险的种类很多，其中包括海上货物运输保险、陆上货物运输保险、航空货物运输保险和邮政包裹运输保险。

1. 海上货物运输保险

（1）海运风险与损失。办理海运保险前，首先要明确海运风险与损失。

海运风险包括海上风险与外来风险两类。海上风险一般包括自然灾害和意外事故两种，外来风险分为一般外来原因造成的风险和特殊外来原因造成的风险。

海上损失（简称海损）是指被保险货物在海洋运输中，因遭受海上风险而造成的损坏或灭失。就货物损失的程度而言，海损可分为全部损失和部分损失；就货物损失的性质而言，可分为共同海损（General Average）和单独海损（Particular Average）。

①全部损失（Total Loss）。简称全损，是指被保险货物遭受全部损失。按其损失情况的不同，又可分为实际全损（Actual Total Loss）和推定全损（Constructive Total Loss）两种。实际全损是指被保险货物完全灭失或完全变质，或指货物实际上已不可能归还被保险人。推定全损是指货物发生保险事故后，认为实际全损已经不可避免，或者为避免发生实际全损所需支付的费用与继续将货物运抵目的地的费用之和超过保险价值。

②部分损失。指被保险货物的损失没有达到全部损失的程度。

③共同海损。载货的船舶在海上遇到灾难、事故，威胁到船、货等各方的共同安全，为了解除这种威胁，维护船货安全，或使船程得以继续完成，由船方有意识地、合理地采取措施，所做出的某些特殊牺牲或支出某些额外费用，这些损失和费用叫共同海损。例如船舶因故搁浅，船长为了挽救船舶和船上货物，不得不下令将船上部分货物抛入海中以减轻船重，使船舶起浮转危为安。被抛入海中的货物，便属于共同海损。

④单独海损。是除共同海损以外的意外损失，即由于承保范围内的风险所直接导致的船舶或货物的部分损失。

此外，海上风险还会造成费用上的损失，主要有施救费用和救助费用。

（2）海上货物运输保险险别。保险险别是保险人对风险损失的承保范围，它是保险人与被保险人履行权利与义务的基础，也是保险人承保责任大小和被保险人缴付保险费多少的依据。海洋货物运输保险的险别很多，概括起来分为基本险别和附加险别两大类。

①基本险别。根据我国现行的《海洋货物运输保险条款》的规定，在基本险别中包括平安险、水渍险和一切险三种。

平安险。平安险的责任范围包括：在运输过程中，由于自然灾害和运输工具发生意外事故，造成被保险货物的实际全损或推定全损；由于运输工具遭遇搁浅、触礁、沉没、互撞、与流冰或其他物体碰撞，以及失火、爆炸等意外事故造成被保险货物的全部或部分损失；只要运输工具曾经发生搁浅、触礁、沉没、焚毁等意外事故，不论在意外事故发生之前或者以后曾在海上遭遇恶劣气候、雷电、海啸等自然灾害造成的被保险货物的部分损失；在装卸转船过程中，被保险货物一件或数件落海所造成的全部损失或部分损失；保险人对遭受承保责任范围内危险的货物采取抢救，防止或减少货损措施支付的合理费用，但以不超过该批获救货物的保险基金额为限;运输工具遭遇自然灾害或者意外事故,需要在中途的港口或者在避难港口停靠,因而引起的卸货、装货、存舱以及运送货物所产生的特别费用;运输契约定有“船舶互撞条款”,按该条款规定应由货方偿还船方的损失。

水渍险。水渍险的责任范围除包括上列平安险的各项责任外,还负责被保险货物由于恶劣气候、雷电、海啸、地震、洪水等自然灾害所造成的部分损失。

一切险。一切险的责任范围除包括“平安险”和“水渍险”的所有责任外,还包括货物在运输过程中,因一般外来原因所造成的被保险货物的全部或部分损失。

在上述三种基本险别中,明确规定了除外责任(Exclusion),即保险公司明确规定不予承保的损失或费用。

②附加险别。海洋运输货物保险的附加险种类繁多。一般附加险包括:偷窃、提货不着险,淡水雨淋险,短量险,混杂、玷污险、渗漏险,碰撞、破碎险,串味险,受热、受潮险,钩损包装破裂险,锈损险。上述11种附加险,不能独立投保,只能在投平安险或水渍险的基础上加保。特别附加险包括战争险和罢工险等。

2. 陆上运输货物保险

陆上运输货物保险的险别分为陆运险和陆运一切险。

(1)陆运险的责任范围。被保险货物在运输途中受暴风、雷电、地震、洪水等自然灾害,或由于陆上运输工具(主要是指火车、汽车)遭受碰撞、倾覆或出轨,如在驳运过程中,驳运工具搁浅、触礁、沉没或由于遭受隧道坍塌或火灾、爆炸等意外事故所造成的全部损失或部分损失。由此可见,保险公司对陆运险的承保范围大致相当于海运货物保险中的水渍险。

(2)陆运一切险的责任范围。除包括上述陆运险的责任外,保险公司对被保险或在运输途中由于一般外来原因造成的短少、偷窃、渗透、碰损、破碎、雨淋、生锈、受潮、受热、发霉、串味、玷污等全部或部分损失,也负赔偿责任。

3. 航空运输货物保险

航空运输货物保险分为航空运输险和航空运输一切险两种。航空运输险的承保责任范围与海运水渍险大体相同。航空运输一切险除包括上述航空运输险的责任外,对被保险货物在运输途中由于一般外来原因所造成的偷窃、短少等全部或部分损失也负赔偿之责。

4. 邮政包裹保险

邮政包裹保险是承保邮包在运输途中因自然灾害、意外事故和外来原因所造成的损失。邮政保险包括邮包险和邮包一切险两种基本险别。

11.3.6 国际货运代理

1. 国际货运代理及其性质

国际货运代理协会联合会给国际货运代理下的定义是:国际货运代理是根据客户的指示,并为客户的利益而揽取货物运输的人,本身并不是承运人。国际货运代理也可以依据这些条件,从事与运输合同有关的活动,如储货(也含寄存)、报关、验收、收款等。《中华人民共和国国际货物运输代理业管理规定》给国际货运代理下的定义是:接受进出口货物收货人、发货人的委托,以委托人的名义或者以自己的名义,为委托人办理国际货物运输及相关业务并收取服务费的行业。

从国际货运代理的基本性质看,它主要是接受委托人的委托,就有关货物运输、转运、仓储、保险，以及与货物运输有关的各种业务提供服务的一个机构。它是一种中间人性质的运输业者，既代表货方，保护货方的利益，又协调承运人进行承运工作，其本质就是“货物中间人”，在以发货人或收货人为一方，承运人为另一方的两者之间行事。国际货运代理的这种中间人性质在过去尤为突出。

然而，随着国际物流和多种运输形式的发展，国际货运代理的服务范围不断扩大，其在国际贸易和国际运输中的地位也越来越重要。在实践中，国际货运代理对其所从事的业务，正在越来越高的程度上充当着承运人的责任。许多国际货运代理企业都拥有自己的运输工具，用来从事国际货运代理业务，包括签发多式联运提单，有的甚至还开展了物流业务。

2. 国际货运代理的作用

(1)能够安全、迅速、准确、节省、方便地组织进出口货物运输。根据委托人托运货物的具体情况，选择合适的运输方式、运输工具、最佳的运输路线和最优的运输方案。

(2)能够就运费、包装、单证、结关、检验、金融、领事要求等提供咨询，并对国外市场的价格、销售情况提供信息和建议。

(3)能够提供优质服务。为委托人办理国际货物运输中某一个环节的业务或全程各个环节的业务，手续方便简单。

(4)能够把小批量的货物集中为成组货物进行运输，既方便了货主，也方便了承运人，货主因得到优惠的运价而节省了运输费用，承运人接收货物时省时、省力，便于货物的装载。

(5)能够掌握货物全程的运输信息，使用现代化的通信设备随时向委托人报告货物在途的运输情况。

(6)货运代理不仅能组织协调运输，而且影响到新运输方式的创造、新运输路线的开发以及新费率的制订。

总之，国际货运代理是整个国际货物运输的组织者和设计师，特别是在国际贸易竞争激烈、社会分工越来越细的情况下，它的地位越来越重要、作用越来越明显。

11.4 国际货物运输

国际货物运输，是对外经济贸易的重要一环。它是实现对外经济贸易合同，完成国际货物的空间转移，产生位置效用和时间效用，使货物在需要的时候运到需要的地点，提高其经济效益，保证完成出口创汇的关键。

国际货物运输的方式有传统的海洋运输、铁路运输、航空运输、邮政运输、公路运输、管道运输等。随着科学技术的进步，国际货物运输出现了一些现代新兴的运输方式，如集装箱运输、国际多式联运等，这大大加速了国际贸易的发展。特别是集装箱运输的采用，为多式联运的发展提供了有利条件。运输服务从过去的船边、舱边交货，发展到现在的仓至仓、门至门交货，为买卖双方提供了更多的方便。除公路运输、内河运输和管道运输适用于边境贸易外，其余各种运输方式均可结合货物的安全、运费高低和运输速度等多种因素综合权衡进行合理选择。

11.4.1 国际货物运输的特点

国际货物运输，就是在国家与国家、国家与地区之间的货物运输。国际货物运输可分为贸易商品运输和非贸易商品运输。商品贸易运输是为国际间商品交换服务的，是实现国际贸易的手段；非商品贸易运输是为非贸易商品(如展览品、个人物品、援助物资等)的跨国间的移动服务的，在整个国际货物运输中占很小部分。国际货物运输具有以下几个主要特点：

1. 涉及国际关系问题，政策性很强

国际货物运输是国际贸易的一个组成部分，在组织货物运输的过程中，需要经常向国外发生直接或间接的广泛的业务联系，这种联系不仅是经济上的，也常常会涉及国际间的政治问题，是一项政策性很强的涉外活动。因此，国际货物运输既是一项经济活动，也是一项重要的政治活动，这就要求我们不仅要用经济观点去办理各项业务，而且要有政策观念，按照我国的对外政策的要求从事国际运输业务。

2. 运输环节多

国际货物运输是国家与国家、国家与地区之间的运输，一般来说，运输的距离都比较长，往往需要使用多种运输工具，通过多次装卸搬运，要经过许多中间环节，如转船、变换运输方式等，经由不同的地区和国家，要适应各国不同的法规和规定。如果其中任何一个环节发生问题，就会影响整个的运输过程，这就要求我们做好组织工作，环环紧扣，避免在某环节上出现脱节现象，给运输带来损失。

3. 涉及面广，情况复杂多变

国际货物运输涉及国内外许多部门，需要与不同国家和地区的货主、交通运输、商检机构、保险公司、银行或其他金融机构、海关、港口以及各种中间代理商等打交道。同时，由于各个国家和地区的法律、政策规定不一，贸易、运输习惯和经营做法不同，以及金融货币制度的差异，加上政治、经济和自然条件的变化，都会对国际货物运输产生较大的影响。

4. 时间性强

按时装运进出口货物，及时将货物运至目的地，对履行进出口贸易合同，满足商品竞争市场的需求，提高市场竞争能力，及时结汇，都有着重大意义。特别是一些鲜活商品、季节性商品和敏感性强的商品，更要求迅速运输，不失时机地组织供应，才有利于提高出口商品的竞争能力，有利于巩固和扩大销售市场。因此，国际货物运输必须加强时间观念，争时间、抢速度，以快取胜。

5. 风险大

由于在国际货物运输中环节多，运输距离长，涉及面广，情况复杂多变，加之时间性又很强，在运输沿途国际形势的变化、社会的动乱、各种自然灾害和意外事故的发生，以及战乱、封锁禁运或海盗活动等，都可能会直接或间接地影响到国际货物运输，以至于造成严重后果，因此，国际货物运输的风险较大。为了转嫁运输过程中的风险损失，各种进出口货物和运输工具，都需要办理运输保险。

11.4.2 国际货物运输的方式

1. 国际货物海洋运输

(1)海洋运输的含义与特点。海洋货物运输是指使用船舶(或其他水运工具)通过海上航道运送货物的一种运输方式。目前，国际贸易总量的70%是通过海洋运输的，从而使海洋运输成为国际贸易中最重要的运输方式。海洋运输与其他各种运输方式相比较具有如下特点：

①运输量大。船舶正在向大型化方向发展，巨型客轮已超过8万吨，巨型油轮超过60万吨，一般的杂货轮也多在五六万吨以上，其承载能力远远大于其他运输工具。因此，海洋运输

具有运量大的优势。

②运费低廉。一方面,海上航道天然形成,港口设施一般为政府修建,而公路或铁路运输需要大量初期投资用于修筑公路或铁路,变相地增加了单位运输成本;另一方面,船舶运载量大,使用时间长,运输里程远,与其他运输方式相比,海运的单位运输成本较低。

③通过能力强。海洋运输利用天然航道,四通八达,即使遇到政治、经济贸易及自然等条件的变化,也可政变航道驶往目的港。而汽车、火车则要受道路或轨道的限制。因而海洋运输的通过能力要超过火车、汽车。

④速度慢。由于货船体积大,水流阻力高,风力影响大,相对来说,速度慢,不宜用来运输易腐烂的货物。

⑤风险大。海洋运输易受自然条件和气候等因素的影响,故风险较大。

(2)海运船舶营运方式。国际海上货物运输,按船舶的营运方式来划分,有班轮运输和租船运输两种。

①班轮运输。班轮运输又称定期船运输,简称班轮,是航运公司提供的一种服务,是指船舶在固定航线和固定港口之间按事先公布的船期表和运费率往返航行,从事客货运输业务的一种运输方式。

班轮运输有利于一般杂货和小额贸易货物运输,便于买卖双方按费率表事先估算成本,而且手续简便,方便货主,促进国际贸易的发展,是当今国际货物海洋运输的一种重要方式。

班轮运输的特点如下:

- 固定航线、固定港口、固定开航时间、固定运费率,这是班轮运输的最基本特征。
- 货物由班轮公司负责配载和装卸,运费内已包括装卸费用,班轮公司和托运人双方不计滞期费和速遣费。
- 班轮公司和货主双方的权利、义务和责任豁免均以班轮公司签发的提单条款为依据。

②租船运输。租船运输又称不定期船运输,是根据双方协商的条件,船舶所有人(船东)将船舶的全部或一部分出租给租船人使用,以完成特定的货物运输任务,租船人按约定的运价或租金支付运费的商业行为。

租船运输的特点如下:

- 以运输货值较低的大宗货物为主,如粮食、煤炭、矿砂、化肥、石油、木材和水泥等。据统计,在国际海洋货物运输中,租船运输量约占80%。因此,租船运输在海洋运输中发挥着重要的作用。
- 租船运输无固定航线、固定装卸港和航期,而是根据货主的货运需要和船东供船的可能,由双方洽商租船运输条件,并以租船合同形式加以肯定,作为双方权利义务的依据。
- 租船运价受租船市场供求关系的影响,船多货少时运价就低,反之则高,它与商品市场价格一样经常发生变动。因此,在进行租船时必须进行租船市场行情调查和研究。

在国际海运业务中,租船方式主要有定程租船和定期租船两种。

定程租船,简称程租,又称航次租船,是指以航次为基础的租船方式。在这种租船方式下,船方必须按时把船舶驶到装货港口装货,再驶到卸货港口卸货,完成合同规定的运输任务并负责船舶的经营管理以及航行中的一切开支费用,租船人则按约定支付运费。对租船人来说,这种租船方式简单易行,不必操心船舶的调度和管理,也容易根据运费估算每吨货物的运输费用。

定期租船，又称期租，即租船人在规定的期限内取得船舶的使用权，并负责安排调度和经营管理，船方负责船员的工资、给养和船舶航行与维修。此外，还有一种称作光船租船的定期租船方式。它与一般的定期租船不同的是，船舶出租人向租船人提供不配备船员的船舶，租船人接船后尚需自行配备船员，负责船舶的经营管理和航行的各项事宜。

2.国际货物铁路运输

(1)国际货物铁路联运定义及特点。在国际货物运输中，铁路运输是一种仅次于海洋运输的主要方式。海洋运输的进出口货物也大多是靠铁路运输进行货物集散的。铁路运输的优点是一般不受气候条件的影响，可保障全年的货物运输，运量较大，速度较快，有高度的连续性，运转过程中的风险较小。而且，办理铁路运输手续比海洋运输简单，发运人和收货人可以就近在始发站和目的站办理托运和提货手续。其主要缺点是不容易像公路运输那样实现"门到门"式运输，并且建筑铁路基础设施投资大、周期长、难度较高等。

国际铁路联运是指在两个或两个以上国家铁路运送中，使用一份运送单据，并以连带责任办理货物的全程运送，在由一国向另一国铁路移交货物时，无需发、收货人参与。发货人按车站指定日期将货物搬入车站或指定货位，经车站根据单据的记载事项核实，确认符合国际联运的有关规定后予以接受。在发货人付清一切应付费用后，车站在所提交的运单上加盖车站日期戳。运单在加盖车站日期戳后，即标志承托双方以运单为凭证的运输合同开始生效，参加联运国铁路对货物负有从始运地运送至运单上指定的目的地的一切责任。

(2)国际铁路联运运单。国际铁路货物联运运单是参加国际铁路货物联运的铁路与发货人、收货人之间缔结的运输合同。它体现了参加联运的各国铁路和发货人、收货人之间在货物运送上的权利、义务、责任和豁免，对铁路和发货人、收货人都具有法律效力。

国际铁路货物联运运单有：

①运单正本。运单正本是货物运送合同，同"货物到达通知单"和货物一起交给收货人。

②运单副本。运单副本在运送合同缔结后交给发货人，它不具有运单的效力，仅作为货物已由铁路承运的证明。发货人凭铁路运单副本向收货人结算贷款，行使变更要求以及在货物和运单全部丢失时，凭此单向铁路部门提出索赔要求。

③运行报单。运行报单是参加联运的各铁路部门办理货物交接、划分运送责任以及清算运费、统计运量和运费收入的原始依据，它随同货物至到达站，并留存到达铁路。

④货物交付单。随同货物至到达站，并留存至到达铁路。

⑤货物到达通知单。随同货物至到达站，并同运单正本和货物一起交给收货人。

3.国际货物航空运输

(1)航空货物运输的特点。随着全球性的航空运输网的建立和战后国际贸易的迅速发展，航空运输作为国际贸易运输的一种方式越来越被广泛地采用，在国际贸易运输中所占的比重逐渐增加。航空运输之所以能够迅速发展，原因之一就在于它具有许多其他运输方式所不能比拟的优越性。概括起来，航空货物运输的主要特征有：

①运送速度快。到目前为止，飞机仍然是最快捷的交通工具。快捷的交通工具大大缩短了货物在途时间，对于那些易腐烂、变质的鲜活商品，时效性、季节性强的报刊、节令性商品，抢险、救急品的运输，这一特点显得尤为重要。运送速度快，在途时间短，也使货物在途风险降低，因此许多贵重物品、精密仪器也往往采用航空运输的形式。当今国际市场竞争激烈，市场行情瞬息万变。由于航空运输具有比其他运输方式更快的特点，可以使进出口货物能够迅速

进入市场,卖出好价钱,获得较好的经济效益,增强商品的竞争力。

②不受地面条件限制。航空运输利用天空这一自然通道,不受地理条件的限制。对于地面条件恶劣、交通不便的内陆地区非常合适,有利于当地资源的出口,促进当地经济的发展。而且航空运输较公路运输与铁路运输占用土地少,对地域狭小的地区发展对外交通是十分适合的。

③安全、准确。航空公司的运输管理制度比较完善,飞机航行有一定的航期,能够按时到达。如果采用空运集装箱的方式运送货物,还能够降低货物的破损率,与其他运输方式比,航空运输的安全性较高。

④节约费用。由于航空运输速度快,货物在途时间短,周转速度快,企业存货可以相应地降低。一方面有利于资金的回收,减少利息支出,另一方面也可以降低企业的仓储费用。加之航空货物运输安全、准确,货损、货差少,保险费用可相对降低;包装可比其他运输方式简化,减少了包装成本。这些都构成企业隐性成本的下降、收益的增加。

当然,航空运输也有自己的局限性,主要表现在航空货运的运输费用较其他运输方式更高,不适合低价值货物;航空运载工具——飞机的舱容有限,对大件货物或大批量货物的运输有一定的限制;飞机飞行安全容易受恶劣气候影响等。但总地来讲,随着新兴技术得到更为广泛的应用,产品更趋向薄、轻、短、小、高价值,管理者更重视运输的及时性、可靠性,航空运输的作用也会日益重要。

(2)国际航空货运方式。

①班机运输。指在固定航线上飞行的航班,它有固定的始发站、途经站和目的站。一般航空公司都使用客货混合型飞机。一方面搭载旅客,一方面又运送少量货物。但一些较大的航空公司,在一些航线上开辟定期的货运航班,使用全货机运输。

班机运输具有以下特点:

• 迅速准确。由于班机具有固定航线、固定航期、固定的始发站和目的站以及固定的停靠站的特点,因此国际间货物流通多使用班机运输方式,能安全迅速地到达世界上各通航天地点。

• 方便货主。便利收、发货人确切掌握货物起运和到达的时间,这对市场上急需的商品、鲜活易腐货物以及贵重商品的运送是非常有利的。

班机运输一般是客货混载,因此,舱位有限,不能使大批量的货物及时出运,往往需要分期分批运输。因此,遇有大批量货物时,应考虑其他的运输方式。

②包机运输。包机是指包租整架飞机或由几个发货人(或航空货运代理)联合包租一架飞机来运送货物。因此又分为整包机和部分包机两种形式。

整包机。适合运送大批量的货物,即包租整架飞机,航空公司或包机代理公司,按照与租机人双方事先约定的条件和运价,将整架飞机租给租机人,从一个或几个航空站装运货物至指定目的地的运输方式。包机人一般要在货物装运前一个月与航空公司联系,以便航空公司安排运载和向起降机场及有关政府部门申请、办理过境或入境的有关手续。一般情况下,大批量货物使用包机时,均要争取来回程都有货载,这样费用比较低。

部分包机。适用于多个发货人,但货物到达站又是同一地点的货物运输。几家航空货运公司或发货人联合包租一架飞机或者由航空公司把一架飞机的舱位分别卖给几家航空货运公司装载货物。

包机运输有如下一些优点:

• 解决班机舱位不足的矛盾。

• 货物全部发包并运出,节省时间和多次发货的手续。

• 弥补没有直达航班的不足,不用中转。

• 减少货损、货差或丢失的现象。

• 在空运旺季缓解航班紧张状况。

③集中托运。集中托运是指由空运货代公司将若干个发货人的货物集中起来组成一整批货,将其向航空公司托运到同一到站,货到国外后由到站地的空运代理办理收货、报关并分拨给各个实际收货人。

集中托运的特点:

• 集中托运的货物范围受到限制,如贵重物品、危险品等不能办理集中托运,目的地相同或临近的可以办理,目的地为不同国家或地区,否则不宜办理。

• 由于集中托运需要时间收集货物,不能保证随托随运,所以不适合易腐烂变质的货物、紧急货物或其他对时间要求高的货物的运输。

• 航空货运公司的集中托运运价一般都低于航空协会的运价。发货人可得到低于航空公司运价,从而节省费用。

• 将货物集中托运,可使货物到达航空公司到达地点以外的地方,延伸了航空公司的服务,方便了货主。

• 发货人将货物交与航空货运代理后,即可取得货物分运单,可持分运单到银行尽早办理结汇,加快了资金周转。

集中托运方式已在世界范围内普遍开展,形成较完善、有效的服务系统,为促进国际贸易发展和国际科技文化交流起了良好的作用。集中托运成为我国进出口货物的主要运输方式之一。

④航空快递。航空快递是由专门从事航空快递业务的公司与航空公司合作,设专人用最快的速度在货主、航空公司、用户之间进行货物的传递。适用于急需的药品、贵重物品、货样及单证等传送。

航空快递业务特点:

• 航空快递以运送文件单证和小包裹为主。

• 航空快递中存在一种比普通空运分运单应用更为广泛的交付凭证——POD。交付凭证共有四联,第一联用于出口报关;第二联贴在货物包装上随货同行,作为收件人核收货件的依据,并且在随货单据丢失时,可作为进口报关单据;第三联用于快运公司结算运费和统计;第四联交发件人作为发运凭证,在该联背面印有条款,以明确当事各方的责任和义务,并作为解决争议的依据。

• 办理快递业务的大都是国际性的跨国公司。

4.国际货物公路运输

国际公路运输是指国际货物借助一定的工具(一般以汽车为主),沿着公路跨及两个或两个以上国家或地区的移动。公路运输的优点是:机动灵活,直达性能好,可以实现“门到门”的运输;适应性强,受地理、天气条件影响较小;运行范围广,穿街巷、进山区、到工厂、下田间,直接把货物运送到仓库、商店、工矿企业和乡村地头;可以广泛地参与到其他方式的联运中,是港口、机场、铁路、车站物资集散的必要手段。但也有自身的缺点:运量小,运输载货量有限;运输成本较高；易造成货损，受地理环境结构影响大。公路运输在边境贸易中占有重要地位，在国际公路干线网络密集的欧洲国家间，公路运输的地位很突出，但在洲际运输中，公路运输的地位不及海运，也不及铁路运输。

"鱼背式运输"也叫车辆渡船运输，是利用一般水运衔接两端陆运，衔接方式采用将车辆开上船舶，以整车货载完成这一段水运，到达另一港口后，车辆开下船舶继续利用陆运的联合运输方式。其特点是在陆运与水运之间，不需要将货物从一种运输工具上卸下再转换到另一种运输工具上，而仍将利用原来的车辆作为货物的载体，这样可以使两种运输之间实现有效连接，运输方式转换速度加快，在转换时不触碰货物，从而有利于减少和防止货物的损失损坏。

5.国际货物集装箱运输

集装箱运输是以集装箱作为运输单位进行货物运输的一种现代化运输方式，它可适用于多种运输方式。

集装箱是指海、陆、空不同运输方式进行联运时用以装运货物的一种容器。关于集装箱的定义，国际上不同国家、地区和组织的表述有所不同。国际标准化组织(ISO)对集装箱定义如下：集装箱是一种运输设备；具有足够的强度，可长期反复使用；为便于商品运送而专门设计的，在一种或多种运输方式下运输时，无须中途换装，具有快速装卸和搬运的特点(特别是从一种运输方式转移到另一种运输方式时)；设计时注意到了便于货物装满或卸空；内部容积为 1 m^3 或 1 m^3 以上。

集装箱运输是一种现代化运输方式，它与传统的货物运输方式相比有许多不同之处，主要表现在以下几点：

(1)简化包装，大量节约包装费用。为避免货物在运输途中受到损坏，必须有坚固的包装，而集装箱具有坚固、密封的特点，其本身实际上就起到一个强度很大的外包装作用。因此货物的外包装可大大简化，从而可节约包装用料，节省包装费用。有些商品甚至无须包装。

(2)提高货运质量，减少货损货差。集装箱是一个坚固密封的箱体，对货物具有很好的保护作用。货物装箱并铅封后，途中无须拆箱倒载，一票到底，即使经过长途运输或多次换装，也不易损坏箱内货物。集装箱运输可减少被盗、潮湿、污损等引起的货损和货差，深受货主和货运公司的欢迎，并且由于货损货差率的降低，减少了社会财富的浪费，也具有很大的社会效益。

(3)提高装卸效率，加速车船周转。传统货船装卸，一般每小时为 35 吨左右，而集装箱装卸，每小时可达数百吨左右，采用集装箱运输，装卸效率大幅度提高。一般万吨级船舶，按传统运输方式，需在港停泊 10 天左右，采用集装箱后，只需 24 小时，缩短装卸时间可达 90%，从而加速了车船周转，提高了航船的营运率。

(4)简化货运手续，降低货运成本。采用集装箱运输，货物在发货地装箱、验关铅封后，一票到底，中途无须拆箱即可直接换装，大大减少了中间环节，简化了货运手续。由于集装箱装卸效率高，船舶非生产性停泊时间缩短，降低船舶运输成本。对港口而言，可以提高泊位通过能力，从而提高吞吐量，增加收入。

(5)适于组织多式联运。由于集装箱运输在不同运输方式之间换装时，无须搬运箱内货物而只需换装集装箱，这就提高了换装作业效率，适于不同运输方式之间的联合运输。在换装转运时，海关及有关监管单位只需加封或验封即转关放行，从而提高了运输效率。

(6)高投资的运输方式。集装箱运输虽然是一种高效率的运输方式，但是它同时又是一种资本高度密集的行业。首先，船公司必须对船舶和集装箱进行巨额投资。根据有关资料表明，集装箱船每立方英尺的造价为普通货船的 3.7～4 倍。集装箱的投资相当大,开展集装箱运输所需的高额投资,使得货船公司的总成本中固定成本占有相当大的比例,高达 2/3 以上。其次,集装箱运输中的港口的投资也相当大。专用集装箱泊位的码头设施包括码头岸线和前沿、货场、货运站、维修车间、控制塔、门房,以及集装箱装卸机械等,耗资巨大。再次,为开展集装箱多式联运,还需有相应的国际设施及内陆货运站等,为了配套建设,这就需要兴建、扩建、改造、更新现有的公路、铁路、桥梁、涵洞等,这方面的投资更是惊人。可见,没有足够的资金开展集装箱运输,实现集装箱化是困难的,必须根据国力量力而行。

6.国际多式联运

(1)国际多式联运的定义与基本条件。国际多式联运是指由多式联运经营人按照多式联运合同,以至少两种不同的运输方式,将货物从一国境内接管货物的地点运至另一国境内指定地点交货的运输方式。

按照《联合国国际多式联运公约》的解释,“国际多式联运”必须具备以下五个条件:

①必须具有一份多式联运合同。该运输合同是多式联运经营人与托运人之间权利、义务、责任与豁免的合同关系和运输性质的确定,也是区别多式联运与一般货物运输方式的主要依据。

②必须使用一份多式联运单证。该单证应满足不同运输方式的需要,并按单一运费率计收全程运费。

③必须是至少两种不同运输方式的连续运输。

④必须是国际间的货物运输。这不仅区别于国内货物运输,也涉及国际运输法规的适用问题。

⑤必须由一个多式联运经营人对货物运输的全程负责。该多式联运经营人不仅是多式联运合同的当事人,也是多式联运单证的签发人。当然,在多式联运经营人履行多式联运合同所规定的运输责任的同时,可将全部或部分运输委托他人(分承运人)完成,并订立分运合同。但分运合同的承运人与托运人之间不存在任何合同关系。

国际多式联运是一种利用集装箱进行联运的新的运输组织方式。它通过采用海、陆、空等两种以上的运输手段,完成国际间的连贯货物运输,从而打破了过去单一运输方式互不连贯的传统做法。如今,提供优质的国际多式联运服务已成为集装箱运输经营人增强竞争力的重要手段。

(2)国际多式联运的优越性。国际多式联运是一种比区段运输高级的运输组织形式,20 世纪60 年代末美国首先试办多式联运业务,受到货主的欢迎。随后,国际多式联运在北美、欧洲和远东地区开始采用;20 世纪 80 年代,国际多式联运已逐步在发展中国家实行。目前,国际多式联运已成为一种新型的、重要的国际集装箱运输方式,受到国际航运界的普遍重视。1980 年 5 月在日内瓦召开的联合国国际多式联运公约会议上产生了《联合国国际多式联运公约》。国际多式联运是今后国际运输发展的方向,开展国际集装箱多式联运具有许多优越性,主要表现在以下几个方面。

①简化手续,节省费用。在国际多式联运方式下,无论货物运输距离有多远,由几种运输方式共同完成,且不论运输途中货物经过多少次转换,所有一切运输事项均由多式联运经营人负责办理。而托运人只需办理一次托运,订立一份运输合同,支付一次费用,一次保险,从而省去托运人办理托运手续的许多不便。同时,由于多式联运采用一份货运单证,统一计费,因而也可简化制单和结算手续,节省人力和物力。此外,一旦运输过程中发生货损货差,由多式联

运经营人对全程运输负责，从而也可简化理赔手续，减少理赔费用。

②缩短运输时间，减少货损货差，提高货运质量。在国际多式联运方式下，各个运输环节和各种运输工具之间配合密切，衔接紧凑。货物所到之处中转迅速及时，大大减少货物的在途停留时间，从而从根本上保证了货物安全、迅速、准确、及时地运抵目的地。同时，多式联运系通过集装箱为运输单元进行直达运输，尽管货运途中须经多次转换，但由于使用专业机械装卸，且不涉及箱内货物，因而货损货差事故大为减少，从而在很大程度上提高了货物的运输质量。

③降低运输成本。由于多式联运可实行"门到门"运输，因此对货主来说，在货物交由第一展运人以后即时取得货运单证，并据以结汇，从而缩短了结汇时间。这不仅利于加速货物占用资金的周转，而且可以减少利息的支出。此外，由于货物是在集装箱内进行运输的，因此从某种意义上来看，可相应地节省货物的包装、理货和保险等费用的支出。

④提高运输管理水平，实现合理运输。对于区段运输而言，由于各种运输方式的经营人自为政，自成体系，因而其经营业务范围受到限制，货运量相应也有限。而一旦由不同的运输经营人共同参与多式联运，经营的范围可以大大扩展，同时可以最大限度地发挥其现有设备作用，选择最佳运输线路组织合理化运输。

⑤相关作用。从政府的角度来看，发展国际多式联运具有以下重要意义：有利于加强政府部门对整个货物运输链的监督与管理；保证本国在整个货物运输过程中获得较大的运费收入分配比例；有助于引进新的先进运输技术；减少外汇支出；改善本国基础设施的利用状况；通过国家的宏观调控与指导职能保证使用对环境破坏最小的运输方式，达到保护本国生态环境的目的。

由此可见，国际多式联运的主要特点是：由多式联运经营人对托运人签订一个运输合同，统一组织全程运输，实行运输全程一次托运，一单到底，一次付费，统一理赔和全程负责。它是一种以方便托运人和货主为目的的先进的货物运输组织形式。国际多式联运过程中，涉及货物装卸、交接和管理等许多复杂问题，因而承办多式联运的承运人都只能在有限的几条路线上协调好多种运输方式的连贯性。

11.5 国际货物包装与仓储

在国际贸易中，商品的包装是说明买卖标的物的重要组成部分，包装条款也是买卖合同中的重要条款。由于国际贸易涉及的国家、民族、宗教、习俗各有所不同，所以谨慎包装、做好包装，对于企业开拓海外市场、提升产品的市场竞争力、增强企业的创汇能力是至关重要的。

11.5.1 国际货物包装

1. 国际货物包装的含义与内容

包装是在物流过程中为保护产品、方便储运、促进销售，按一定技术方法采用材料或容器对物品进行包封，并加以适当的装潢和标识工作的总称，包括包装物和包装技术。现代物流涉及的过程主要包括采购、生产制造和销售，而包装是生产制造与销售的连接点，即包装既是生产制造环节过程的终点，也是销售环节过程的起点，因此包装在物流中具有承上启下的重要地位。

国际货物包装上一般都会有装潢画面、文字说明以及条形码等内容。国际物流包装上的条形码是由一组带有数字的黑白及粗细间隔不等的平行条纹所组成，它是利用光电扫描阅读设备为计算机输入数据的特殊的代码语言。目前，世界上许多国家都在包装上使用条形码，只要将条形码对准光电扫描器，计算机就能自动地识别条形码的信息，确定品名、品种、数量、生产日期、制造厂商、产地等，并据此在数据库中查询其单价，从而进行货款结算，打出购货清单，这就有效地提高了结算的效率和准确性，也方便了顾客。采用条形码技术，还有利于提高国际间贸易传讯的准确性，并使交易双方能及时了解对方商品的有关资料和本国商品在对方的销售情况。

2. 国际货物包装的种类

按不同的分类标准，我们可以对包装进行不同的分类，包括按形态对包装进行分类，按在贸易中有无特殊要求进行分类，以及按功能进行分类。

(1)按形态对包装进行分类。按形态对包装进行分类，可将包装分为单个包装、内部包装与外部包装三种。

①单个包装。是指交到使用者手里的最小包装，把物品全部或一部分装进袋子或其他容器里，并予以密封的状态或技术。

②内部包装。是指将单个包装的物品归为一个或两个以上的较大单位，并放进中间容器里的状态或技术，其中也包括为保护里边的物品，在容器里放入其他材料的状态和技术。

③外部包装。是指从运输作业的角度考虑，为了对物品加以保护并方便搬运，将物品放入箱子、袋子等容器里的状态和技术，包括缓冲、固定、防湿和防水等措施。

(2)按在贸易中有无特殊要求进行分类。按在贸易中有无特殊要求进行分类，可将包装分为一般包装、中性包装和定牌包装。

①一般包装。是指普通包装，货主对包装无任何特殊的要求。

②中性包装。是指既不标明生产国别、地名和厂商名称的包装，也就是说，在出口商品包装的内外，都没有原产地和出口厂商的标记。中性包装包括无牌中性包装和定牌中性包装两种。前者是指包装上既无生产地名和厂商名称，又无商标牌号，后者是指包装上仅有买方指定的商标或牌号，但无生产地名和出口厂商的名称。采用中性包装，是为了打破某些进口国家与地区的关税和非关税壁垒以及适用交易的特殊需要(如转口销售等)，它是出口国家厂商对外经销和扩大出口的一种手段。

③定牌包装。这是指卖方按买方要求在其出售的商品或包装上标明买方指定的商标或牌号。在我国出口贸易中，如外商订货量较大，且需求比较稳定，为了适应买方销售的需要和有利于出口扩大，可以接受定牌包装。

(3)按功能分类。按照包装在流通过程中功能，包装分为运输包装和销售包装两大类。

①运输包装。运输包装又称大包装或外包装。其主要作用是保护商品，防止在运输过程中发生货损或货差。运输包装按包装材料可分为木质包装、金属包装、纸质包装、塑料包装、棉麻包装等；按包装方式可分为单件包装和集合运输包装。

• 单件运输包装。是指货物在运输过程中作为一个计件单位的包装。包装外形有包、箱、桶、袋、捆、盒等。

• 集合运输包装。又称成组化运输包装。是指在单位运输包装的基础上，为了适应运输、装卸工作现代化的要求，将若干件单件运输包装组合成一件大包装，包装外形有集装包和集装袋、托盘、集装箱等。

②销售包装。又称为小包装或内包装。是指直接接触商品、随商品进入零售市场直接和消费者见面的包装。它除了保护商品，还具有介绍、宣传、美化商品的作用，是市场竞争的重要手段，直接影响到商品的销售价格和销路。

3. 国际货物包装的作用

(1)保护国际贸易商品。由于国际贸易的商品运输环节多、路线长、装卸条件和地区间差异较大,容易受外力作用的破坏、环境变化的影响、生物侵入的破坏、化学物质的腐蚀、人为的破坏等,因此国际物流对包装的要求比国内更为严格。

合理的包装能避免搬运过程的脱落、运输过程中的震动或冲击、保管中由于承受物过重所造成的破坏;可避免异物的混入和污染,防湿、防水、防锈、遮光;可防止因为化学或细菌的污染而出现的腐烂变质,防霉变、防虫害等。

(2)保障国际运输安全。某些国际运输贸易商品属于危险货物,具有易燃、易爆、有毒及放射性等特性,如果包装的性能不符合要求,或者使用不当,很容易引发火灾、爆炸等。因此对国际货物进行包装,必须要保障运输过程中的安全。

国家海事组织根据联合国的有关规定,制定了《国际海运危险货物规则》,并要求从 1991 年起在国际上强制执行。这在很大程度上规范了危险品的国际货物运输,也保障了安全。

(3)方便流通和销售。不少国家对进口商品的包装有各自不同的规定,凡不符合要求的均不准进口或进口后不准投入市场销售。如新西兰、美国和加拿大等国家禁止使用稻草等作包装材料,以防止某些植物病虫害的传播对本国生态环境造成破坏。美国、加拿大、澳大利亚、新西兰、巴西等从 1998 年起,相继颁布法令,要求来自中国的木质包装在进口时必须带有中国出入境检验检疫机关出具的证书,证明木质包装已经过熏蒸处理或防腐处理。

商品能否畅销,除商品本身的性能、质量外,销售包装的作用是不容忽视的,它不仅起到美化商品的作用,还起到广告宣传的作用,在商品的陈列中,包装就起着“无声推销员”的作用。国外对商品包装有以下原则:引起注意力或吸引力,引起顾客兴趣,由产生兴趣进而引起购买的欲望,商品特点、名称、标志、图案色彩等要给人留下必要的印象和记忆,或者使用后还想再买,最后使顾客产生购买行动。

需要注意的是,如果包装的设计不当或者考虑不周,不了解或不注重研究国外的风俗人情等特殊习俗及规定,则包装不但不能起到推销商品的作用,还会起相反的作用,甚至连市场也不能进入。

11.5.2 国际货物仓储

1. 国际货物仓储的含义

国际货物仓储是指对货物进行保存及对其数量、质量进行管理控制的活动。在国际贸易中没有仓储就不能解决生产集中性与消费分散性的矛盾,也不能解决生产季节性与消费常年性的矛盾,更无法解决国际货物待船、待提货的时间差问题。因此,仓储在国际物流过程中占有重要地位。

国际物流仓储,不仅担负着进口货物的存储与保管,而且还担负着出口货物的加工、挑选、整理、包装、刷唛、备货、组装和发运等工作。

2. 国际货物仓储的作业

国际货物仓储作业主要包括商品从入库到出库之间的装卸、搬运、仓库内部布局、储存养护和流通加工等一切与商品实务操作、设备、人力资源相关的作业。

(1)装库入库作业。货物入库的整个过程包括货物接运、验收和办理入库。

货物接运的主要任务是:及时准确地从交通运输部门提取入库货物。提取货物应做到手续清楚，责任分明，避免把一些在运输过程中或运输前就已经发生损坏差错的货物带入仓库。接运方式大体有车站码头提货、铁路专用线接货、仓库自行提货和库内接货。

货物验收的主要工作包括检验准备；核对证件、购买订单；实物检验；处理验收发生的问题；货物入库登记等。

办理入库，是将货物从收货装卸平台移动到仓库的存储区。这个过程包括确认货物（通过扫描货物的条形码）和货物的储存位置，并将货物移到合适的位置。最后更新仓库的储存记录，使之反映货物的接收及其在仓库中的位置。

(2)储存和保管作业。由于货物在仓库中受到自身性质与外界环境的影响，会发生质量与数量的变化，因此国际货物仓储要注意做好货物的储存与保管工作。

一般根据货物受环境影响的程度和保管条件不同，可将其分别放置。选择储存位置应考虑的问题是：大批量选大储区；体积重大的货物储于地面或坚固的货架及接近出库区的位置，较轻的货物储于上层货架；相同和相近的货物尽可能靠近储存，相容性低的货物不能放在一起储存，以免损害品质，对于寿命周期短的商品，一定要遵守“先入先出”的原则，货物标志面应面对通道，以方便识别；易燃易爆物储存于有防火防爆设备的空间，易腐物储存于有冷冻设备处，易污物加套储存；为了提高仓库空间的利用率，能用托盘储存的货物尽量用托盘储存。

在仓库的储存过程中，货物不断地进库和出库。有些货物因长期存放而品质下降或成为废品，不能满足用户需要，可能会造成理论库存数和实际库存数不相符的情况。为了有效地掌握货物的数量和质量，必须定期或不定期地进行盘点。

(3)拣货和货物出库作业。订单拣货就是仓库储存人员从存货区将客户订购的货物拣出。订单信息通过拣货单传给仓储员。应合理安排拣货过程以使拣货员的拣货路线最短，从而使订单拣货率最高。自动储存物料处理补货系统可以完成订单拣货工作。

当订单到达备运区时，产品放到一个外包装中或放在托盘上。使用托盘时，产品应用塑料包装固定到托盘上，之后在产品包装上贴上一个表明送达人/公司地址的标签。这样，整个客户订单就准备完了。

货物出库有两种方式，一种是用料单位凭存货单位的出库凭证到仓库自提；另一种是仓库凭存货单位的出库凭证备料后，委托运输公司送货或直接送货。货物出库后仓库信息系统会更新，反映出产品已离开仓库并运输至客户。

3.国际货物仓储的作用

(1)衔接作用。国际货物仓储改变了货物的时间状态，使货物安全放置一段时间，从而实现了货物在国际物流过程中上下环节的衔接，并调节上下环节流量的差异，从而保持了流通的正常性，使国际贸易流程顺利进行。

(2)辅助作用。国际货物仓储在担负着保管存储任务的同时，还担负着进出口货物的加工、挑选、整理、包装、刷唛、备货、组装和发运等一系列任务。

(3)保护货物作用。货物在储存过程中，由于自身具有的理化性质会发生质变和数量损耗，同时由于温度、湿度、空气、日光、雨露、尘土、杂物、虫害和灾难性气候等外界因素的影响，也会发生各种各样的变化，从而降低货物的使用价值甚至丧失其使用价值。因此，国际货物仓储要研究商品性质以及商品在存储期间的质量变化规律，积极采取各种有效措施和科学的保管方法，创造一个适宜于商品储存的条件，维护商品在储存期间的安全，保护货物的质量和使用价值,并最大限度地降低货物的损耗。

例如,在入库前应认真检查货物是否有霉变、金属腐蚀和虫害现象,入库后,应定期检查,发现问题及时处理。为了防止金属制品和分子材料在储存过程中发生化学腐蚀,应严格按照金属材料的保管条例进行储存,杜绝促使金属材料腐蚀的一切外界因素,选择适宜的保管场所,妥善地进行堆码苫垫或密封等。此外,还可采用在金属材料表面喷、涂保护层的措施,使金属表面与外界介质隔开。

本章小结

国际物流(International Logistics,IL)是指不同国家(地区)之间的物流。国际物流的实质是按国际分工协作的原则,依照国际惯例,利用国际化的物流网络、物流设施和物流技术,实现货物在国际间的流动与交换,以促进区域经济的发展和世界资源的优化配置。

随着经济全球化进程的加快,在全球范围内组织采购、生产、配送和营销活动,物流运作的地理范畴突破国境,成为国际化的物流。

现阶段国际物流的发展趋势体现了服务化、信息化、智能化和环保化。国际物流与国内物流相比,有不同的经营环境、不同的运输方式和信息沟通方式以及面临不同的风险。国际物流的基本业务除了包含与国内物流一样的运输、保管、包装、装卸、流通加工和信息等克服时间和空间的阻隔的活动之外,还有国际物流所持有的理货和报关及相关文书单据的制成等克服国界阻隔的活动。

国际物流系统是由商品的包装、储存、运输、检验、流通加工和其前后的整理、再包装以及国际配送等子系统组成。运输和储存子系统是物流系统的主要组成部分。国际物流通过商品的储存和运输,实现其自身的时间和空间效益,满足国际贸易活动和跨国公司经营的要求。

国际物流与国际分工、国际贸易之间有着密不可分的联系。由于劳动分工日益细化并跨越了国界,因而产生了国际分工。在国际分工条件下,不同国家之间的商品和服务的交换也越来越普遍,国际贸易成为每个国家不可或缺的贸易形态。国际贸易主要表现为商品在不同国家之间流动,支撑商品跨国界流动的即是国际物流。

复习思考题

1. 什么是国际物流?
2. 国际物流运输方式主要有哪些? 每一种运输方式各有什么特点?
3. 国际物流业务主要有哪些?
4. 国际物流系统有哪些要素? 其构成模式是什么?
5. 如何理解国际物流中的货运保险?

案例讨论

中欧班列跑出互利共赢"加速度"

中国国家铁路集团有限公司公布的数据显示,2020 年,中欧班列累计开行 1.24 万列、运送113.5万标箱，分别同比增长50%、56%，综合重箱率达98.4%，年度开行数量首次突破1万列，单月开行均稳定在1 000列以上。在疫情导致全球物流不畅、国际贸易大幅萎缩的背景下，中欧班列逆势高质量、常态化稳定开行，有效助力沿线国家和地区抗击疫情、复工复产，为维护全球产业链供应链稳定畅通提供有力支撑，为世界经济复苏和发展注入动力。

2020年以来，中欧班列共运送医疗物资近931万件、7.6万t。"渝新欧""义新欧""长安号"……一列列驰骋的中欧班列将急需的防疫及生产生活物资送至沿线各国，为战胜疫情增添了信心和力量，成为各国携手抗疫的"生命通道"。

面对疫情挑战，拥有稳定的国际贸易和物流运输通道非常重要，为协助欧洲抗击疫情，防疫物资专列多次为欧洲运输口罩、防护服等物资，中欧班列平稳运行，为促进欧中经贸往来、推动国际抗疫合作作出重要贡献。

中国实施新的铁路列车运行图后，中欧班列运行线达73条，中欧班列通达欧洲21个国家、92个城市。中欧班列跑出互利共赢"加速度"，推动沿线国家深化经贸合作，创造更多市场机遇。疫情防控期间，通过中欧班列，欧洲国家与中国保持经贸联系，欧洲产品受到中国消费者青睐，有利于欧洲加快复工复产。

运量大、价格低、稳定性强、通达国家（地区）多……中欧班列因其多项优势，受到越来越多合作伙伴的青睐。国际知名航运公司丹麦马士基集团通过中欧班列，并结合跨境公路、海铁联运等运输方式，将业务拓展至日本、韩国和东南亚等地。

集装箱码头物流公司德国欧门集团通过中欧班列向中国运输保时捷、奥迪等德国品牌汽车。如果走海运，从不来梅到上海至少要30天，从上海到重庆等内陆地区，还要再花10天，而中欧班列只需要一半时间。客户满意度很高，证明了中欧班列在时效等方面的优势。

（编者根据网络资料改写）

案例思考题

1. 中欧班列相对于国际海运有何优势？
2. 你认为应当如何进一步发展国际物流？

推荐阅读

[1]杨霞芳. 国际物流管理[M]. 上海：同济大学出版社，2004.
[2]张海燕. 国际物流[M]. 大连：东北财经大学出版社，2006.
[3]王斌义. 国际物流人员业务操作指南[M]. 北京：对外经济贸易大学出版社，2003.
[4]杨长春. 国际物流[M]. 北京：对外经济贸易大学出版社，2003.
[5]杨志刚. 国际货运物流实务[M]. 北京：化学工业出版社，2003.
[6]唐渊. 国际物流学[M]. 北京：中国物资出版社，2004.
[7]张清. 国际物流与货运代理[M]. 北京：机械工业出版社，2003.
[8]徐永谋. 国际物流管理[M]. 北京：化学工业出版社，2004.

参考文献

[1] 巴罗. 企业物流管理：供应链的规划、组织和控制[M]. 北京：机械工业出版社，2004.
[2] 鲍尔索克斯，克劳斯. 物流管理：供应链过程的一体化[M]. 林国龙，译. 北京：机械工业出版社，1999.
[3] 卡梅伦，尼尔. 世界经济简史：从旧石器时代到 20 世纪末[M]. 上海：上海译文出版社，2009.
[4] 白寿彝. 中国交通史[M]. 北京：团结出版社，2007.
[5] 贾争现. 物流中心规划与设计[M]. 北京：机械工业出版社，2009.
[6] 李家齐. 现代物流信息技术[M]. 北京：中国物资出版社，2008.
[7] 林自葵. 货物运输与包装[M]. 2 版. 北京：机械工业出版社，2010.
[8] 刘云霞. 现代物流配送管理[M]. 北京：北京交通大学出版社，2009.
[9] 罗毅，王清娟. 物流装卸搬运设备与技术[M]. 北京：北京理工大学出版社，2007.
[10] 钱静. 包装管理[M]. 北京：中国纺织出版社，2008.
[11] 唐连生. 货物运输与配送管理[M]. 武汉：武汉大学出版社，2010.
[12] 沃尔特斯. 库存控制与管理[M]. 李习文，李斌，译. 北京：机械工业出版社，2005.
[13] 唐渊. 国际物流学[M]. 北京：中国物资出版社，2004.
[14] 王斌义. 国际物流人员业务操作指南[M]. 北京：对外经济贸易大学出版社，2003.
[15] 王斌义. 物流学[M]. 北京：机械工业出版社，2011.
[16] 王红艳，光昕. 物流基础[M]. 北京：北京理工大学出版社，2010.
[17] 王欣兰. 现代物流管理概论[M]. 北京：清华大学出版社，2007.
[18] 王之泰. 现代物流管理[M]. 北京：中国工人出版社，2001.
[19] 吴清一. 物流管理[M]. 北京：中国物资出版社，2003.
[20] 武德春. 集装箱运输实务[M]. 北京：机械工业出版社，2011.
[21] 徐贤浩. 物流配送中心规划与运作管理[M]. 武汉：华中科技大学出版社，2008.
[22] 徐永谋. 国际物流管理[M]. 北京：化学工业出版社，2004.
[23] 杨长春. 国际物流[M]. 北京：对外经济贸易大学出版社，2003.
[24] 杨志刚. 国际货运物流实务[M]. 北京：化学工业出版社，2003.
[25] 杨霞芳. 国际物流管理[M]. 上海：同济大学出版社，2004.
[26] 尹章伟. 包装概论[M]. 北京：化学工业出版社，2006.
[27] 张海燕. 国际物流[M]. 大连：东北财经大学出版社，2006.
[28] 张清. 国际物流与货运代理[M]. 北京：机械工业出版社，2003.
[29] 章雪岩. 物流信息管理：规划、设计与建设[M]. 北京：中国人民大学出版社，2010.
[30] 周昌林. 第三方物流组织：理论与应用[M]. 北京：经济管理出版社，2005.
[31] 周文泳. 现代仓储管理[M]. 北京：化学工业出版社，2010.
[32] 朱道立，龚国华，罗齐. 物流和供应链管理[M]. 上海：复旦大学出版社，2001.
[33] 张佺举，张洪. 物流管理[M]. 北京：北京大学出版社，2014.
[34] 贾平. 现代物流管理[M]. 2 版. 北京：清华大学出版社，2017.
[35] 侯安才，张强华. 物流信息技术实用教程[M]. 2 版. 北京：人民邮电出版社，2017.
[36] 张军玲. 电子商务物流管理[M]. 北京：电子工业出版社，2016.
[37] 常广庶. 跨境电子商务理论与实务[M]. 北京：机械工业出版社，2017.
[38] 唐红涛，谭颖. 跨境电子商务理论与实践[M]. 北京：对外经贸大学出版社，2019.
[39] 王凤珍，陆端. 跨境电子商务物流[M]. 北京：人民邮电出版社，2019.